新世紀法學叢書

Securities Exchange Act

證券交易法

導讀

姚志明　著

三民書局

國家圖書館出版品預行編目資料

證券交易法導讀／姚志明著.－－初版一刷.－－臺北
市：三民，2008
　　　面；　　公分

ISBN 978–957–14–5078–0　（平裝）

1.證券法規

563.51　　　　　　　　　　　　　　　　97015236

Ⓒ　證券交易法導讀

著 作 人	姚志明
責任編輯	陳柏璇
美術設計	黃顯喬
發 行 人	劉振強
著作財產權人	三民書局股份有限公司
發 行 所	三民書局股份有限公司
	地址　臺北市復興北路386號
	電話　(02)25006600
	郵撥帳號　0009998–5
門 市 部	(復北店) 臺北市復興北路386號
	(重南店) 臺北市重慶南路一段61號
出版日期	初版一刷　2008年9月
編 號	S 585780

行政院新聞局登記證局版臺業字第○二○○號

ISBN　978-957-14-5078-0　（平裝）

http://www.sanmin.com.tw　三民網路書店
※本書如有缺頁、破損或裝訂錯誤，請寄回本公司更換。

序

經過近兩年之寫作，終於將本書完成了。雖然夜已深，南臺灣天氣不穩定，辦公室窗外下著一陣陣的大雨，辦公桌上之草稿與公文則堆滿了整個桌面，然而筆者卻是鬆了一口氣，因為能如期在今年暑假前交稿，一方面完成對三民書局的承諾，另一方面也實現個人之寫作計畫進度。

2002 年起筆者開始在高雄大學法律系講授「證券交易法」，迄今也過了七個年頭了。這期間，為了便於教學，陸陸續續在課堂上利用幻燈片及 PowerPoint 教學，並準備一些教學講義，然而總感到資料零零散散的。同學一直要求給予講義以方便學習，不過筆者因教學、民事法學研究及學校行政工作繁忙下，未能抽空全心全力將證券交易法之講義有系統整理出來，故一直無法答應同學之請求。然而高大的同學一屆一屆畢業了，心中對於證券交易法講課資料無法有系統整理給同學，也一屆一屆更加愧疚。2006 年暑假，在日本交流協會贊助下，有機會前往日本北海道大學法學部客座研究。在出發前夕，承蒙及感謝輔大法學院院長　陳師榮隆教授之介紹，筆者終於下定決心並得與三民書局簽約，準備完成本書。

自 1990 年 1 月到德國求學後，因在德國求學或是在國內南北工作之關係，一直無法長期陪伴在　母親的身邊。小時候，　母親協助　父親做生意，長年在外奔波操勞，獨自肩挑起一切的辛勞，對於子女默默付出，從不訴苦。對於　母親，筆者一直深感未盡子女之本分，僅以本書獻給　母親，祝　她永遠平安健康、快樂。

撰寫本書時，高雄大學法律系碩士班研究生黃家豪同學協助整理資料、製作圖表及擔任校稿工作，此外高雄大學法律系碩士班研究生羅少驊及楊詠惠諸同學、張競文律師協助校稿，備極辛勞，而三民書局編輯部同仁，協助校稿、排版，細心認真，於此深表由衷謝意。

　　本書之撰寫過程中，愛妻如羚提供許多寶貴之建議，使本書得予如期完成，居功厥偉，並此誌謝。

姚志明　於高雄大學法學院

2008 年 7 月 10 日

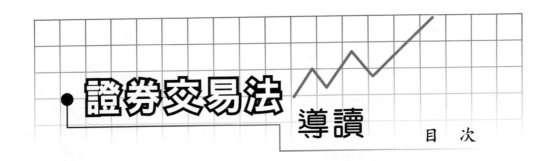

序

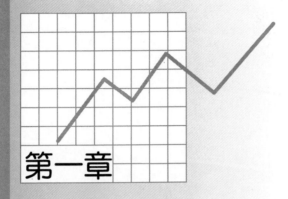

第一章

總　論

第一節　證券交易法之立法目的

證券交易法第 1 條規定：「為發展國民經濟，並保障投資，特制定本法。」基於此規定可知，證券交易法之立法目的有二：一、發展國民經濟。二、保障投資。無論是證券交易法之條文解釋或適用，或是相關機關依條文之授權而制定行政規則時，均應以此證券交易法之立法目的作為最高原則❶。以下便就此證券交易法之立法目的分別闡述之：

一、發展國民經濟

發展國民經濟乃為我國基本國策，憲法第 142 條即定有明文。且從憲法第 142 條規定可知，國民經濟之目的在於達成均富之目的。假使證券市場機制能完善，證券廣泛由全民持有而獲得企業經營利潤，分享經濟發展之成果，則將對於均富目標之達成有所助益。因此，健全投資保障乃為均富目標達成之基礎❷。換言之，於證券交易法中，發展國民經濟所代表之意義，即為維持一個健全活潑的證券市場。如此一來，一方面加速企業資本形成，使社會經濟資源作最有效之分配，增加國家全體財富。另一方面社會大眾透過投資證券，可以分享經濟發展成果，增加個人財富，以達均富之理想目標❸。

二、保障投資

保障投資，被視為證券立法之第一要義及各國通例。為達成此目的，證券交易法除了應對於市場參與者之行為予以適當規範，以防止投資人之權益受損害外，並應給予投資人救濟之途徑❹。唯有保障投資人，使得投資人信賴證券市場之活動，投資人才會普遍參與證券投資。且以投資人普遍參與證

---

❶ 賴英照，股市遊戲規則——最新證券交易法解析，2006 年 2 月，初版，第 6 頁。
❷ 賴英照，股市遊戲規則——最新證券交易法解析，第 6 頁及第 7 頁。
❸ 林國全，證券交易法研究，2000 年 9 月，初版 1 刷，第 6 頁及第 7 頁。
❹ 賴英照，股市遊戲規則——最新證券交易法解析，第 6 頁。

券投資為基礎，方可達到發展國民經濟，全民均富之目標❺。不過，所謂保障投資，並非保障投資人於證券市場一定會獲利，而是保護投資人不受詐欺行為之侵害，並獲得證券之市場資訊，並防範內線交易行為侵害投資人之利益而言❻。實務並認為，證券交易法第 1 條明定以「為發展國民經濟並保障投資，特制定本法」，考其立法目的，除具有強烈社會法益保護性質外，亦兼及保護個人法益❼。

第二節　證券交易法之立法

第一項　外國立法例

對於證券市場之規範，如英美法系之美國，聯邦即有相關之規定。例如 1933 年證券法 (Securities Act of 1933)、1934 年證券交易法 (Securities Exchange Act of 1934)、1935 年公用事業控股公司法 (Public Utility Holding

---

❺　林國全，證券交易法研究，第 7 頁。

❻　參閱林國全，證券交易法研究，第 7 頁及第 8 頁；劉連煜，新證券交易法實例研習，2007 年 2 月，增訂 5 版，第 17 頁。

❼　參閱最高法院 93 年臺上字第 3023 號刑事判決：「犯罪行為侵害個人法益，其被害之個人固得提起自訴，即侵害國家或社會法益之罪，同時具有侵害個人法益之情形，其被害之個人仍不失為直接被害人。故同一犯罪客體有二以上之法益同時並存時，苟其法益直接受侵害，其法益所屬之權利主體，均為直接被害人，並不因另有其他被害人而受影響。查證券交易法第一條明定以『為發展國民經濟並保障投資，特制定本法』，考其立法目的，除具有強烈社會法益保護性質外，亦兼及保護個人法益，此觀同法第三十一條規定：募集有價證券，應先向認股人或應募人交付公開說明書，第三十二條第一項第一款明定：前條之公開說明書，其應記載之主要內容有虛偽或隱匿之情事，發行人及其負責人對於善意之相對人因而所受之損害，應就其所應負責部分與公司負連帶賠償責任之規定自明；故犯證券交易法第一百七十四條第一項第三款之罪，除侵害證券交易市場秩序之社會法益外，亦同時侵害個人法益，其直接受害之個人依法自得提起自訴。」

Company Act of 1935)、1939 年信託條款法 (Trust Indenture Act of 1939)、1940 年投資公司法 (Investment Company of 1940)、1940 年投資顧問法 (Investment Advisers Act of 1940)，證券管理委員會 (Securities and Exchange Commission)，則為證券投資監督機構。至於各州，亦有證券法 (Blue Sky Laws)，而公司法則為州法，美國聯邦並無公司法。此外，並有自律機關 (Self-Regulatory Bodies)，如證券交易所及證券商公會。而哈佛法學院教授路易斯 (Louis Loss) 則於 1956 年提出統一（模範）證券法 (Uniform Securities Act)，提供各州採用❽。

　　至於，具大陸法系代表之德國，關於有價證券之交易之相關規範，較重要者則有交易所法（Börsengesetz，簡稱 BörsG）、有價證券交易法（Wertpapierhandelsgesetz，簡稱 WpHG）、出賣公開說明書法（Verkaufsprospektgesetz，簡稱 VerkProspG）、有價證券公開說明書法（Wertpapierprospektgesetz，簡稱 WpPG）等❾。

第二項　我國證券交易法之立法

一、交易所法之立法

　　清末，於大陸即有外國股票之買賣，北洋政府亦發行過債券籌措其所需之經費。然而，一般認為，有關證券交易之相關規範，乃首見於民國 18 年 10 月 3 日所公布之證券交易所法，該法並於 19 年 6 月 1 日施行❿。不過，當時之證券市場並不熱絡。

---

❽　詳細之說明，參閱余雪明，證券交易法，2003 年 4 月，4 版，第 7 頁。

❾　有關德國證券交易之體系簡介，請參閱姚志明，德國交易所官方市場許可公開說明書不實責任之解析，駱永家教授七秩華誕祝壽論文集，2006 年 7 月，初版，第 443 頁以下。

❿　陳春山，證券交易法論，2007 年 1 月，8 版 1 刷，第 5 頁；賴源河，證券法規，2005 年 10 月，2 版 1 刷，第 26 頁。

二、臺灣省證券商管理辦法與證券商管理辦法之制定

國民政府遷臺後,於民國 38 年發行愛國公債,此後並因實施耕者有其田制度而將臺泥、臺紙、工礦及農林公司等四家公司股票及土地實物債券發放給原地主作為補償,因而導致證券流通之起步,居間之證券業者並應運而生。由於當時證券之交易,完全採取自由放任之方式,投機行為順勢而生。為了管理之必要及促進證券交易之正常發展,民國 43 年 1 月 29 日政府頒布了臺灣省證券商管理辦法,該辦法並於民國 44 年 8 月 1 日開始施行❶。

民國 50 年 5 月 4 日政府依國家總動員法第 18 條制定證券商管理辦法,該辦法並於民國 50 年 6 月 21 日公布施行,並取代臺灣省證券商管理辦法。

三、證券交易法之立法——現行法

政府雖然於民國 43 年及民國 50 年分別頒布臺灣省證券商管理辦法及證券商管理辦法,來加強管理證券市場,以防範投機操縱之不良風氣。不過,投機操縱之紛爭並未消失。政府遂參考日本 1948 年證券交易法及美國 1933 年證券法及 1934 年證券交易法,來草擬我國證券交易法❷。民國 57 年 4 月 16 日立法院三讀通過證券交易法,並於民國 57 年 4 月 30 日總統令制定公布全文 183 條。

為了證券市場之所需與切合時代之變化,證券交易法自民國 57 年立法後,至民國 95 年 5 月,共計修法 12 次。有關修法之年度及異動之法條,茲臚列如下:

㈠第 1 次修正:中華民國 70 年 11 月 13 日總統⑺臺統㈠義字第 7393 號令修正公布第 3、17、28、95、156 條條文

㈡第 2 次修正:中華民國 72 年 5 月 11 日總統⑺臺統㈠義字第 2546 號令修正公布第 37、157 條條文;並增訂第 18-1、18-2、25-1 條條文

㈢第 3 次修正:中華民國 77 年 1 月 29 日總統⑺華總㈠義字第 0270 號令修

---

❶　參閱賴源河,證券法規,第 28 頁。

❷　賴英照,股市遊戲規則——最新證券交易法解析,第 5 頁以下。

正公布第6、7、17、18、18-1、20、22、25、26、32、33、36、41、43～45、51、53、54、56、60～62、66、71、74、76、126、137、139、150、155、157、163、171～175、177、178條條文；增訂第22-1、22-2、26-1、26-2、28-1、43-1、157-1、177-1、182-1條條文；並刪除第9、52、101、176、182條條文

㈣第4次修正：中華民國86年5月7日總統⑻華總㈠義字第8600104880號令修正公布第54、95、128、183條條文；並自90年1月15日起施行

㈤第5次修正：中華民國89年7月19日總統⑻華總㈠義字第8900178720號令修正公布第3、6、8、15、18-2、28-1、41、43、53、54、56、66、75、89、126、128、138、155、157、171～175、177、177-1、178條條文；增訂第18-3、28-2～28-4、38-1條條文；並刪除第80、106、131條條文；並自90年1月15日起施行

㈥第6次修正：中華民國90年11月14日總統⑼華總一義字第9000223500號令修正公布第25、27、43、113、126、177條條文

㈦第7次修正：中華民國91年2月6日總統⑼華總一義字第09100025050號令修正公布第7、20、22、43-1、157-1、174、175、177、178條條文及第二章章名；並增訂第43-2～43-8條條文及第二章第一節至第三節節名

㈧第8次修正：中華民國91年6月12日總統華總一義字第09100116790號令修正公布第30、37、178條條文；並增訂第14-1、36-1條條文

㈨第9次修正：中華民國93年4月28日總統華總一義字第09300080621號令修正公布第171、174、178條條文；並增訂第180-1條條文

㈩第10次修正：中華民國94年5月18日總統華總一義字第09400072521號令增訂公布第174-1、174-2、181-1條條文

(十一)第11次修正：中華民國95年1月11日總統華總一義字第09500002801號令修正公布第3、6、14、18、20、22、25-1、28-3、44、45、51、54、60、95、155、156、157-1、172、178、182-1、183條條文；增訂第14-2～14-5、20-1、21-1、26-3、181-2條條文；並刪除第17、18-2、18-3、28、73、76～78、180條條文；除第14-2～14-5、26-3條條文自96年1月1日施

行外，自公布日施行

(十二)第 12 次修正：中華民國 95 年 5 月 30 日總統華總一義字第 09500075861 號令修正公布第 171、183 條條文；並自 95 年 7 月 1 日施行

第三節　證券交易法之主管機關

證券主管機關歷經多次之變更，實為政府機關中少見之情形。政府為了籌建證券市場，行政院於民國 49 年 8 月 13 日核定經濟部證券管理委員會暫行組織規程，並於同年 9 月 1 日於經濟部下設置證券管理委員會。民國 50 年 6 月 21 日行政院依國家總動員法第 18 條頒布施行證券商管理辦法，主管機關明定為經濟部證券管理委員會。因為證券管理委員會掌管之證券業務與財政部之金融業務關係密切，民國 70 年證券交易法修正時，將證券管理委員會改隸屬於財政部，並更名為財政部證券管理委員會⓭。民國 81 年 7 月 10 日總統公布國外期貨交易法，財政部證券管理委員會掌管該業務之管理。並於民國 86 年 3 月所制定之期貨交易法第 4 條規定之主管機關為財政部證券暨期貨管理委員會，簡稱為證期會。民國 89 年 7 月 19 日證券交易法修正時，並將第 3 條中之主管機關改為財政部證券暨期貨管理委員會⓮。

為因應全球之金融監理機關一元化之趨勢，我國便將證券、保險及銀行等金融業之監理，劃歸由單一之金融監理機關管轄，並於民國 92 年 7 月 23 日公布行政院金融監督管理委員會組織法，並於民國 93 年 7 月 1 日施行⓯。且證券交易法於 94 年時修正第 3 條條文而規定「本法所稱主管機關，為行政院

⓭ 參閱民國 70 年 11 月 13 日證券交易法第 3 條修正理由：配合證券管理委員會改隸，將現行第 3 條規定之「經濟部」修正為「財政部」。

⓮ 劉連煜，新證券交易法實例研習，第 19 頁及第 20 頁；參閱民國 89 年 7 月 19 日證券交易法第 3 條修正理由：「鑑於財政部證券暨期貨管理委員會組織條例之更名，及參照期貨交易法第 4 條關於主管機關之規定，將證券交易主管機關更為財政部證券暨期貨管理委員會，以求一致。」

⓯ 賴英照，股市遊戲規則——最新證券交易法解析，第 16 頁。

金融監督管理委員會」❶。因而，依現今證券交易法之規定，證券主管機關便由證券暨期貨管理委員會，改為金融監督管理委員會（一般簡稱金管會）。而目前金融監督管理委員會，下轄銀行局、證券期貨局、保險局及檢查局。而證券期貨局（一般簡稱證期局）乃為實際負責證券交易業務之單位。而金融監督管理委員會及證券期貨局之組織圖如本章附錄。

第四節　證券交易法規範之結構

第一項　證券交易法規範之重點

證券交易法為證券管理之基本規範，而於證券交易法中，其規範之重點，大致有下列幾項重點：一、體系與對象之規範。二、禁止詐欺 (fraud)。三、貫徹公開原則 (disclosure)。四、處理利害衝突 (conflict of Interests)❶。以下便分別敘述之：

一、體系與對象之規範

此所指之規範 (regulation)，乃指整個證券管理體系應如何設計，如主管機關之權限範圍及行使方式、證券市場參與者，如證券商 (§44～§88)、證券商同業公會 (§89～§92) 或證券交易所 (§93～§165) 等之管理。由於證券相關事業影響證券市場發展及投資人權益有相當大之可能，且證券市場變化迅速，為求有效率並及時對市場參與者為有效管理，故證券法規中對於此等機構之管理，授與主管機關相當大之權限❶。

---

❶　參閱民國 95 年 1 月 11 日證券交易法第 3 條修正理由：「配合行政院金融監督管理委員會於九十三年七月一日成立，業依行政院金融監督管理委員會組織法第二條、第四條及行政程序法第十一條第二項將主管機關由財政部證券暨期貨管理委員會變更為行政院金融監督管理委員會，爰修正本條文。」

❶　參閱曾宛如，證券交易法原理，第 6 頁以下；賴英照，股市遊戲規則——最新證券交易法解析，第 7 頁以下；陳春山，證券交易法論，第 47 頁以下。

二、禁止詐欺

　　無論是向主管機關申報之資料或是公開之資訊，均須真實完整，不能有虛偽或隱匿，以避免投資人受到欺騙而受有損害。例如證券交易法第 20 條即為所謂一般反詐欺條款之規定。此外，為避免於資訊公開前獲得公司之資訊或是真正完整資訊之人之不當牟利行為，內部人交易 (insider dealing) 乃為禁止之列（例如證券交易法第 22 條之 2、第 25 條、第 157 條及第 157 條之 1 等）。嚴格而言，證券交易法內部人交易與第 155 條之操縱行為亦為詐欺 (fraud) 之態樣，其亦為證券交易法所禁止之行為。換言之，於證券交易法中，貫穿整部法典之禁止詐欺行為原則，已成為規範證券市場交易行為之一個核心價值[19]。

三、貫徹公開原則

　　提供給投資者即時、完整且透明之公司相關資訊（如人事、業務、組織及財務狀況等）以便供投資者能做最明確之投資決定（例如證券交易法第 22 條、第 25 條、第 30 條、第 31 條等）[20]。此種公開原則，學理上又將之分為發行公開與繼續公開[21]。所謂發行公開（又稱為初次公開），乃指發行人於募集、發行有價證券時，應將該次募集或發行之有價證券之權利與義務，以及發行公司本身相關之財務、業務狀況對於投資人公開。至於繼續公開，則係指發行公司於有價證券發行後，該有價證券於流通市場流通期間，須繼續公

---

[18] 參閱賴英照，股市遊戲規則——最新證券交易法解析，第 9 頁；曾宛如，證券交易法原理，第 6 頁以下。

[19] 參照賴英照，股市遊戲規則——最新證券交易法解析，第 8 頁；曾宛如，證券交易法原理，第 9 頁以下。

[20] 賴英照，股市遊戲規則——最新證券交易法解析，第 7 頁；就我國現行之證券交易法體制而言，學說認為我國係採公開原則與實質管理 (substantive regulation) 雙軌制。參閱劉連煜，新證券交易法實例研習，第 17 頁。

[21] 林國全，證券交易法研究，第 42 頁。

開發行公司本身相關之財務、業務狀況❷❷。

四、處理利害衝突

　　證券市場之參與者，其相互間存有利害衝突之問題。就發行公司而言，於發行有價證券時，為求能全數順利發行完畢，對於不利公司發行之相關訊息，多數採閃避隱藏方式。但是，投資人為求其投資能有最大獲利之可能，則希望獲得最完整之資訊，以便做投資決定前判讀之參考。證券經紀商與委託買賣之投資人間，亦有利益衝突之疑慮。亦即證券經紀商受投資人委託時，其負有忠實義務，不得利用受託之機會有圖利之行為❷❸。此外，所謂市場派之股東與公司派之股東之衝突亦時有所聞。因而，證券市場中，利害衝突應如何處理，亦成為規範證券市場交易制度之一大重點❷❹。

---

❷❷　參閱林國全，證券交易法研究，第 42 頁及第 43 頁。

❷❸　陳春山，證券交易法論，第 55 頁。

❷❹　賴英照，股市遊戲規則──最新證券交易法解析，第 8 頁。

第二項　證券交易法規範之體系

若從我國現行證券交易法之法典內容編排觀之，我國證券交易法共計七章，其分別為：

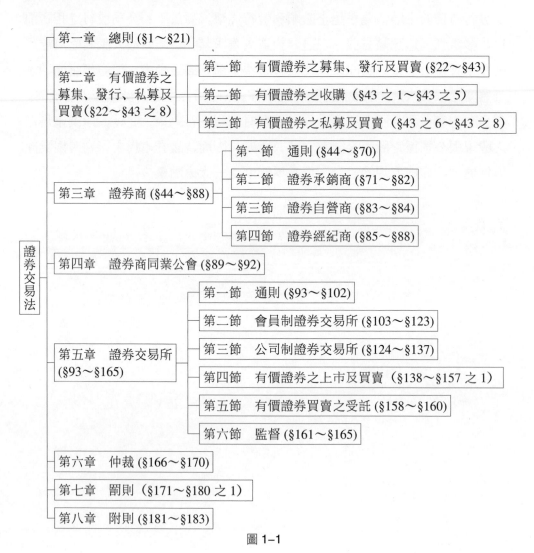

```
                    ┌ 第一章　總則 (§1～§21)
                    │
                    │ 第二章　有價證券之      ┌ 第一節　有價證券之募集、發行及買賣 (§22～§43)
                    │ 募集、發行、私募及     ├ 第二節　有價證券之收購 (§43 之 1～§43 之 5)
                    │ 買賣 (§22～§43 之 8)   └ 第三節　有價證券之私募及買賣 (§43 之 6～§43 之 8)
                    │
                    │                        ┌ 第一節　通則 (§44～§70)
                    │ 第三章　證券商 (§44～§88)├ 第二節　證券承銷商 (§71～§82)
                    │                        ├ 第三節　證券自營商 (§83～§84)
證券                │                        └ 第四節　證券經紀商 (§85～§88)
交易 ───────────────┤
法                  │ 第四章　證券商同業公會 (§89～§92)
                    │
                    │                        ┌ 第一節　通則 (§93～§102)
                    │                        ├ 第二節　會員制證券交易所 (§103～§123)
                    │ 第五章　證券交易所      ├ 第三節　公司制證券交易所 (§124～§137)
                    │ (§93～§165)            ├ 第四節　有價證券之上市及買賣 (§138～§157 之 1)
                    │                        ├ 第五節　有價證券買賣之受託 (§158～§160)
                    │                        └ 第六節　監督 (§161～§165)
                    │
                    │ 第六章　仲裁 (§166～§170)
                    │
                    │ 第七章　罰則 (§171～§180 之 1)
                    │
                    └ 第八章　附則 (§181～§183)
```

圖 1-1

第三項　證券管理相關法規

證券交易法雖為證券交易之基本規範，但是證券交易涉及公司、會計等相關事項，因而證券交易適用之法規並不侷限於證券交易法。此外，由於證券市場之變化迅速，因此，為了應付快速成長之問題，主管機關頒布了眾多行政命令及解釋函令協助證券交易法規範證券交易之相關事項。因為行政命令之增訂較法律之制定容易，如此方足以應付千變萬化之證券市場的事件。就因為如此，論述證券交易之規範，眾多之行政命令及解釋函令亦不可忽視。然而，正因為證券交易制度受到市場變化之影響甚深，眾多行政命令及解釋函乃成為研習證券交易法者所不能忽視者。並且，為了符合市場上之實際需求，證券交易所、證券商同業公會、證券投信及投顧事業公會等團體亦在主管機關之監督下，制定了相當多之自律規範，藉以使證券商或上市（櫃）等能有秩序從事證券相關行為。

綜上所述，有關有價證券之募集、發行、交易等相關事項之實質規範，我國現行法除了證券交易法外，尚有下列之規範：

一、公司法

二、會計師法

三、商業會計法

四、依證券交易法授權頒布之行政法規（如證券交易法施行細則、證券商管理規則、上市上櫃公司買回本公司股份辦法、公開發行公司出席股東會使用委託書規則、公開收購公開發行公司有價證券管理辦法、發行人募集與發行有價證券處理準則等）

五、主管機關對證券交易法所作之解釋函令

六、主管機關對公司法所作之解釋函令

七、其他規範：主要者為自律規範，亦即政府以外團體對於團體成員及市場（如證券交易所、證券商同業公會、證券投信及投顧事業公會）之規範（如臺灣證券交易所股份有限公司有價證券上市審查準則、財團法人中華民國證券櫃檯買賣中心證券商營業處所買賣有價證券審查準則、中華民國證券

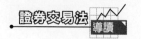

商業同業公會證券商承銷或再行銷售有價證券處理辦法等)

第五節　證券交易法之適用

一、適用範圍

　　證券交易法第 2 條規定：「有價證券之募集、發行、買賣，其管理、監督依本法之規定；本法未規定者，適用公司法及其他有關法律之規定。」因而，有關有價證券之募集、發行、買賣，其管理、監督，應優先適用證券交易法之規定。而當證券交易法未規定時，則本法未規定者，適用公司法及其他有關法律之規定。此外，依證券交易法第 7 條第 1 項之規定，證券交易法所稱募集，謂發起人於公司成立前或發行公司於發行前，對非特定人公開招募有價證券之行為。顯然，證券交易法係適用於公開發行之有價證券。

二、適用之公司類型

　　依證券交易法第 4 條規定：「本法所稱公司，謂依公司法組織之股份有限公司。」因而，證券交易法所規範之公司，乃為股份有限公司。此外，證券交易法乃以**公開發行**❷❺之有價證券為其規範之客體，因而此處之公司嚴格而言，亦指公開發行有價證券之股份有限公司為主。不過，本規定是規定於證券交易法總則編，而證券交易法第 47 條本文規定：「證券商須為依法設立登記之公司。」因而解釋上，證券商亦須為股份有限公司之組織。故證券交易法第 4 條之規定，便不全然係為發行有價證券而流通於證券市場之發行公司所規定者❷❻。

---

❷❺　所謂公開發行者，係指發起人於公司成立前或發行公司於發行前，對非特定人公開招募有價證券之行為。我國證券交易法第 7 條則稱此公開發行為「募集」。此外，依證券交易法第 5 條之規定：「本法所稱發行人，謂募集及發行有價證券之公司，或募集有價證券之發起人。」

❷❻　參閱劉連煜，新證券交易法實例研習，第 30 頁。

三、適用之客體：有價證券

㈠有價證券之意義

　　有價證券一語之見於法典，肇始於德國 1861 年舊商法典，嗣後日本明治 23 年之舊商法第 4 條亦採之❷❼。而我國法典中，使用有價證券一語者，則分散於民法（如第 608 條、第 639 條等）、提存法第 1 條、強制執行法第 59 條第 2 項、證券交易法（如第 6 條等）、破產法第 92 條及刑法第 201 條等。綜觀此些有價證券，其所具有之功能，大致可分為「資金籌集及資本投資」、「支付及信用交易」及「貨品流通」等三大功能❷❽。不過，證券交易法對於有價證券並無定義性之規定，而僅於第 6 條規定其類型。而學理上，一般所指之有價證券係指表彰具有私權價值之證券❷❾。不過，證券交易法所指之有價證券顯然比一般所稱之有價證券之範圍更為狹隘❸❶。我國證券學者，則將證券交易法第 6 條第 1 項所規定之有價證券稱之為資本證券，第 2 項及第 3 項所規定之有價證券則為擬制有價證券❸❶。

---

❷❼　王仁宏，有價證券之基本理論，鄭玉波先生七秩華誕祝賀論文集──民商法理論之研究，民國 77 年元月，第 1 頁。

❷❽　詳細之說明，請參閱王仁宏，鄭玉波先生七秩華誕祝賀論文集──民商法理論之研究，第 2 頁以下。

❷❾　李開遠，證券管理法規新論，第 10 頁；曾宛如，證券交易法原理，第 13 頁；廖大穎，證券交易法導論，第 46 頁。

❸❶　一般民商法所稱之有價證券，其證券所表彰之權利發生、移轉或行使與該證券具有全部或一部分之特色。學理上，又將之分為完全有價證券與不完全有價證券。若是，有價證券表彰之權利之發生須作成有價證券，權利移轉須交付有價證券，權利之行使須提示有價證券者，蓋有價證券即為完全有價證券，例如票據法所規定之票據。反之，即為不完全有價證券，例如公司記名股東於公司行使股東權時，有時不須提示股票。參閱王仁宏，鄭玉波先生七秩華誕祝賀論文集──民商法理論之研究，第 8 頁以下；李開遠，證券管理法規新論，第 10 頁；廖大穎，證券交易法導論，第 46 頁。

❸❶　廖大穎，證券交易法導論，第 46 頁及第 49 頁；李開遠，證券管理法規新論，第

此外，證券交易法所規範之公司，乃以公開發行公司為客體。因而，便滋生疑義，證券交易法所指之有價證券，尤其是股票，限於公開募集、發行者。對此，採否定說者認為，現行證券交易法第6條所規範之有價證券，不以公開募集、發行者為限❸。採肯定說者則認為，證券交易法所指之公司股票以公開募集發行者為限❸。本書認為，若從立法沿革及文義解釋，現行證券交易法之有價證券不以依證券交易法規定之發行程序（公開募集、發行者）為限，故否定說為可採。

㈡證券交易法有價證券之類型

證券交易法第2條規定：「有價證券之募集、發行、買賣，其管理、監督依本法之規定；本法未規定者，適用公司法及其他有關法律之規定。」從本規定可知，證券交易法所規範之客體，乃為有價證券。此外，對於有價證券之範圍，我國證券交易法第6條有明文規定，而其規定如下：

本法所稱有價證券，指政府債券、公司股票、公司債券及經主管機關核定之其他有價證券。（第1項）

新股認購權利證書、新股權利證書及前項各種有價證券之價款繳納憑證或表明其權利之證書，視為有價證券。（第2項）

前二項規定之有價證券，未印製表示其權利之實體有價證券者，亦視為有價證券。（第3項）

從上述之規定，又可將證券交易法中所規範之有價證券分為資本證券（證券交易法第6條第1項）及擬制有價證券（證券交易法第6條第2項），以下便分述之：

1.資本證券

依證券交易法第6條第1項之規定：「本法所稱有價證券，謂政府債券、公司股票、公司債券、經財政部核定之其他有價證券。」因此，依該規定，證

10頁。

❸ 賴英照，股市遊戲規則——最新證券交易法解析，第24頁；陳春山，證券交易法論，第42頁。

❸ 李開遠，證券管理法規新論，第11頁。

券交易法之有價證券可分述如下：

(1)政府債券：此處所為之政府債券，即為一般俗稱之政府公債，其乃是政府（中央或地方政府）基於財政上之理由或為配合經濟上發展之所需，依法定程序所發行之債券，藉此向社會大眾籌借資金❸。因而，證券交易法所指之政府債券係包括我國中央政府公債、地方政府公債❸及國庫券等。而依證券交易法第 22 條第 1 項之規定：「有價證券之募集及發行，除政府債券或經主管機關核定之其他有價證券外，非向主管機關申報生效後，不得為之。」因而，政府債券之發行不受證券交易法有關公開發行之相關規定所拘束，故學理上又稱之為豁免證券 (exempted securities)❸。實務上，曾對登錄型公債加以解釋，其明確指出登錄型公債為政府公債之一種，其為證券交易法所稱之有價證券❸。此外，茲將政府債券之類型分述如下：

A.中央政府公債：其又可分為中央政府建設公債（如央債 86-4）、中央政府重大交通建設公債（如交乙三、交甲十）、高速公路建設公債（如北二高 4）及愛國公債等❸。

B.地方政府公債：此又可分為市政建設公債（如高市債 87-1 及北市債 89-1）、臺北市自來水工程建設公債（如北水債 77-1）及市政府公共建設土地債券❸。

C.國庫券：國庫券乃是政府依國庫券發行條例所發行之債券，其目的乃在於調節國庫收支或是穩定金融市場❹。

(2)公司股票：所謂公司股票，係指表彰股東權利之有價證券。公司法第

---

❸　李開遠，證券管理法規新論，第 11 頁；廖大穎，證券交易法導論，第 47 頁。

❸　陳春山，證券交易法論，第 42 頁。

❸　余雪明，證券交易法，第 146 頁；曾宛如，證券交易法原理，3 版，第 17 頁。

❸　財政部證券暨期貨管理委員會民國 86 年 6 月 7 日⑻臺財證（法）字第 42132 號函：「登錄型公債為政府公債之一種，屬證券交易法第六條所稱之有價證券，應受證券交易法有關規定之規範，請　查照。」

❸　李顯儀，金融商品理論與實務，第 78 頁。

❸　李顯儀，金融商品理論與實務，第 81 頁。

❹　吳光明，證券交易法論，第 34 頁。

161 條第 1 項並明文規定，公司非經設立登記或發行新股變更登記後，不得發行股票。但公開發行股票之公司，證券管理機關另有規定者，不在此限。因而，股票之發行前應先為登記。公司股票之發行，可能是募集設立而發行股票（參閱公司法第 132 條以下）或是增資而發行之股票（參閱公司法第 266 條以下）。公司法第 157 條之規定可發行特別股，其應就下列各款於章程中定之：

一、特別股分派股息及紅利之順序、定額或定率。

二、特別股分派公司賸餘財產之順序、定額或定率。

三、特別股之股東行使表決權之順序、限制或無表決權。

四、特別股權利、義務之其他事項。

因而，公司之股票便可分為普通股與特別股，茲分述如下：

A. 普通股 (Common Stock)

B. 特別股 (Preferred Stock)

 a. 優惠條件（參閱公司法第 157 條）

  (a) 股利分配優先權

  (b) 剩餘資產優先分配權

 b. 種類（參閱公司法第 157 條）

  (a) 參與分配特別股及非參與分配特別股

  (b) 累積特別股及非累積特別股

  (c) 可贖回特別股及不可贖回特別股

  (d) 可轉換特別股及不可轉換特別股

  (e) 有表決權特別股及無表決權特別股

  (f) 面額特別股及無面額特別股

(3)公司債券❹：所謂公司債券係指股份有限公司以籌集長期資金為目的，

---

❹ 在實務上，國際債券亦十分流行。國際債券乃是企業或政府單位所發行之債券，其在國外地區銷售，銷售之主要對象為國際投資者。其又可分為 1. 外國債券 (Foreign Bonds)：(1)洋基債券 (Yankee Bonds)，此係指在美國發行之外國債券，如交通銀行於 1997 年發行 3 億美元之浮動利率債券。(2)武士債券 (Samurai

就其所需資金總額分割為多數單位金額，所發行之負擔金錢債務之有價證券❷（有關公司債之發行，請參閱公司法第 246 條以下）。而公司債之分類，學理上一般之分類大致如下❸：

A. 有擔保公司債券 (Guaranteed Bonds)❹（參閱證券交易法第 28 條之 4）與無擔保公司債 (Non-Guaranteed Bonds)

B. 記名公司債券（參閱公司法第 260 條）與無記名公司債券（參閱公司法第 261 條）

C. 可轉換公司債券（參閱公司法第 248 條第 1 項第 18 款、第 262 條第 1 項）

D. 附認股權證公司債券（參閱公司法第 248 條第 1 項第 19 款、第 262 條第 2 項）

E. 次順位公司債券（參閱公司法第 246 條之 1）

⑷經主管機關核定之其他有價證券：

A. 證券投資信託事業為募集證券投資信託基金，所發行之受益憑證❺。

Bonds)，此乃指在日本發行之日圓外國債券。⑶布爾債券 (Bulldog Bonds)，此乃指在英國發行之外國債券。⑷小龍債券，此係指在亞洲發行之外國債券。2. 歐元債券：臺灣所發行者，以可轉換公司債（Euro Convertible Bond，簡稱 ECB）、浮動利率債券（Floating Rate Note，簡稱 FRN）及浮動利率定期存單為主（Floating Rate Certificate of Deposit，簡稱 FRCD）。

❷ 參閱柯芳枝，公司法論（下），2005 年 3 月，增訂 5 版 3 刷，第 377 頁。

❸ 柯芳枝，公司法論（下），2005 年 3 月，增訂 5 版 3 刷，第 382 頁以下；就實務而言，國內之公司債券發行，亦曾經發行過抵押債券 (Mortgage Bonds)，國內發行抵押債券之開創者為仁翔建設，其第二次發行公司債為抵押債券，參閱李顯儀，金融商品理論與實務，第 88 頁。

❹ 遠東紡織於 1995 年發行第 63 期有擔保公司債，其為 5 年期之公司債，公司債滿三年後，公司有提前贖回之權利，此時該公司債又被稱為可贖回債券 (Callables Bonds)。

❺ 財政部證券管理委員會民國 77 年㈦臺財證㈢字第 09030 號函：「核定證券投資信託事業為募集證券投資信託基金所發行之受益憑證為證券交易法所稱之有價證

B.外國之股票、公司債、政府債券、受益憑證及其他有投資性質之有價
證券，凡在我國內募集、發行、買賣或從事投資者❹。

C.華僑或外國人在臺募集資金赴外投資所訂立之投資契約❹。

D.非由標的發行公司所發行之認購（售）權證❹：依發行人申請發行認

券。」

❹ 財政部民國 76 年 9 月 18 日臺財證㈡字第 6805 號函：「財政部依證券交易法第六
條第一項規定核定：『外國之股票、公司債、政府債券、受益憑證及其他具有投
資性質之有價證券，凡在我國境內募集、發行、買賣或從事上開有價證券之投資
服務，均應受我國證券管理法令之規範。』」；財政部 81 臺財證㈡字第 50778 號函：
「按財政部七十六年九月十二日⑺臺財證㈡第○○九○○號函依證券交易法第六
條第一項規定核定『外國之股票、公司債、政府債券、受益憑證及其他具有投資
性質之有價證券，凡在我國境內募集、發行、買賣或從事上開有價證券之投資服
務，均應受我國證券管理法令之規範。』故外國股票依前函規定已屬證券交易法
第六條第一項所稱經財政部核定之其他有價證券。」；我國現行法規將在臺募集發
行之外國有價證券分為：1.臺灣存託憑證 (Taiwan Depositary Receipts, TDRs)；2.
債券；3.股票等三種。相關規定請參閱「外國發行人募集與發行有價證券處理準
則」。實務上，以臺灣存託憑證為主。順便一提的是，我國發行人欲到國外募集
及發行有價證券者，須依「發行人募集與發行海外有價證券處理準則」提出申請。
而募集或發行之有價證券可分為 1.海外存託憑證；2.海外公司債；3.海外股票等
三種。實務上，以 1.海外存託憑證；2.海外公司債為主。

❹ 財政部民國 76 年 10 月 30 日臺財證㈡字第 6934 號函：「華僑或外國人在臺募集
資金赴外投資所訂立之投資契約，與發行各類有價證券並無二致，投資人皆係給
付資金而取得憑證，係屬證券交易法第六條之有價證券，其募集發行應經本會核
准始得為之。又其募集資金之行為，如係募集基金投資於外國有價證券，則涉從
事證券交易法第十八條之二證券投資信託基金管理辦法所規定之業務範圍，亦應
經本會核准。」

❹ 證期會民國 86 年 6 月 2 日⑻臺財證㈤字第 03245 號函：「本部已依證券交易法第
六條第一項規定核定：『非由標的證券發行公司所發行之認購（售）權證，其募
集、發行與交易等相關事項均應受我國證券管理法令之規範。』請　查照。」；財
政部民國 86 年 5 月 23 日⑻臺財證㈤字第 03037 號函：「非由標的證券發行公司
所發行之認購（售）權證，其募集、發行與交易等相關事項均應受我國證券管理

購（售）權證處理準則第 2 條第 2 項之規定，認購（售）權證，係指標的證券發行公司以外之第三者所發行表彰認購（售）權證持有人於履約期間內或特定到期日，有權按約定履約價格向發行人購入或售出標的證券，或以現金結算方式收取差價之有價證券。並依同準則第 2 條第 3 項之規定，前項認購（售）權證之標的證券，以已在臺灣證券交易所股份有限公司（以下簡稱證券交易所）上市或財團法人中華民國證券櫃檯買賣中心（以下簡稱櫃檯買賣中心）上櫃且符合證券交易所或櫃檯買賣中心所定條件之股票或其組合，及指數股票型基金為限。

　　E.依金融資產證券化條例第 7 條規定之受益證券資產基礎證券、依不動產證券化條例第 5 條規定所募集或私募之受益證券❹、及依證券投資信託及顧問法第 1 條所發行之受益憑證。

　　F.公司債券分割後之息票❺。

　2.擬制有價證券──視為有價證券

　　證券交易法第 6 條第 2 項規定：「新股認購權利證書、新股權利證書及前項各種有價證券之價款繳納憑證或表明其權利之證書，視為有價證券。」學者稱此類視為有價證券類型者為擬制有價證券❺，因此類型之證書並非有價證券，但其得實質流通，故被擬制為證券交易法中之有價證券❺。以下便分別敘述之：

　　⑴新股認購權利證書：所謂新股認購權利證書，係指表彰新股認購權利之憑證❺。此種憑證乃指新股認購權利人，得據以在一定之條件下，向發行

　　法令之規範。」；發行認購（售）權證之依據，請參閱「發行人申請發行認購（售）權證處理準則」。

❹　余雪明，證券交易法，第 144 頁。

❺　金管會民國 94 年 2 月 4 日金管證一第 0940000539 號函：「規範公司所發行之公司債券分割後之息票為證券交易法第六條之有價證券。」

❺　廖大穎，證券交易法導論，第 49 頁。

❺　李開遠，證券管理法規新論，第 13 頁。

❺　吳光明，證券交易法論，第 36 頁；李開遠，證券管理法規新論，第 13 頁；廖大穎，證券交易法導論，第 49 頁。

該證書之公司購買發行新股之書面❺❹。例如公司法第 267 條第 1 項規定：「公司發行新股時，除經目的事業中央主管機關專案核定者外，應保留發行新股總數百分之十至十五之股份由公司員工承購。」此時，公司員工便有新股認購權利。且公司法第 268 條之 1 第 1 項規定：「公司發行認股權憑證或附認股權特別股者，有依其認股辦法核給股份之義務，不受第二百六十九條及第二百七十條規定之限制。但認股權憑證持有人有選擇權。」公司員工持有新股認購權利證書者，其便有權依認股辦法請求核給股份之權利。此種權利證書，經報請主管機關同意後，亦得於流通市場交易❺❺。

(2)**新股權利證書**：所謂新股權利證書，係指認購新股或是分配新股（例如原有股東依公司法第 240 條分配股息或是依公司法第 241 條公積金撥充資本而分配新股）時，於股票交付前得印製而交付給股東以表彰股東權利之證書❺❻。

(3)**證券交易法第 6 條第 1 項各種有價證券（政府債券、公司股票、公司債券、經財政部核定之其他有價證券）之價款繳納憑證或表明其權利之證書**：證券交易法第 33 條第 1 項規定：「認股人或應募人繳納股款或債款，應將款項連同認股書或應募書向代收款項之機構繳納之；代收機構收款後，應向各該繳款人交付經由發行人簽章之股款或債款之繳納憑證。」而此種股款或債款之繳納憑證，依證券交易法第 34 條第 2 項之規定，得轉讓之。至於此處所指之表明其權利之證書，主要係指可以轉換成或實質上有同樣投資意義之政府債券、公司股票、公司債券及經財政部核定之其他有價證券等有價證券之證書，例如公司成立前所發出之各類認股證明、選擇權 (Options)、認購權 (Warrants)、金融期貨 (Financial Futures)、金融期貨選擇權 (Option on Financial Futures) 等衍生證券❺❼。

---

❺❹　余雪明，證券交易法，第 144 頁及第 145 頁。

❺❺　吳光明，證券交易法論，第 36 頁；李開遠，證券管理法規新論，第 13 頁；廖大穎，證券交易法導論，第 49 頁。

❺❻　吳光明，證券交易法論，第 36 頁；李開遠，證券管理法規新論，第 13 頁；廖大穎，證券交易法導論，第 49 頁；余雪明，證券交易法，第 145 頁。

3.無實體發行者——視為有價證券

證券交易法第 6 條第 3 項規定：「前二項規定之有價證券，未印製表示其權利之實體有價證券者，亦視為有價證券。」此乃民國 89 年 7 月 19 日證券交易法修正時，增訂第 6 條第 3 項而來。於該增訂理由指出：「……二、為配合有價證券無實體發行制度之建立，及為避免無實體發行以帳簿劃撥登錄，因未印製實體有價證券，是否屬有價證券之爭議，爰將有價證券無實體發行以帳簿劃撥登錄，未印製實體有價證券者，亦規定視為有價證券，以杜爭議，爰增訂第三項。」因而，證券交易法第 6 條第 1 項及第 2 項規定之有價證券，縱使未印製表示其權利之實體有價證券，亦視為有價證券。

(三)爭議

1.市場上，以公司或個人向公眾籌募資金所簽訂之契約或其他文件，有否為證券交易法第 6 條所指之有價證券？例如：俱樂部之會員證或訂立投資契約 (Investment Contract) 後支付資金後所取得之憑證：實務上，例如招募俱樂部之會員證或募集資金赴外投資所訂立之投資契約，投資人支付資金後所取得之憑證，是否為我國證券交易法所稱之有價證券？就現行證券交易法相關規範而言，除非經主管機關核准，否則上述之會員證或憑證仍非我國證券交易法所指之有價證券[58]。或有認為，現今實務雖不認為是有價證券，但建議日後證券交易法修正時，應仿造美國法將投資契約納入有價證券之範圍內[59]。

2.金融商品中之金融性期貨 (financial futures) 或選擇權 (options) 是否為證券交易法第 6 條所指之有價證券？我國學說上有認為，應參照美國做法，似乎應將新型之金融商品，統一交由期貨交易法規範[60]。

---

[57]　參閱余雪明，證券交易法，第 145 頁。
[58]　劉連煜，新證券交易法實例研習，第 41 頁。
[59]　陳春山，證券交易法論，第 43 頁。
[60]　陳春山，證券交易法論，第 42 頁。

第六節　證券市場

第一項　證券市場之意義

證券交易法，乃是針對證券市場相關事項所為規範之法律。在金融發達之此時，學說將金融市場分為資本市場 (Capital Market) 與貨幣市場 (Money Market) 等兩部分。資本市場即係所謂之證券市場，其範圍涵蓋證券市場之參與者（如投資人、證券投資公司）與其他證券機構（如證券商、投資顧問公司、證券金融事業）等❻。若就證券進入市場與在市場流通等階段為基礎而言，所謂證券市場，係指政府或公司公開發行有價證券所形成之市場，與已發行之有價證券繼續流通交易所形成之市場❻。學理上，前者則為一般所稱之發行市場，後者則被稱之為流通市場❻。

第二項　證券市場之類型

如前所述，證券市場可分為發行市場與流通市場，而依我國現行證券法制，流通市場又可細分為證券集中交易市場、店頭市場及未上市（櫃）市場等三種，以下便分別敘述之：

一、發行市場

所謂發行市場 (Issue Market)，係指有價證券之發行人以公開首次發行有價證券（如股票、債券等）之方式向社會大眾（最初之投資人）募集資金而形成的市場。發行人藉此市場籌措企業所需之資金❻，學理上又將此種市場

---

❻　曾宛如，證券交易法原理，第 1 頁。

❻　李開遠，證券管理法規新論，第 32 頁。

❻　李開遠，證券管理法規新論，第 32 頁；賴英照，股市遊戲規則——最新證券交易法解析，第 23 頁；劉連煜，新證券交易法實例研習，第 1 頁。

❻　賴英照，股市遊戲規則——最新證券交易法解析，第 23 頁；劉連煜，新證券交

稱之為初級市場 (Primary Market)❻❺。

　　至於資金籌措之方式，實務上，一般乃先行上市或上櫃而以公司之原有股票（或稱老股）承銷，等到上市或上櫃掛牌而交易後，再以增資發行新股之方式而對外承銷而籌措資金。其主要原因在於，如進行同時申請上市（或上櫃）與增資，程序會較繁雜。不過，近來以增資之方式作為上市而對外承銷而代替老股承銷，已為主管機關所鼓勵❻❻。學理上稱從資本市場（如現金增資）取得資金為直接金融，至於向銀行貸款而籌得資金者為間接金融❻❼。

二、流通市場

　　所謂流通市場 (Circulation Market)，係指有價證券發行後，證券得被買賣交易之場所，又稱為次級市場 (Secondary Market)❻❽。有價證券須具有流通交易之便利性，才能引起投資人踴躍參與，以促進有價證券之順利公開發行，因而流通市場之存在成為支持發行市場之重要支柱，其二者便相輔相成而互不可欠缺。此種提供已流通在外之有價證券買賣之流通市場，我國證券交易法學者又將之分為證券集中交易市場、店頭市場及未上市(櫃)市場等三類❻❾，

易法實例研習，第 1 頁。

❻❺　李顯儀，金融商品理論與實務，第 6 頁；洪志祥（總校閱），投資學，2005 年 4 月，初版，第 78 頁；蕭榮烈，金融市場──理論與實務，2004 年 9 月，3 版，第 270 頁。

❻❻　劉連煜，新證券交易法實例研習，第 7 頁。

❻❼　李顯儀，金融商品理論與實務，第 7 頁；劉連煜，新證券交易法實例研習，第 8 頁。

❻❽　李顯儀，金融商品理論與實務，第 6 頁；洪志祥（總校閱），投資學，第 78 頁；蕭榮烈，金融市場──理論與實務，第 270 頁。

❻❾　曾宛如，證券交易法原理，第 71 頁；不過，在美國投資學理論上，將已流通在外之有價證券交易（第二次以後之任何交易）市場稱之為流通市場。並且，此流通市場係由交易所（如紐約股票交易所）、店頭市場、第三市場 (Third Market) 與第四市場 (Fourth market) 所組織而成。所謂第三市場及第四市場係指由大型投資機構互相交易之非正式場所，其中第三市場之機構間交易係由經紀商居間安排，

且以集中交易市場與店頭市場為主。茲分述如下：

㈠證券集中交易市場

依證券交易法第 12 條之規定，有價證券集中交易市場，謂證券交易所為供有價證券之競價 (Competitive Offer) 買賣所開設之市場。一般稱在證券集中市場交易之公司為上市公司，而從每天股市交易受到國內外證經學之重視觀之，上市公司在市場反應如何，已成為國家經濟發展中之一大重要因素。

所謂上市，學理上有簡而言之者，而謂上市是指公司之證券在證券交易所掛牌買賣[70]。亦有詳而言之者，則謂上市係指發行公司與證券交易所（簡稱證券交易所）間，訂立上市契約，使得發行公司能將其發行之有價證券在證券交易所之集中交易市場買賣，而證券交易所得向該公司收取上市費用之行為[71]。

依證券交易法第 94 條之規定，證券交易所之組織，分會員制及公司制。目前我國只有公司制之證券交易所，此即為臺灣證券交易所股份有限公司（簡稱證券交易所）。因而，我國證券集中市場交易係在證券交易所之體制內為之，證券自營商 (Proprietary) 與證券經紀商 (Brokerage) 透過證券交易所之相關設備及系統從事交易。依證券交易法第 140 條之規定：「證券交易所應訂定有價證券上市審查準則及上市契約準則，申請主管機關核定之。」因而，臺灣證券交易所股份有限公司便依此授權制定臺灣證券交易所股份有限公司有價證券上市審查準則及有價證券上市作業程序，作為審查公司上市之標準。此外，證券交易所並制定臺灣證券交易所股份有限公司有價證券上市契約準則。因而，欲在證券集中交易市場交易之公司，其須符合臺灣證券交易所股份有限公司有價證券上市審查準則及臺灣證券交易所股份有限公司審查有價證券上市作業程序之相關要件。而合於上市標準之公司，應與證券交易所簽訂上市契約。

至於第四市場之機構間交易則無須經紀商之居間安排。詳見余雪明，證券交易法，第 452 頁；蕭榮烈，金融市場——理論與實務，第 271 頁。

[70] 余雪明，證券交易法，第 495 頁。

[71] 吳光明，證券交易法論，第 181 頁。

㈡店頭市場

此即為一般所稱之 OTC (Over-The-Counter)，其買賣方式又被稱為櫃檯買賣。我國辦理櫃檯買賣業務者，乃為財團法人中華民國證券櫃檯買賣中心。不同於前述之集中市場交易所採取之「競價買賣」，店頭市場所採取之交易型態乃為於證券商專設之櫃檯進行交易行為，此係採「議價 (Negotiated Offer) 方式」進行買賣學理上稱之為櫃檯買賣。例如買賣公債、公司債或金融債券者，投資者得向不同之債券商購買，而其價格並不一定會相同。此外，投資者於票券金融公司買賣短期債券者，亦為店頭市場之交易❷。

在實務上，本來在店頭市場交易之公司的規模較集中市場交易之公司為小，並且大部分公司均以上市為其最後之目標。不過，在我國證券發展過程中，臺灣店頭市場（民國 40 年代）則比集中市場交易（民國 51 年）早誕生。然而近年來在美國之證券市場之發展中，其店頭市場 (National Association of Securities Dealers，簡稱 NASD) 交易之公司股票中，包括數家重要之公司，如微軟 (Microsoft)、英特爾 (Intel) 及雅虎 (Yahoo) 等。亦因此，NASD 之交易指數——那施達克指數 (National Association of Securities Dealers Automated Quotation System, NASDAQ) 亦成為市場景氣與否之一種指標，其重要性與紐約證券交易所 (New York Stock Exchange, NYSE) 或美國證券交易所 (American Stock Exchange, Amex) 之集中市場交易可相輝映❸。

不過，我國之店頭市場係指於證券商專設之櫃檯進行交易行為，而美國店頭市場交易係指一切不在證券交易所從事之買賣，並不以證券商營業處所進行之買賣為限，因而在概念上顯然與我國所謂之店頭市場不同❹。

㈢未上市（櫃）市場

1.未上市市場之意義

如前所述，我國之證券市場可分為上市（集中交易市場及店頭市場）及未上市市場。就股票而言，若非在上市（集中交易市場）或上櫃（店頭市場）

---

❷　李顯儀，金融商品理論與實務，第 6 頁以下。

❸　參閱曾宛如，證券交易法原理，第 102 頁以下。

❹　參閱陳春山，證券交易法論，第 301 頁。

交易之股票，均可稱之為「未上市股票」，因而其為交易之處所則未若上市市場之限制，其交易場所則不限於特定場所，故此交易之市場則即所謂之未上市市場。目前未上市股票的交易，除私下轉讓外，大都是透過盤商買賣。就未上市公司而言，其又分為兩類，一、已公開發行公司，二、未公開發行公司。公司資本額超過新臺幣五億元以上者，必需辦理公開發行。

2.興櫃股票

未上市（櫃）公司股票之交易，因為投資人對於發行公司相關資訊無法經由公開管道取得（例如財務、業務資料無強制即時公開機制），且交易資訊也沒有客觀公正的揭示管道，故於透過盤商仲介交易時，容易弊端百生。有鑑於此，為了提供未上市（櫃）公開發行公司的股票一個合法、安全、透明的交易市場，並將未上市（櫃）股票納入制度化管理，以保護投資大眾。財團法人中華民國證券櫃檯買賣中心（簡稱櫃檯買賣中心）奉主管機關指示研議未上市（櫃）股票交易制度方案，並已於民國90年7月19日經行政院財經小組第三十二次會議決議通過，並於民國91年元月正式開始議價交易，此即為所謂「興櫃股票」之由來❼❺。

此種所謂之興櫃股票，將已經申報上市（櫃）輔導契約之公開發行公司的普通股股票，在還沒有上市（櫃）掛牌之前，經過櫃檯買賣中心依據相關規定核准，而先在證券商營業處所議價買賣。申請為興櫃股票的發行公司，並無營業利益、稅前純益等獲利能力之要求，也沒有資本額、設立年限、股東人數之規定，不過依財團法人中華民國證券櫃檯買賣中心證券商營業處所買賣興櫃股票審查準則第6條第1項之規定：「本國發行人符合下列條件者得申請其股票登錄為櫃檯買賣：一、為公開發行公司。二、已與證券商簽訂輔導契約。三、經二家以上輔導推薦證券商書面推薦，惟應指定其中一家證券商係主辦輔導證券商，餘係協辦輔導證券商，並由主辦輔導證券商檢送最近一個月對該公司之『財務業務重大事件檢查表』。四、在本中心所在地設有專

---

❼❺ 財團法人中華民國證券櫃檯買賣中心興櫃股票買賣辦法第3條第1項：「本辦法所稱興櫃股票，謂發行人依本中心證券商營業處所買賣興櫃股票審查準則（以下簡稱興櫃股票審查準則）規定申請登錄買賣之普通股票。」

業股務代理機構或股務單位辦理股務。五、募集發行之股票及債券，皆應為全面無實體發行。」簡而言之，公開發行公司申請其股票登錄為櫃檯買賣須符合下列條件：㈠已經申報上市（櫃）輔導。㈡經二家以上證券商書面推薦。㈢在櫃檯買賣中心所在地設有專業股務代理機構辦理股務。㈣募集發行之股票及債券，皆應為全面無實體發行。

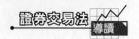

附　錄

附錄一　行政院金融監督管理委員會組織圖

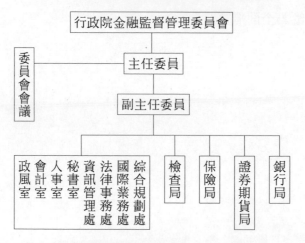

資料來源：行政院金融監督管理委員會
　　　　　http://www.fscey.gov.tw/ct.asp?xItem=1833573&CtNode=2120&mp=2

附錄二　行政院金融監督管理委員會證期局組織圖

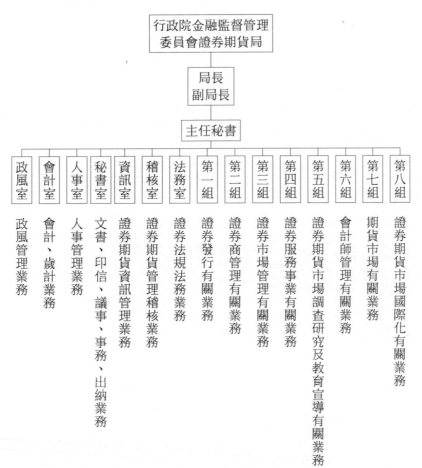

資料來源：行政院金融監督管理委員會
http://www.sfb.gov.tw/1.asp

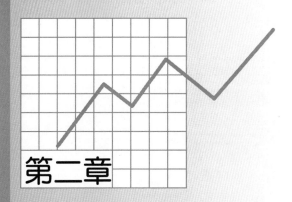

第二章

發行市場之管理

第一節　有價證券之募集、發行

第一項　基本概念

第一款　有價證券募集之定義

證券交易法第 7 條第 1 項規定：「本法所稱募集，謂發起人於公司成立前或發行公司於發行前，對非特定人公開招募有價證券之行為。」就證券交易法對於募集所下之定義而觀之，證券交易法所謂之募集可分析如下：

一、募集之主體

㈠公司成立前——發起人

證券交易法所指之公司為股份有限公司（參閱證券交易法第 4 條），因而證券交易法所指之發起人乃係指股份有限公司之設立人而言。而發起人在股份有限公司之創立過程所扮演之角色，則從公司法第 129 條之規定可知，乃是應以全體發起人之同意而訂立章程，並簽名或蓋章。至於事實上有無參與公司之設立過程，均不影響其發起人之身分的存在❶，此亦為所謂之形式認定說❷。不過，學說或有認為，發起人乃泛指參與公司設立，並從事有關招募之人。因而，從事籌備設立公司者或是有招募有價證券事實之人，均為發起人，至於其是否在章程簽名則非所問❸。而依公司法第 128 條之規定，發起人得為自然人（但須具備完全行為能力）、法人（以公司為限）或政府。原則上，發起人之人數至少要有兩人。例外的是，依公司法第 128 條第 1 項之規定，政府或法人股東一人所組織之股份有限公司，則得單獨一人為發起人。

---

❶　柯芳枝，公司法論（上），2004 年 8 月修正，增訂 5 版 4 刷，第 139 頁。

❷　學理上，尚有所謂之實質認定說，形式認定說與實質認定說之詳細說明，請參閱劉連煜，現代公司法，2007 年 2 月，增訂 2 版，第 180 頁及第 181 頁。

❸　陳春山，證券交易法論，第 57 頁。

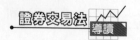

證券交易法第 7 條規定:「發行人於公司成立前，……對非特定人公開招募有價證券之行為。」因而證券交易法所稱之公司成立前之發行人，乃指以募集設立方式成立股份有限公司之發起人，以公開發行有價證券來籌募公司資金之行為❹。

㈡公司成立後──發行公司

證券交易法第 7 條所規定「發行公司發行前，……對非特定人公開招募有價證券之行為。」者，乃指公司設立後，公司以公開發行有價證券來籌募公司資金之行為❺，例如公司因增資而發行新股或發行公司債❻。

二、募集之客體──有價證券

從證券交易法第 7 條第 1 項之規定可知，證券交易法募集之客體為有價證券。有關證券交易法之有價證券相關概念，請參閱第一章之說明，於此茲不再贅述。

三、募集之相對人──非特定人

募集之相對人（或稱為對象）乃為多數之非特定人，證券交易法與公司法均無明文規定，除了發起人為特定人外，另外再參照公司法第 268 條❼之規定而作反面解釋可知，凡是公司原有股東、員工及特定人以外之人方為非特定人❽。此外亦有學者稱募集，係指凡不符合私募規定者❾。若是募集之對象為特定人，縱使此特定人為多數，亦非為募集❿。

---

❹ 賴英照，股市遊戲規則──最新證券交易法解析，第 25 頁。

❺ 賴英照，股市遊戲規則──最新證券交易法解析，第 25 頁。

❻ 賴源河，證券法規，第 51 頁。

❼ 參閱公司法第 268 條:「公司發行新股時，除由原有股東及員工全部認足或由特定人協議認購而不公開發行者外，應將左列事項，申請證券管理機關核准，公開發行……」

❽ 賴英照，股市遊戲規則──最新證券交易法解析，第 25 頁；李開遠，證券管理法規新論，第 141 頁及第 142 頁。

❾ 曾宛如，證券交易法原理，第 48 頁。

不過於此須加以說明的是，公司發行新股時，因其不同之狀況而產生是否須履行公開發行程序與否之爭議❶，以下僅以圖表分述之：

表 2-1

發行公司	募集對象	履行公開發行程序
公開發行公司	1.有價證券對外公開承銷 2.由原公司股東或員工認足 3.特定人認購（非依私募之方式）	須依證券交易法第 22 條第 1 項辦理公開發行程序(參閱證券交易法第 22 條第 2 項)
公開發行公司	特定人認購（依私募之方式）	不須依證券交易法第 22 條第 1 項辦理公開發行程序(參閱證券交易法第 43 條之 6)
非公開發行公司	有價證券對外公開承銷	須依證券交易法第 22 條第 1 項辦理公開發行程序
非公開發行公司	由原公司股東或員工認足	不須依證券交易法第 22 條第 1 項辦理公開發行程序

四、募集之方式──公開

募集之方式須為公開，而所謂公開者，係指以傳播為媒介，向公眾募集而言❷。

第二款　有價證券發行之定義

證券交易法第 8 條第 1 項規定：「本法所稱發行，謂發行人於募集後製作並交付，或以帳簿劃撥方式交付有價證券之行為。」且於第 2 項又規定：「前項以帳簿劃撥方式交付有價證券之發行，得不印製實體有價證券。」如依證券交易法第 8 條對於有價證券發行所下之定義，所謂發行，乃指發行人於募集後製作並交付，或以帳簿劃撥方式交付有價證券之行為。

學理上，有認為將發行侷限於「募集後製作並交付，或以帳簿劃撥方式交付有價證券之行為」，似乎過於狹隘，與一般用語有違。蓋發行之意義如僅

❶　賴英照，股市遊戲規則──最新證券交易法解析，第 25 頁。
❶　賴英照，股市遊戲規則──最新證券交易法解析，第 25 頁。
❷　賴源河，證券法規，第 51 頁；廖大穎，證券交易法導論，第 68 頁。

止於製作或交付有價證券之行為者，則無「公開」與「不公開」區別之可能❸。

　　本書認為，一般對於有價證券之發行之理解，在解釋上應包括申請發行、董事會之決議、公開募集直到製作並交付有價證券一連串等行為，或可稱為「發行程序」。換言之，所謂有價證券之發行者，係指有價證券之發行人以公開發行證券（如股票、債券等）之方式向社會大眾（最初之投資人）募集資金並完成交付有價證券之行為。如單就公司法觀之，無論是發行新股或公司債等，其發行之態樣可能為公開發行或不公開發行，然就證券交易法所規範者，乃專指有價證券之公開發行而言。如就現行證券交易法第 8 條觀之，其無論從公司法之一般用語或一般對於發行之用語而言，其僅為交付行為，或可謂立法者乃採狹義之意義。因而，「發行」一語可分析如下：

一、發行之主體——發行人

　　依證券交易法第 5 條之規定：「本法所稱發行人，謂募集及發行有價證券之公司，或募集有價證券之發起人。」因而，發行之主體為募集及發行有價證券之公司，或募集有價證券之發起人。

二、發行行為之內容

㈠廣義之發行行為內容

　　發行行為之內容應指募集或發行有價證券❹。而就發行行為而言，證券交易法並無明文之規定，而須回歸公司法之規定。公司法之發行，並未如證券交易法限於對特定人以外為之（證券交易法第 7 條），縱使經由特定人認購股票（參閱公司法第 131 條第 1 項）或公司債（參閱公司法第 268 條第 1 項）後製作交付之，亦為公司法所稱之發行行為❺。然而須注意的是，證券交易法所謂之發行，乃專指公司法中之公開發行而言，其乃指經由公開發行程序

---

❸　曾宛如，證券交易法原理，第 54 頁。

❹　證券交易法有關募集及發行程序之主要規定者，請參閱第 17 條、第 22 條及發行人募集與發行有價證券處理準則。

❺　李開遠，證券管理法規新論，第 142 頁。

辦理發行者，而非專指透過公開承銷者。因而，於發行新股時，部分經由公開承銷，部分由員工或股東優先認購，亦屬於公開發行❶。

㈡狹義之發行行為內容（證券交易法之規定）

證券交易法第 8 條第 1 項規定：「本法所稱發行，謂發行人於募集後製作並交付，或以帳簿劃撥方式交付有價證券之行為。」因而，如就證券交易法第 8 條之規定觀之，發行乃發行人募集後之行為，所謂發行又可分為下列兩種：

1.**發行人於募集後製作並交付有價證券之行為**：此處所稱之製作，若發行之有價證券為股票者，則指股票應編號，載明公司名稱、設立登記或發行新股變更登記之年、月、日、及發行股份總數及每股金額等等事項，由董事三人以上簽名或蓋章，並經主管機關或其核定之發行登記機構簽證後發行之（參照公司法第 162 條第 1 項）。若是發行之有價證券為公司債，則此所指之製作，乃指公司債之債券應編號載明發行之年、月、日及公司法第 248 條第 1 項第 1 款至第 4 款、第 18 款及第 19 款之事項，有擔保、轉換或可認購股份者，載明擔保、轉換或可認購字樣，由董事三人以上簽名或蓋章，並經證券管理機關或其核定之發行登記機構簽證後發行之（參照公司法第 257 條第 1 項）。至於此處所指之交付，乃指發行人應於依公司法得發行股票或公司債券之日起三十日內，對認股人或應募人憑前條之繳納憑證，交付股票或公司債券，並應於交付前公告之（參閱證券交易法第 34 條第 1 項）。學者並指出，發行乃係由製作與交付二者合併所構成，僅有製作而為交付者，並非證券交易法所指之發行。換言之，證券交易法所指之發行應係新股發行，至於原有股份之公開發行，則非此處所指之發行❷。

2.**發行人於募集後以帳簿劃撥方式交付有價證券之行為**：證券交易法第 8 條第 2 項又規定：「前項以帳簿劃撥方式交付有價證券之發行，得不印製實體有價證券。」因為證券交易法第 8 條第 1 項明訂，得以「帳簿劃撥交付有價證券」之「發行」有價證券型。然而，民商法傳統理論均以有價證券係「實體發行」為前提，為使之更臻明確，並避免理論之爭，故增訂本規定❸。

---

❶ 陳春山，證券交易法論，第 58 頁。

❷ 李開遠，證券管理法規新論，第 142 頁。

第三款　公開招募之意義

證券交易法第 22 條第 2 項規定：「已依本法發行股票之公司，於依公司法之規定發行新股時，除依第四十三條之六第一項及第二項規定辦理者外，仍應依前項之規定辦理。」學者稱此種已依證券交易法發行股票之公司（亦即已公開發行之公司）所為之行為乃為公開招募，其係指為出售有價證券，對不特定人公開要約發售或其他招募之行為。至於尚未公開發行之公司，其欲為公開發行之行為，則仍須依證券交易法第 22 條第 1 項規定之程序為之❶。

此外，發行人募集與發行有價證券處理準則第 61 條至第 65 條對於公開招募亦有相關之規範。公營事業民營化所採取公股出售之方式，一般均依公開招募之方式為之❷。

第四款　有價證券買賣之意義

我國現行證券交易法對於有價證券買賣並無定義性規定，然民國 77 年證券交易法修正前第 9 條則將有價證券買賣界定為：買賣係指在證券交易所集中交易市場，以競價方式買賣，或在證券商營業處所買賣有證券之行為。然而，舊證券交易法第 9 條所規定之有價證券買賣之定義過於狹隘，其未將發行市場之募集行為及流通市場場外交易包括在內，因而立法者加以刪除。有價證券買賣之意義則應回歸民法買賣之意義❸，不過探討欲了解有價證券買賣之相關內容，則應從各種有價交易市場之類型觀之，方能真正知道其內容。

證券交易法所規範者為公開發行公司，又可分為三類，而其間公司之有價證券買賣型態，依現行公司法與證券交易法之規定，可分上市公司、上櫃

---

❿　參閱證券交易法民國 89 年 7 月 19 日第 8 條之修訂理由：「……爰修正第一項，增訂以『帳簿劃撥交付有價證券』之『發行』有價證券型。惟慮及民商法傳統理論均以有價證券係『實體發行』為前提，爰增訂第二項使之更臻明確，並避免理論之爭。」

❶　賴英照，股市遊戲規則——最新證券交易法解析，第 27 頁。

❷　賴英照，股市遊戲規則——最新證券交易法解析，第 27 頁。

❸　余雪明，證券交易法，第 152 頁。

公司及未上市（櫃）公司之買賣❷，以下僅就上市公司及上櫃公司買賣型態
圖示如下：

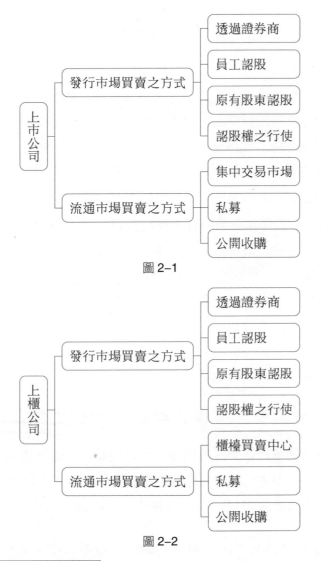

圖 2-1

圖 2-2

---

❷ 若從證券市場之概念歸類，其中流通市場可分為三個部分：1.集中交易市場（證
券交易所系統下買賣之市場）；2.店頭市場（櫃檯買賣中心系統買賣之市場，亦
即證券交易法所稱之於證券商營業處所買賣之市場，又稱櫃檯買賣，目前除了上
櫃之有價證券於此買賣外，興櫃股票亦於此交易）；3.未上市（上櫃）市場。此
為國內學者一般之分類，請參閱曾宛如，證券交易法原理，第77頁。

第二項　有價證券之公開發行

第一款　有價證券公開發行之意義

我國公司法及證券交易法對於公開發行，並無明確之定義性規定。若就公司法與證券交易法之規定觀之，所謂**公開發行**，似可指發起人或發行公司依公司法、證券交易法之規定，向非特定之多數人，募集與發行有價證券，並公開該公司之財務、業務及相關資料之行為❷。或可稱公開發行者，係指發起人於公司成立前或發行公司於發行前，對非特定人公開招募有價證券之行為。此外，依證券交易法第 5 條之規定：「本法所稱發行人，謂募集及發行有價證券之公司，或募集有價證券之發起人。」學者或有指出，公司法中所稱之公開發行，即為證券交易法之發行❷。學者亦有指出，英國法上之公開發行 (public offer)，即為我國證券交易法第 7 條所稱之募集❷。

有價證券採公開發行方式募集資金者，其須將公司之財務、業務等資訊須對外公開，並受證券交易法及其相關法規所規範。而引起公司採取公開發行方式募集資金，其一大原因乃是為了上市或上櫃，因為欲申請股票上市或上櫃之公司，皆須先辦理公開發行。

第二款　有價證券公開發行之類型

公司是否公開發行，如採募集設立者，則其成立之方式本為透過公開募集方式之態樣。若為本已成立之未公開發行公司，欲為公開發行時，依公司法第 156 條第 4 項之規定：「公司得依董事會之決議，向證券管理機關申請辦

---

❷　學者另有將公開發行定義為：股份有限公司依公司法、證券交易法之規定，向證券主管機關辦理公開發行有價證券之申請或申報，經主管機關核准或屆期生效後，發行人向非特定之多數人，募集與發行有價證券，並公開該公司之財務、業務及相關資料，或者分散部分股權。參閱廖大穎，證券交易法導論，第 83 頁。

❷　陳春山，證券交易法論，第 61 頁。

❷　曾宛如，證券交易法原理，第 45 頁。

理公開發行程序。但公營事業之公開發行，應由該公營事業之主管機關專案核定之。」❷❻以下便將有價證券公開發行之類型，分述之：

一、公司成立時，採募集設立方式（公司法第 13 條）

股份有限公司成立之方式，得採發起設立（由發起人認足第一次應發行之股份）或是採募集設立（由發起人認足第一次應發行之部分股份，其他則對外公開招募）。證券交易法所規範者為公開發行公司，因而公司之成立，一開始即採募集設立之方式時，則該公司即屬於證券交易法規範之範疇。因而，所謂募集，就公司成立時之階段而言，乃指募集設立之發起人於公司成立前，對非特定人公開招募股份之行為（參閱證券交易法第 7 條）。

表 2-2　募集設立之設立程序 ❷❼

一、發起人定章程（公司法第 129 條）
二、發起人認股（公司法第 132 條第 1 項、第 133 條第 2 項）
三、募集設立公開招募股份之步驟
　1.發起人申請證券主管機關審核公開募股（證券交易法第 30 條；公司法第 133 條第 1 項）
　2.發起人應備認股書（公司法第 138 條第 1 項前段）
　3.公告招募：核准通知到達後三十日內（公司法第 133 條第 3 項）
　4.認股人認股（公司法第 138 條第 1 項後段）
　5.發起人向各認股人催繳股款（公司法第 139、141、142 條）
　6.收足股款（證券交易法第 33 條）

---

❷❻ 有價證券之募集與發行，公司內部程序乃包括董事會或股東會之決議（請參閱公司法第 129 條、第 266 條、第 277 條至第 279 條等），及向主管機關為申報或申請之。

❷❼ 公司法第 132 條第 1 項規定：「發起人不認足第一次發行之股份時，應募足之。」股份有限公司之設立，若依此方式者，則被稱為募集設立（或稱為募股設立）。此種設立方式發起設立之主要區別，乃在於發起人無須認足第一次應發行之股份，而是於發起人認股後，就第一次應發行未認足部分，並依公司法第 133 條第 1 項規定，向不特定之公眾公開招募股份。

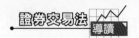

(1)代收款項機構：銀行或郵局（證券交易法第 33 條第 1 項前段；公司法第 133 條第 1 項第 4 款）

(2)代收款項機構收款後→應向各該繳款人交付經由發行人簽章之股款或債款之繳納憑證（證券交易法第 33 條第 1 項後段）❷

四、發起人應於股款繳足後二個月內召開創立會（公司法第 143 條）

五、董事長聲請設立登記（公司法第 387 條）

六、主管機關審核（參閱公司法第 388 條）❷

七、簽證並交付股票

  1.設立登記之日起三十日內（證券交易法施行細則第 3 條；證券交易法第 34 條）

  2.不適用公司法第 161 條之 1 第 1 項之規定

二、非公開發行公司成立後，採對外招募方式之發行新股（公司法第 268 條❸）

　　未公開發行公司於發行新股前，對非特定人公開招募股份之行為，亦成為公開發行公司(參閱證券交易法第 7 條)。所謂發行新股，係指公司成立後，發行公司章程所載之股份總數未於設立時發行之股份或是章程所載之股份總數全部發行後，經變更章程增資而增加股份總數後發行所增加之股份❸。簡而言之，公司成立後發行新股之類型，可能是依公司法第 156 條規定下之就原本授權資本制範圍內分次發行新股或是依公司法第 278 條規定之增資發行新股。學理上又將新股發行之原因，分為下列之情形❸：

　　㈠直接以籌集資金為目的：一般之發行新股，則屬於此種類型。學說並

---

❷ 依證券交易法第 6 條第 2 項之規定，繳款人取得之由發行人簽章之股款或債款之繳納憑證，視為有價證券。

❷ 參閱柯芳枝，公司法論（上），第 149 頁以下；賴源河，證券法規，第 70 頁以下。

❸ 公司法第 268 條第 1 項：「公司發行新股時，除由原有股東及員工全部認足或由特定人協議認購而不公開發行者外，應將左列事項，申請證券管理機關核准，公開發行：……。」

❸ 柯芳枝，公司法論（下），第 419 頁。

❸ 柯芳枝，公司法論（下），第 420 頁以下。

認為，公司法第五章第八節之「發行新股」即指此❸❸。

(二)因其他事由：特殊之發行新股。

1.股份交換（公司法第 156 條第 6 項）

2.員工認股權行使（公司法第 167 條之 2）：員工認股權憑證於公開發行公司與非公開發行公司均可發行之

3.餘轉作資本（股份分派）（公司法第 240 條第 1 項）

4.員工分紅入股（公司法第 240 條第 4 項）

5.公積撥充資本（公司法第 241 條第 1 項）

6.轉換公司債轉換股份或附認股權公司債行使認股權（公司法第 262 條）

7.以資產增值抵充核發新股與股東（公司法第 267 條第 5 項）

8.認股權憑證或附認股權特別股者行使認股權（公司法第 268 條之 1）：公開發行公司始可發行❸❹

9.因合併他公司、分割而增發新股（公司法第 317 條之 1 第 1 項第 3 款；第 317 條之 2 第 1 項第 3 款）

若就發行新股之類型，及適用之法律規範，則可簡略歸納列表如下：

表 2-3　發行新股之類型及適用之法律規範❸❺

1.類型
⑴分次發行新股（公司法第 156 條）
⑵增資（公司法第 278 條）
2.發行之規範
證券交易法第 22 條第 2 項：「已依本法發行股票之公司，於依公司法之規定發行

---

❸❸　柯芳枝，公司法論（下），第 420 頁。

❸❹　公司法第 268 條第 1 項規定：「公司發行新股時，除由原有股東及員工全部認足或由特定人協議認購而不公開發行者外，應將左列事項，申請證券管理機關核准，公開發行：……七、發行認股權憑證或附認股權特別股者，其可認購股份數額及其認股辦法。……」因發行認股權憑證或附認股權特別股者，須申請證券管理機關核准，公開發行。有關認股權憑證或附認股權之區別詳細說明，請參閱王文宇，公司法論，2003 年 10 月，初版 1 刷，第 460 頁及第 461 頁。

❸❺　參閱賴源河，證券法規，第 71 頁。

新股時，除依第四十三條之六第一項及第二項規定辦理者外，仍應依前項之規定辦理。」因而，

    A.已公開發行之公司，發行新股時，依證券交易法第 22 條第 2 項之規定，無論該新股對外與否，均視為公開發行。發行新股之程序，適用證券交易法及公司法等相關規定

    B.未對外公開發行之公司

      a.對外公開招募：此時，即成為公開發行，發行新股之程序，適用證券交易法及公司法之規定

      b.不對外公開招募：亦即原有股東、員工全部認足或由特定人認購而不公開發行，發行新股之程序，適用公司法

表 2-4　公開發行新股或視為公開發行之程序 ❸⑥

一、經董事會特別決議：董事三分之二以上之出席，及出席董事過半數同意（公司法第 266 條第 2 項）

二、董事會應備置認股書（公司法第 273 條第 1 項）

三、董事會應對原有股東為附失權預告之認股通知及公告（公司法第 267 條第 3 項）

四、員工及原有股東認股（公司法第 267 條）

五、公開發行新股招募之步驟

  1.董事會申請證券主管機關審核公開募股（證券交易法第 30 條；公司法第 268 條）

  2.公告招募：證券管理機關核准通知到達後三十日內為之（公司法第 273 條第 2 項）

  3.認股人認股（公司法第 273 條第 1、4 項）

六、董事會向各認股人催繳股款（公司法第 266 條第 3 項準用第 141、142 條）

七、收足股款（證券交易法第 33 條）

  1.代收款項機構：銀行或郵局（證券交易法第 33 條第 1 項前段；公司法第 268 條第 1 項第 8 款）

  2.代收款項機構收款後→應向各該繳款人交付經由發行人簽章之股款或債款之繳納憑證（證券交易法第 33 條第 1 項後段）❸⑦

---

❸⑥　須注意的是，證券交易法第 28 條之 1 對於現金增資之新股發行有特別規定，其對於股票尚未上市櫃之公開發行公司及股票以上市櫃之公開發行公司，於特定情形下，排除了公司法第 267 條第 3 項關於原股東儘先分認規定之限制。

❸⑦　依證券交易法第 6 條第 2 項之規定，繳款人取得之由發行人簽章之股款或債款之

八、申請變更登記：發行新股結束後十五日內（公司之登記及認許辦法第 11 條第 1 項）

九、簽證並交付股票

1. 設立登記之日起三十日內（證券交易法施行細則第 3 條；證券交易法第 34 條）

2. 不適用公司法第 161 條之 1 第 1 項之規定

三、發行股票以外之有價證券

㈠發行公司債

所謂公司債，係指股份有限公司以籌集長期資金為目的，就其所需要之資金總額分割為數個單位金額，以發行公司債券方式，所負擔之金錢債務❸。公司債之發行，其可能係對非特定人公開招募公司債之方式，此時乃屬於證券交易法所稱之募集，學說上有明確區分此種發行公司債之方式為公司債之募集。至於，已公開發行股票之公司，依證券交易法第 43 條之 6，對特定人所為招募公司債之行為則稱之為公司債之私募❸。

表 2-5　發行公司債之程序❹

一、須董事會之特別決議（公司法第 246 條第 2 項）

1. 董事會之專屬權

2. 無須股東會決議或承認

3. 報告股東會即可（公司法第 246 條第 1 項）

二、利他性信託契約之訂立

1. 信託契約相對人：金融或信託業者（公司法第 248 條第 6 項）

2. 受託人之報酬：由發行公司負擔（公司法第 248 條第 6 項）

3. 受託人之權利與義務

(1) 權利：A. 報酬請求權（公司法第 248 條第 6 項）；B. 查核、監督權（公司法第 255 條）；C. 公司債債權人會議之召集權（公司法第 263 條第 1 項）

繳納憑證，視為有價證券。

❸　柯芳枝，公司法論（下），第 377 頁。

❸　柯芳枝，公司法論（下），第 390 頁。

❹　柯芳枝，公司法論（下），第 394 頁以下；賴源河，證券法規，第 72 頁以下。

⑵義務：A.實行義務（公司法第 256 條第 2 項）；B.保管義務（公司法第 256 條第 2 項）

三、募集公司債之聲請

　　1.證券管理機關審核（證券交易法第 30 條；公司法第 248 條第 1 項）

　　2.特殊情形：私募（公司法第 248 條第 2、3 項）

　　3.審核事項之更正（公司法第 248 條第 4 項）

四、募集公告（公司法第 252 條第 1 項）

　　1.公告之內容

　　⑴備就公司債應募書

　　⑵附載公司法第 248 條第 1 項之事項（但注意免公告事項，公司法第 252 條第 1 項但書）

　　⑶加記核准之證券管理機關與年、月、日、文號

　　2.逾期未開始募集之效力：須重行聲請（公司法第 252 條第 2 項）

五、募集與應募

　　1.募集之開始：公告後（公司法第 252 條第 1 項）

　　2.募集之注意事項：交付公開說明書（證券交易法第 31、32 條）

　　3.應募之手續（公司法第 253 條）

　　4.董事會應將全體應募人清冊連同相關文件，送交公司債債權人之受託人（公司法第 255 條第 1 項）

　　5.應募人之權利與義務

　　⑴繳款之義務（公司法第 253 條第 1 項後段、第 254 條）

　　⑵請求交付繳納憑證之權利（證券交易法第 33、34 條）

　　6.公司債券之發行（含無實體發行）、集保與公司債券存根之備置（公司法第 257 條、第 257 條之 1、第 257 條之 2、第 258 條）

㈡發行股票、公司債以外之其他有價證券

　　由發行人募集與發行有價證券處理準則第 50 條以下規定之內容觀之，其除了針對股票及公司債而為規範外，尚有對發行員工認股權憑證規範。認股權憑證 (Warrants) 之適用條文，證券交易法第 22 條、第 28 條之 3 及第 28 條之 4，排除公司法之適用有下列規定：

　　1.公司法第 156 條第 6 項價格應歸一律

2.公司法第 267 條第 1 項、第 2 項及第 3 項員工、原股東儘先分認規定之限制

3.公司法第 278 條第 1 項及第 2 項規定之限制

4.公司法第 247 條❹

至於前述以外之有價證券,則依其他規定為之,例如(1)發行海外存託憑證:發行人募集與發行海外有價證券處理準則;(2)外國人欲在臺灣發行公司債及存託憑證:外國發行人募集與發行海外有價證券處理準則。

四、強制公開發行❷

基於企業自治之精神,公司對其所發行之有價證券有權決定是否對外公開發行。現行公司法則於第 156 條第 4 項明文規定,公開發行由董事會決議之,並向證券管理機關申請辦理公開發行程序。不過,公營事業之公開發行,則應由該公營事業之主管機關專案核定之。然而,於「資本證券化,證券大眾化」之政策下,雖然我國公司法第 156 條第 4 項之原有強制公開規定已被廢除,故公司法已無強制公開之規定。

然而,證券交易法中,尚有若干有價證券之強制公開發行規定,以圖達成「企業民主化」之目標❸。由於證券交易法乃為現代化之規範,其便隨著時代之改變,不斷地更新規定。例如民國 94 年以前,舊證券交易法第 28 條第 1 項規定:「公司經營之事業,以由公眾投資為適當者,得由財政部事先以命令規定發起人認足股份數額之一定限度。其在限度以外之股份,應先行公開招募;招募不足時,由發起人認足之,並得規定一定小額認股者之優先認股權。」第 2 項規定:「公司成立後發行新股時,準用前項之規定。但以公積或其他準備轉作資本者,不在此限。」此規定被視為強制公開發行之規定。因而,從舊證券交易法第 28 條第 1 項之規定,可分述如下:公司經營之事業,以由公眾投資為適當者,財政部得事先以命令規定如下:(1)發起人認足股份

---

❹ 有關金融控股公司之員工認股權問題,參閱證期會 90 臺財證㈠字第 165731 號函。

❷ 余雪明,證券交易法,第 152 頁。

❸ 廖大穎,證券交易法導論,第 82 頁以下。

數額之一定限度；⑵限度以外之股份，應先行公開招募；⑶招募不足時，由發起人認足之，並得規定一定小額認股者之優先認股權。換言之，公司經營之事業，由公眾投資為適當，財政部得命令強制公開發行。

至於，現行法規，有價證券強制公開發行相關規定，茲分述如下：

㈠已公開發行之公司（含上市公司或上櫃公司），發行新股

1.已依證券交易法發行股票之公司，發行新股

證券交易法第 22 條第 2 項規定：「已依本法發行股票之公司，於依公司法之規定發行新股時，除依第四十三條之六第一項及第二項規定辦理者外，仍應依前項之規定辦理。」此處對於已依證券交易法發行股票之公司，發行新股時，加以強制公開之目的，乃在於實行公開發行公司股權分散政策。此可參照第 22 條之 1 第 1 項規定：「已依本法發行股票之公司，於增資發行新股時，主管機關得規定其股權分散標準。」❹

2.未上市（上櫃）之公開發行股票公司，現金發行新股

證券交易法第 28 條之 1 第 1 項：「股票未在證券交易所上市或未於證券商營業處所買賣之公開發行股票公司，其股權分散未達主管機關依第二十二條之一第一項所定標準者，於現金發行新股時，除主管機關認為無須或不適宜對外公開發行者外，應提撥發行新股總額之一定比率，對外公開發行，不受公司法第二百六十七條第三項關於原股東儘先分認規定之限制。」第 2 項：「股票已在證券交易所上市或於證券商營業處所買賣之公開發行股票公司，於現金發行新股時，主管機關得規定提撥發行新股總額之一定比率，以時價向外公開發行，不受公司法第二百六十七條第三項關於原股東儘先分認規定之限制。」第 3 項：「前二項提撥比率定為發行新股總額之百分之十。但股東會另有較高比率之決議者，從其決議。」此處加以強制公開之目的，亦在於實行公開發行公司股權分散政策❹。股權分散之標準，請參閱發行人募集與發行有價證券處理準則第 19 條第 1 項。

㈡再次發行

---

❹ 廖大穎，證券交易法導論，第 85 頁。
❹ 陳春山，證券交易法論，第 81 頁以下；廖大穎，證券交易法導論，第 85 頁。

所謂再次發行,係指有價證券持有人,對非特定人公開招募之行為❹。再次發行之類型有三: 1.以尚未公開發行之有價證券對外公開招募; 2.以已公開發行但尚未上市或上櫃之有價證券對外公開招募; 3.以已上市或上櫃之有價證券對外公開招募。其中以第1種情形最有規範之必要❹。我國證券交易法第22條第3項:「第1項規定於出售所持有之公司股票、公司債券或其價款繳納憑證、表明其權利之證書或新股認購權利證書、新股權利證書,而對非特定人公開招募者,準用之。」依此規定可知,雖然再次發行並如同有價證券募集之情形,不過為了將有價證券有效管理,避免此種公開招募行為影響投資人權益,證券交易法要求此時須履行向主管機關申報生效之程序,亦即公開發行之方式,否則不得為之❹。

五、補辦公開發行

證券交易法第42條第1項:「公司對於未依本法發行之股票而視為已依證券交易法發行者,擬在證券交易所上市或於證券商營業處所買賣者,應先向主管機關申請補辦本法規定之有關發行審核程序。」第2項:「未依前項規定補辦發行審核程序之公司股票,不得為本法之買賣,或為買賣該種股票之公開徵求或居間。」補辦公開發行,則依發行人募集與發行有價證券處理準則為之❹。

六、公開發行之擬制

---

❹ 廖大穎,證券交易法導論,第86頁。

❹ 陳春山,證券交易法論,第83頁以下。

❹ 陳春山,證券交易法論,第81頁以下;廖大穎,證券交易法導論,第86頁;學理上,將再次發行歸類於發行市場之架構內,而再次發行與流通市場間最大之區別,乃是前者係證券既有之持有人大規模對非特定人公開招募之行為(發行行為),後者則是於證券交易市場中之買賣有價證券之行為。證券交易法第22條第3項及第22條之2第1項第1款之規定,即是典型之再次(公開)發行之規定。參閱曾宛如,證券交易法原理,第65頁。

❹ 陳春山,證券交易法論,第80頁;賴源河,證券法規,第76頁。

證券交易法第 24 條規定:「公司依本法發行新股者,其以前未依本法發行之股份,視為已依本法發行。」因而,發行人發行有價證券,雖部分有價證券為員工或股東認購,部分經公開承銷,亦整體視為公開發行。而其前所發行之有價證券,雖未依法公開發行,亦視為公開發行之有價證券❺⓿。

此外,證券交易法第 181 條規定:「本法施行前已依證券商管理辦法公開發行之公司股票或公司債券,視同依本法公開發行。」

第三款　有價證券公開發行之審核制度

一、證券交易法之規定

我國證券交易法對於公開發行之審核制度,至目前為止,一共歷經三個階段之演變,以下分述之:

㈠第一階段: **民國 57 年證券交易法頒布時——申請核准制**

我國證券交易法於民國 57 年公布施行時,於第 22 條第 1 項規定:「有價證券之募集與發行,非經主管機關依公司法及本法核准,不得為之。」顯然我國證券交易法立法之初,對於有價證券公開發行係採取核准制。

㈡第二階段: **民國 77 年 1 月證券交易法修正後——申報生效制與申請核准混合制**

民國 77 年 1 月證券交易法修正時,政府認為證券市場機制已日漸完善,市場交易量質逐日增加,對於善意之有價證券取得人或出賣人所受之損害,應負賠償之責等改進措施,對部分得簡化審核程序之募集與發行,可採行美、日等國申報生效制,以增進募集與發行之時效,便修正第 22 條第 1 項之規定而明定:「有價證券之募集與發行,除政府債券或經財政部核定之其他有價證券外,非經主管機關核准或向主管機關申報生效後,不得為之;其處理準則,由主管機關定之。」❺❶此外,舊證券交易法第 17 條第 1 項規定:「公司依本法

---

❺⓿　陳春山,證券交易法論,第 78 頁及第 79 頁。

❺❶　民國 77 年 1 月 29 日證券交易法第 17 條修正理由:「一、證券市場已建立二十五年,公開發行公司與市場交易量質隨著國家經濟成長而逐日增加,對於善意之有

公開募集及發行有價證券時,應先向主管機關申請核准或申報生效。」❺因而,依照該相關規定觀之,我國證券發行審核制度,除政府債券或經財政部核定之其他有價證券外,採取了所謂之申報生效制與申請核准混合制。

所謂申報生效制,係指發行人依規定將相關書件向主管機關申報,除因所提出之書件不齊全或為保護公益有必要補正、或被主管機關退回外,申請之案件即自收到申報書件即日起屆滿一定營業日即可生效。至於申請核准制,則指主管機關就發行人提出之相關書件審查後,如符合規定即予以核准之❺。

當時我國就證券交易法採取混合制之理由有四:第一、簡化手續及改進發行時效(此乃採取申報生效制之理由);第二、減輕主管機關人力負荷(此亦為申報生效制之優點);第三、促使投資人審慎投資而不依賴證管會之審查❺;第四、國內投資環境尚未臻於健全。

㈢第三階段:民國95年1月證券交易法修正後──申報生效制(現行制度)

現行證券交易法第22條第1項規定:「有價證券之募集與發行,除政府債券或經財政部核定之其他有價證券外,非向主管機關申報生效後,不得為之。」❺從本規定可知,我國現行有價證券之募集及公開發行,除政府債券或

價證券取得人或出賣人因而所受之損害,應負賠償之責等改進措施,對部分得簡化審核程序之募集與發行,可採行美、日等國申報生效制,以增進募集與發行之時效,爰將現行審核制,修正兼採審核與申報制。」

❺ 不過,民國95年1月11日證券交易法修正時,已刪除第17條,於修正理由中指出:「……二、第一項於同法第二十二條第一項已有規定,無重複規定之必要,爰予刪除。……」

❺ 余雪明,證券交易法,第247頁。至於我國證券發行審核制度,兼採申報生效制及申請核准制之相關規定,尚有舊發行人募集與發行有價證券處理準則第12條及第13條。

❺ 陳春山,證券交易法論,第41頁。

❺ 證券交易法第22條之發行採取狹義之概念,似乎為不必要之用法。解釋上,本條或可修正為:「有價證券之公開發行,除政府債券或經財政部核定之其他有價證券外,非向主管機關申報生效後,不得為之。」至於,募集僅屬於公開發行中

經財政部核定之其他有價證券外，乃採申報生效制。

此外，為了規範有價證券之公開發行，針對公司股票（包含在國外發行者）、公司債（包含可轉換公司債、附認股權公司債及海外公司債等）、員工認股權憑證、臺灣存託憑證（Taiwan Depository Receipt，簡稱 TDR）、海外存託憑證❺❻、認購權證、認授權證及員工認購權憑證及其他有價證券之發行與募集之程序，以及其他相關事項，基於證券交易法第 22 條第 4 項❺❼之授權，主管機關曾頒布下列重要之行政命令❺❽：

㈠發行人募集與發行有價證券處理準則

㈡外國發行人募集與發行有價證券處理準則

㈢發行人募集與發行海外有價證券處理準則

㈣發行人申請發行認購（售）權證處理準則

表 2-6　證券交易法公開發行之審核制度

法規之演變階段		審核制度
①	第一階段：舊證券交易法（民國 57 年 4 月～77 年 1 月）——第 17 條、第 22 條第 1 項	核准制

之步驟，當然亦受到本規定之管制。

❺❻ 所謂存託憑證（Depository Receipt，簡稱為 DR），係指發行公司提供一定數額之股票寄放於發行公司所在地之保管機構後，委託外國之存託銀行代為發行表彰該公司股份權利之憑證。換言之，透過存託憑證在國外之發行，得以直接在國外之證券市場買賣。依存託憑證發行地之不同，重要之信託憑證，除了在臺灣發行之臺灣存託憑證（Taiwan DR，簡稱 TDR）外，海外之存託憑證，大概有下列幾種：1.美國存託憑證（American DR，簡稱 ADR）：在美國發行。2.歐洲存託憑證（European DR，簡稱 EDR）：在歐洲發行。3.日本存託憑證（Japan DR，簡稱 JDR）：在日本發行。4.新加坡存託憑證（Singapore DR，簡稱 SDR）：在新加坡發行。5.全球存託憑證（Global DR，簡稱 GDR），又稱國際存託憑證（International DR，簡稱 IDR）：在全球發行。參閱李顯儀，金融商品理論與實務，第 198 頁以下。

❺❼ 證券交易法第 22 條第 4 項：「依前三項規定申報生效應具備之條件、應檢附之書件、審核程序及其他應遵行事項之準則，由主管機關定之。」

❺❽ 賴英照，股市遊戲規則——最新證券交易法解析，第 31 頁。

②	第二階段: 舊證券交易法 (民國 77 年 1 月～95 年 1 月) ——第 17 條、第 22 條第 1 項	核准制及申請生效制
③	第三階段: 現行證券交易法 (民國 95 年 1 月起) ——第 22 條第 1 項	申請生效制

二、發行人募集與發行有價證券處理準則 (以下簡稱有價證券處理準則) ❺❾

處理準則第 2 條規定:「有價證券之募集與發行,除法令另有規定外,適用本準則規定。」從本規定可知,本準則乃是有價證券之募集與發行之主要規定。而就有價證券之審核而言,尚有重要之規定如下:

㈠**申報生效制之確立**: 有價證券處理準則第 3 條第 1 項規定:「行政院金融監督管理委員會 (以下簡稱本會) 審核有價證券之募集與發行、公開招募、補辦公開發行、無償配發新股與減少資本採申報生效制。」

㈡**申報生效之意義**: 有價證券處理準則第 3 條第 2 項規定:「本準則所稱申報生效,指發行人依規定檢齊相關書件向本會提出申報,除因申報書件應行記載事項不充分、為保護公益有必要補正說明或經本會退回者外,其案件自本會及本會指定之機構收到申請書件即日起屆滿一定營業日即可生效。」

㈢**募集與發行之禁止**: 依有價證券處理準則第 4 條之規定,發行人有下列情形之一,不得募集與發行有價證券:

1.有公司法第 135 條第 1 項所列情形之一者,不得公開招募股份。

2.違反公司法第 247 條第 2 項規定或有公司法第 249 條所列情形之一者,不得發行無擔保公司債。但符合證券交易法第 28 條之 4 規定者,不受公司法第 247 條規定之限制。

3.違反公司法第 247 條第 1 項規定或有公司法第 250 條所列情形之一者,不得發行公司債。但符合證券交易法第 28 條之 4 規定者,不受公司法第 247 條規定之限制。

---

❺❾ 發行人募集與發行有價證券處理準則第 1 條:「本準則依證券交易法 (以下簡稱本法) 第二十二條第四項規定訂定之。」

55

4. 有公司法第 269 條所列情形之一者，不得公開發行具有優先權利之特別股。

5. 有公司法第 270 條所列情形之一者，不得公開發行新股。

第三項　發行面額之限制

證券交易法第 27 條第 1 項規定：「主管機關對於公開發行之股票，得規定其每股之最低或最高金額。但規定前已准發行者，得仍照原金額；其增資發行之新股，亦同。」第 2 項規定：「公司更改其每股發行價格，應向主管機關申報。」而依公開發行股票公司股務處理準則第 14 條之規定：「股票每股金額均為新臺幣壹拾元。」因而，依此規定可知，公開發行股票公司所發行之股票每股面額為十元。

第四項　現金發行新股之特例

關於發行新股之優先認股方式，公司法第 267 條有明文規定。但證券交易法於民國 77 年修正時，增訂了第 28 條之 1。而第 28 條之 1 之增訂理由則指出：公開發行公司透過市場吸收資金，以促使資本證券化，證券大眾化，為建立證券市場主要目的之一。惟因公司法第 267 條第 1 項規定，公司於發行新股時，應由原股東優先分認，致有下列缺陷：一、公司董、監事如認購增資股資力不足時，不無影響公司辦理增資在市場吸收資金意願。二、如仍由原股東優先分認，股權無法更加分散予社會大眾，與證券大眾化目標不符。三、對績優公司、因顧及股東資力及維護股東權益，未便以超過面額發行新股，增加公司營運資金，減低資金成本。

為促進資本證券化，證券大眾化，及便於績優之公開發行股票公司，發行新股時可溢價提撥對外公開招募，廣為吸收資金，增加公司營運資金，減低資金成本，因而增訂本規定❻。而證券交易法第 28 條之 1 之規定內容如下：

---

❻ 證券交易法民國 77 年 1 月 29 日第 28 條之 1 增訂理由：「……三、為促進資本證券化，證券大眾化，及便於績優之公開發行股票公司，發行新股時可溢價提撥對外公開招募，廣為吸收資金，增加公司營運資金，減低資金成本，爰增訂本條。」

　　一、股票未在證券交易所上市或未於證券商營業處所買賣之公開發行股票公司：依證券交易法第 28 條之 1 第 1 項之規定，其股權分散未達主管機關依第 22 條之 1 第 1 項所定標準者，於現金發行新股時，除主管機關認為無須或不適宜對外公開發行者外，應提撥發行新股總額之一定比率，對外公開發行，不受公司法第 267 條第 3 項關於原股東優先分認規定之限制。且依同條第 3 項之規定，提撥比率定為發行新股總額之百分之十。但股東會另有較高比率之決議者，從其決議。

　　二、股票已在證券交易所上市或於證券商營業處所買賣之公開發行股票公司：依證券交易法第 28 條之 1 第 2 項之規定，於現金發行新股時，主管機關得規定提撥發行新股總額之一定比率，以時價向外公開發行，不受公司法第 267 條第 3 項關於原股東優先分認規定之限制。且依同條第 3 項之規定，提撥比率定為發行新股總額之百分之十。但股東會另有較高比率之決議者，從其決議。

第五項　衍生性金融商品

　　為促進開發證券商品種類之多樣化，我國證券交易法於民國 89 年修正時，增訂第 28 條之 3，明文規定公開發行公司得募集、發行認股權憑證、附認股權特別股或附認股權公司債等金融商品，以便擴大證券市場規模，使投資人有更多之投資商品可選擇，並使公開發行公司有更多之籌資管道[61]。

一、適用範圍

　　證券交易法第 28 條之 3 第 1 項：「募集、發行認股權憑證、附認股權特別股或附認股權公司債之公開發行公司，於認股權人依公司所定認股辦法行

---

[61]　參閱證券交易法民國 89 年 7 月 19 日第 28 條之 3 第 1 項之立法理由：「二、為促使證券商品種類多樣化，擴大證券市場規模，使公司有較多籌措資金管道，及投資人有更多之投資工具，爰於第一項明定公開發行公司可募集、發行認股權憑證、附認股權特別股、附認股權公司債等證券商品。」；賴源河，證券法規，第 105 頁；廖大穎，證券交易法導論，第 186 頁。

使認股權時，有核給股份之義務，不受公司法第 156 條第 7 項價格應歸一律與第 267 條第 1 項、第 2 項及第 3 項員工、原股東儘先分認規定之限制。」從本規定可知，本規定適用之金融商品如下：

(一)認股權憑證：所謂認股權 (warrants)，係指得以認購股份之權利。持有公開發行公司所發行之認股權憑證者，得於憑證上所約定之有效期間內，以特定價格向發行公司請求認購特定數量之普通股股票❷。

(二)附認股權特別股：所謂附認股權特別股，乃指所發行之特別股附加認股權。因而，附認股權特別股之股東，依其所約定之條件，得於認股權所定之期間內，以特定價格向發行公司認購特定數量之普通股或其他股份❸。

(三)附認股權公司債：所謂附認股權公司債，乃指所發行之公司債附加認股權。因而，附認股權公司債之債權人，依其所約定之條件，得於認股權所定之期間內，以特定價格向發行公司認購特定數量之普通股或其他股份❹。

二、排除公司法適用之效果

依證券交易法第 28 條之 3 第 1 項之規定，募集、發行認股權憑證、附認股權特別股或附認股權公司債之公開發行公司，於認股權人依公司所定認股辦法行使認股權時，有核給股份之義務，並有下列特殊效力：

(一)排除公司法第 156 條第 7 項價格應歸一律之適用：公司法第 156 條第 7 項規定：「同次發行之股份，其發行條件相同者，價格應歸一律。但公開發行股票之公司，證券管理機關另有規定者，不在此限。」證券交易法第 28 條之 3 第 1 項之規定，即為排除「同次發行之股份，其發行條件相同者，價格應歸一律。」之適用。

(二)排除公司法第 267 條第 1 項、第 2 項員工儘先分認規定之適用：公司發行新股時，民營公司則依公司法第 267 條第 1 項之規定，除經目的事業中央主管機關專案核定者外，應保留發行新股總數百分之十至十五之股份由公

---

❷ 廖大穎，證券交易法導論，第 186 頁。

❸ 廖大穎，證券交易法導論，第 186 頁。

❹ 廖大穎，證券交易法導論，第 186 頁。

司員工承購。至於公營事業公司者，乃依同條第 2 項之規定，公營事業經該公營事業之主管機關專案核定者，得保留發行新股由員工承購；其保留股份，不得超過發行新股總數百分之十。此保留給員工之新股承購之權利，學理一般稱之為員工之新股承購權。公司法之所以賦予員工之新股承購權，其乃藉由員工融為股東之方式，加強員工對於公司之向心力❻。不過，證券交易法第 28 條之 3 第 1 項則將此公司法所賦予之員工之新股承購權之規定排除。

　　㈢排除公司法第 267 條第 3 項原股東儘先分認規定之適用：公司法除了於第 267 條第 1 項及第 2 項明定，發行新股時，員工有新股承購權外，並於同條第 3 項規定原有股東之新股承購權。此時，除依員工之新股承購權保留者外，原有股東有按照原有股份比例儘先分認之權利。公司法之所以明定原有股東之新股承購權，其乃在貫徹股東平等原則❻。不過，證券交易法第 28 條之 3 第 1 項亦將此公司法所賦予之原有股東之新股承購權之規定排除。

三、認股股數限制之排除

　　證券交易法第 28 條之 3 第 2 項規定：「前項依公司所定認股辦法之可認購股份數額，應先於公司章程中載明，不受公司法第 278 條第 1 項及第 2 項規定之限制。」本來，證券交易法第 28 條之 3 第 2 項之立法乃是針對公司法第 278 條第 1 項及第 2 項增資之限制規定，其立法意旨乃在於為順利推動此類商品，提高公司發行意願及投資人投資興趣，宜採可隨時認購之方式，且為免窒礙難行，因而參酌公司法中有關可轉換股份數額之規定，爰增訂本項之規定❻。不過，公司法原本於第 278 條規定增資之發行不得少於增資後之股份四分之一之規範，已於公司法 94 年修正時加以刪除。故學者認為，證券

---

❻　柯芳枝，公司法論（下），第 427 頁。

❻　柯芳枝，公司法論（下），第 430 頁。

❻　參閱證券交易法民國 89 年 7 月 19 日第 28 條之 3 第 2 項之立法理由：「……三、為順利推動此類商品，提高公司發行意願及投資人投資興趣，宜採可隨時認購之方式，且為免窒礙難行，參酌公司法中有關可轉換股份數額之規定，爰增訂第二項。」

交易法第 28 條之 3 第 2 項規定之條文，應將公司法第 278 條第 2 項之文字刪除❸。

表 2-7

	非公開發行公司	公開發行公司
有價證券類型	認股權憑證、附認股權特別股或附認股權公司債	認股權憑證、附認股權特別股或附認股權公司債
募集及發行方式	1. 價格應歸一律（公司法第 156 條第 7 項） 2. 員工、原股東儘先分認（公司法第 267 條第 1、2、3 項）	1. 於認股權人依公司所定認股辦法行使認股權時，有核給股份之義務，排除價格應歸一律（公司法第 156 條第 7 項）之適用（證券交易法第 28 條之 3 第 1 項） 2. 排除員工、原股東儘先分認（公司法第 267 條第 1、2、3 項）等之適用（證券交易法第 28 條之 3 第 1 項）

第六項　公司債發行總額限制之例外

原本公司法第 247 條第 1 項規定:「公司債之總額，不得逾公司現有全部資產減去全部負債及無形資產後之餘額。」第 2 項則規定:「無擔保公司債之總額，不得逾前項餘額二分之一。」因股份有限公司財產乃為其全體債權人之債權總擔保，為防止公司因濫於發行公司債而造成債權人權益受損，故於公司法第 247 條對公司債總額加以限制❹。

然而，基於為擴大債券市場規模，俾企業藉發行公司債籌措中長期資金，爰放寬有擔保公司債、轉換公司債及附認股權公司債之發行額度，故於民國 89 年 7 月 19 日證券交易法修正時，增訂第 28 條之 4 之規定，而排除公司法第 247 條規定公司債總額之限制。

證券交易法第 28 條之 4:「已依本法發行股票之公司，募集與發行有擔保公司債、轉換公司債或附認股權公司債，其發行總額，除經主管機關徵詢目的事業中央主管機關同意者外，不得逾全部資產減去全部負債餘額之百分

---

❸　廖大穎，證券交易法導論，第 187 頁。

❹　柯芳枝，公司法論（下），第 391 頁。

之二百，不受公司法第二百四十七條規定之限制。」

表 2-8

	非公開發行公司	公開發行公司
有價證券類型	有擔保公司債、轉換公司債或附認股權公司債	有擔保公司債、轉換公司債或附認股權公司債
募集及發行方式	1.公司債之總額，不得逾公司現有全部資產減去全部負債及無形資產後之餘額(公司法第 247 條第 1 項) 2.無擔保公司債之總額，不得逾前項餘額二分之一 (公司法第 247 條第 2 項)	其發行總額，除經主管機關徵詢目的事業中央主管機關同意者外，不得逾全部資產減去全部負債餘額之百分之二百，不受公司法第 247 條規定之限制 (證券交易法第 28 條之 4)

第二節　公開原則

第一項　公開原則之意義

　　為了提高投資人投資證券市場之意願並保護投資人之權益，將公司財務狀況及營業狀況公開，使投資人能在資訊透明化之基礎上作投資之判斷，公開原則乃成為證券交易立法重要之目標。對一般大眾之投資人而言，公開原則除了可以使其獲得於投資判斷上所必須及正確之資訊，並可促成資本市場之公平競爭外，並可預防公司經營者證券詐欺等不法之行為[70]。

　　在我國證券交易法學者之著作中，經常引用美國大法官 Louis D. Brandise 於其 1914 年所著 *"Other Peoples Money and How the Bankers Use It"* 書中「公開原則可矯正社會上及企業上之弊病，公開原則有如太陽，是最佳之防腐劑，有如電燈，是最有能力之警察。」之一段話，作為支持公開制度之基礎[71]。美國總統羅斯福於美國聯邦制定 1933 年證券法 (Securities Act of

---

[70]　陳春山，證券交易法論，第 48 頁；賴英照，股市遊戲規則——最新證券交易法解析，第 36 頁；廖大穎，證券交易法導論，第 90 頁以下。

[71]　陳春山，證券交易法論，第 48 頁；賴源河，證券法規，第 53 頁；李開遠，證券

1933) 及 1934 年證券交易法 (Securities Exchange Act of 1934) 時，即採取 Louis D. Brandise 所提倡之公開原則 ❼。公開原則 (disclosure)，亦即所謂完整 與公正之公開 (Full und fair disclosure) 之原則 ❼，不僅存在於美國，而於我國 證券交易法立法中，亦成為重要原則。

為了實現公開原則所形成之公開制度，證券發行人所提供之資訊內容，通說❼認為須具有下列四大要求：

一、完全性（發行人應將投資人作成投資判斷所需之必要資訊，全部予以公開）。

二、正確性（發行人提供之公開內容須正確無誤）。

三、最新性（發行人須公開企業最新之內容與動態）。

四、利用容易性（發行人應以使一般人可容易利用之方法提供資訊）。

上述之精神，已展現在我國公開說明書之編製原則中。依公司募集發行有價證券公開說明書應行記載事項準則第 2 條規定：「公開說明書編製之基本原則如下：一、公開說明書所記載之內容，必須詳實明確，文字敘述應簡明易懂，不得有虛偽或欠缺之情事。二、公開說明書所記載之內容，必須具有時效性。公開說明書刊印前，發生足以影響利害關係人判斷之交易或其他事件，均應一併揭露。」

第二項　我國公開制度之類型

如前所述，證券市場可分為發行市場❼與流通市場。學理上，一般將於

管理法規新論，第 2 頁。

❼　曾宛如，證券交易法原理，第 31 頁。

❼　李開遠，證券管理法規新論，第 2 頁。

❼　賴源河，證券法規，第 53 頁及第 54 頁；林國全，證券交易法研究，第 43 頁以下；陳春山，證券交易法論，第 49 頁；廖大穎，證券交易法導論，第 92 頁以下。

❼　於發行市場中，學者曾宛如教授又將之細分為初次發行與再次發行。所謂初次發行，乃指有價證券原始的、第一次自發行人流向投資人之行為。例如，募集設立時之發行新股。再次發行者，則指有價證券自既存之持有人流向其他投資人之行為。例如某投資人於出售所持有之公司股票、公司債券或其價款繳納憑證、表明

發行市場中所提供資訊之公開制度，稱之為「初次公開」或「發行公開」。至於，在流通市場中所提供資訊之公開制度，則稱之為「繼續公開」❼⑥。

公開制度，不僅於證券交易法相關規定可見，於公司法亦可見其蹤影。以下便分述之。

第一款　公司法之公開制度

就我國公司法之公開制度觀之，其又可分為初次公開及繼續公開，茲分述如下：

一、發行市場之公開——初次公開

公司法中，就發行公開部分，乃是透過一定事項之公告為之❼⑦，茲分別列舉如下：

㈠募集設立時之公開：經由公告（公司法第 133 條第 1 項及第 3 項）❼⑧。

㈡公司發行新股時之公開：經由公告（公司法第 273 條第 1 項及第 2 項）❼⑨。

其權利之證書或新股認購權利證書、新股權利證書，而公開招募。投資人雖非發行人，但因其公開招募之行為，依證券交易法第 22 條第 3 項之規定，準用同條第 1 項之規定。因而，再次發行之公開制度，則如同初次公開制度之內容。參閱曾宛如，證券交易法原理，第 65 頁以下。

❼⑥ 參閱林國全，證券交易法研究，第 43 頁。

❼⑦ 林國全，證券交易法研究，第 43 頁。

❼⑧ 公司法第 133 條第 1 項規定：「發起人公開招募股份時，應先具備左列事項，申請證券管理機關審核：一、營業計畫書。二、發起人姓名、經歷、認股數目及出資種類。三、招股章程。四、代收股款之銀行或郵局名稱及地址。五、有承銷或代銷機構者，其名稱及約定事項。六、證券管理機關規定之其他事項。」第 3 項規定：「第一項各款，應於證券管理機關通知到達之日起三十日內，加記核准文號及年、月、日公告招募之。但第五款約定事項，得免予公告。」

❼⑨ 公司法第 273 條第 1 項規定：「公司公開發行新股時，董事會應備置認股書，載明左列事項，由認股人填寫所認股數、種類、金額及其住所或居所，簽名或蓋章：

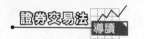

㈢公司發行公司債時之公開：經由公告（公司法第 252 條）**❽** 。

二、流通市場之公開──繼續公開

依公司法第 228 條至第 230 條之規定，董事會須將公司過去一年之狀況公開。其重要規定內容如下：

㈠會計表冊送交監察人查核：依公司法第 228 條第 1 項規定，每會計年度終了，董事會應編造 1.營業報告書， 2.財務報表**❽**， 3.盈餘分派或虧損撥

一、第一百二十九條第一項第一款至第六款及第一百三十條之事項。二、原定股份總數，或增加資本後股份總數中已發行之數額及其金額。三、第二百六十八條第一項第三款至第十一款之事項。四、股款繳納日期。」第 2 項規定：「公司公開發行新股時，除在前項認股書加記證券管理機關核准文號及年、月、日外，並應將前項各款事項，於證券管理機關核准通知到達後三十日內，加記核准文號及年、月、日，公告並發行之。但營業報告、財產目錄、議事錄、承銷或代銷機構約定事項，得免公告。」

❽ 公司法第 248 條第 1 項規定：「公司發行公司債時，應載明左列事項，向證券管理機關辦理之：一、公司名稱。二、公司債總額及債券每張之金額。三、公司債之利率。四、公司債償還方法及期限。五、償還公司債款之籌集計畫及保管方法。六、公司債募得價款之用途及運用計畫。七、前已募集公司債者，其未償還之數額。……二一、公司債其他發行事項，或證券管理機關規定之其他事項。」第 252 條第 1 項規定：「公司發行公司債之申請經核准後，董事會應於核准通知到達之日起三十日內，備就公司債應募書，附載第二百四十八條第一項各款事項，加記核准之證券管理機關與年、月、日、文號，並同時將其公告，開始募集。但第二百四十八條第一項第十一款之財務報表，第十二款及第十四款之約定事項，第十五款及第十六款之證明文件，第二十款之議事錄等事項，得免予公告。」

❽ 所謂財務報表，係指下列四種報表之統稱：1.資產負債表 (Balance Sheet)。2.損益表 (Statement of Income)。3.現金流量表 (Statement of Cash Flows)。4.股東權益變動表 (Statement of Shareholders' Equity)。在會計學上，用以編製財務報表之方法，被稱之為一般公認會計準則 (Generally Accepted Accounting Principles，簡稱 GAAP)，我國制定或修定該準則之單位為財團法人中華民國會計研究發展基金會。至於美國則為財務會計準則委員會 (FASB)。美國必備之財務報表則為上述

補之議案等表冊，於股東常會開會三十日前交監察人查核。

⟨二⟩**會計表冊之公開**：依公司法第 229 條之規定，董事會所造具之各項表冊與監察人之報告書，應於股東常會開會十日前，備置於本公司，股東得隨時查閱，並得偕同其所委託之律師或會計師查閱。

⟨三⟩**會計表冊之承認**：依公司法第 230 條第 1 項之規定，董事會應將其所造具之各項表冊，提出於股東常會請求承認，經股東常會承認後，董事會應將財務報表及盈餘分派或虧損撥補之決議，分發各股東。

上述之公開，是否為公司法有關繼續公開之具體規定，則有不同之見解，採肯定說之學者有之[82]，亦有學者採否定之見解[83]。

第二款　證券交易法之公開制度

如前所述，為了保護投資人，而使有價證券之發行公司完全公開與其證券投資判斷之所有必要資訊之原則，學理稱之為公開原則。而基於此原則，所採取之法律制度可稱之為公開制度[84]。基本上，此公開制度又可分為發行市場之公開與流通市場之公開[85]，前者被稱為發行公開或初次公開，後者則為繼續公開[86]。以下便分述之：

之前三種。參閱原著 Reilly & Brown（總校閱洪志祥），投資學，2005 年，第 280 頁以下；姜堯民，財務管理原理，2005 年，第 70 頁以下；劉順仁，財報就像一本故事書，2005 年，第 53 頁以下。

[82] 賴源河，證券法規，第 58 頁。

[83] 林國全，證券交易法研究，第 43 頁。林教授認為，企業內容公開制度乃以一般投資人為保護對象，至於公司法第 228 條至第 230 條之規定，乃以股東及公司債權人之權益為保護對象，二者之目的顯非相同。

[84] 參閱賴源河，證券法規，第 53 頁以下。

[85] 參閱余雪明，證券交易法，第 205 頁。

[86] 參閱林國全，證券交易法研究，第 42 頁及第 43 頁；賴源河，證券法規，第 57 頁；學者又有謂此種發行市場之公開為「初次公開原則」。而發行市場又可分為初次發行與再次發行等兩種。前者為證券原始的（第一次）自發行人流向投資人之行為。後者則係指證券從既有之持有人流向其他之投資人而言，此時仍為發行行為。

一、發行市場之公開——初次公開

(一)初次公開發行

　　如前所述，一般將發行市場之公開，又稱為初次公開，乃係指發行人對非特定人招募有價證券時，應履行之公開制度。而此種公開制度，就證券交易法而言，則以公開說明書之交付為核心**❽**，投資人透過說明書裡面所應記載事項**❽**可以得知發行公司概況（包括公司簡介、風險事項、公司組織、資本及股份、公司債、特別股、海外存託憑證、員工認股權憑證、併購及受讓他公司股份辦理情形）、營運概況（包括公司之經營、固定資產及其他不動產、轉投資事業、重要契約及其他必要補充說明事項）、發行計畫及執行情形（包括前次現金增資、併購、受讓他公司股份或發行公司債資金運用計畫分析、本次現金增資或發行公司債資金運用計畫分析、本次受讓他公司股份發行新股及本次併購發行新股情形）、財務概況（包括最近五年度簡明財務資料、財務報表、財務概況其他重要事項資料暨財務狀況及經營結果之檢討分析）等。以下便分述證券交易法與其相關規定中，有關公開說明書之相關規定之內容：

1.公開說明書之意義

　　證券交易法第 13 條規定：「本法所稱公開說明書，謂發行人為有價證券之募集或出賣，依本法之規定，向公眾提出之說明文書。」依此規定可知，公開說明書之提出義務人為發行人。而依證券交易法第 5 條之規定，證券交易

　　參閱曾宛如，證券交易法原理，第 66 頁及第 67 頁。

❽　余雪明，證券交易法，第 205 頁；林國全，證券交易法研究，第 43 頁；廖大穎，證券交易法導論，第 96 頁；就現行證券法規而言，應編製公開說明書者有下列情形：1.募集、發行有價證券（證券交易法第 30 條第 1 項）；2.申請上市、上櫃或興櫃交易者（證券交易法第 30 條第 3 項）；3.補辦公開發行（證券交易法第 42 條第 1 項、發行人募集與發行有價證券處理準則第 68 條）；4.公開招募（證券交易法第 22 條第 3 項、發行人募集與發行有價證券處理準則第 64 條）；5.公開收購（證券交易法第 43 條之 4 準用第 31 條第 2 項及第 32 條之規定）。詳細之說明，請參閱賴英照，股市遊戲規則——最新證券交易法解析，第 39 頁以下。

❽　參閱公司募集發行有價證券公開說明書應行記載事項準則第 6 條。

法所稱發行人，乃指募集及發行有價證券之公司，或募集有價證券之發起人。此處所稱之募集，乃指發起人於公司成立前或發行公司於發行前，對非特定人公開招募有價證券之行為（參閱證券交易法第 7 條）。若就初次公開而言，於此處所謂之出賣者，則指上市或上櫃之公開承銷等等❽。從證券交易法第 13 條之規定可知，公開說明書編製與提出之目的，乃是發行人為了有價證券之募集或出賣❾。公開說明書應行記載及編製格式，須依我國相關規定，否則即非證券交易法所指之公開說明書❿。

2.公開說明書之相關規範

與證券交易法之公開說明書相關，並以公開說明書為名之公開說明書相關規定，大概分為下列幾種：

⑴證券交易法第 30 條、第 31 條及第 32 條。

⑵而基於證券交易法第 30 條第 2 項之授權，主管機關制定了公司募集發行有價證券公開說明書應行記載事項準則（學界有簡稱編製準則）❾，依該準則規定須公開之主要事項有公司概況、營運狀況、營業及資金運用計畫及財務概況等事項。

⑶金融業募集發行有價證券公開說明書應行記載事項準則。

3.公開說明書之加具

證券交易法第 30 條第 1 項規定：「公司募集、發行有價證券，於申請審核時，除依公司法所規定記載事項外，應另行加具公開說明書。」透過本規定，公司應將其內部資訊公開，並使主管機關得以了解發行公司內部之情形。本規定乃以公司為編製主體，學說認為其所涵蓋範圍不若發行人周延❾。

---

❽ 賴英照，股市遊戲規則——最新證券交易法解析，第 38 頁。

❾ 發行有價證券，而須編製公開說明書之情形，大概有募集設立、發行新股、發行公司債及發行員工認股權憑證等。參閱賴英照，股市遊戲規則——最新證券交易法解析，第 39 頁。

❿ 賴英照，股市遊戲規則——最新證券交易法解析，第 39 頁；臺北地方法院 89 年度國貿字第 34 號民事判決。

❾ 賴英照，股市遊戲規則——最新證券交易法解析，第 41 頁。

4.公開說明書之交付

證券交易法第 31 條第 1 項規定：「募集有價證券，應先向認股人或應募人交付公開說明書。」

(二)再次發行

於再次公開發行時，依證券交易法第 22 條第 3 項規定：「第一項規定，於出售所持有之公司股票、公司債券或其價款繳納憑證、表明其權利之證書或新股認購權利證書、新股權利證書，而公開招募者，準用之。」並且依發行人募集與發行有價證券處理準則第 61 條第 1 項規定：「有價證券持有人依本法第二十二條第三項規定對非特定人公開招募者，應檢具有價證券公開招募申報書（附表二十三），載明其應記載事項，連同應檢附書件，向本會申報生效後，始得為之。」此時以公開招募而出售所持有之公司股票、公司債券或其價款繳納憑證、表明其權利之證書或新股認購權利證書、新股權利證書者，並非發行人，其以公開招募的方式出售有價證券，乃準用公開發行有價證券之規定，但其須準備之文件乃為公開招募說明書，而非公開說明書❾，一般稱此為老股承銷。常見之情形有三：一、政府以公開承銷方式出售公股；二、申請上市或上櫃之公司，為了分散股權，大股東拿出股票辦理上市（櫃）前之公開承銷；三、大股東個人之公開出售其股票❾。

二、流通市場之公開——繼續公開

繼續公開，係指有價證券公開發行後，於證券市場流通期間，應繼續公開公司之相關資訊者。就繼續公開而言，證券交易法則有報告及重大訊息之公開、徵求委託書有關資料之申報與公開及內部關係人交易之公開等重要之規範❾。

---

❾ 賴英照，股市遊戲規則——最新證券交易法解析，第 39 頁。

❾ 發行人募集與發行有價證券處理準則第 62 條：「有價證券持有人申報公開招募時，應檢具公開招募說明書，載明下列事項……。」第 65 條：「證券承銷商出售其所承銷之有價證券，應代理有價證券持有人交付公開招募說明書。」

❾ 賴英照，股市遊戲規則——最新證券交易法解析，第 40 頁。

㈠報告及重大訊息之公開

　　已依證券交易法發行有價證券之公司,依證券交易法第 36 條第 1 項及第 2 項之規定,須提出年度報告、半年度報告、季報、月報❼、臨時報告及年報❽。此外,依同條第 2 項之規定,當股東常會承認之年度財務報告與公告並向主管機關申報之年度財務報告不一致者,或是發生對股東權益或證券價格有重大影響之事項者,公司應於事實發生之日起二日內公告並向主管機關申報。且依同條第 3 項之規定,第 1 項之公司應編製年報,於股東常會分送股東;其應記載之事項,由主管機關定之。同條第 4 項並規定,第 1 項及第 2 項公告、申報事項暨第 3 項年報,有價證券已在證券交易所上市買賣者,應以抄本送證券交易所及證券商同業公會;有價證券已在證券商營業處所買賣者,應以抄本送證券商同業公會供公眾閱覽。因而,證券交易法第 36 條第 1 項之公開者,可稱之報告之公開。至於同條第 2 項之公開者,則可稱之為重大訊息之公開。證券交易法第 36 條所稱之財務報告,則依證券交易法第 14 條第 1 項之規定:「本法所稱財務報告,謂發行人及證券商、證券交易所依照法令規定,應定期編送主管機關之財務報告。」而依第 2 項之規定:「前項財務報告之內容、適用範圍、作業程序、編製及其他應遵行事項之準則,由主管機關定之。」經由此授權,主管機關便制定有證券發行人財務報告編製準則。

㈡徵求委託書有關資料之申報與公開

　　1.**委託書之意義**:公司法第 177 條第 1 項規定:「股東得於每次股東會,出具公司印發之委託書,載明授權範圍,委託代理人,出席股東會。」因而,所謂委託書,即指股東得於每次股東會,出具公司印發並載明授權範圍,委

---

❻　余雪明,證券交易法,第 205 頁以下。

❼　不過須注意的是,公開公司之財務報告中,只有年報有經會計師簽章及依法強制查核,其他之報告則沒有。因而,對此未經查核之財務報告,易生公司會計未能真正顯現公司之真正情況,尤其是股權高度集中於少數人之公司。其所使用之方法,常是彈性利用一般公認會計原則,而膨脹、提報盈餘。

❽　依公司法第 228 條、第 230 條及第 231 條之規定,於繼續公開者,公司法只規定年報。

託代理人，出席股東會之書面文件。

2.**委託書之限制、管理**：為了避免委託書使用而產生弊端，證券交易法第 25 條之 1 規定：「公開發行股票公司出席股東會使用委託書，應予限制、取締或管理；其徵求人、受託代理人與代為處理徵求事務者之資格條件、委託書之格式、取得、徵求與受託方式、代理之股數、統計驗證、使用委託書代理表決權不予計算之情事、應申報與備置之文件、資料提供及其他應遵行事項之規則，由主管機關定之。」並基於本規定之授權，主管機關並制定**公開發行公司出席股東會使用委託書規則**（以下簡稱**委託書規則**），以資規範。而依此規則，有下列幾點重要規定：

⑴徵求之意義：本規則所稱徵求，指以公告、廣告、牌示、廣播、電傳視訊、信函、電話、發表會、說明會、拜訪、詢問等方式取得委託書藉以出席股東會之行為（委託書規則第 3 條第 1 項）。

⑵委託書之要式性：公開發行公司出席股東會使用之委託書，其格式內容應包括填表須知、股東委託行使事項及股東、徵求人、受託代理人基本資料等項目，並於寄發或以電子文件傳送股東會召集通知時同時附送股東（委託書規則第 2 條第 1 項）。公開發行公司出席股東會使用委託書之用紙，以公司印發者為限（委託書規則第 2 條第 2 項）。

⑶徵求人之資格：委託書徵求人，除第 6 條規定外，應為持有公司已發行股份五萬股以上之股東。……（委託書規則第 5 條）。

⑷徵求委託書廣告資料之公告：徵求人應於股東常會開會三十八日前或股東臨時會開會二十三日前，檢附出席股東會委託書徵求資料表、持股證明文件、代為處理徵求事務者資格報經行政院金融監督管理委員會（以下簡稱本會）備查之文件、擬刊登之書面及廣告內容定稿送達公司及副知財團法人中華民國證券暨期貨市場發展基金會（以下簡稱證基會）。公司應於股東常會開會三十日前或股東臨時會開會十五日前，製作徵求人徵求資料彙總表冊，以電子檔案傳送至證基會予以揭露或連續於日報公告二日。……（委託書規則第 7 條）。

⑸書面及廣告應記載事項：徵求委託書之書面及廣告，應載明下列事項：

一、對於當次股東會各項議案，逐項為贊成與否之明確表示；與決議案有自身利害關係時並應加以說明。二、對於當次股東會各項議案持有相反意見時，應對該公司有關資料記載內容，提出反對之理由。……（委託書規則第 8 條）。

㈢**內部關係人交易之公開**

為了貫徹公開制度，證券交易法對於內部人交易之公開，亦設有若干規範，茲分述如下：

1.**內部關係人股份之申報**：公開發行股票之公司於登記後，應即將其董事、監察人、經理人及持有股份超過股份總額百分之十之股東，所持有之本公司股票種類及股數，向主管機關申報並公告之（證券交易法第 25 條第 1 項）。

2.**公司主管及相關人員之內部交易限制**：下列各款之人，獲悉發行股票公司有重大影響其股票價格之消息時，在該消息未公開或公開後十二小時內，不得對該公司之上市或在證券商營業處所買賣之股票或其他具有股權性質之有價證券，買入或賣出：一、該公司之董事、監察人、經理人及依公司法第 27 條第 1 項規定受指定代表行使職務之自然人。二、持有該公司之股份超過百分之十之股東。三、基於職業或控制關係獲悉消息之人。四、喪失前三款身分後，未滿六個月者。五、從前四款所列之人獲悉消息之人。……（證券交易法第 157 條之 1）

第三節　有價證券之私募

第一項　私募之意義

證券交易法所稱之私募 (private placements)，係指已依證券交易法發行股票之公司依第 43 條之 6 第 1 項及第 2 項規定，對特定人招募有價證券之行為（參閱證券交易法第 7 條第 2 項），而非指證券市場之一般投資者所為之招募行為。私募之特色，乃為其所招募有價證券之對象為特定人，此與證券交易法所規定之募集與發行係針對非特定人公開招募有價證券之行為顯有不

同[99]。

　　我國於民國91年1月修訂證券交易法時，參酌美國及日本之立法例引進
此種募集之方式，其目的乃藉由私人洽購之方式，而出售有價證券給特定人
（如銀行等），其除可滿足企業籌措資金之需求，並配合企業併購法推動企業
併購政策[100]。不過私募制度亦引起爭議，例如私募以低價將股票售與特定人，
則生圖利特定人之疑慮；或是因私募之價格遠低於市場價格，而公司之原有
股東無法依其持股比例優先認股，因而低價發行新股將嚴重影響舊有股東權
益[101]。

　　私募之制度不是證券交易法所獨有的，於公司法中，亦有私募之規定。
例如公司法第248條第2項規定：「公司債之私募不受第二百四十九條第二款
及第二百五十條第二款之限制，並於發行後十五日內檢附發行相關資料，向
證券管理機關報備；私募之發行公司不以上市、上櫃、公開發行股票之公司
為限。」第267條第3項後段規定：「……原有股東持有股份按比例不足分認
一新股者，得合併共同認購或歸併一人認購；原有股東未認購者，得公開發
行或洽由特定人認購。」均是明文之規定。只是證券交易法所規範之主體為公
開發行公司，公司法則適用所有之股份有限公司，包括公開發行公司與非公
開發行公司。

表2-9　　私募制度

法規	適用之主體
公司法	公開與非公開發行公司
證券交易法	公開發行公司

---

[99] 劉連煜，新證券交易法實例研習，第55頁。

[100] 賴源河，證券法規，第109頁；雖然私募有使企業便於籌措資金之優點，不過由
於證券交易法之內線交易係以上市或上櫃之有價證券為其規範對象，因而私募之
有價證券並不在其規範之範圍內，未來實有修法規範之必要。參閱賴英照，股市
遊戲規則——最新證券交易法解析，第56頁。

[101] 吳光明，證券交易法論，第116頁。

第二項　私募之主體與客體

一、私募之主體

㈠資格限制

依證券交易法第 43 條之 6 第 1 項之規定，其私募之對象如下：

1.銀行業、票券業、信託業、保險業、證券業或其他經主管機關核准之法人或機構。

2.符合主管機關所定條件之自然人、法人或基金：依主管機關所規定之資格條件如下❿❷：

⑴對該公司財務業務有充分了解之國內外自然人，且於應募或受讓時符合下列情形之一者：

 A.本人淨資產超過新臺幣一千萬元或本人與配偶淨資產合計超過新臺幣一千五百萬元。

 B.最近兩年度，本人年度平均所得超過新臺幣一百五十萬元，或本人與配偶之年度平均所得合計超過新臺幣二百萬元。

⑵最近期經會計師查核簽證之財務報表總資產超過新臺幣五千萬元之法人或基金，或依信託業法簽訂信託契約之信託財產超過新臺幣五千萬元者。

⑶所稱淨資產指在中華民國境內外之資產市價減負債後之金額；所得指依我國所得稅法申報或經核定之綜合所得總額，加計其他可具體提出之國內

---

❿❷　參閱證期會 91 年 6 月 13 日⑼⑴臺財證㈠字第 0910003455 號函；證期會 92 年 3 月 11 日⑼⑵臺財證㈠字第 0920101786 號函：「二、設定質權之私募有價證券，其所有權得依證券交易法第四十三條之八第一項第六款規定，因質權人取得所有權或自行拍賣等方式行使質權而移轉，惟質權人行使質權應依以下規定辦理：㈠質權人如非當舖或以受質為營業者，須符合證券交易法第四十三條之六第一項所定資格條件，始得以取得私募有價證券所有權之方式行使質權。㈡質權人自行拍賣，拍定人須符合證券交易法第四十三條之六第一項所定資格條件。三、依證券交易法第四十三條之八第一項第五款規定辦理私人間直接讓受者，其受讓人資格不受同法第四十三條之六第一項規定之限制。」

外所得金額。

(4)前揭各符合條件之自然人、法人或基金,其資格應由該私募有價證券之公司盡合理調查之責任,並向應募人取得合理可信之佐證依據,應募人須配合提供之。但依證券交易法第43條之8第1項第2款規定轉讓者,其資格應由轉讓人盡合理調查之責任,並向受讓人取得合理可信之佐證依據,受讓人須配合提供之。

3.該公司或其關係企業之董事、監察人及經理人。

㈡**人數限制**

依證券交易法第43條之6第2項之規定,上述之符合主管機關所定條件之自然人、法人或基金,與該公司或其關係企業之董事、監察人及經理人之應募人總數,不得超過三十五人[103]。

二、私募之客體

有價證券,並不限於股票或公司債[104],亦即證券交易法第6條所規範之有價證券,均得為私募之客體[105]。

第三項　私募之程序

一、股東會之召集

依證券交易法第43條之6第1項之規定,公開發行股票之公司,得以有代表已發行股份總數過半數股東之出席,出席股東表決權三分之二以上之同意,而進行有價證券之私募。由本規定可知,私募決議之作成,須經由股東

---

[103] 本規定乃係受美國證管會依1933年證券法所定之Rule 506 (b)(2)規定之影響,請參閱立法理由及賴英照,股市遊戲規則——最新證券交易法解析,第59頁。

[104] 例如財政部證券暨期貨管理委員會民國91年10月24日臺財證一字第0910005390號函:「公開發行公司得依證券交易法規定,私募海外公司債、海外股票及參與私募海外存託憑證。」

[105] 賴英照,股市遊戲規則——最新證券交易法解析,第56頁。

會為之。不過，公司債雖然屬於證券交易法第 6 條所規範之有價證券範圍內，不過其私募是否依證券交易法第 43 條之 6 第 1 項之規定，而由股東會決議之辦理，或仍是公司法第 246 條第 2 項由董事會決議則有疑義❶⓪⑥。

二、於股東會說明之義務

依證券交易法第 43 條之 6 第 6 項之規定，於依證券交易法第 43 條之 6 第 1 項規定進行有價證券之私募者，不得以臨時動議提出，並應在股東會召集事由中列舉並說明:

㈠價格訂定之依據及合理性: 依金管會所頒布之公開發行公司辦理私募有價證券應注意事項（以下簡稱私募有價證券應注意事項）第 3 條第 1 款規定，關於私募價格訂定之依據及合理性之說明者，乃是 1.私募普通股或特別股者，應載明私募價格不得低於參考價格之成數、暫定私募價格、訂價方式之依據及合理性; 2.私募轉換公司債、附認股權公司債等具股權性質之有價證券者，應載明私募條件、轉換或認購價格不得低於參考價格之成數、暫定轉換或認購價格，並綜合說明其私募條件訂定之合理性。

㈡特定人選擇之方式: 其已洽定應募人者，並說明應募人與公司之關係，關於特定人選擇方式，依私募有價證券應注意事項第 3 條第 2 款規定，應說明: 1.於股東會開會通知寄發前已洽定應募人者，應載明應募人之選擇方式與目的，及應募人與公司之關係。應募人如屬法人者，應註明法人之股東直接或間接綜合持有股權比例超過百分之十或股權比例占前十名之股東名稱; 2.於股東會開會通知寄發後洽定應募人者，應於洽定日起二日內將上開應募人資訊輸入公開資訊觀測站。

㈢辦理私募之必要理由: 辦理私募之必要理由中，依私募有價證券應注意事項第 3 條第 3 款規定，應載明不採用公開募集之理由、辦理私募之資金用途及預計達成效益。

三、私募決議之作成

---

❶⓪⑥ 相關爭議之內容，參閱本書以下之說明。

　　依證券交易法第 43 條之 6 第 1 項之規定，公開發行股票之公司，得以有代表已發行股份總數過半數股東之出席，出席股東表決權三分之二以上之同意，而進行有價證券之私募。並且不受證券交易法第 28 條之 1、第 139 條第 2 項及公司法第 267 條第 1 項至第 3 項規定之限制。就我國現行私募之相關規範而言，有價證券之私募大致可以分為三類：1.股票之私募；2.公司債之私募；3.其他有價證券之私募。以下便將此三類之私募分述之：

(一)股票之私募

　　就股票之私募而言，依證券交易法第 43 條之 6 第 1 項之規定，公司法第 267 條發行新股有關之規定被本規定排除之。因而，就公開發行公司之股票私募而言，則依證券交易法第 43 條之 6 第 1 項之規定，得以有代表已發行股份總數過半數股東之出席，出席股東表決權三分之二以上之同意，而進行有價證券之私募。

　　並依證券交易法第 43 條之 6 第 7 項之規定，依第 6 項各款規定於該次股東會議案中列舉及說明分次私募相關事項者，得於該股東會決議之日起一年內，分次辦理之。

(二)公司債之私募

　　普通公司債私募之決議，是否亦適用證券交易法第 43 條之 6 第 1 項之規定，而由股東會為之，則有爭議。學者有認為，雖然從文義解釋觀之，公司債亦應適用本項之規定。但是，發行公司債應屬於企業經營決策事項，決定權限應歸屬於董事會。且私募公司債之狀況與本規定排除證券交易法第 28 條之 1 與公司法第 267 條之理念不合。再者觀本條第 3 項之規定：「普通公司債之私募，其發行總額，除經主管機關徵詢目的事業中央主管機關同意者外，不得逾全部資產減去全部負債餘額之百分之四百，不受公司法第二百四十七條規定之限制。並得於董事會決議之日起一年內分次辦理。」故解釋上，公司債之私募應回到公司法之規定，而依公司法第 246 條第 2 項由董事會決議之[107]。亦有直接認為，普通公司債之私募，因無優先認股權所生之問題，故其私募決議之作成由董事會為之[108]。此外，依金管會所頒布之私募有價證券

---

[107]　廖大穎，證券交易法導論，第 137 頁。

應注意事項第 3 條本文規定:「公開發行公司依證券交易法第四十三條之六私募有價證券,除普通公司債得經董事會決議外,應依同條第六項規定於股東會召集事由中列舉下列相關事宜,並於股東會充分說明……」由此可知,主管機關似乎亦認為普通公司債得經董事會決議。不過,主管機關之用語乃是普通公司債「得」經董事會決議,並非是普通公司債「應」經董事會決議。為使法律明確化,宜明文解決此爭議。

至於特別公司債之私募,則仍應由股東會依證券交易法第 43 條之 6 第 1 項之規定決議辦理之。

(三)其他有價證券之私募

證券交易法並未明訂得為私募之有價證券類型,因而解釋上,凡是屬於證券交易法第 6 條所稱之有價證券均得為私募之標的。因而,除了上述之公司股票、普通公司債以外,而屬於證券交易法第 6 條所稱之有價證券亦得為私募之標的。至於其決議之程序,依證券交易法第 43 條之 6 第 1 項之規定,須股東會決議[108]。而依證券交易法第 43 條之 6 第 7 項之規定,依第 6 項各款規定於該次股東會議案中列舉及說明分次私募相關事項者,得於該股東會決議之日起一年內,分次辦理之。

四、資訊之提供

若是私募之對象乃是符合主管機關所定條件之自然人、法人或基金者(證券交易法第 43 條之 6 第 1 項第 2 款),依證券交易法第 43 條之 6 第 4 項之規定,私募之公司應此自然人、法人或基金等之合理請求,於私募完成前負有提供與本次有價證券私募有關之公司財務、業務或其他資訊之義務。而證券交易法第 43 條之 6 第 1 項第 1 款之金融機構及第 3 款之公司內部人,其資訊取得較便利,未若第 2 款之人有資訊取得保護之必要,故無明文規定[110]。

---

[108] 賴英照,股市遊戲規則——最新證券交易法解析,第 57 頁。

[109] 賴英照,股市遊戲規則——最新證券交易法解析,第 57 頁。

[110] 賴英照,股市遊戲規則——最新證券交易法解析,第 57 頁。

五、事後備查

我國證券交易法對於有價證券之私募,並未採取核准制或是申報制。而依證券交易法第 43 條之 6 第 5 項之規定,私募之公司應於股款或公司債等有價證券之價款繳納完成日起十五日內,檢附相關書件,報請主管機關備查。從而得知,我國係採事後備查制。實務上,從事私募之公司得將應申報之相關事項輸入證期局所指定之公開資訊觀測站,作為備查手續之完成❶❶❶。此外,依私募有價證券應注意事項第 4 條第 2 項規定,公開發行公司於股款或價款收足後十五日內,應依證券交易法第 43 條之 6 第 5 項規定將私募有價證券資訊輸入公開資訊觀測站。

第四項　普通公司債私募限制之放鬆

如前所述,普通公司債之私募,依證券交易法第 43 條之 6 第 3 項之規定,僅須經董事會決議通過即可,並得於董事會決議之日起一年內分次辦理。如此規定之理由,乃是基於避免公司為了普通公司債之私募而須多次召開董事會❶❶❷。此外,證券交易法第 43 條之 6 第 3 項並將普通公司債私募之發行總額,放寬到以全部資產減去全部負債餘額之百分之四百為上限,不受公司法第 247 條規定之限制。並於經主管機關徵詢目的事業中央主管機關同意者時,不受上述百分之四百之限制。由此可見,證券交易法對於普通公司債私募之限制,顯然比公司法第 247 條❶❶❸之規定對於公司債私募之限制已大為放鬆了。

第五項　私募及再行賣出之限制

一、一般性廣告或公開勸誘之行為禁止

---

❶❶❶ 賴英照,股市遊戲規則——最新證券交易法解析,第 57 頁。

❶❶❷ 賴英照,股市遊戲規則——最新證券交易法解析,第 57 頁。

❶❶❸ 參照公司法第 247 條第 1 項:「公司債之總額,不得逾公司現有全部資產減去全部負債及無形資產後之餘額。」

依證券交易法第 43 條之 7 第 1 項之規定:「有價證券之私募及再行賣出,不得為一般性廣告或公開勸誘之行為。」並依同條第 2 項之規定:「違反前項規定者,視為對非特定人公開招募之行為。」而依證券交易法施行細則第 8 條之 1 之規定,所謂一般性廣告或公開勸誘之行為,係指以公告、廣告、廣播、電傳視訊、網際網路、信函、電話、拜訪、詢問、發表會、說明會或其他方式,向證券交易法第 43 條之 6 第 1 項以外之非特定人為要約或勸誘之行為。

二、私募有價證券轉售之限制

所謂私募有價證券轉售之限制,乃指應募人及購買人再行賣出私募有價證券之限制。依證券交易法第 43 條之 8 第 1 項之規定,有價證券私募之應募人及購買人除有下列情形外,不得再行賣出:

㈠第 43 條之 6 第 1 項第 1 款之人持有私募有價證券,該私募有價證券無同種類之有價證券於證券集中交易市場或證券商營業處所買賣,而轉讓予具相同資格者。

㈡自該私募有價證券交付日起滿一年以上,且自交付日起第三年期間內,依主管機關所定持有期間及交易數量之限制,轉讓予符合第 43 條之 6 第 1 項第 1 款及第 2 款之人❶❶❹。

㈢自該私募有價證券交付日起滿三年。

---

❶❶❹ 證期會民國 91 年 6 月 13 日臺財政㈠字第 0910003455 號函:「……二、證券交易法第四十三條之八第一項第二款所稱依主管機關所定持有期間及交易數量之限制,指符合下列條件者: ㈠該私募有價證券為普通股者,本次擬轉讓之私募普通股數量加計其最近三個月內私募普通股轉讓之數量,不得超過下列數量較高者: 1.轉讓時該私募普通股公司依證券交易法第三十六條第一項公告申報之最近期財務報表顯示流通在外普通股股數之百分之〇‧五。2.依轉讓日前二十個營業日該私募普通股公司於臺灣證券交易所或證券商營業處所買賣普通股交易量計算之平均每日交易量之百分之五十。㈡私募有價證券為特別股、公司債、附認股權特別股或海外有價證券者,本次擬轉讓之私募有價證券加計其最近三個月內已轉讓之同次私募有價證券數量,不得超過所取得之同次私募有價證券總數量之百分之十五。」

㈣基於法律規定所生效力之移轉：此之所謂基於法律規定所生效力之移轉，係指因繼承、贈與、強制執行等基於法律規定而取得或喪失所有權者**⑪**。

㈤私人間之直接讓受，其數量不超過該證券一個交易單位，前後二次之讓受行為，相隔不少於三個月。

㈥其他經主管機關核准者。

第六項　私募之詐欺責任──反詐欺條款之適用

證券交易法第 20 條第 1 項：「有價證券之募集、發行、私募或買賣，不得有虛偽、詐欺或其他足致他人誤信之行為。」第 2 項：「發行人申報或公告之財務報告及其他有關業務文件，其內容不得有虛偽或隱匿之情事。」學理上一般稱之為反詐欺條款，其對於私募亦有適用之餘地。而依第 3 項之規定：「違反前二項規定者，對於該有價證券之善意取得人或出賣人因而所受之損害，應負賠償之責。」

第七項　罰　則

一、違反證券交易法第 43 條之 6 第 1 項之規定者

依同法第 175 條處二年以下有期徒刑、拘役或科或併科新臺幣一百八十萬元以下罰金。

二、違反證券交易法第 43 條之 8 第 1 項之規定者

---

⑪ 吳光明，證券交易法論，第 108 頁；證期會民國 91 年 12 月 3 日臺財政㈠字第 0910006007 號函釋：「……㈠證券交易法第四十三條之八第一項第四款所稱『基於法律規定所生效力之移轉』，係指繼承、贈與及強制執行等基於法律規定效力而取得或喪失所有權者。㈡因繼承、贈與、強制執行及質權設定所取得之私募有價證券，再行賣出仍應受證券交易法第四十三條之八第一項規定之限制。㈢依證券交易法第四十三條之八第一項第五款規定辦理私人間直接讓受者，其受讓人及嗣後再行賣出不受證券交易法第四十三條之八第一項規定之限制。」

依同法第 177 條第 1 款處一年以下有期徒刑、拘役或科或併科新臺幣一百二十萬元以下罰金。

三、違反證券交易法第 43 條之 6 第 5 項至第 7 項之規定者

依同法第 178 條第 1 項第 2 款處新臺幣二十四萬元以上二百四十萬元以下罰鍰。並依同法第 178 條第 2 項之規定,主管機關除依前項規定處罰鍰外,並應令其限期辦理;屆期仍不辦理者,得繼續限期令其辦理,並按次各處新臺幣四十八萬元以上四百八十萬元以下罰鍰,至辦理為止。

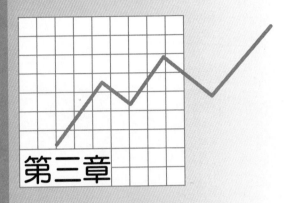

第三章

公開發行公司之
治理

　　為了確保股東及利害關係人之權益，有效率的經營公司以達到經營之目標，以及防止經營者之違法，公司治理之問題已成為有關公開發行公司所面臨諸多重要課題之一。學理上參照 2004 年經濟合作暨發展組織（Organization for Economic Cooperation and Development，簡稱 OECD）的公司治理準則，將公司治理之主要課題，歸納六大重點如下❶：

一、為優質之公司治理架構奠定完備之基礎

二、確保股東權利，並使其發揮功能

三、平等對待全體股東

四、利害關係人之權利及其在公司治理之功能

五、資訊公開之時效性與正確性之提升

六、董事會及監察人應盡之義務與責任

以下便對我國公開發行公司，有關公司治理之相關重要規範分述之。

第一節　獨立董事與審計委員會

第一項　基本概念

　　當股份有限公司中，負責經營與監督之權限分屬兩個機關之制度，學理上稱之為雙軌制。反之，若負責經營與監督之權限全部歸屬於一個機關者，則屬於單軌制❷。

　　我國公司法最初立法之設計，乃採歐陸大陸法系之模式，於公司間設立三大機關，其分別為股東大會（意思機關）、董事會（業務執行機關）及監察人（監督機關）。顯然我國股份有限公司之設計，乃採雙軌制。就公司組織採單軌制者，本以英美法制為主，其將僅有董事會之設計，並無監察人之制度，亦即將經營與監督之權限全部歸屬於一個機關——董事會。獨立董事與審計委員會之產生背景，即是源自單軌制公司治理之產物❸。以下分別敘述之：

---

❶　賴英照，股市遊戲規則——最新證券交易法解析，第 113 頁。

❷　賴英照，股市遊戲規則——最新證券交易法解析，第 114 頁。

一、獨立董事之意義

採單軌制者，代表性之國家首推美國。美國股份有限公司之組織，乃由股東選出董事後，由董事組成董事會，而董事會再選出執行長(Chief Executive Officer，簡稱 CEO) ❹及經理人 (officers)。董事會亦會選任出董事長 (Chairman of Board)，而董事長是否得兼任執行長，則引起注意。在美國多數之公司，採兼任肯定之方式。但在英國，則於 1993 年時上市公司中之百分之七十七採職務分開而不兼任之方式❺。在單軌制之國家中，公司業務執行，則由執行長及經理人負責為之。董事會除了監督執行長及經理人執行業務外，尚負責公司重大政策之決定。因而董事會之成員（亦即為董事），又分為兼任執行長或經理人之內部董事 (insider director, or managing director)❻，及不兼任業務執行職務而負責監督業務之外部董事 (outside director)。當外部董事與公司間無利害關係時，一般則稱該外部董事為獨立董事 (independent directors)❼。換言之，外部董事並非一定為獨立董事，只要外部董事與公司間有利害關係時，例如公司之法律顧問或簽證之會計師擔任外部董事時，該等外部董事亦非獨立董事❽。

二、審計委員會之意義

採單軌制之國家中，董事會負責業務執行及監督之權限。除董事會外，其於公司之組織上，便設有審計委員會 (audit committee)❾、報酬委員會

---

❸　詳細說明，參閱吳光明，證券交易法論，第 20 頁以下。

❹　我國學者余雪明教授指出，美國執行長 (CEO) 近似於我國法上之總經理。參閱氏著，證券交易法，第 52 頁。

❺　余雪明，證券交易法，第 52 頁。

❻　內部董事又稱為兼職董事 (executive directors)，參閱余雪明，證券交易法，第 50 頁。

❼　在美國九成以上公司之董事會，獨立董事占董事會多數之席次。參閱余雪明，證券交易法，第 50 頁。

❽　賴英照，股市遊戲規則——最新證券交易法解析，第 114 頁。

(compensation committee) 及提名委員會 (nominating committee) 等，而此些委員會之成員則由董事會自董事中選出擔任之。公司之組織設計上，採單軌制之國家，並無監察人之設計，而審計委員會即是執行雙軌制之監察人（監察會或是監事會）之職務❿。審計委員會之成員，採單軌制國家中之規定並不完全一致，或是規定全部由獨立董事組成，亦有規定大多數由獨立董事組成⓫。我國證券交易法第 14 條之 4 第 2 項規定：「審計委員會應由全體獨立董事組成，其人數不得少於三人，其中一人為召集人，且至少一人應具備會計或財務專長。」顯然採取全部由獨立董事組成審計委員會之制度。

我國公司之組織設計本是採雙軌制，然而現今在此架構上再引入單軌制之獨立董事與審計委員會之設計，職權相互重疊，產生之依據設計亦顯屬有疑義，因而其功能及妥當性被國內學者廣泛的討論與質疑⓬。

第二項　獨立董事與審計委員會制度之引進與建立

第一款　獨立董事

一、法規依據

我國現行公司法對於獨立董事，並無直接之明文規定。不過，於證券交易法、主管機關所頒布之行政規章或命令、證券交易所及櫃檯買賣中心所制定之規範中，則可看到獨立董事之相關規定。茲舉例並簡列該等規範如下：

❾　多數學者將 audit committee 譯成審計委員會，例如賴英照，股市遊戲規則——最新證券交易法解析，第 125 頁；劉連煜，新證券交易法實例研習，第 210 頁；吳光明，證券交易法論，第 21 頁；學者亦有稱之為監督委員會，例如余雪明，證券交易法，第 52 頁。

❿　余雪明，證券交易法，第 53 頁；賴英照，股市遊戲規則——最新證券交易法解析，第 125 頁。

⓫　參閱余雪明，證券交易法，第 53 頁。

⓬　吳光明，證券交易法論，第 19 頁以下；賴英照，股市遊戲規則——最新證券交易法解析，第 128 頁以下；劉連煜，新證券交易法實例研習，第 210 頁以下。

㈠證券交易法

　　證券交易法於民國95年1月修訂時，參考各國（如新加坡、韓國及美國等）設置獨立董事之立法例❸，增列第14條之2至第14條之5，而將獨立董事制度引進證券交易法之中。獨立董事之設置之基本規定，乃規定於證券交易法第14條之2第1項中。該規定明定：「已依本法發行股票之公司，得依章程規定設置獨立董事。但主管機關應視公司規模、股東結構、業務性質及其他必要情況，要求其設置獨立董事，人數不得少於二人，且不得少於董事席次五分之一。」從而可知，證券交易法並非全面強制規定公開發行公司須設立獨立董事，而是原則上得由各公司任意決定之。但是，於例外之情形（主管機關應視公司規模、股東結構、業務性質及其他必要情況）下，則須設置獨立董事。

㈡行政規章

　　1.公開發行公司董事、監察人股權成數及查核實施規則第2條第2項規定：「公開發行公司選任之獨立董事，其持股不計入前項總額；選任獨立董事二人以上者，獨立董事外之全體董事、監察人依前項比率計算之持股成數降為百分之八十。」

　　2.公開發行公司出席股東會使用委託書規則第6條第1項規定：「繼續一年以上持有公司已發行股份符合下列條件之一者，得委託信託事業或股務代理機構擔任徵求人，其代理股數不受第二十條之限制：……二、前款以外之公司召開股東會，股東應持有公司已發行股份符合下列條件之一：……㈡持有公司已發行股份總數百分之八以上，且於股東會有選任董事或監察人議案

---

❸　參閱民國95年1月11日證券交易法增訂第14條之2第1項之立法理由：「一、本條新增。二、第一項之立法理由如次：㈠參考各國設置獨立董事之立法例訂定，如新加坡、韓國及美國等國，均規定公司應設置獨立董事；另本法第一百二十六條第二項及期貨交易法第三十六條亦規定公司制之證券交易所及期貨交易所之董事、監察人至少應有一定比例由非股東之相關專家擔任之。由國際發展趨勢發現，強化董事獨立性與功能，已為世界潮流，加速推動獨立董事之立法，應有其必要性。……」

時，其所擬支持之被選舉人之一符合獨立董事資格。……」

　　3. 公開發行公司建立內部控制制度處理準則第4條第2項規定：「公開發行公司已設置獨立董事者，依前項規定將內部控制制度提報董事會討論時，應充分考量各獨立董事之意見，並將其同意或反對之明確意見及反對之理由列入董事會紀錄。」第15條第1項：「公開發行公司應於稽核報告及追蹤報告陳核後，於稽核項目完成之次月底前交付各監察人查閱。」第2項：「公開發行公司內部稽核人員如發現重大違規情事或公司有受重大損害之虞時，應立即作成報告陳核，並通知各監察人。」第3項：「公開發行公司設有獨立董事或審計委員會者，於依前二項規定辦理時，應一併交付或通知獨立董事或審計委員會。」

　　4. 公開發行公司取得或處分資產處理準則第6條第2項規定：「已依本法規定設置獨立董事者，依前項規定將取得或處分資產處理程序提報董事會討論時，應充分考量各獨立董事之意見，獨立董事如有反對意見或保留意見，應於董事會議事錄載明。」第8條第2項：「已依本法規定設置獨立董事者，依前項規定將取得或處分資產交易提報董事會討論時，應充分考量各獨立董事之意見，獨立董事如有反對意見或保留意見，應於董事會議事錄載明。」等。

㈢臺灣證券交易所股份有限公司有價證券上市審查準則

　　臺灣證券交易所股份有限公司有價證券上市審查準則第9條第1項規定：「申請股票上市之發行公司雖符合本準則規定之上市條件，但除有第八、九、十款之任一款情事，本公司應不同意其股票上市外，有下列各款情事之一，經本公司認為不宜上市者，得不同意其股票上市：……九、申請公司之董事會成員少於五人，或獨立董事人數少於二人；監察人少於三人；或其董事會、監察人有無法獨立執行其職務者。另所選任獨立董事以非為公司法第二十七條所定之法人或其代表人為限，且其中至少一人須為會計或財務專業人士。……」從臺灣證券交易所之有價證券上市審查準則之規範可知，獨立董事之設置已成為上市之基本要件之一。

二、獨立董事之設置

（一）自由設置為原則：證券交易法第 14 條之 2 第 1 項本文規定「已依本法發行股票之公司，得依章程規定設置獨立董事。」因而，從本規定可知，原則上，證券交易法對於公開發行公司並不強制一定須設有獨立董事。

（二）強制設置為例外：證券交易法第 14 條之 2 第 1 項但書規定「但主管機關應視公司規模、股東結構、業務性質及其他必要情況，要求其設置獨立董事，人數不得少於二人，且不得少於董事席次五分之一。」雖然如前所述，依證券交易法第 14 條之 2 第 1 項本文規定，公開發行公司原則得自行決定，是否設置獨立董事。但是依同條項但書之規定，主管機關應視公司規模、股東結構、業務性質及其他必要情況，要求其設置獨立董事❶。因而，於主管機關之裁量權下，其得強制公開發行公司設置獨立董事。如公開發行公司未依主管機關之要求設置獨立董事者，依證券交易法第 178 條第 1 項第 2 款之規定，處新臺幣二十四萬元以上二百四十萬元以下罰鍰。且依同條第 2 項之規定，主管機關除依第 1 項規定處罰鍰外，並應令其限期辦理；屆期仍不辦理者，得繼續限期令其辦理，並按次各處新臺幣四十八萬元以上四百八十萬元以下罰鍰，至辦理為止。

（三）獨立董事之補選：證券交易法第 14 條之 2 第 5 項：「獨立董事因故解任，致人數不足第一項或章程規定者，應於最近一次股東會補選之。獨立董事均解任時，公司應自事實發生之日起六十日內，召開股東臨時會補選之。」公開發行公司如未依上述規定召開股東臨時會補選獨立董事者，依證券交易法第 178 條第 1 項第 2 款之規定，得處新臺幣二十四萬元以上二百四十萬元以下罰鍰。並依同條第 2 項之規定，主管機關除依前述第 1 項規定處罰鍰外，

❶　參閱民國 95 年 1 月 11 日證券交易法增訂第 14 條之 2 第 1 項之立法理由：「……二、第一項之立法理由如次：……㈡公司法修正後，雖開放股東會得選任非股東當選董事或監察人，但並未規範公司應設置獨立董事，爰於第一項明定依本法發行股票之公司應設置獨立董事，且設置獨立董事人數不得少於二人。推動方式考量企業實務狀況，主管機關得採分階段實施。」

並應令其限期辦理；屆期仍不辦理者，得繼續限期令其辦理，並按次各處新
臺幣四十八萬元以上四百八十萬元以下罰鍰，至辦理為止。

　　㈣獨立董事之任期起算：有關於獨立董事任期之計算，證券交易法第 181
條之 2 規定，經主管機關依第 14 條之 2 第 1 項但書規定要求設置獨立董事，
得自現任董事或監察人任期屆滿時，始適用之❶。

三、獨立董事之資格

㈠積極資格、持股與兼職限制

　　證券交易法第 14 條之 2 第 2 項：「獨立董事應具備專業知識，其持股及
兼職應予限制，且於執行業務範圍內應保持獨立性，不得與公司有直接或間
接之利害關係。獨立董事之專業資格、持股與兼職限制、獨立性之認定、提
名方式及其他應遵行事項之辦法，由主管機關定之。」主管機關便依此授權，
制定公開發行公司獨立董事設置及應遵循事項辦法（以下簡稱獨立董事設置
辦法）。就專業資格部分，獨立董事設置辦法第 2 條第 1 項之規定，公開發行
公司之獨立董事，應取得下列專業資格條件之一，並具備五年以上工作經驗：
1.商務、法務、財務、會計或公司業務所需相關科系之公私立大專院校講師
以上。 2.法官、檢察官、律師、會計師或其他與公司業務所需之國家考試及
格領有證書之專門職業及技術人員。 3.具有商務、法務、財務、會計或公司
業務所需之工作經驗。就兼職限制而言，依該辦法第 4 條規定，公開發行公
司之獨立董事兼任其他公開發行公司獨立董事不得逾三家。而就獨立性部
分❶，則於獨立董事設置辦法第 3 條有若干規定，亦即公開發行公司之獨立
董事應於選任前二年及任職期間無下列情事之一，例如公司或其關係企業之
受僱人；公司或其關係企業之董事、監察人（但如為公司或其母公司、公司
直接及間接持有表決權之股份超過百分之五十之子公司之獨立董事者，不在
此限）；本人及其配偶、未成年子女或以他人名義持有公司已發行股份總額百

---

❶　類似之規範，參閱公開發行公司獨立董事設置及應遵循事項辦法第 9 條規定：「公
　　開發行公司依本法設置獨立董事者，得自現任董事任期屆滿時，始適用之。」

❶　劉連煜，新證券交易法實例研習，第 204 頁。

分之一以上或持股前十名之自然人股東等。

(二)消極資格

如同一般董事一樣，獨立董事亦有消極資格之限制，依證券交易法第 14 條之 2 第 3 項之規定，有下列情事之一者，不得充任獨立董事，其已充任者，當然解任：

　　1. 有公司法第 30 條各款情事之一。

　　2. 依公司法第 27 條規定以政府、法人或其代表人當選。

　　3. 違反依證券交易法第 14 條之 2 第 2 項所定獨立董事之資格。

四、獨立董事之提名與選舉

獨立董事之提名、選舉方式及於董事會之地位，則依證券交易法（以下簡稱本法）第 14 條之 2 第 2 項規定所制定之公開發行公司獨立董事設置及應遵循事項辦法第 5 條、第 8 條有明文規定，茲分述如下：

　　(一)候選人提名制：公開發行公司獨立董事選舉，應依公司法第 192 條之 1 規定採候選人提名制，並載明於章程，股東應就獨立董事候選人名單中選任之。（獨立董事設置辦法第 5 條第 1 項）

　　(二)受理候選人提名公告期間：公開發行公司應於股東會召開前之停止股票過戶日前，公告受理獨立董事候選人提名期間、獨立董事應選名額、其受理處所及其他必要事項，受理期間不得少於十日。（獨立董事設置辦法第 5 條第 2 項）

　　(三)董事會提出候選人名單：公開發行公司得以下列方式提出獨立董事候選人名單，經董事會評估其符合獨立董事所應具備條件後，送請股東會選任之： 1. 持有已發行股份總數百分之一以上股份之股東，得以書面向公司提出獨立董事候選人名單，提名人數不得超過獨立董事應選名額。 2. 由董事會提出獨立董事候選人名單，提名人數不得超過獨立董事應選名額。 3. 其他經主管機關規定之方式。（獨立董事設置辦法第 5 條第 3 項）

　　(四)選舉：公開發行公司之董事選舉，應依公司法第 198 條規定辦理，獨立董事與非獨立董事應一併進行選舉，分別計算當選名額❶。依本法設置審

計委員會之公開發行公司，其獨立董事至少一人應具備會計或財務專長。(獨立董事設置辦法第 5 條第 6 項)

㈤**常務董事席次之保障**：設置獨立董事之公司，董事會設有常務董事者，常務董事中獨立董事人數不得少於一人，且不得少於常務董事席次五分之一。(獨立董事設置辦法第 8 條)

五、獨立董事於董事會之決議

證券交易法第 14 條之 3 明文規定，已依證券交易法第 14 條之 2 第 1 項規定選任獨立董事之公司，除經主管機關核准者外，下列事項應提董事會決議通過；獨立董事如有反對意見或保留意見，應於董事會議事錄載明：

㈠依第 14 條之 1 規定訂定或修正內部控制制度。

㈡依第 36 條之 1 規定訂定或修正取得或處分資產、從事衍生性商品交易、資金貸與他人、為他人背書或提供保證之重大財務業務行為之處理程序。

㈢涉及董事或監察人自身利害關係之事項。

㈣重大之資產或衍生性商品交易。

㈤重大之資金貸與、背書或提供保證。

㈥募集、發行或私募具有股權性質之有價證券。

㈦簽證會計師之委任、解任或報酬。

㈧財務、會計或內部稽核主管之任免。

㈨其他經主管機關規定之重大事項。

六、獨立董事之義務與責任

公司法第 23 條第 1 項規定：「公司負責人應忠實執行業務並盡善良管理人之注意義務，如有違反致公司受有損害者，負損害賠償責任。」第 2 項規定：「公司負責人對於公司業務之執行，如有違反法令致他人受有損害時，對他人應與公司負連帶賠償之責。」此乃公司負責人對於公司負有之忠實義務 (duty of loyalty)、善良管理人之注意義務 (duty of care) 之規定。若是違反該義

---

❶ 吳光明，證券交易法論，第 13 頁。

務，致公司受有損害者，則公司負責人須負損害賠償責任，其對於公司業務之執行，如有違反法令致他人受有損害時，對他人應與公司負連帶賠償之責。而公司法第 8 條第 1 項又規定：「本法所稱公司負責人：在無限公司、兩合公司為執行業務或代表公司之股東；在有限公司、股份有限公司為董事。」因而，股份有限公司董事負有公司法第 23 條所規定之義務與責任。此外，公司法第 193 條第 1 項規定：「董事會執行業務，應依照法令章程及股東會之決議。」第 2 項規定：「董事會之決議，違反前項規定，致公司受損害時，參與決議之董事，對於公司負賠償之責；但經表示異議之董事，有紀錄或書面聲明可證者，免其責任。」因而公司董事亦負有執行業務，應依照法令章程及股東會之決議。董事會之決議，違反前項規定，致公司受損害時，參與決議之董事，對於公司負賠償之責。而獨立董事既然為公司之董事，上述之規定亦應適用之❶❽。

七、其他規範❶❾

　　㈠董事持股轉讓解任之例外：本來依公司法第 197 條第 1 項後段之規定：「公開發行股票之公司董事在任期中轉讓超過選任當時所持有之公司股份數額二分之一時，其董事當然解任。」第 3 項規定：「董事任期未屆滿提前改選者，當選之董事，於就任前轉讓超過選任當時所持有之公司股份數額二分之一時，或於股東會召開前之停止股票過戶期間內，轉讓持股超過二分之一時，其當選失其效力。」此等關於董事持股轉讓而生其職務因而解任之規定，依證券交易法第 14 條之 2 第 4 項之規定，對於獨立董事持股轉讓不適用之。

　　㈡董事持股最低成數要求之減輕：依公開發行公司董事、監察人股權成數及查核實施規則（以下簡稱董事股權成數及查核實施規則）第 2 條第 1 項，針對公開發行公司全體董事及監察人所持有記名股票之股份總額，規定各不

---

❶❽　吳光明，證券交易法論，第 13 頁以下；劉連煜，新證券交易法實例研習，第 216 頁。不過，學者亦有認為，獨立董事之義務與責任似乎有異於一般董事。參閱吳光明，證券交易法論，第 14 頁，註 20 引用之資料。

❶❾　吳光明，證券交易法論，第 14 頁以下。

得少於公司已發行股份總額之一定成數，例如公司實收資本額在新臺幣三億元以下者，全體董事所持有記名股票之股份總額不得少於公司已發行股份總額百分之十五。不過，對於設置獨立董事之公開發行公司，則降低該要求之成數。依董事股權成數及查核實施規則第 2 條第 2 項：「公開發行公司選任之獨立董事，其持股不計入前項總額；選任獨立董事二人以上者，獨立董事外之全體董事、監察人依前項比率計算之持股成數降為百分之八十。」由此規定可知，設有獨立董事之公開發行公司，其董事持股最低成數之要求被減輕。

(三)委託書徵求上限之放鬆：原本公開發行公司出席股東會使用委託書規則（以下簡稱委託書規則）第 20 條規定：「徵求人除本規則另有規定外，其代理之股數不得超過公司已發行股份總數之百分之三。」而繼續一年以上持有公司已發行股份總數百分之八以上，且於股東會有選任董事或監察人議案時，其所擬支持之被選舉人之一符合獨立董事資格，則依委託書規則第 6 條第 1 項第 2 款之規定，得委託信託事業或股務代理機構擔任徵求人，其代理股數不受委託書規則第 20 條之限制❷。

第二款　審計委員會

一、法規依據

(一)證券交易法

　　證券交易法於民國 95 年 1 月修訂時，於第 14 條之 4 及第 14 條之 5 增列有關審計委員會之規定。證券交易法第 14 條之 4 第 1 項規定：「已依本法發行股票之公司，應擇一設置審計委員會或監察人。但主管機關得視公司規模、業務性質及其他必要情況，命令設置審計委員會替代監察人；其辦法，由主管機關定之。」從本規定可知，有關審計委員會之設置，乃如同前面有關獨立董事之設置，證券交易法並非全面強制規定公開發行公司須設立審計委員會，而是原則上得由各公司任意決定之。但是，於例外之情形（主管機關

---

❷　須注意的是，依公開發行公司出席股東會使用委託書規則第 24 條規定，民國 95 年 12 月 20 日修正發布之第 5 條及第 6 條修正條文，自 97 年 1 月 1 日施行。

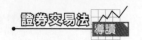

得視公司規模、業務性質及其他必要情況）下，則須設置審計委員會替代監察人。證券交易法並於第 14 條之 5 規範應經審計委員會同意事項。

㈡行政規章

　　1. 公開發行公司董事、監察人股權成數及查核實施規則第 2 條第 3 項：「公開發行公司已依本法設置審計委員會者，不適用前二項有關監察人持有股數不得少於一定比率之規定。」

　　2. 公開發行公司建立內部控制制度處理準則第 15 條第 1 項：「公開發行公司應於稽核報告及追蹤報告陳核後，於稽核項目完成之次月底前交付各監察人查閱。」第 2 項：「公開發行公司內部稽核人員如發現重大違規情事或公司有受重大損害之虞時，應立即作成報告陳核，並通知各監察人。」第 3 項：「公開發行公司設有獨立董事或審計委員會者，於依前二項規定辦理時，應一併交付或通知獨立董事或審計委員會。」

　　3. 公開發行公司取得或處分資產處理準則第 6 條第 3 項：「已依本法規定設置審計委員會者，訂定或修正取得或處分資產處理程序，應經審計委員會全體成員二分之一以上同意，並提董事會決議。」第 4 項：「前項如未經審計委員會全體成員二分之一以上同意者，得由全體董事三分之二以上同意行之，並應於董事會議事錄載明審計委員會之決議。」第 5 項：「第三項所稱審計委員會全體成員及前項所稱全體董事，以實際在任者計算之。」第 8 條第 3 項：「已依本法規定設置審計委員會者，重大之資產或衍生性商品交易，應經審計委員會全體成員二分之一以上同意，並提董事會決議，準用第 6 條第 4 項及第 5 項規定。」等。

㈢公開發行公司審計委員會行使職權辦法

　　本辦法依證券交易法第 14 條之 4 第 5 項規定訂定之。其中第 4 條明定：「審計委員會應由全體獨立董事組成，其人數不得少於三人，其中一人為召集人，且至少一人應具備會計或財務專長。」

二、審計委員會之設置

　　㈠自由設置為原則：證券交易法第 14 條之 4 第 1 項本文規定「已依本法

發行股票之公司，應擇一設置審計委員會或監察人。」本規定已明確指出，原則上，不強制公開發行公司一定須設審計委員會，亦即設監察人亦可。本規定似乎委婉採取彈性做法，原則允許公開發行公司選擇採取單軌制而設審計委員會，或是依照我國舊有之體制採雙軌制而設置監察人。

　　㈡強制設置為例外：證券交易法第 14 條之 4 第 1 項但書規定「但主管機關得視公司規模、業務性質及其他必要情況，命令設置審計委員會替代監察人；其辦法，由主管機關定之。」如同獨立董事之設置一樣，證券交易法原則允許公開發行公司自行決定，是否設置審計委員會。不過，證券交易法第 14 條之 4 第 1 項但書之規定下，主管機關應得公司規模、業務性質及其他必要情況，要求強制設置審計委員會。如公開發行公司未依主管機關之要求設置獨立董事者，依證券交易法第 178 條第 1 項第 2 款之規定，處新臺幣二十四萬元以上二百四十萬元以下罰鍰，並得依法連續處罰之。

三、審計委員會之組成

　　證券交易法第 14 條之 4 第 2 項規定：「審計委員會應由全體獨立董事組成，其人數不得少於三人，其中一人為召集人，且至少一人應具備會計或財務專長。」公開發行公司審計委員會行使職權辦法第 4 條亦有相同內容之規定。

四、法律之準用

㈠監察人規定之準用

　　證券交易法第 14 條之 4 第 3 項規定：「公司設置審計委員會者，本法、公司法及其他法律對於監察人之規定，於審計委員會準用之。」本項所指之本法（證券交易法）、公司法之規定準用內容，擇其要分述如下❷¹：

　1.證券交易法

　準用證券交易法之主要規定者，例如股票轉讓之方式及限制（第 22 條之2）、持股變動或設質之申報與公告（第 25 條）、公司買回自己公司股票期間，

---

❷¹　參閱賴英照，股市遊戲規則──最新證券交易法解析，第 121 頁以下。

禁止出售股權（第 28 條之 2）、公開說明書不實之民事責任（第 32 條）、公司之歸入權（第 157 條）、內線交易之禁止（第 157 條之 1）等等。

2.公司法

準用公司法之規定者，乃以公司法第 216 條至第 227 條之有關監察人之規定。而審計委員會亦取代監察人，成為監督業務執行機關之監督機關。不過，須注意的是，依公司法第 221 條之規定，監察人行使職權，乃為獨立行使之獨任制。但是，依證券交易法第 14 條之 4 第 6 項之規定：「審計委員會之決議，應有審計委員會全體成員二分之一以上之同意。」顯然，審計委員會之行使職權乃採合議制❷。因而，公司法第 221 條應不在準用之行列中。

㈡審計委員會之獨立董事成員準用公司法之規定

證券交易法第 14 條之 4 第 4 項之規定：「公司法第二百條、第二百十三條至第二百十五條、第二百十六條第一項、第三項、第四項、第二百十八條第一項、第二項、第二百十八條之一、第二百十八條之二第二項、第二百二十條、第二百二十三條至第二百二十六條、第二百二十七條但書及第二百四十五條第二項規定，對審計委員會之獨立董事成員準用之。」

證券交易法第 14 條之 4 第 5 項規定：「審計委員會及其獨立董事成員對前二項所定職權之行使及相關事項之辦法，由主管機關定之。」主管機關便依此授權，制定了公開發行公司審計委員會行使職權辦法。

五、審計委員會之決議

審計委員會之行使職權乃採合議制，此可從證券交易法第 14 條之 4 第 6 項所規定：「審計委員會之決議，應有審計委員會全體成員二分之一以上之同意。」得知。此外，證券交易法第 14 條之 5 第 1 項之規定，已依本法發行股票之公司設置審計委員會者，下列事項應經審計委員會全體成員二分之一以上同意，並提董事會決議，不適用第 14 條之 3 規定：

㈠依第 14 條之 1 規定訂定或修正內部控制制度。

㈡內部控制制度有效性之考核。

---

❷ 賴英照，股市遊戲規則——最新證券交易法解析，第 121 頁。

㈢依第 36 條之 1 規定訂定或修正取得或處分資產、從事衍生性商品交易、資金貸與他人、為他人背書或提供保證之重大財務業務行為之處理程序。

㈣涉及董事自身利害關係之事項。

㈤重大之資產或衍生性商品交易。

㈥重大之資金貸與、背書或提供保證。

㈦募集、發行或私募具有股權性質之有價證券。

㈧簽證會計師之委任、解任或報酬。

㈨財務、會計或內部稽核主管之任免。

㈩年度財務報告及半年度財務報告。

(十一)其他公司或主管機關規定之重大事項。

證券交易法第 14 條之 5 第 2 項規定:「前項各款事項除第十款外,如未經審計委員會全體成員二分之一以上同意者,得由全體董事三分之二以上同意行之,不受前項規定之限制,並應於董事會議事錄載明審計委員會之決議。」

第二節　董事、監察人、經理人及大股東等持有股份之監督

第一項　持有股份之申報

證券交易法第 25 條第 1 項規定:「公開發行股票之公司於登記後,應即將其董事、監察人、經理人及持有股份超過股份總額百分之十之股東,所持有之本公司股票種類及股數,向主管機關申報並公告之。」此乃為公司內部人持股之申報,乃屬於企業內容公開制度範疇之一,並協助執行證券交易法第 157 條所規定之歸入權㉓,以下茲分別敘述之:

㉓ 賴英照,股市遊戲規則——最新證券交易法解析,第 149 頁;此外,亦有學者指出,證券交易法第 25 條與第 26 條之規定,乃有助於偵測內部人短線交易(證券交易法第 157 條)或內線交易(第 157 條之 1)醜聞之發生。參閱廖大穎,證券交易法導論,第 165 頁及第 166 頁。

一、應被申報之主體範圍

證券交易法第 25 條第 1 項規定，公開發行公司應申報之主體範圍，包含其公司之董事、監察人、經理人及持有股份超過股份總額百分之十之股東。此主體之範圍，與證券交易法第 157 條第 1 項所規範之短線交易禁止之內部人及第 157 條之 1 第 1 項之內線交易之公司內部主要內部人大致符合。

二、持股之計算

證券交易法第 25 條第 3 項規定：「第二十二條之二第三項之規定，於計算前二項持有股數準用之。」而第 22 條之 2 第 3 項規定：「第一項之人持有之股票，包括其配偶、未成年子女及利用他人名義持有者。」因而計算上述董事、監察人等人之持有股份，必須合併其本人、配偶、未成年子女及利用他人名義持有者加以計算之。

所謂利用他人名義持有股票者，依證券交易法施行細則第 2 條之規定，乃具備下列要件者：1.直接或間接提供股票與他人或提供資金與他人購買股票。2.對該他人所持有之股票，具有管理、使用或處分之權益。3.該他人所持有股票之利益或損失全部或一部歸屬於本人。

三、申報時間

依證券交易法第 25 條第 2 項之規定，董事、監察人、經理人及持有股份超過股份總額百分之十之股東等股票持有人，應於每月五日以前將上月份持有股數變動之情形，向公司申報，公司應於每月十五日以前，彙總向主管機關申報。必要時，主管機關得命令其公告之。

第二項　最低持股限制

證券交易法第 26 條第 1 項規定：「凡依本法公開募集及發行有價證券之公司，其全體董事及監察人二者所持有記名股票之股份總額，各不得少於公司已發行股份總額一定之成數。」此董事、監察人持有記名股票數額最低成數

規定立法目的，乃在於「增強其經營理念，健全資本結構，並防止其對本公司股票作投機性買賣，致影響證券交易及投資人利益」❷。至於成數之標準者，證券交易法第26條第2項規定：「前項董事、監察人股權成數及查核實施規則，由主管機關以命令定之。」因而，主管機關便依此訂立**公開發行公司董事、監察人股權成數及查核實施規則**（以下簡稱查核實施規則）。以下茲分述與本規定相關之重要概念：

一、最低持股限制乃適用全體董事、監察人

證券交易法第26條第1項所規範之董事及監察人最低持股限制，乃係針對全體董事、全體監察人，並未對於個別董事或監察人加以規範最低持股之限制。至於具體之最低持股成數要求，則依證券交易法第26條第2項授權主管機關訂定之。此與公司法第197條第1項及第227條準用第197條第1項規範董事、監察人最低持股不同。其主要之區別有二：

㈠**適用範圍不同**：1.證券交易法係適用全體董事及全體監察人；2.公司法係適用個別董事及個別監察人。

㈡**違反最低持股規定之效力不同**：1.違反證券交易法之董事及監察人最低持股要求者，則依證券交易法第178條第1項第6款之規定，得處新臺幣二十四萬元以上二百四十萬元以下罰鍰。且依同條第2項之規定，主管機關除所述之處罰鍰外，並應令其限期辦理；屆期仍不辦理者，得繼續限期令其辦理，並按次各處新臺幣四十八萬元以上四百八十萬元以下罰鍰，至辦理為止；2.董事違反其最低持股要求（任期中轉讓超過選任當時所持有之公司股份數額二分之一時），其董事當然解任；監察人違反其最低持股要求（任期中轉讓超過選任當時所持有之公司股份數額二分之一時），其監察人當然解任。

二、全體董事或監察人之最低持股成數

㈠一般規定

除了公司設有獨立董事及審計委員會外❷，全體董事及監察人之最低持

---

❷　參閱賴英照，股市遊戲規則——最新證券交易法解析，第131頁。

101

股成數之標準則依查核實施規則第 2 條第 1 項之規定如下：

　　1.公司實收資本額在新臺幣三億元以下者，全體董事所持有記名股票之股份總額不得少於公司已發行股份總額百分之十五，全體監察人不得少於百分之一‧五。

　　2.公司實收資本額超過新臺幣三億元在十億元以下者，其全體董事所持有記名股票之股份總額不得少於百分之十，全體監察人不得少於百分之一。但依該比率計算之全體董事或監察人所持有股份總額低於前款之最高股份總額者，應按前款之最高股份總額計之。

　　3.公司實收資本額超過新臺幣十億元在二十億元以下者，其全體董事持有記名股票之股份總額不得少於百分之七‧五，全體監察人不得少於百分之〇‧七五。但依該比率計算之全體董事或監察人所持有股份總額低於前款之最高股份總額者，應按前款之最高股份總額計之。

　　4.公司實收資本額超過新臺幣二十億元者，全體董事持有記名股票之股份總額不得少於百分之五，全體監察人不得少於百分之〇‧五。但依該比率計算之全體董事或監察人所持有股份總額低於前款之最高股份總額者，應按前款之最高股份總額計之。

㈡設有獨立董事或審計委員會之特別規定

　　1.獨立董事與董事持股成數之計算：獨立董事非以股東身分為必要條件下而被選任出，因而有關董事持股成數之計算不宜將之納入，基於鼓勵公開發行公司選任獨立董事，以健全公司治理[26]。對於公司選任獨立董事者，計算董事持有公司股成數之計算，查核實施規則第 2 條第 2 項則規定：「公開發行公司選任之獨立董事，其持股不計入前項總額；選任獨立董事二人以上者，獨立董事外之全體董事、監察人依前項比率計算之持股成數降為百分之八十」。

---

[25]　若是設有獨立董事或審計委員會者，全體董事及監察人最低持股成數之要求，則有減輕之規定。請參閱公開發行公司董事、監察人股權成數及查核實施規則第 2 條第 2 項及第 3 項之規定。

[26]　陳春山，證券交易法論，第 111 頁。

2.審計委員會與監察人持股成數之計算：查核實施規則第 2 條第 3 項規定「公開發行公司已依本法設置審計委員會者，不適用前二項有關監察人持有股數不得少於一定比率之規定。」

三、全體董事或監察人之最低持股成數之計算標準

至於董事及監察人持股之計算標準，依查核實施規則第 3 條第 1 項之規定：「公開發行公司董事及監察人所持有之記名股票，以股東名簿之記載或送存證券集中保管之證明為準。但其已轉讓，而受讓人尚未辦理過戶手續者，應予扣除。」第 2 項規定：「政府或法人股東當選為董事或監察人者，其代表人自己所持有以分戶保管方式提交證券集中保管事業辦理集中保管之該公司記名股票，得併入前條持有股份總額中計算。」

四、持股不足之補足

查核實施規則第 4 條規定：「公開發行公司股東會選舉之全體董事或監察人，選任當時所持有記名股票之股份總額不足第二條所定之成數時，應由獨立董事外之全體董事或監察人於就任後一個月內補足之。」

查核實施規則第 5 條第 1 項規定：「公開發行公司之董事或監察人，在任期中轉讓股份或部分解任，致全體董事或監察人持有股份總額低於第二條所定之成數時，除獨立董事外之全體董事或監察人應於一個月內補足之。」第 2 項規定：「公司於每月十五日以前，依本法第二十五條第二項彙總向主管機關指定之資訊申報網站輸入其董事、監察人、經理人及持有股份超過股份總額百分之十之股東持有股數變動情形時，若全體董事或監察人持有股份總額有低於第二條所定之成數者，應即通知獨立董事外之全體董事或監察人依前項所定期限補足，並副知主管機關。」

五、服務作業及持股之檢查

依查核實施規則第 6 條第 1 項規定：「主管機關得隨時派員查核公開發行公司董事及監察人股權變動登記，並檢查有關書表帳冊。」第 2 項規定：「主

管機關為前項之查核時，公司應依主管機關之通知，轉知其董事或監察人將所持有之記名股票持往公司辦公處所或其指定處所接受檢查；其董事或監察人不得拒絕。」

六、糾正與罰則

查核實施規則第 7 條第 1 項規定：「除獨立董事外，其餘全體董事或監察人未依第四條及第五條規定期限補足第二條所定持股成數時，依本法第一百七十八條第一項第六款規定處罰獨立董事外之全體董事或監察人。」第 2 項規定：「董事或監察人以法人身分當選者，處罰該法人負責人；以法人代表人身分當選者，處罰該代表人。」

第三項　設定質權之報告與公告

當內部人就其持有之股票設定質權時，依證券交易法第 25 條第 4 項規定：「第一項之股票經設定質權者，出質人應即通知公司；公司應於其質權設定後五日內，將其出質情形，向主管機關申報並公告之。」至於內部人持股設質解除時，其申報及公告之義務為何，證券交易法並無明文規定。學者認為，本於企業內容公開之原則，應於質權設定之解除後五日內，將其出質解除情形，向主管機關申報並公告之❷⑦。至於法律適用，或應解釋為類推適用證券交易法第 25 條第 4 項之規定。

而非公開發行公司之董事或監察人之股份設定或解除質權時，其通知公司義務及公司將其質權變動情形，向主管機關申報並公告之義務，則依公司法第 197 條之 1 及第 227 條之規定辦理之。

第三節　財務報告之提出與檢查

財務報告乃為公開發行公司資訊公開之重大課題，於證券交易法或是相關證券法規中，與財務報告相關之重要規範者，例如證券交易法第 14 條、第

---

❷⑦　廖大穎，證券交易法導論，第 167 頁。

36 條、第 38 條、第 39 條等；證券交易法施行細則第 4 條以下；證券發行人、證券商及公司制證券交易所財務報告編製準則等等。以下便就財務報告之提出與檢查之相關概念分述如下。

第一項　財務報告之意義

證券交易法第 14 條第 1 項規定：「本法所稱財務報告，指發行人及證券商、證券交易所依法令規定，應定期編送主管機關之財務報告。」第 14 條第 2 項規定：「前項財務報告之內容、適用範圍、作業程序、編製及其他應遵行事項之準則，由主管機關定之。」主管機關便基於此授權，頒布*證券發行人財務報告編製準則*（以下簡稱財務報告編製準則）作為編製財務報告內容之依據❷。因而，財務報告之編製無法單從證券交易法得其意義及內容，而須結合財務報告編製準則之規定。

有關財務報告之概念，除證券交易法第 14 條第 1 項外，財務報告編製準則第 4 條第 1 項規定：「財務報告指財務報表、重要會計科目明細表及其他有助於使用人決策之揭露事項及說明。」因而，結合證券交易法第 14 條第 1 項及財務報告編製準則第 4 條第 1 項規定，可得財務報告之意義如下：*證券交易法所稱之公開發行公司之財務報告，係指發行人依照法令規定，應定期編送主管機關之財務報表、重要會計科目明細表及其他有助於使用人決策之揭露事項及說明。*

第二項　財務報告之內容

如前所述，公開發行公司之財務報告，係指發行人依照法令規定，應定

---

❷ 此外，證券交易法第 36 條之 1 規定：「公開發行公司取得或處分資產、從事衍生性商品交易、資金貸與他人、為他人背書或提供保證及揭露財務預測資訊等重大財務業務行為，其適用範圍、作業程序、應公告、申報及其他應遵行事項之處理準則，由主管機關定之。」因而，主管機關便依此授權制定下列規定：關係企業合併營業報告書、關係企業合併財務報表及關係企業報告書編製準則；公開發行公司年報應行記載事項準則等。

期編送主管機關之財務報表、重要會計科目明細表及其他有助於使用人決策之揭露事項及說明。因而，財務報告之內容應包括財務報表、重要會計科目明細表及其他有助於使用人決策之揭露事項及說明。依財務報告編製準則第4條第2項之規定，財務報表應包括資產負債表、損益表、股東權益變動表、現金流量表及其附註或附表。此外，財務報告編製準則第3條：「發行人財務報告之編製，應依本準則及有關法令辦理之，其未規定者，依一般公認會計原則辦理。」在會計學上，用以編製財務報表之方法，即稱之為一般公認會計準則（Generally Accepted Accounting Principles，簡稱 GAAP），我國制定或修訂該準則之單位為財團法人中華民國會計研究發展基金會。至於美國則為財務會計準則委員會 (FASB)❷❾。財務報告之內容應能允當表達發行人之財務狀況、經營結果及現金流量，並不致誤導利害關係人之判斷與決策（財務報告編製準則第5條第1項）。

以下便就資產負債表、損益表、股東權益變動表、現金流量表四大報表簡述其內容❸⓿：

一、資產負債表 (Balance Sheet)

描述企業某一特別時點的資產（流動資產與固定資產）、負債（流動負債：應付帳款或短期借款；長期債務）與股東權益（特別股、普通股及保留盈餘）之關係，亦即資產＝負債＋股東權益。此乃係對於了解企業財務結構，具有最重要意義。

而就資產負債表應編製之內容，試簡述如下：

㈠資產科目

依財務報告編製準則第7條第3項之規定，資產負債表之資產科目分類

---

❷❾ 美國必備之財務報表則為上述之前三種。參閱原著 Reilly & Brown（總校閱洪志祥），投資學，2005 年，第 280 頁。

❸⓿ 原著 Reilly & Brown（總校閱洪志祥），投資學，第 280 頁以下；姜堯民，財務管理原理，2005 年，第 70 頁以下；劉順仁，財報就像一本故事書，2005 年，第 53 頁以下。

及其帳項內涵與應加註明事項有下列之項目：

1. 流動資產：(1)現金及約當現金；(2)公平價值變動列入損益之金融資產
——流動；(3)備供出售金融資產——流動；(4)避險之衍生性金融資產——流
動；(5)以成本衡量之金融資產——流動；(6)無活絡市場之債券投資——流動；
(7)應收票據；(8)應收帳款；(9)其他應收款；(10)其他金融資產——流動；(11)存
貨；(12)在建工程；(13)預付款項；(14)待處分長期股權投資；(15)待出售非流動資
產；(16)其他流動資產。

2. 基金及投資：(1)持有至到期日金融資產——非流動；(2)基金；(3)長期
投資。

3. 固定資產。

4. 無形資產。

5. 其他資產。

(二)負債科目

依財務報告編製準則第 8 條第 3 項之規定，資產負債表之負債科目分類
及其帳項內涵與應加註明事項有下列之項目：

1. 流動負債：(1)短期借款；(2)應付短期票券；(3)公平價值變動列入損益
之金融負債——流動；(4)避險之衍生性金融負債——流動；(5)以成本衡量之
金融負債——流動；(6)應付票據；(7)應付帳款；(8)其他應付款；(9)其他金融
負債——流動；(10)預收款項；(11)與待出售非流動資產直接相關之負債；(12)其
他流動負債。

2. 長期負債：(1)應付公司債（含海外公司債）；(2)長期借款；(3)特別股負
債——非流動。

3. 其他負債。

(三)股東權益科目

依財務報告編製準則第 9 條之規定，資產負債表之股東權益科目分類及
其帳項內涵與應加註明事項有下列之項目：

1. 股本。

2. 資本公積。

3. 保留盈餘（或累積虧損）：⑴法定盈餘公積；⑵特別盈餘公積；⑶未分配盈餘（或待彌補虧損）；⑷盈餘分配或虧損彌補，應俟股東大會決議後方可列帳，但有盈餘分配或虧損彌補之議案者，應在當期財務報表附註中註明。

4. 股東權益其他項目。

二、損益表 (Statement of Income)

此闡明某一特定時期企業獲利之訊息，其顯示某一段時期該企業之營業收入、支出及盈餘的流量。換言之，其亦顯示出企業財富如何應各類之經濟活動影響下所生之變動，亦即淨利 (Net Income) 或稱淨損 (Net Loss)＝收益 (Sales) － 費用 (Expenses)。此乃是對於衡量企業經營績效，具有最重要之價值。

依財務報告編製準則第 10 條之規定，損益表之科目結構及其帳項內涵與應加註明事項有下列之項目：

㈠營業收入。

㈡營業成本。

㈢營業費用。

㈣營業外收入及利益、費用及損失。

㈤繼續營業單位損益。

㈥停業單位損益。

㈦非常損益。

㈧會計原則變動之累積影響數應單獨列示於非常損益項目之後。

㈨本期淨利（或淨損）。

㈩每股盈餘之計算及表達，應依財務會計準則公報第二十四號規定辦理。

㈡所得稅分攤及表達方式，應依財務會計準則公報第二十二號規定辦理。

三、股東權益變動表 (Statement of Shareholders' Equity)

此為顯示管理階層是否公平對待股東之最重要資訊。財務報告編製準則第 11 條第 1 項規定「股東權益變動表為表示股東權益組成項目變動情形之報告，應列明股本、資本公積、保留盈餘（或累積虧損）、股東權益其他調整項

目之期初餘額；本期增減項目與金額；期末餘額等資料。」

四、現金流量表 (Statement of Cash Flows)

　　闡述於某一特定企業現金部分於營運活動、投資活動及融資活動下所產生之變化。其所具有之意義，乃是整合了損益表及資產負債表之訊息，亦填補損益表對於企業績效衡量之盲點，得令人從另一個角度評估企業之績效。此乃對於企業能否繼續經營及競爭之最主要評量工具，並且評價企業之股票及債券之風險與報酬。依財務報告編製準則第 12 條規定：「現金流量表係以現金及約當現金流入與流出，彙總說明企業於特定期間之營業、投資及融資活動，其編製應依財務會計準則公報第十七號規定辦理。」❸❶

第三項　財務報告之提出

一、法定提出

　　依證券交易法第 36 條第 1 項之規定，已依證券交易法發行有價證券之公司，有提出年度財務報告、半年度財務報告、雙季財務報告及月營運情形報告之義務。此外，依同條第 2 項之規定，公司有提出臨時報告之義務，此乃二者均為法定之提出義務。此外，證券交易法第 37 條第 1 項規定：「會計師辦理第三十六條財務報告之查核簽證，應經主管機關之核准；其準則，由主管機關定之。」而主管機關便基此授權而制定會計師辦理公開發行公司財務報告查核簽證核准準則。以下分別敘述各要點：

---

❸❶　財務報告之提出並非證券交易法才出現，公司法亦有明文規定。公司法第 228 條
　　第 1 項規定：「每會計年度終了，董事會應編造左列表冊，於股東常會開會三十
　　日前交監察人查核：一、營業報告書。二、財務報表。三、盈餘分派或虧損撥補
　　之議案。」因而，董事會於會計年度終了所應編製之會計表冊中，亦須包含財務
　　報表。學者柯芳枝教授並謂，而所謂財務報表，係指資產負債表、損益表、現金
　　流量表、股東權益變動表等四種報表之統稱。參閱氏著，公司法論（下），第 352
　　頁。

㈠定期報告

1.年度財務報告：已依證券交易法發行有價證券之公司，應於每營業年度終了後四個月內公告並向主管機關申報，經會計師查核簽證、董事會通過及監察人承認之年度財務報告（證券交易法第 36 條第 1 項前段）❸❷。

2.半年度財務報告：於每半營業年度終了後二個月內，公告並申報經會計師查核簽證、董事會通過及監察人承認之財務報告（除經主管機關核准者外）（證券交易法第 36 條第 1 項第 1 款）❸❸。

3.雙季財務報告：於每營業年度第一季及第三季終了後一個月內，公告並申報經會計師核閱之財務報告（除經主管機關核准者外）（證券交易法第 36 條第 1 項第 2 款）❸❹。

4.月營運情形報告：於每月十日以前，公告並申報上月份營運情形（除經主管機關核准者外）（證券交易法第 36 條第 1 項第 3 款）。並依證券交易法施行細則第 5 條規定，所須公告並申報之營運情形，係指：⑴開立發票總金額及營業收入額。⑵為他人背書及保證之金額。⑶其他主管機關所定之事項。

㈡臨時報告

應於事實發生之日起二日內公告並向主管機關申報者：

1.股東常會承認之年度財務報告與公告並向主管機關申報之年度財務報告不一致者（證券交易法第 36 條第 2 項第 1 款）。

2.發生對股東權益或證券價格有重大影響之事項（證券交易法第 36 條第

---

❸❷ 證券交易法施行細則對於財務報告亦有若干補充規定，參閱第 4 條、第 5 條及第 7 條等規定。此外，依證期會 91 年 6 月 28 日臺財證㈠第 0210002639 號令，各股票公開發行公司依規定辦理公告申報事項，自 91 年 8 月 1 日起，應向該指定之公開資訊觀測站進行傳輸，於完成傳輸後即視為已完成公告申報。

❸❸ 依證券交易法施行細則第 4 條第 1 款之規定，年度及半年度財務報告應載明查核會計師姓名及其查核意見為「無保留意見」、「修正式無保留意見」、「保留意見」、「無法表示意見」或「否定意見」之字樣；其非屬「無保留意見」查核報告者，並應載明其理由。

❸❹ 依證券交易法施行細則第 4 條第 2 款之規定，季財務報告應載明核閱會計師姓名及核閱報告所特別敘明事項。

2 項第 2 款)。而依證券交易法施行細則第 7 條規定,發生對股東權益或證券價格有重大影響之事項,係指下列事項之一:(1)存款不足之退票、拒絕往來或其他喪失債信情事者。(2)因訴訟、非訟、行政處分、行政爭訟、保全程序或強制執行事件,對公司財務或業務有重大影響者。(3)嚴重減產或全部或部分停工、公司廠房或主要設備出租、全部或主要部分資產質押,對公司營業有影響者。(4)有公司法第 185 條第 1 項所定各款情事之一者。(5)經法院依公司法第 287 條第 1 項第 5 款規定其股票為禁止轉讓之裁定者。(6)董事長、總經理或三分之一以上董事發生變動者。(7)變更簽證會計師者。但變更事由係會計師事務所內部調整者,不包括在內。(8)重要備忘錄、策略聯盟或其他業務合作計畫或重要契約之簽訂、變更、終止或解除、改變業務計畫之重要內容、完成新產品開發、試驗之產品已開發成功且正式進入量產階段、收購他人企業、取得或出讓專利權、商標專用權、著作權或其他智慧財產權之交易,對公司財務或業務有重大影響者。(9)其他足以影響公司繼續營運之重大情事者。

二、行政裁量之指示提出

依證券交易法第 38 條第 2 項之規定,有價證券發行後,主管機關得隨時命令發行人提出財務、業務報告或直接檢查財務、業務狀況。

第四項　年報編製

證券交易法第 36 條第 3 項規定,已依證券交易法發行有價證券之公司,應編製年報,於股東常會分送股東;其應記載之事項,由主管機關定之。因而,主管機關便依此制定**公開發行公司年報應行記載事項準則**(以下簡稱應行記載事項準則)。依應行記載事項準則第 3 條之規定,年報編製,有下列兩個基本原則:一、年報所載事項應具有時效性,並不得有虛偽或隱匿情事。二、年報宜力求翔實明確,文字敘述應簡明易懂,善用統計圖表、流程圖或其他圖表,必要時得以中、外文對照方式刊載或另行刊印外文版本。

至於年報之內容,依應行記載事項準則第 7 條之規定,年報編製內容應記載事項如下:一、致股東報告書。二、公司簡介。三、公司治理報告。四、

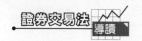

募資情形：資本及股份、公司債、特別股、海外存託憑證、員工認股權憑證及併購（包括合併、收購及分割）之辦理情形暨資金運用計畫執行情形。五、營運概況。六、財務概況。七、財務狀況及經營結果之檢討分析與風險事項。八、特別記載事項。

有關年報之編製程序，並無明文規定，學說認為應類推適用年度財務報告之程序❸。

第五項　指定專業人員檢查

證券交易法第 38 條之 1：「主管機關認為必要時，得隨時指定會計師、律師、工程師或其他專門職業或技術人員，檢查發行人、證券承銷商或其他關係人之財務、業務狀況及有關書表、帳冊，並向主管機關提出報告或表示意見，其費用由被檢查人負擔。」

第六項　罰　則

主管機關於審查發行人所申報之財務報告、其他參考或報告資料時，或於檢查其財務、業務狀況時，發現發行人有不符合法令規定之事項，除得以命令糾正外，並得依本法處罰（證券交易法第 39 條）。

第七項　抄　本

就上述之定期報告與臨時報告，依第 36 條第 4 項規定：「第一項及第二項公告、申報事項暨前項年報，有價證券已在證券交易所上市買賣者，應以抄本送證券交易所及證券商同業公會；有價證券已在證券商營業處所買賣者，應以抄本送證券商同業公會供公眾閱覽。」

第八項　財務報告之更正

依證券交易法施行細則第 6 條第 1 項之規定：「依本法第三十六條所公告並申報之財務報告，有未依有關法令編製而應予更正者，應照主管機關所定

❸　賴英照，股市遊戲規則——最新證券交易法解析，第 148 頁。

期限自行更正，並依下列規定辦理：一、更正稅後損益金額在新臺幣一千萬元以上，且達原決算營業收入淨額百分之一或實收資本額百分之五以上者，應重編財務報告，並重行公告。二、更正稅後損益金額未達前款標準者，得不重編財務報告。但應列為保留盈餘之更正數。」而第2項規定：「依前項第一款規定重行公告時，應扼要說明更正理由及與前次公告之主要差異處。」

對於重大訊息之查證暨公開程序，臺灣證券交易所則曾頒布經財政部核定之臺灣證券交易所股份有限公司對上市公司重大訊息之查證暨公開處理程序❸❻及櫃檯買賣中心亦頒布財團法人中華民國證券櫃檯買賣中心對上櫃公司重大訊息之查證暨公開處理程序❸❼

第四節　內部人轉讓股票之限制

第一項　概　說

為了避免內部人以個人身分參與股票買賣或其他股票轉讓行為，致使影響公司經營及危及其他股東權益，破壞市場秩序，尤其是內部人從事操縱市場行為（參閱證券交易法第155條）、短線交易（參閱證券交易法第157條）及內線交易（參閱證券交易法第157條之1）等有害投資者及破壞市場秩序之行為，立法者便於證券交易法第22條之2明定董事、監察人、經理人及大股東轉讓股權之限制❸❽。

---

❸❻ 財政部民國81年2月18日⑻⑴臺財政㈠字第10902號函核定。

❸❼ 財政部民國83年10月20日⑻⑶臺財政㈠字第42405號函准予備查。

❸❽ 參閱民國77年證券交易法第22條之2之立法理由：「……二、目前證券交易中最為人所詬病者，不外發行公司董事、監察人或大股東參與股票之買賣，與藉上市轉讓股權，不但影響公司經營，損害投資人權益，並破壞市場穩定，為健全證券市場發展，維持市場秩序，對發行公司董事、監察人、經理人及持有公司股份超過股份總額百分之十之股東股票之轉讓，有必要嚴加管理，於第一項分三款規定各該人員欲轉讓股票之方式。……」，及廖大穎，證券交易法導論，第169頁。

　　證券交易法第 22 條之 2 所指之轉讓，除了一般之買賣外（例如於集中交易市場出賣股票），尚包括依公司法、企業併購法等規定之公司合併法時，對於合併決議表示異議之大股東請求公司買回其所持有之股份❸。此外，本規定所規範之內部人（例如董事）以其所持有之股票質押借錢時，若因其無法清償借款，致使其所提供而設定質權之股票被出售（亦即所稱之斷頭）時，亦屬於證券交易法第 22 條之 2 所稱之轉讓。該內部人，亦有申報股權異動之義務❹。

第二項　限制之內容

一、規範之對象

㈠內部人

　　證券交易法第 22 條之 2 第 1 項規定：「已依本法發行股票公司之董事、監察人、經理人或持有公司股份超過股份總額百分之十之股東，其股票之轉讓，應依左列方式之一為之：……」從本規定之內容可知，股票之轉讓限制之主體，可分為四類，其分別為董事、監察人、經理人或持有公司股份超過股份總額百分之十之股東。學理上，稱此四類受股票之轉讓限制之主體為內部人❹，因而本規定又可稱為內部人股票轉讓之限制規定。於計算持股之範

---

❸　陳春山，證券交易法論，第 113 頁；賴英照，股市遊戲規則——最新證券交易法解析，第 140 頁；參閱證期會民國 91 年 10 月 1 日臺財證三字第 0920134020 函：「依公司法、企業併購法或金融控股公司法等法律規定，異議股東得請求公司按當時公平價格收買其持有之股份。　貴所函詢『大股東』依上述規定，由公司收買其所持有之股票，按該股權移轉方式仍屬證券交易法第二十二條之二第一項第三款洽特定人轉讓之行為，故該『大股東』於轉讓前應依該規定辦理事前申報。……」

❹　賴英照，股市遊戲規則——最新證券交易法解析，第 140 頁；最高行政法院 91 年度判字第 1509 號判決及 91 年度判字第 1855 號判決。

❹　陳春山，證券交易法論，第 113 頁；賴英照，股市遊戲規則——最新證券交易法解析，第 140 頁。

圍時，依同條第 3 項之規定，上述之董事、監察人、經理人及持有公司百分之十以上之大股東持有之股票，包括其配偶、未成年子女及利用他人名義持有者。而所謂利用他人名義持有者，則依證券交易法施行細則第 2 條之規定，係指具備下列要件：1.直接或間接提供股票與他人或提供資金與他人購買股票；2.對該他人所持有之股票，具有管理、使用或處分之權益；3.該他人所持有股票之利益或損失全部或一部歸屬於本人。

㈡經由證券交易法第 22 條之 2 第 1 項第 3 款受讓股票之受讓人

除了上述之內部人之股票轉讓受限制外，依證券交易法第 22 條之 2 第 2 項規定：「經由前項第三款受讓之股票，受讓人在一年內欲轉讓其股票，仍須依前項各款所列方式之一為之。」因而，依證券交易法第 22 條之 2 第 1 項第 3 款規定而受讓股票之受讓人，在受讓後一年內，其欲為股票轉讓時，則如同內部人一樣，須依證券交易法第 22 條之 2 第 1 項規定辦理。

二、股票轉讓之方法

依證券交易法第 22 條之 2 第 1 項之規定，已依本法發行股票公司之董事、監察人、經理人或持有公司股份超過股份總額百分之十之股東，其股票之轉讓，應依下列方式之一為之：

㈠經主管機關核准或自申報主管機關生效日後，向非特定人為之（第 1 款）：內部人依此方式為轉讓時，依主管機關之函釋❹，應「準用」發行人募集與發行有價證券處理準則（以下簡稱有價證券處理準則）第五章公開招募之規定。於此，僅列幾個重要規定說明相關程序如下：

1.須為申報：內部人須應檢具有價證券公開招募申報書，載明其應記載事項，連同應檢附書件，向金管會申報生效後，始得為公開招募行為（有價

❹ 證期會民國 90 年 6 月 5 日⑼臺財證㈢字第 001585 號函：「一、公開發行股票公司之董事、監察人、經理人或持有公司股份超過股份總額百分之十之股東，依證券交易法第二十二條之二第一項第一款規定之方式轉讓其持股者，應準用本會發布『發行人募集與發行有價證券處理準則』有關公開招募之規定，於報經本會核准或向本會申報生效後為之；……」。

證券處理準則第 61 條第 1 項)。

2.辦理公開承銷或包銷：有價證券持有人依有價證券處理準則第 61 條規定申報公開招募者，經向金管會申報生效後，除已上市或上櫃公司之股票應委託證券承銷商為之外，應委託證券承銷商包銷，並應依證券交易法第 71 條第 2 項規定，於承銷契約中訂明保留承銷股數之百分之五十以上由證券承銷商自行認購。但其未來三年之釋股計畫已經目的事業主管機關核准，並出具會計制度健全之意見書者，得免保留一定比率由證券承銷商自行認購（有價證券處理準則第 64 條第 1 項）。

㈡依主管機關所定**持有期間及每一交易日得轉讓數量比例**，於向主管機關申報之日起三日後，在集中交易市場或證券商營業處所為之。但每一交易日轉讓股數未超過一萬股者，免予申報（第 2 款）：

1.**持有期間之界定**：此處所稱之持有期間，依主管機關與櫃檯買賣中心之函釋，乃指取得內部人身分後滿六個月。換言之，任何人成為公司內部人後六個月內，則不能依本方式出賣股票❸。若是以法人代表人身分當選為董事或監察人者，期間之起算則自當選之日起。而若是以法人身分被選為董事或監察人者，期間之起算係自首次當選日起算，縱使指派行使職務之代表人更換，亦不影響法人取得內部人身分之計算❹。

---

❸ 財政部證券暨期貨管理委員會民國 90 年 6 月 5 日⑼臺財證㈢字第 001585 號函：「……持有期間為各該人員自取得其身分之日起六個月，於期間屆滿後始得轉讓；且據同法第三項及本會七十七年八月二十六日（七七）臺財證㈡第〇八九五四號函等規定，其配偶、未成年子女、利用他人名義持有者及法人代表人（含代表人之配偶、未成年子女及利用他人名義持有者）亦適用之……」；櫃檯買賣中心民國 92 年 7 月 8 日⑼證櫃交字第 19083 號函：「……有關證券交易法第二十二條之二第一項第二款規定之『持有期間』，主管機關業於九十年六月五日以（九〇）臺財證㈢第〇〇一五八五號令二㈠規定『持有期間』為公開發行股票公司之董事、監察人、經理人或持有公司股份超過股份總額百分之十之股東（簡稱內部人）自取得其身分之日起六個月，於期間屆滿後始得轉讓。……」。

❹ 證期會民國 90 年 7 月 5 日⑼臺財證㈢字第 143447 號函：「……以法人身分取得董事且連任者，以首次當選董事之日起算取得身分期間，至其所指派行使職務之

2.**每一交易日得轉讓數量比例：** 每一交易日得轉讓數量比例，於向主管機關申報之日起三日後，在集中交易市場或證券商營業處所為之。而其又可分為下列類型：

(1)原則：除了有下面(2)及(3)之情形，或是有證券交易法第 22 條之 2 第 1 項第 3 款之情形，否則每一交易日得轉讓數量比例於下列兩種方式中，選擇其一為之：

A. 上市或上櫃股票

　a. 公開發行股數在三千萬股以下者。

　b. 申報日之前十個營業日。

B. 興櫃股票❹

興櫃股票公司內部人轉讓股票應依下列方式為之：

　a. 興櫃股票買賣屬證券商營業處所買賣行為，應依證券交易法第 22 條之 2 第 1 項第 2 款規定暨本會 90 年 6 月 5 日 (90) 臺財證㈢第 001585 號令踐行事前申報義務，惟每一交易日得轉讓之數量比例為受轉讓公司已發行股份之百分之一。

　b. 依證券交易法第 22 條之 2 第 1 項第 3 款規定轉讓持股予「特定人」時，該「特定人」條件應適用本會 89 年 4 月 10 日 (89) 臺財證㈢第 112118 號函說明一之㈡規定，即與一般上櫃公司相同，僅得轉讓予證券自營商及該公司全體員工。

(2)免申報之情形：每一交易日轉讓股數未超過一萬股者，免予申報。

(3)不受每一交易日得轉讓數量比例限制之情形：若依證券交易所之臺灣證券交易所股份有限公司受託辦理上市證券拍賣辦法、臺灣證券交易所股份有限公司辦理上市證券標購辦法委託證券經紀商參加競賣者或臺灣證券交易所股份有限公司盤後定價交易買賣辦法辦理者，或者是依櫃檯買賣中心之財團法人中華民國證券櫃檯買賣中心辦理上櫃證券標購辦法或財團法人中華民國證券櫃檯買賣中心盤後定價交易辦法辦理者，每一交易日得轉讓數量則不

　代表人有更替時，尚不影響該法人取得身分日期之計算。」

❹　證期會民國 92 年 2 月 26 日㈡臺財證㈢字第 0920000788 號函。

受限制**㊻**。

　　3.申報的股票之轉讓期間不得超過一個月：內部人出售股票須於申報日起一個月內為之，若超過該期限者應重行申報**㊼**。

　　㈢於向主管機關申報之日起三日內，向符合主管機關所定條件之特定人為之（第3款）：

　　本款所指之特定人，依財政部證券暨期貨管理委員會⑻臺財證㊂字第112118號之函釋：依證券交易法第22條之2第1項第3款所定方式向「特定人」轉讓持股時，應按附件申報書格式向本會辦理申報，其受讓「特定人」之條件規定如下：1.公開發行公司之股票未在證券交易所上市且未於證券商營業處所買賣者，其受讓特定人限定為對公司財務、業務有充分了解，具有資力，且非應公開招募而認購者。2.公開發行公司之股票已於證券商營業處所買賣者，其受讓特定人限定為證券自營商及以同一價格受讓之該發行股票公司全體員工。3.公開發行公司之股票已在證券交易所上市者，其受讓特定人限定為以同一價格受讓之該發行股票公司全體員工。4.公開發行公司依公營事業移轉民營條例規定移轉股權者，其受讓特定人除適用前3款外，並包括該條例第5條及其施行細則第7條所訂之特定對象。5.華僑或外國人轉讓公開發行公司之股票，其受讓特定人除適用前1至3款外，並包括經依華僑回國投資條例或外國人投資條例報經經濟部或所授權或委託之機關、機構核准轉讓予其他華僑或外國人者。

　　此外，主管機關就具體案例所為之函釋，此處所指之特定人，包括第43條之1第2項及第3項規定進行公開收購之公開收購人**㊽**、財政部國有財產

㊻ 參閱賴英照，股市遊戲規則——最新證券交易法解析，第141頁及第142頁；證期會民國92年3月17日⑼臺財證㊂字第0920001073號函：「依『臺灣證券交易所股份有限公司鉅額證券買賣辦法』、『財團法人中華民國證券櫃檯買賣中心鉅額證券買賣辦法』進行交易者，其轉讓數量不受證券交易法第二十二條之二第一項第二款規定『每一交易日得轉讓數量比例』之限制。」

㊼ 賴英照，股市遊戲規則——最新證券交易法解析，第142頁。

㊽ 參閱證期會民國90年11月8日⑼臺財證㊂字第163991號函。

局❹、內部人以其持有之股票抵繳股款轉讓予發起設立之公司，該受讓之公司❺。至於，證券交易法第 22 條之 2 第 1 項所定之內部人，依公司法、企業併購法或金融控股公司法等法律規定辦理「發行新股作為受讓他公司股份之對價」、「合併」、「分割」、「收購」、「股份轉換」、「概括讓與」或「概括承受」等情形者，而須將其持有之股票轉讓予他人，則該受讓人是否為此處所稱之「特定人」，則尚有疑義。不過，主管機關則採肯定之見解❺。

三、違反限制之處罰

依證券交易法第 178 條第 1 項第 1 款、第 22 條之 2 第 1 項及第 2 項之規定，依證券交易法發行股票公司之董事、監察人、經理人或持有公司股份超過股份總額百分之十之股東，以及依證券交易法第 22 條之 2 第 1 項第 3 款規定而受讓股票之受讓人，在受讓後一年內，為股票之轉讓時，違反第 22 條之 2 第 1 項股票轉讓限制之方式時，則處新臺幣二十四萬元以上二百四十萬元以下罰鍰。

第五節　股東會之管理

有關股東會之相關規定，大部分規定於公司法中，於證券交易法中，對於股東會相關事項有明文規定者，僅有證券交易法第 14 條之 2、第 25 條之

---

❹　金管會民國 93 年 10 月 7 日(93)金管證(三)字第 0930140389 號：「依證券交易法發行股票公司之董事、監察人、經理人或持有公司股份超過股份總額百分之十之股東，因抵繳應納稅款、滯納金、滯納利息或其他原因，將所持有之所屬公司發行之股票轉讓予財政部國有財產局者，財政部國有財產局為證券交易法第二十二條之二第一項第三款所規定之特定人。」

❺　金管會民國 95 年 1 月 19 日(95)金管證(三)字第 0950000352 號函：「證券交易法第二十二條之二所定之董事、監察人、經理人及持有公司股份超過百分之十之股東，依公司法第一百三十一條規定以其持有之股票抵繳股款轉讓予發起設立之公司，則前揭受讓之公司為同條第一項第三款所稱之『特定人』。」

❺　參閱證期會民國 93 年 3 月 2 日(93)臺財證(三)字第 0930100151 號函。

1、第 26 條之 1、第 26 條之 2、第 26 條之 3、第 28 條之 1、第 28 條之 2、第 36 條、第 43 條、第 43 條之 6 等規定。以下便就證券交易法有關股東會之規定，敘述如下。

第一項　股東常會之召集

依證券交易法第 36 條第 5 項之規定，股東常會，應於每營業年度終了後六個月內召集之。此規定與公司法第 170 條第 2 項本文所規定，股東常會應於每會計年度終了後六個月內召開，並無差異。不過，公司法第 170 條第 2 項但書並明文規定，但有正當事由經報請主管機關核准者，不在此限。換言之，依公司法第 170 條第 2 項之規定，公司有正當事由經報請主管機關核准者，得延後召開股東常會。反之，證券交易法並無明文規定。此是否意味著，證券交易法所規範之公開發行公司，縱使有正當理由，亦不得延遲召開股東常會？於實務上，經濟部仍依公司法之規定，對於無法準時召開股東常會之公開發行公司，於有正當理由下，仍酌情准予延期召開股東常會❷。

第二項　股東會召集之進行

一、股東會召集通知之公告

證券交易法第 26 條之 2 規定：「已依本法發行股票之公司，對於持有記名股票未滿一千股股東，其股東常會之召集通知得於開會三十日前；股東臨時會之召集通知得於開會十五日前，以公告方式為之。」本規定之立法精神，乃基於減輕公開發行公司召集股東會之人力與物力負擔，而以公告代替寄送開會通知❸。

---

❷ 賴英照，股市遊戲規則——最新證券交易法解析，第 153 頁。

❸ 參閱民國 77 年 1 月 29 日證券交易法第 26 條之 2 之立法理由：「一、本條新增。二、目前各公開發行公司之股票，已依主管機關所訂定『公開發行股票統一規格要點』換發統一規格股票，每股金額並均為新臺幣壹拾元。復依本法第一百三十八條授權，證券交易所對於上市股票之買賣，係以每股金額十元一千股為一成交

二、決議事項之列舉

　　證券交易法第 26 條之 1 規定:「已依本法發行有價證券之公司召集股東會時,關於公司法第二百零九條第一項、第二百四十條第一項及第二百四十一條第一項之決議事項,應在召集事由中列舉並說明其主要內容,不得以臨時動議提出。」公司法對於股東會之召集通知或公告,並無明定應說明議案之主要內容,引起實務之爭議❺❹。然而,證券交易法第 26 條之 1 除了明文規定,召集股東會時,列舉三項之決議事項,應在召集事由中列舉並說明其主要內容,不得以臨時動議提出,於立法理由中立法者指出,此皆屬公司經營之重大事項,為防止公司取巧以臨時動議提出,影響股東權益,故於民國 77 年 1 月 29 日於證券交易法增訂第 26 條之 1❺❺。此種規定,普遍受學者之贊同❺❻,而此三項之內容則列舉如下:

㈠競業之許可

　　公司法第 209 條第 1 項:「董事為自己或他人為屬於公司營業範圍內之行為,應對股東會說明其行為之重要內容並取得其許可。」

㈡以發行新股分派股息及紅利

　　公司法第 240 條第 1 項:「公司得由有代表已發行股份總數三分之二以上股東出席之股東會,以出席股東表決權過半數之決議,將應分派股息及紅利

　　單位或其倍數,不足一成交單位者為零股交易。股票公開發行公司因歷年不斷增資配股,致使持有零股股東人數眾多,幾達各該公司股東總人數百分之四十以上,但其總持股數僅為各該公司發行股數百分之一以下,所占比例甚微。實務上公司必須將開會通知書以掛號寄發各股東(便於取證),對於已成為大眾化之股票發行公司造成人力、物力一大負荷,迭經各股票發行公司反應,爰增訂本條。」

❺❹ 賴英照,股市遊戲規則──最新證券交易法解析,第 153 頁。

❺❺ 參閱民國 77 年 1 月 29 日證券交易法第 26 條之 1 之立法理由:「一、本條新增。二、公司法第二百零九條第二項、第二百四十條第一項及第二百四十一條第一項所定應經股東會議之事項,皆屬公司經營之重大事項,為防止公司取巧以臨時動議提出,影響股東權益,爰增訂本條。」

❺❻ 賴英照,股市遊戲規則──最新證券交易法解析,第 154 頁。

之全部或一部，以發行新股方式為之；不滿一股之金額，以現金分派之。」

㈢以公積金撥充資本，發行新股

公司法第 240 條第 1 項：「公司無虧損者，得依前條規定股東會決議之方法，將法定盈餘公積及左列資本公積之全部或一部撥充資本，按股東原有股份之比例發給新股：一、超過票面金額發行股票所得之溢額。二、受領贈與之所得。」

三、違反股東會召集事由應列舉之效力

如前所述，證券交易法第 26 條之 1 除了明文規定，召集股東會時，列舉三項之決議事項，應在召集事由中列舉並說明其主要內容，不得以臨時動議提出。若是違反該列舉規定時，則構成股東會之召集程序，違反法令或章程之事例。此時，依公司法第 189 條之規定，股東得自決議之日起三十日內，訴請法院撤銷其決議❺❼。

第三項　委託書之管理及股東會議事管理

一、委託書之管理

依公司法第 177 條第 1 項之規定：「股東得於每次股東會，出具公司印發之委託書，載明授權範圍，委託代理人，出席股東會。」而依證券交易法第 25 條之 1 規定：「公開發行股票公司出席股東會使用委託書，應予限制、取締或管理；其徵求人、受託代理人與代為處理徵求事務者之資格條件、委託書之格式、取得、徵求與受託方式、代理之股數、統計驗證、使用委託書代理表決權不予計算之情事、應申報與備置之文件、資料提供及其他應遵行事項之規則，由主管機關定之。」主管機關便據此頒布**公開發行公司出席股東會使用委託書規則**（以下簡稱委託書管理規則）。依據公司法第 177 條第 1 項及證券交易法第 25 條之 1 之規定，委託書所具有之意義，乃為公開發行公司之股東，

---

❺❼　參閱柯芳枝，公司法論（上），第 251 頁以下；劉連煜，新證券交易法實例研習，
　　第 126 頁。

於委託代理人出席股東會行使表決權，證明授權範圍所提出於發行公司之證明文件❸。並且依委託書管理規則第 2 條第 2 項之規定，公開發行公司出席股東會使用委託書之用紙，以公司印發者為限。委託書管理規則適用之範圍，係包含所有之公開發行公司，不以上市或上櫃為限。換言之，無論是上市、上櫃、興櫃、未上市或是未上櫃之公開發行公司均有委託書管理規則之適用❹。

此外，該委託書管理規則之其他主要內容可歸類如下：

㈠**委託書寄發之義務**

公開發行公司需將出席股東會使用之委託書，於寄發或以電子文件傳送股東會召集通知時同時附送股東（委託書管理規則第 2 條第 1 項）。

㈡**徵求委託書之規範**

1.徵求之意義：徵求，指以公告、廣告、牌示、廣播、電傳視訊、信函、電話、發表會、說明會、拜訪、詢問等方式取得委託書藉以出席股東會之行為（委託書管理規則第 3 條第 1 項）。

2.徵求人之資格：委託書規則對於徵求人有積極資格及消極資格之要求（參閱委託書管理規則第 5 條、第 6 條及第 6 條之 1）。

3.徵求人通知之義務：徵求人應檢附出席股東會委託書徵求資料表、持股證明文件、代為處理徵求事務者資格報經行政院金融監督管理委員會（以下簡稱本會）備查之文件、擬刊登之書面及廣告內容定稿送達公司及副知財團法人中華民國證券暨期貨市場發展基金會（以下簡稱證基會）（委託書管理規則第 7 條第 1 項）。

4.徵求委託書之書面及廣告，應載明事項（委託書管理規則第 8 條第 1 項）。

㈢**禁止事項**

1.代寄徵求資料之禁止：徵求人或受其委託代為處理徵求事務者，不得委託公司代為寄發徵求信函或徵求資料予股東（委託書管理規則第 7 條第 5

---

❸ 類似之見解，請參閱陳春山，證券交易法論，第 137 頁。

❹ 賴英照，股市遊戲規則——最新證券交易法解析，第 163 頁。

項)。

2.場外徵求委託書之禁止：徵求人或受其委託代為處理徵求事務者不得於徵求場所外徵求委託書，且應於徵求場所將前項書面及廣告內容為明確之揭示（委託書管理規則第 8 條第 2 項）。

3.空白委託書之禁止❻：委託書應由委託人親自填具徵求人或受託代理人姓名。但信託事業或股務代理機構受委託擔任徵求人，及股務代理機構受委任擔任委託書之受託代理人者，得以蓋章方式代替之（委託書管理規則第 10 條第 1 項）。

4.委託書轉讓之禁止：徵求人應於徵求委託書上簽名或蓋章，並不得轉讓他人使用（委託書管理規則第 10 條第 2 項）。

5.收購委託書之禁止：出席股東會委託書之取得，除本規則另有規定者外，不得以給付金錢或其他利益為條件。但代為發放股東會紀念品或徵求人支付予代為處理徵求事務者之合理費用，不在此限（委託書管理規則第 11 條第 1 項第 1 款）。

6.利用他人名義徵求委託書之禁止：出席股東會委託書之取得，除本規則另有規定者外，不得利用他人名義為之（委託書管理規則第 11 條第 1 項第 2 款）。

7.應記載之主要內容有虛偽或欠缺之禁止：公開發行公司印發之委託書用紙、議事手冊或其他會議補充資料、徵求人徵求委託書之書面及廣告、第 12 條及第 13 條之委託明細表、前條之出席股東會委託書及文件資料，不得對應記載之主要內容有虛偽或欠缺之情事(委託書管理規則第 16 條第 1 項)。前項文件不得以已檢送並備置於證基會而為免責之主張（委託書管理規則第 16 條第 2 項）。

8.出席證件徵求之禁止：出席證、出席簽到卡或其他出席證件，不得為徵求之標的（委託書管理規則第 23 條）。

(四)委託書之委任人之查閱權

委託書之委任人得於股東會後七日內，向公開發行公司或其股務代理機

---

❻　賴英照，股市遊戲規則——最新證券交易法解析，第 172 頁。

構查閱該委託書之使用情形（委託書管理規則第 18 條）。

㈤代理股數之限制

1.徵求人除本規則另有規定外，其代理之股數不得超過公司已發行股份總數之百分之三（委託書管理規則第 20 條）。

2.第 13 條第 1 項受三人以上股東委託之受託代理人，其代理之股數除不得超過其本身持有股數之四倍外，亦不得超過公司已發行股份總數之百分之三（委託書管理規則第 21 條第 1 項）。前項受託代理人有徵求委託書之行為者，其累計代理股數，不得超過第 20 條規定之股數（委託書管理規則第 21 條第 2 項）。

㈥表決權不予計算

使用委託書有下列情事之一者，其代理之表決權不予計算：1.其委託書用紙非為公司印發。2.因徵求而送達公司之委託書為轉讓而取得。3.違反第 5 條、第 6 條或第 7 條之 1 第 1 項規定。4.違反第 8 條第 2 項規定於徵求場所外徵求委託書或第 4 項規定。5.違反第 11 條第 1 項規定取得委託書。6.依第 13 條出具之聲明書有虛偽情事。7.違反第 10 條第 1 項、第 13 條第 1 項、第 14 條、第 16 條第 1 項或第 19 條第 2 項規定。8.徵求人或受託代理人代理股數超過第 20 條或第 21 條所定限額，其超過部分。9.徵求人之投票行為與徵求委託書之書面及廣告記載內容或與委託人之委託內容不相符合。10.其他違反本規則規定徵求委託書（委託書管理規則第 22 條第 1 項）。

二、股東會議管理

為了使股東會之進行能順暢，主管機關便制定：公開發行公司股東會議事規範。而該規定之重要內容如下：

㈠股東會之出席及表決之計算基準：股東會之出席及表決，應以股份為計算基準（第 3 條）。

㈡開會時間及地點之限制：上市及上櫃公司股東會召開之地點，應於本公司所在地或便利股東出席且適合股東會召開之地點為之，會議開始時間不得早於上午九時或晚於下午三時（第 4 條）。

㈢開會過程之錄音與錄影保存：公司應將股東會之開會過程全程錄音或錄影，並至少保存一年（第 7 條）。

㈣決議：已屆開會時間，主席應即宣布開會，惟未有代表已發行股份總數過半數之股東出席時，主席得宣布延後開會，其延後次數以二次為限，延後時間合計不得超過一小時。延後二次仍不足額而有代表已發行股份總數三分之一以上股東出席時，得依公司法第 175 條第 1 項規定為假決議。

於當次會議未結束前，如出席股東所代表股數達已發行股份總數過半數時，主席得將作成之假決議，依公司法第 174 條規定重新提請大會表決（第 8 條）。

㈤股東會議程之進行：股東會如由董事會召集者，其議程由董事會訂定之，會議應依排定之議程進行，非經股東會決議不得變更之。

股東會如由董事會以外之其他有召集權人召集者，準用前項之規定。

前二項排定之議程於議事（含臨時動議）未終結前，非經決議，主席不得逕行宣布散會。

會議散會後，股東不得另推選主席於原址或另覓場所續行開會（第 9 條）。

㈥發言：出席股東發言前，須先填具發言條載明發言要旨、股東戶號（或出席證編號）及戶名，由主席定其發言順序。

出席股東僅提發言條而未發言者，視為未發言。發言內容與發言條記載不符者，以發言內容為準。

出席股東發言時，其他股東除經徵得主席及發言股東同意外，不得發言干擾，違反者主席應予制止（第 10 條）。

㈦議案表決之處理：同一議案有修正案或替代案時，由主席併同原案定其表決之順序。

如其中一案已獲通過時，其他議案即視為否決，勿庸再行表決（第 18 條）。

第六節　庫藏股之買回

第一項　公司資本三原則

證券交易法第4條規定：「本法所稱公司，謂依公司法組織之股份有限公司」。因而，證券交易法所規範之公司主體，乃為股份有限公司。而股份有限公司之股東負有限責任，公司所負之債務乃以公司之資產為清償之基礎，股東對公司之債務並不負任何責任。因此，保護債權人及維持公司信用，則成為股份有限公司制度之重大課題。公司之資本乃為實現對於公司債權人之最低限度擔保額，並且是衡量公司信用之標準。因而，為了確保股份有限公司之資本，於大陸法系之國家（以德國為首）便產生所謂資本三原則，來貫徹此精神❻，而我國公司法亦深受大陸法系之影響，此資本三原則亦對我國公司法制有相當之影響。

所謂資本三原則，係指資本確定原則、資本維持原則及資本不變原則等三大原則❻。以下便分述之：

一、資本確定原則 (Prinzip des festen Grundkapitals)：此乃指公司設立時，於章程中須確定及明定資本總額❻。此乃在於確保公司於成立時，即有穩固之財產基礎。

二、資本維持原則 (Prinzip der Bindung des Grundkapitals)（又稱資本充實原則）：公司存續中，公司至少須維持相當於資本額之財產。原則上，公司不得低於股票面額而發行股票❻及公司原則不得購買自己公司之股票❻

---

❻　柯芳枝，公司法論（上），第132頁。

❻　柯芳枝，公司法論（上），第132頁以下。

❻　公司法第129條第3款：「發起人應以全體之同意訂立章程，載明左列各款事項，並簽名或蓋章：……三、股份總數及每股金額。……。」

❻　公司法第140條本文：「股票之發行價格，不得低於票面金額。」

❻　公司法第167條第1項：「公司除依第一百五十八條、第一百六十七條之一、第

127

等。此原則之目的，乃在於確保債權人權益。

三、**資本不變原則** (Prinzip der Beständigkeit des Grundkapitals)：公司之資本總額一經章程確定，應保持固定不變，不得任意變更之。欲變更公司之資本總額（增資或減資）❻，須履行嚴格之法定程序。例如，公司法第 129 條第 3 款規定，股份總數及每股金額為股份有限公司設立時之章程絕對必要記載事項。當公司為增資時（每股金額及股份總數之其中有增加者），則須為變更章程。而公司之變更章程，依公司法第 277 條之規定，須為特別決議❼。

第二項　庫藏股之買回與資本維持原則

如前所述，我國公司法第 167 條第 1 項本文規定，公司除依第 158 條、第 167 條之 1、第 186 條及第 317 條規定外，不得自將股份收回、收買或收為質物。換言之，公司原則上，不得購買自己公司之股票。就此禁止公司取得自己公司股份而成為自己公司股東之主要目的，乃在於避免公司之資本實

一百八十六條及第三百十七條規定外，不得自將股份收回、收買或收為質物。但於股東清算或受破產之宣告時，得按市價收回其股份，抵償其於清算或破產宣告前結欠公司之債務。」

❻ 變更公司資本總額之態樣有二，其分別為增資或減資。依公司法第 156 條第 1 項前段規定，股份有限公司之資本，應分為股份，每股金額應歸一律。因而，股份有限公司之資本總額即為每股金額與股份總數相乘之總額。當每股金額及股份總數之其中有增加者，即為增資。反之，若是每股金額及股份總數之其中有減少者，即為減資。

❼ 股份有限公司之變更章程之特別決議類型有三：一、一般方式（公開發行股票之公司與非公開發行股票之公司）：應有代表已發行股份總數三分之二以上之股東出席，以出席股東表決權過半數之同意行之（公司法第 277 條第 2 項）。二、公開發行股票之公司：出席股東之股份總數不足公司法第 277 條第 2 項定額者，得以有代表已發行股份總數過半數股東之出席，出席股東表決權三分之二以上之同意行之（公司法第 277 條第 3 項）。三、公司章程有特別規定者（公開發行股票之公司與非公開發行股票之公司）：公司法第 277 條第 2 項及第 3 項出席股東股份總數及表決權，章程有較高之規定者，從其規定。

際上減少，其將危及公司之財產基礎，進而影響公司之營運，並違反傳統所謂之資本維持原則❽。若是公司依公司法第 167 條、第 158 條、第 167 條之 1、第 186 條及第 317 條規定，買回自己公司之股票但未銷除者，其所持有之股票即為一般所稱之庫藏股股票 (Treasure Stock)❽。

我國之證券公司法制，除了於公司法規定，在特殊情形准予公司買回自己公司之股票以外。因隨著時代之改變，尤其是英美之公司、證券法制之概念引入我國，公司持有公司之股票已被視為企業經營之一大助力❼。此外，從學理之角度觀之，若是法令允許公司買回自己公司股份後再行出售，當股份之售價與買回之價格相同時，公司之資本亦未受影響。至於買回股份可能產生之問題，可採適當之管理措施加以防範，以取代嚴格禁止政策❼。

為了順應公司持有自己公司股票規範之放寬趨勢，以及穩定股市之考量❼，我國證券交易法在民國 89 年（民國 89 年 7 月 19 日總統公布）亦於第 28 條之 2 明定准予公司得買回公司自己公司之股票，以及擴大了公司得買回自己公司股份之基礎，此即為證券交易法之庫藏股買回制度。

第三項　庫藏股買回之規範內容

一、庫藏股買回制度之適用主體

依證券交易法第 28 條之 2 第 1 項之規定，得買回自己公司股票者，限於

---

❽ 參閱賴英照，股市遊戲規則——最新證券交易法解析，第 210 頁；廖大穎，證券交易法導論，第 189 頁。

❽ 參閱廖大穎，證券交易法導論，第 189 頁。

❼ 柯菊，公司法論集，1996 年，第 205 頁。

❼ 參閱賴英照，股市遊戲規則——最新證券交易法解析，第 210 頁及第 211 頁。

❼ 民國 86 年發生了亞洲金融風暴，臺灣股價指數從 8 月 26 日 11 之 10,116.84 之高點往下跌，直到 10 月 29 日時，指數已跌了三成而來到 7,089.56。為了使股價止跌回升，財政部於民國 86 年 10 月 22 日向行政院提出證券交易法第 28 條之 2 之修正草案。詳細說明，參閱賴英照，股市遊戲規則——最新證券交易法解析，第 211 頁。

已在證券交易所上市或於證券商營業處所買賣之公司。換言之，適用證券交易法第 28 條之 2 適用之主體，包括一般所稱之已上市或上櫃之公司，並無疑義。但是，興櫃公司於櫃檯買賣中心交易，其是否為非證券交易法第 28 條之 2 所稱之於證券商營業處所買賣之公司，則有爭議。主管機關乃採否定見解者，其認為興櫃公司並非證券交易法第 28 條之 2 所稱之於證券商營業處所買賣之公司。主管機關認為，證券交易法第 28 條之 2 所稱之於證券商營業處所買賣之公司，乃指買回自己公司股票係以櫃檯買賣中心等價自動成交系統為之者，而興櫃股票係以議價方式為之，故興櫃股票發行公司不適用證券交易法第 28 條之 2 有關買回本公司股票之規定**❼❸**。採肯定說者，則認為證券交易法第 28 條之 2 所稱之於證券商營業處所買賣之公司，乃包括上櫃之公司及興櫃公司，而主管機關之函釋有逾越母法（證券交易法）之嫌**❼❹**。

二、庫藏股之買回之合法事由

依證券交易法第 28 條之 2 第 1 項之規定，公司得買回自己公司股票，限於三種情況下方得為之。亦即，庫藏股買回之合法事由有三**❼❺**：

(一)轉讓股份予員工：此乃以激勵優秀員工為考量，經藉由准許公司買回自己公司之股票轉讓予員工，得激勵員工對公司之向心力，並達到留住優秀人才之效果。

(二)配合附認股權公司債、附認股權特別股、可轉換公司債、可轉換特別股或認股權憑證之發行，作為股權轉換之用：此立法之考量，乃為了配合發展新金融商品制度之規劃，以利股份轉讓及認購股份作業，促進可轉換公司

---

❼❸ 參閱證期會民國 90 年 10 月 16 日(90)臺財證(三)字第 005702 號函：「……二、股票已在證券交易所上市或於證券商營業處所買賣之公司，其買回本公司股份，應經由集中交易市場電腦自動交易系統或櫃檯買賣中心等價自動成交系統為之，『興櫃股票』之交易係採議價方式，故無證券交易法第二十八條之二得買回本公司股份之適用。」

❼❹ 賴英照，股市遊戲規則——最新證券交易法解析，第 212 頁。

❼❺ 參閱廖大穎，證券交易法導論，第 190 頁。

債於流通市場之流通。

　㈢為維護公司信用及股東權益所必要而買回，並辦理銷除股份者：基於非經濟因素導致股價下跌時，得經由買回自己公司股票，藉以調節公司股票❼。

三、庫藏股買回之決議

　依證券交易法第 28 條之 2 第 1 項之規定，庫藏股之買回須經董事會之特別決議，亦即須經董事會三分之二以上董事之出席及出席董事超過二分之一同意。此外，同條第 7 項規定：「第一項董事會之決議及執行情形，應於最近一次之股東會報告；其因故未買回股份者，亦同。」綜合此二規定可知，庫藏股買回與否之權限屬於董事會，至於股東會則只有聽取報告之權限而已。依主管機關之函釋，董事會休會時，常務董事會得決議辦理，再提報董事會追認❼。依本書之見解，此函釋似乎逾越證券交易法第 28 條之 2 第 1 項之文義解釋，買回自己公司股票乃為影響公司股價之重大決議，此可從證券交易法要求經董事會之特別決議可知。因而，不宜由常務董事會得決議辦理，再提報董事會追認，而是須經董事會之特別決議方可辦理庫藏股之買回，以防止常務董事會先斬後奏。

---

❼　「庫藏股」一詞乃譯自美國法之 treasury share，而依美國法之制度而言，公司買回自己之股份，其為公司資產，且仍為已發行股份，得再行出售，因而方得庫藏股 (treasury share) 之名。至於我國證券交易法第 28 條之 2 所規定之買回自己公司股份之處理方式有三，其中我國證券交易法第 28 條之 2 第 1 項第 1 款及第 2 款，乃為轉讓與員工及作股權轉讓之用，尚與美國法庫藏股之意義符合。但是，同條項之第 3 款乃是為了調節股價而護盤買回股票而銷除股份者，則不符合美國法庫藏股之意義。參閱賴英照，股市遊戲規則——最新證券交易法解析，第 213 頁。

❼　證期會民國 91 年 10 月 28 日㈠臺財證㈠字第 0910005444 號函：「……二、證券交易法第二十八條之二第一項規定，上市上櫃公司買回本公司股份應經董事會之同意；如遇董事會休會時，可依據公司法第二百零八條第四項規定，由常務董事會議決議辦理，再提報下一次董事會追認。」

四、庫藏股之買回態樣

對於公司買回自己公司股票，公司法第 167 條明文規定，於四個特殊情形下得為之，而證券交易法對於買回自己公司股票之予以放寬。依第 28 條之 2 第 1 項明文規定：「……於有價證券集中交易市場或證券商營業處所或依第四十三條之一第二項規定買回其股份，不受公司法第一百六十七條第一項規定之限制。」因而可知，公司買回自己公司股票於證券交易法放寬買回之態樣有三：

㈠於有價證券集中交易市場買回其股份（上市買回）。

㈡於證券商營業處所買回其股份（上櫃買回）。

㈢依第 43 條之 1 第 2 項規定買回其股份（公開收購）。

五、庫藏股買回之數量與資金限制

證券交易法第 28 條之 2 第 2 項規定：「公司買回股份之數量比例，不得超過該公司已發行股份總數百分之十；收買股份之總金額，不得逾保留盈餘加發行股份溢價及已實現之資本公積之金額。」本規定之立法目的，乃在於確保資本維持原則，以保護債權人之權益[78]。在另一層實質之意義上，公司買回股份數量之上限，不得超過該公司已發行股份總數百分之十之目的，乃在於避免公司藉買回公司股票而實質提升負責人持股比例之效果[79]。

所謂已實現之資本公積之金額，依上市上櫃公司買回本公司股份辦法第 8 條第 1 項規定，包括㈠尚未轉列為保留盈餘之處分資產之溢價收入及㈡公司法第 241 條所列之超過票面金額發行股票所得之溢額及受領贈與之所得。但受領者為本公司股票，於未再出售前不予計入。此外，依上市上櫃公司買回本公司股份辦法第 8 條第 2 項規定，此處所稱之保留盈餘，包括法定盈餘公積、特別盈餘公積及未分配盈餘，但應減除㈠公司董事會或股東會已決議

---

[78] 參閱證券交易法第 28 條之 2 之立法理由：「為避免公司買回自己股份之數量及所運用之資金，漫無限制將損及債權人與股東權益，爰增訂第二項。」

[79] 賴英照，股市遊戲規則——最新證券交易法解析，第 214 頁。

分派之盈餘及㈡公司依本法第41條第1項規定提列之特別盈餘公積;但證券商依證券商管理規則第14條第1項規定提列者,不在此限。

六、「上市上櫃公司買回本公司股份辦法」之法源

證券交易法第28條之2第3項規定:「公司依第一項規定買回其股份之程序、價格、數量、方式、轉讓方法及應申報公告事項,由主管機關以命令定之。」因而,主管機關據此頒布上市上櫃公司買回本公司股份辦法(以下簡稱買回本公司股份辦法),依本辦法可知重要規定事項如下:

㈠買回股份之公告與報告(買回本公司股份辦法第2條)

㈡執行買回之公告及申報(買回本公司股份辦法第3條~第5條)

㈢買回之程序(買回本公司股份辦法第6條、第7條)

㈣買回股份總金額之限制(買回本公司股份辦法第8條)

㈤買回股份處所及方式之限制(買回本公司股份辦法第9條)

㈥轉讓辦法(買回本公司股份辦法第10條)

七、庫藏股之買回之處理

證券交易法第28條之2第4項規定:「公司依第1項規定買回之股份,除第3款部分應於買回之日起六個月內辦理變更登記外,應於買回之日起三年內將其轉讓;逾期未轉讓者,視為公司未發行股份,並應辦理變更登記。」因而,公司對於買回之庫藏股,其處理之方法有二,茲分列如下:

㈠應於買回之日起六個月內辦理變更登記:屬於第28條之2第1項第3款者,乃為維護公司信用及股東權益所必要而買回,並辦理銷除股份者。

㈡除㈠以外,應於買回之日起三年內將其轉讓:買回之股份若是為轉讓給員工者,應事先訂定轉讓辦法(參閱買回本公司股份辦法第10條第1項)辦理之。而此轉讓辦法至少應載明:一、轉讓股份之種類、權利內容及權利受限情形。二、轉讓期間。三、受讓人之資格。四、轉讓之程序。五、約定之每股轉讓價格。除轉讓前,遇公司已發行普通股股份增加得按發行股份增加比率調整者,或符合第10條之1規定得低於實際買回股份之平均價格轉讓

予員工者外，其價格不得低於實際買回股份之平均價格。六、轉讓後之權利
義務。七、其他有關公司與員工權利義務事項（參閱買回本公司股份辦法第
10條第2項）。逾期未轉讓者（亦即未轉讓予員工或未作為股權轉換之用），
視為公司未發行股份，並應辦理變更登記。此外，若是買回股份，作為股權
轉換之用者，則應於轉換或認股辦法中明定之（參閱買回本公司股份辦法第
11條）。

八、庫藏股之買回之股權限制

依證券交易法第28條之2第5項之規定：「公司依第一項規定買回之股
份，不得質押；於未轉讓前，不得享有股東權利。」本規定明示，庫藏股未轉
讓前，權利受有兩個限制：

㈠不得質押

㈡不得享有股東權利

九、買回庫藏股期間內對內部人賣出股份之限制

證券交易法第28條之2第6項規定：「公司於有價證券集中交易市場或
證券商營業處所買回其股份者，該公司其依公司法第三百六十九條之一規定
之關係企業或董事、監察人、經理人之本人及其配偶、未成年子女或利用他
人名義所持有之股份，於該公司買回之期間內不得賣出。」

十、庫藏股買回之申報與報告義務

依買回本公司股份辦法第2條第1項之規定，公司於有價證券集中交易
市場或證券商營業處所買回其股份者，應於董事會決議之日起二日內，公告
並向行政院金融監督管理委員會（簡稱金管會）申報㈠買回股份之目的。㈡
買回股份之種類。㈢買回股份之總金額上限。㈣預定買回之期間與數量。㈤
買回之區間價格等事項。且買回本公司股份辦法第3條之規定，公司非依第
2條規定辦理公告及申報後，不得於有價證券集中交易市場或證券商營業處
所買回股份。其買回股份之數量每累積達公司已發行股份總數百分之二或金

額達新臺幣三億元以上者，應於二日內將買回之日期、數量、種類及價格公告並向本會申報。至於，公司依證券交易法第 43 條之 1 第 2 項規定之方式買回股份者，依買回本公司股份辦法第 4 條規定，則依公開收購公開發行公司有價證券管理辦法向金管會申報並公告。且依買回本公司股份辦法第 5 條規定，公司買回股份，應於依第 2 條申報日起二個月內執行完畢，並應於上述期間屆滿或執行完畢後五日內向本會申報並公告執行情形；逾期未執行完畢者，如須再行買回，應重行提經董事會決議。買回本公司股份辦法第 6 條並規定，公司買回股份，應將買回本公司股份辦法第 2 條、第 3 條及第 5 條規定之訊息內容，輸入公開資訊觀測站資訊系統。

證券交易法第 28 條之 2 第 7 項規定：「第一項董事會之決議及執行情形，應於最近一次之股東會報告；其因故未買回股份者，亦同。」

第七節　發行公司財務與業務之管理

第一項　強制提列特別盈餘公積及公積撥充資本之限制

一、公積之意義

所謂公積，係指公司之純財產額超過其實收資本之數額，而積存於公司之金額[80]。因股份有限公司為典型之資合公司，其對外所生之債務均以公司之資產為清償責任範圍。因而，為了充實公司資本及鞏固公司資產結構，以保障投資大眾之利益，於公司法即特別規定於公司每年度決算時，應依規定提列公積金[81]。

---

[80] 柯芳枝，公司法論（下），第 357 頁；劉連煜，現代公司法，第 438 頁。

[81] 參閱李開遠，證券管理法規新論，第 107 頁；陳春山，證券交易法論，第 129 頁。

二、公積金之類型

公積依積存財源之不同，公司法等相關法規明文將之區別為資本公積與盈餘公積等兩類，而盈餘公積又分為法定盈餘公積與特別盈餘公積[82]，茲分別敘述如下：

(一)資本公積——強制提列公積：公積金之規範中，除公司法及證券交易法外，商業會計法第 13 條授權主管機關所頒布之商業會計處理準則第 25 條及第 26 條中，則規定有盈餘公積與資本公積等會計科目。若是基於非營業結果而是特定財源累積者，例如溢價發行股票之所得、庫藏股票交易之溢價、資產重估增值則為資本公積。換言之，公司因股本交易所生之權益為資本公積[83]。我國公司法於民國 90 年修正前，舊公司法第 238 條有應為資本公積之會計科目規定。不過，基於資本公積乃屬於商業會計處理問題，商業會計法等相關法規既有明文規定，且更周延，公司法即無規定之必要，因而該規定被刪除[84]。

(二)盈餘公積：盈餘公積係由營業結果所產生而提撥者，亦即於公司每年度決算時，所提撥一定比例之金額者，其又可分為法定盈餘公積與特別盈餘公積[85]。

1. 法定盈餘公積——強制提列公積：此係指公司於完納一切稅捐後，分派盈餘時，應先提出法定之百分比為法定盈餘公積。但法定盈餘公積，已達資本總額時，不在此限。

2. 特別盈餘公積——任意提列公積：此係指定，除了法定盈餘公積外，公司得以章程訂定或股東會議決，另提特別盈餘公積。

---

[82] 劉連煜，現代公司法，第 438 頁及第 439 頁。

[83] 王文宇，公司法論，第 392 頁；柯芳枝，公司法論（下），第 358 頁；廖大穎，證券交易法導論，第 181 頁。

[84] 王文宇，公司法論，第 393 頁。

[85] 廖大穎，證券交易法導論，第 181 頁。

三、特別盈餘積金之提列

㈠公司法之規範

1.**資本盈餘公積**：於公司法之規範中，其積存並無金額上限，凡屬於資本公積財源之金額應無限制積存於資本公積[86]。

2.**盈餘公積**

(1)法定盈餘公積——強制提列公積：依公司法第 237 條第 1 項之規定，公司於完納一切稅捐後，分派盈餘時，應先提出百分之十為法定盈餘公積。但法定盈餘公積，已達資本總額時，不在此限。

(2)特別盈餘公積——任意提列公積：除第 237 條第 1 項法定盈餘公積外，公司得以章程訂定或股東會議決，另提特別盈餘公積。

㈡證券交易法之規範：特別盈餘公積——強制提列公積

證券交易法第 41 條第 1 項規定，主管機關認為有必要時，對於已依本法發行有價證券之公司，得以命令規定其於分派盈餘時，除依法提出法定盈餘公積外，並應另提一定比率之特別盈餘公積[87]。從本規定觀之，證券交易法已授權給主管機關得強制提列一定比率之特別盈餘公積，此顯然與公司法對於特別盈餘公積採任意提列有所不同。本規定之立法意旨，乃在於抑制盈餘分派，以達到穩定股票價格之目的。惟學者認為，此立法例是否妥當，值得商榷[88]。

四、公積金之使用

㈠公司法之規範

公司法第 239 條第 1 項規定：「法定盈餘公積及資本公積，除填補公司虧

---

[86] 柯芳枝，公司法論（下），第 358 頁。

[87] 證券交易法施行細則第 8 條第 2 項規定：「依公司法第二百四十一條第一項第一款規定轉入之資本公積，應俟增資或其他事由所產生該次資本公積經公司登記主管機關核准登記後之次一年度，始得將該次轉入之資本公積撥充資本。」

[88] 廖大穎，證券交易法導論，第 182 頁。

損外,不得使用之。但第二百四十一條規定之情形,或法律另有規定者,不在此限。」第2項規定:「公司非於盈餘公積填補資本虧損,仍有不足時,不得以資本公積補充之。」第241條第1項規定:「公司無虧損者,得依前條規定股東會決議之方法,將法定盈餘公積及左列資本公積之全部或一部撥充資本,按股東原有股份之比例發給新股:一、超過票面金額發行股票所得之溢額。二、受領贈與之所得。」

(二)證券交易法之規範

證券交易法第41條第2項規定:「已依本法發行有價證券之公司,申請以法定盈餘公積或資本公積撥充資本時,應先填補虧損;其以資本公積撥充資本者,應以其一定比率為限。」依發行人募集與發行有價證券處理準則第72條之1第1項:「本法第四十一條第二項所定以資本公積撥充資本之比率,其以公司法第二百四十一條第一項第一款及第二款規定之資本公積撥充資本者,每年撥充之合計金額,不得超過實收資本額百分之十。但公司因組織發生變動(如併購、改制等),致其未分配盈餘於組織變動後轉列資本公積者,不在此限。」❽❾

五、罰 則

依證券交易法第178條第1項第2款之規定,違反證券交易法第41條之規定者,處新臺幣二十四萬元以上二百四十萬元以下罰鍰。並且依證券交易法第178條第2項之規定,主管機關除依前項規定處罰鍰外,並應令其限期辦理;屆期仍不辦理者,得繼續限期令其辦理,並按次各處新臺幣四十八萬元以上四百八十萬元以下罰鍰,至辦理為止。

---

❽❾ 發行人募集與發行有價證券處理準則民國96年11月9日第72條之1增訂理由:「一、本條新增。二、為配合法制作業,依據證券交易法第四十一條第二項之授權規定,及參酌現行證券交易法施行細則第八條規定,明定發行人申報以資本公積撥充資本之比率,以利發行人遵循。三、為利企業組織整併,放寬發行人因組織變動(如併購、改制等),而將其原屬未分配盈餘於組織變動後轉列資本公積者,得不受轉撥比率限制。」

第二項　公司重大財務業務行為與公司內部控制

一、公司重大財務業務行為

證券交易法第 36 條之 1 規定：「公開發行公司取得或處分資產、從事衍生性商品交易、資金貸與他人、為他人背書或提供保證及揭露財務預測資訊等重大財務業務行為，其適用範圍、作業程序、應公告、申報及其他應遵行事項之處理準則，由主管機關定之。」主管機關便依此授權而制定下列重要之相關規定：

㈠公開發行公司取得或處分資產處理準則（以下簡稱資產處理準則）

資產處理準則之規範內容分為四章，其分別為：

第一章　總則 (§1～§5)

第二章　處理程序

　　第一節　處理程序之訂定 (§6～§8)

　　第二節　資產之取得或處分 (§9～§12)

　　第三節　向關係人取得不動產 (§13～§17)

　　第四節　從事衍生性商品交易 (§18～§21)

　　第五節　企業合併、分割、收購及股份受讓 (§22～§29)

第三章　資訊公開 (§30～§31)

第四章　附則 (§32～§34)

至於屬於資產處理準則適用範圍者，則依資產處理準則第 2 條規定：「公開發行公司取得或處分資產，應依本準則規定辦理。但其他法律另有規定者，從其規定。」而此處所稱之資產，依資產處理準則第 3 條之規定，係指 1.股票、公債、公司債、金融債券、表彰基金之有價證券、存託憑證、認購（售）權證、受益證券及資產基礎證券等投資。2.不動產（含營建業之存貨）及其他固定資產。3.會員證。4.專利權、著作權、商標權、特許權等無形資產。5.金融機構之債權（含應收款項、買匯貼現及放款、催收款項）。6.衍生性商品。7.依法律合併、分割、收購或股份受讓而取得或處分之資產。8.其他重要資

產等。

㈡公開發行公司資金貸與及背書保證處理準則（以下簡稱資金貸與及背書保證處理準則）

資金貸與及背書保證處理準則之規範內容分為五章，其分別為：

第一章　總則 (§1～§7)

第二章　處理程序之訂定

第一節　資金貸與他人 (§8～§10)

第二節　為他人背書或提供保證 (§11～§13)

第三章　個案之評估

第一節　資金貸與他人 (§14～§16)

第二節　為他人背書或提供保證 (§17～§20)

第四章　資訊公開

第一節　資金貸與他人 (§21～§23)

第二節　為他人背書或提供保證 (§24～§26)

第五章　附則 (§27)

㈢公開發行公司公開財務預測資訊處理準則（以下簡稱財務預測資訊處理準則）

財務預測資訊處理準則之規範內容分為四章，其分別為：

第一章　總則 (§1～§8)

第二章　簡式財務預測 (§9～§12)

第三章　完整式財務預測 (§13～§25)

第四章　附則 (§26～§28)

二、公司內部控制制度

證券交易法第 14 條之 1 第 1 項規定：「公開發行公司、證券交易所、證券商及第十八條所定之事業應建立財務、業務之內部控制制度。」第 2 項規定：「主管機關得訂定前項公司或事業內部控制制度之準則。」主管機關便依此授權而制定公開發行公司建立內部控制制度處理準則（以下簡稱內部控制制度

處理準則）❾⓪。

而就此準則而言，較重要之規範如下：

㈠**公司組織架構及職權之明確化**：依內部控制制度處理準則第 5 條第 1 項之規定，公開發行公司之內部控制制度，應訂定明確之內部組織架構，並載明經理人之設置、職稱、委任與解任及職權範圍等事項。

㈡**控制作業之類型化**：依內部控制制度處理準則第 7 條第 1 項之規定，公開發行公司之內部控制制度應涵蓋所有營運活動，並應依企業所屬產業特性以交易循環類型區分，訂定對下列循環之控制作業：1.銷售及收款循環：包括訂單處理、授信管理、運送貨品或提供勞務、開立銷貨發票、開出帳單、記錄收入及應收帳款、銷貨折讓及銷貨退回、執行與記錄現金收入等之政策及程序。2.採購及付款循環：包括請購、進貨或採購原料、物料、資產和勞務、處理採購單、經收貨品、檢驗品質、填寫驗收報告書或處理退貨、記錄供應商負債、核准付款、進貨折讓、執行與記錄現金付款等之政策及程序。3.生產循環：包括擬訂生產計畫、開立用料清單、儲存材料、領料、投入生產、計算存貨生產成本、計算銷貨成本等之政策及程序。4.薪工循環：包括僱用、請假、加班、辭退、訓練、退休、決定薪資率計時、計算薪津總額、計算薪資稅及各項代扣款、設置薪資紀錄、支付薪資、考勤及考核等之政策及程序。5.融資循環：包括借款、保證、承兌、租賃、發行公司債及其他有價證券等資金融通事項之授權、執行與記錄等之政策及程序。6.固定資產循環：包括固定資產之取得、處分、維護、保管與記錄等之政策及程序。7.投資循環：包括有價證券、不動產、衍生性商品及其他投資之決策、買賣、保管與記錄等之政策及程序。8.研發循環：包括對基礎研究、產品設計、技術

---

❾⓪ 此外，主管機關並依證券交易法第 14 條之規定，頒布了證券暨期貨市場各服務事業建立內部控制制度處理準則，作為服務事業（例如證券交易所、證券櫃檯買賣中心、期貨交易所、證券集中保管事業、證券商、期貨、證券金融事業、信用評等事業及其他經主管機關指定之證券市場服務事業），建立內部控制制度，應依本準則以及本準則所訂定之內部控制制度規定辦理之（參閱準則第 8 條之規定）。

研發、產品試作與測試、研發記錄及文件保管等之政策及程序。

㈢內部稽核制度之建立：依內部控制制度處理準則第 11 條第 1 項之規定，公開發行公司應設置隸屬於董事會之內部稽核單位，並依公司規模、業務情況、管理需要及其他有關法令之規定，配置適任及適當人數之專任內部稽核人員。

㈣會計師專案審查制度：參閱內部控制制度處理準則第 25 條以下。

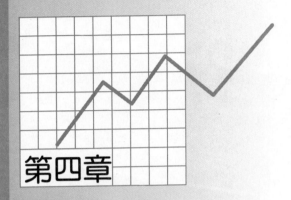

第四章

證券商

第一節　通　則

第一項　證券商之意義

　　證券商或為證券投資之參與者，或為投資人之參與投資之媒介者，無論在發行市場或流通市場均占有其重要地位。而我國證券交易法對於證券商之管理，於兼顧健全證券商經營、保護投資人及促進證券市場發展之考量下，一方面從證券商之設立、組織到解散加以嚴密規範，另一方面又給予主管機關較廣泛之裁量權（實際上，證券交易法對於證券商管理之相關規定較為簡略，反而是主管機關之行政命令為管理證券商之主要依據）。並且，在主管機關之授權下，證券自治機關（包括證交所、櫃檯買賣中心及證券商公會）對於證券商之管理則有相當之權限。因而，證券自治機關之相關規範乃係證券商管理之重要依據❶。

　　雖然，我國證券交易法對於證券商並無定義性之規定。但是證券交易法有若干相關條文之內容可供參酌。例如證券交易法第 15 條將依證券交易法經營之證券業務，分為有價證券之承銷、有價證券自行買賣及有價證券買賣之行紀、居間、代理等三類。此外，證券交易法第 16 條將經營上述規定之業務的證券商，分稱為證券承銷商、證券自營商及證券經紀商。並且，證券交易法第 44 條第 1 項規定：「證券商須經主管機關之許可及發給許可證照，方得營業；非證券商不得經營證券業務。」因而，從上述規定觀之，應可就證券商將之定義如下：所謂證券商者，係指經證券主管機關許可及發給證照，而以經營證券業務為目的者❷。此外，依證券交易法第 47 條之規定，證券商以股份有限公司為原則。以下便就證券商之意義❸分述之：

---

❶　參閱賴英照，股市遊戲規則──最新證券交易法解析，第 263 頁以下。

❷　在此意義下，於證券金融市場所看到之證券投資信託公司、證券投資顧問公司、票券商等均非證券交易法意義下之證券商。詳細之分析，參閱陳春山，證券交易法論，第 168 頁以下。

一、證券商之資格——以股份有限公司為原則

依證券交易法第 47 條本文規定，證券商須為依法設立登記之公司。而證券交易法所指之公司，則依證券交易法第 4 條之規定，乃係指股份有限公司而言。例外的是，依證券交易法第 47 條但書之規定，依第 45 條第 2 項但書規定兼營者，不在此限。亦即證券交易法第 45 條第 2 項規定：「證券商不得由他業兼營。但金融機構得經主管機關之許可，兼營證券業務。」因而，金融機構得經主管機關之許可，縱非為股份有限公司者，亦得兼營證券業務。

二、須以經營證券業務為目的

證券業務之內容，依證券交易法第 15 條之規定，可以分為下列三種：

㈠有價證券之承銷及其他經主管機關核准之相關業務。

㈡有價證券之自行買賣及其他經主管機關核准之相關業務。

㈢有價證券買賣之行紀、居間、代理及其他經主管機關核准之相關業務。

三、須經主管機關許可及發給許可證照

依證券交易法第 44 條第 1 項規定：「證券商須經主管機關之許可及發給許可證照，方得營業；非證券商不得經營證券業務。」本項但書明定非證券商不得經營證券業務，學者稱此證券商採專業制度之設計為證券商的專業主義❹。

經由證券交易法第 44 條第 4 項之授權，主管機關並訂定證券商設置標準。而證券商設置標準第 2 條亦明定，證券商得經營之業務項目須經主管機關之核定，並於許可證照載明之；未經核定並載明於許可證照者，不得經營。此外，臺灣證券交易所股份有限公司營業細則第 14 條第 1 項亦規定，申請參加臺灣證券交易所股份有限公司市場買賣之證券商，應填送申請書，簽具使市場契約，連同證券商許可證影本等各項文件一式三份，向該公司申請之。

---

❸ 吳光明，證券交易法論，第 85 頁以下；賴源河，證券法規，第 113 頁以下。

❹ 廖大穎，證券交易法導論，第 303 頁。

第二項 證券商之功能

一、發行市場之橋樑

公開發行公司之有價證券之發行，在實務之運作上，常是藉由與證券承銷商 (underwriter) 簽訂承銷契約，而委由證券承銷商向投資人從事募集行為。於整個有價證券發行過程中，證券承銷商實居於一個橋樑之角色。解釋上，如所簽訂之承銷契約之內容為代銷時，該契約之性質應為委任契約。如為包銷者，其或為買賣契約與委任契約之混合契約。

二、流通市場之橋樑

如前所述，公開發行之有價證券之買賣，可分為上市、上櫃或是非上市（上櫃）之買賣。就上市之有價證券買賣而言，我國目前只有公司制之證券交易所(臺灣證券交易所股份有限公司)作為提供集中交易市場買賣之機構。就有價證券集中交易市場買賣者之資格而言，證券交易法第 151 條規定：「於有價證券集中交易市場為買賣者，在會員制證券交易所限於會員；在公司制證券交易所限於訂有使用有價證券集中交易市場契約之證券自營商或證券經紀商。」因而，證券商乃為投資人進入集中交易市場之橋樑。至於上櫃交易，則於證券商營業處所交易，顯然證券商亦為交易平臺之橋樑。

我國證券經紀商以行紀居多，至於美國之證券商多以代理為之❺。

---

❺ 余雪明，證券交易法，第 269 頁。

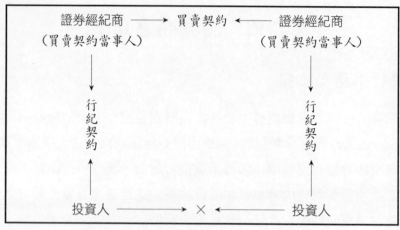

圖 4-1　投資人委託證券經紀商交易簡示圖

第三項　證券商之業務類型

證券商之經營業務類型，依證券交易法第 15 條之規定，可分為三大類，其分別為 1.有價證券之承銷及其他經主管機關核准之相關業務；2.有價證券之自行買賣及其他經主管機關核准之相關業務；3.有價證券買賣之行紀、居間、代理及其他經主管機關核准之相關業務。以下茲簡述之。

第一款　有價證券之承銷

證券商之第一種業務類型，依證券交易法第 15 條第 1 款之規定，係指經營有價證券之承銷及其他經主管機關核准之相關業務者。並且依證券交易法第 10 條之規定，所謂承銷，乃係指依約定包銷或代銷發行人發行有價證券之行為。此係指公司為籌募企業之資金而採募集設立時，或公開發行新股，或者是公開發行公司債，而委託證券商處理有價證券公開發行之事務，而由該公司給付報酬之行為❻。

---

❻　賴源河，證券法規，第 115 頁；賴英照，證券交易法逐條釋義㈠，第 124 頁；廖大穎，證券交易法導論，第 299 頁。

第二款　有價證券之自行買賣

證券商之第 2 種業務類型，證券交易法第 15 條第 2 款之規定，乃指經營有價證券之自行買賣及其他經主管機關核准之相關業務者。所謂有價證券之自行買賣，乃指證券商為自己計算，在證券交易所集中交易市場，以競價方式買賣，或在證券商營業市場買賣有價證券之行為[7]。而證券交易法第 62 條第 1 項之規定，證券經紀商或證券自營商，在其營業處所受託或自行買賣有價證券者，非經主管機關核准不得為之。

有疑問的是，證券投資信託事業委託銀行或承銷商銷售此一憑證時，該受益憑證銷售機構是否為證券經紀商？學者或有認為，應仿日本法之規定，於承銷商之承銷行為外，由經紀商銷售之[8]。

第三款　有價證券買賣之行紀、居間、代理

證券商之第 3 種業務類型，依證券交易法第 15 條第 3 款之規定，係指經營有價證券買賣之行紀、居間、代理及其他經主管機關核准之相關業務者。以下茲將行紀、居間及代理之意義簡述如下：

一、行　紀

依民法第 576 條之規定，稱行紀者，謂以自己之名義，為他人之計算，為動產之買賣或其他商業上之交易，而受報酬之營業。實務上，我國證券經紀商在證券集中市場執行客戶委託買賣訂單，係以行紀身分為之[9]（參閱證券交易法第 151 條、第 85 條）。而在證券交易所之市場交易者，為買賣當事

---

[7] 參閱證券交易法第 151 條（於有價證券集中交易市場買賣者之資格）：於有價證券集中交易市場為買賣者，在會員制證券交易所限於會員；在公司制證券交易所限於訂有使用有價證券集中交易市場契約之證券自營商或證券經紀商。

[8] 陳春山，證券交易法論，第 195 頁。

[9] 余雪明，證券交易法，第 351 頁；賴英照，股市遊戲規則——最新證券交易法解析，第 266 頁。

人者，應為證券經紀商❿或自營商⓫。因而，所衍生之責任歸屬亦以買賣當事人為規範之對象。例如，於有價證券之募集、發行、私募或買賣時，如有虛偽、詐欺或其他足致他人誤信之行為者，對於該有價證券之善意取得人或出賣人因而所受之損害，應負賠償責任（參閱證券交易法第 20 條第 1 項及第 3 項）。不過，為了證券交易之民事相關責任能歸屬於下單之投資人，證券交易法第 20 條第 4 項明定：「委託證券經紀商以行紀名義買入或賣出之人，視為前項之取得人或出賣人。」因而，善意之投資人投資有價證券時，如發生證券交易法第 20 條第 1 項所規定之虛偽、詐欺等情事時，投資人就其委託證券經紀商以行紀名義買入或賣出所受之損害，得請求賠償。此外，依證券交易法第 155 條第 4 項後段之規定：「第二十條第四項之規定，於前項準用之。」及第 157 條之 1 第 5 項後段之規定：「第二十條第四項之規定，於第二項從事相反買賣之人準用之。」亦即證券交易法第 155 條之不法操縱行為責任及第 157 條之 1 之內部交易人責任，亦適用於委託證券經紀商以行紀名義買入或賣出之人（亦即指一般之投資人亦得主張損害賠償請求權）。至於證券商之營業員盜賣客戶股票時，證券商是否須負民法第 188 條僱用人責任？實務則採肯定之見解⓬。

---

❿ 實務上，與證券經紀商之概念相近者，應為票券經紀商。所謂票券經紀商，係指就短期票券而為行紀或居間為業務者。不過，短期票券者非屬於證券交易法第 6 條所稱之有價證券。不過短期票券商管理規則之規定，短期票券經紀商得為證券交易法第 6 條之有價證券之買賣。參閱陳春山，證券交易法論，第 195 頁。

⓫ 證券交易法第 151 條：「於有價證券集中交易市場為買賣者，在會員制證券交易所限於會員；在公司制證券交易所限於訂有使用有價證券集中交易市場契約之證券自營商或證券經紀商。」

⓬ 參閱最高法院 94 年度臺上字第 173 號判決：「……又按民法第一百八十八條第一項所稱之『執行職務』，以行為之外觀斷之，凡受僱人之『行為外觀』具有執行職務之形式，或客觀上足以認定其為執行職務者，就令其為濫用職務行為、怠於執行職務行為或利用職務上之機會及與執行職務之時間或處所有密切關係之行為，亦應涵攝在內。所謂適用法規顯有錯誤者，不包括漏未斟酌證據及認定事實之錯誤之情形在內（本院六十三年臺上字第八八〇號判例參照）。查原確定判決

二、居　間

依民法第 565 條之規定，所謂居間契約，係指當事人約定，一方為他方報告訂約之機會或為訂約之媒介，他方給付報酬之契約。實務認為，證券交易法第 15 條第 3 款之居間，包括有價證券買賣之居間、有價證券買賣契約之居間契約、以達成有價證券買賣為目的所為之居間契約及有價證券買賣過程中所涉及之居間契約❸。

三、代理及其他經主管機關核准之相關業務

民法第 103 條第 1 項規定，代理人於代理權限內，以本人名義所為之意思表示，直接對本人發生效力。因而，如於有價證券買賣之代理者，即指證券經紀商於代理權限內，以客戶（本人）名義所為之買賣有價證券之意思表示，直接對客戶發生買賣契約之效力。不過，集中交易市場有價證券買賣之代理者，於現行證券交易法之規範中，係不會發生。因為，證券交易法第 151 條規定，於有價證券集中交易市場為買賣者，限於訂有使用有價證券集中交易市場契約之證券自營商或證券經紀商。因此，投資人不能直接於有價證券集中交易市場為買賣，而係須透過證券經紀商而從事有價證券投資。

既認定上訴人之受僱人李○道利用職務上之機會，在上訴人之營業場所及營業時間內，違規買賣股票行為，將被上訴人被繼承人莊○出售股票之股款一千五百八十五萬四千一百元予以侵占，則被上訴人依民法第一百八十四條、第一百八十八條第一項規定，請求上訴人與李○道連帶賠償其損害，即非無據。原確定判決基此見解，而為上訴人敗訴之判決，自無適用法規顯有錯誤可言。上訴論旨，仍執陳詞，指摘原判決不當，求予廢棄，非有理由。」

❸ 參閱最高法院 91 年度臺非字第 69 號刑事判決：「……依照同法第十五條第三款之立法解釋，應指非證券商不得經營有價證券買賣之居間及行紀業務而言，而法律所定之『有價證券買賣之居間』，包含『有價證券買賣契約之居間契約』、『以達成有價證券買賣為目的所為之居間契約』、甚或『有價證券買賣過程中所涉及之居間契約』等可能之文義解釋。……」

第四項　證券商之類型

依證券交易法第 15 條及第 16 條之規定，證券商依其經營業務之內容得分為證券承銷商、證券自營商及證券經紀商等三類。此外，在證券實務上，尚有所謂之綜合證券商。以下便就證券商之類型，分述如下。

第一款　證券承銷商

證券交易法第 15 條第 1 款規定：「依本法經營之證券業務，其種類如左：一、有價證券之承銷及其他經主管機關核准之相關業務。」證券交易法第 16 條第 1 款規定：「經營前條各款業務之一者為證券商，並依左列各款定其種類：一、經營前條第一款規定之業務者，為證券承銷商。」依據此二規定，所謂證券承銷商，係指從事有價證券之承銷及其他經主管機關核准之相關業務之證券商。因而，於證券市場中，公司公開發行股票或其他有價證券時，證券承銷商乃是受委託證券商處理相關發行工作。證券承銷商除了協助公司對外公開發行股票或其他有價證券外，尚有輔導公司上市、上櫃及企業併購服務等事項❶❹。

第二款　證券自營商

證券交易法第 15 條第 2 款規定：「依本法經營之證券業務，其種類如左：二、有價證券之自行買賣及其他經主管機關核准之相關業務。」證券交易法第 16 條第 2 款規定：「經營前條各款業務之一者為證券商，並依左列各款定其種類：二、經營前條第二款規定之業務者，為證券自營商。」依上述規定可知，從事有價證券之自行買賣及其他經主管機關核准之相關業務之證券商者，乃為證券自營商❶❺。我國目前提供上市交易者，僅有臺灣證券交易所股份有限

---

❶❹　參閱賴英照，股市遊戲規則——最新證券交易法解析，第 265 頁。

❶❺　在實務上，為自己計算而買賣不構成一個成交單位之證券商，一般稱之為零股證券商，其為證券自營商之特殊類型。相關規定參照營業細則第 70 條及上市股票零股交易辦法。

公司，而證券交易法第 129 條規定❶，得於證券交易所交易之主體為證券經紀商及自營商。因而，證券自營商者，乃為得於上市交易者。

第三款　證券經紀商

證券交易法第 15 條第 3 款規定：「依本法經營之證券業務，其種類如左：三、有價證券買賣之行紀、居間、代理及其他經主管機關核准之相關業務。」證券交易法第 16 條第 3 款規定：「經營前條各款業務之一者為證券商，並依左列各款定其種類：三、經營前條第三款規定之業務者，為證券經紀商。」有價證券買賣之行紀、居間、代理及其他經主管機關核准之相關業務❷。如前所述，證券經紀商與證券自營商均為得於證券交易所市場交易之主體，不過前者之主要業務乃為接受客戶委託，收取報酬而代客戶買賣有價證券之行紀業務（為他人計算）。至於後者，則是以自己名義自負盈虧而在集中交易市場買賣有價證券（為自己計算）。

第四款　綜合證券商

我國證券交易法之條文中並無綜合證券商之相關用語，此種被學理或實務上所稱之綜合證券商❸，有謂乃指就上述有價證券之承銷、有價證券之自行買賣及有價證券買賣之行紀、居間、代理等三種證券商業務均加以經營之證券商❹，此集證券承銷商、自營商及經紀商於一身之證券商，亦即一般所稱之綜合證券商。亦有認為綜合經紀商乃兩種以上不同證券業務者❺。綜合

---

❶ 證券交易法第 129 條：「在公司制證券交易所交易之證券經紀商或證券自營商，應由交易所與其訂立供給使用有價證券集中交易市場之契約，並檢同有關資料，申報主管機關核備。」

❷ 我國經紀商之數量，至民國 86 年底為止，共計有專營經紀商 123 家，綜合證券商 58 家，銀行兼營經紀商者有 16 家。參閱余雪明，證券交易法，第 351 頁。

❸ 「綜合證券商」一詞，學者或謂應係源自日本實務界之用語，於日本亦無法律明文使用該名稱。請參閱陳春山，證券交易法論，第 167 頁。

❹ 陳春山，證券交易法論，第 167 頁。

❺ 廖大穎，證券交易法導論，第 245 頁。

性證券商之廣義意義，則包括證券信用、證券投資顧問及資金經理等業務之
證券商❷。至於法源依據則為證券交易法第 45 條第 1 項：「證券商應依第 16
條之規定，分別依其種類經營證券業務，不得經營其本身以外之業務。但經
主管機關核准者，不在此限得兼營他種證券業務或與其有關之業務。」❷

第五項　證券商之職能分離

　　證券交易法第 15 條明定，我國證券商之義務分為下列三種：一、**承銷業
務：**有價證券之承銷及其他經主管機關核准之相關業務。二、**自營業務：**有
價證券之自行買賣及其他經主管機關核准之相關業務。三、**經紀業務：**有價
證券買賣之行紀、居間、代理及其他經主管機關核准之相關業務。證券交易
法於民國 57 年 4 月 30 日立法之時，從（舊）證券交易法第 45 條及第 101 條
（禁止證券商在證券交易所兼營經紀業務與自營業務）規定可知乃採嚴格證
券商分業經營原則，明示證券商之職能分離制❷（或稱分業經營原則）❷。
然而，於民國 77 年證券交易法修正時，為配合證券市場之發展及健全證券市
場，而加強證券商功能，我國新法一改舊法之職能分離制，仿照日美立法例，
實施綜合證券商制，取消營業限制，以提高對投資大眾之服務品質。因而，
取消第 45 條第 1 項及第 101 條有關證券經紀商及證券自營商不得兼營之限
制規定❷。並且於民國 95 年證券交易法修正時，基於隨著經濟環境之變遷，
證券商大型化並逐步發展為投資銀行，漸成為潮流，認為過去為使證券商專
注於本業之經營，對於他種業務之兼營有相當之限制，已不符合各種型態金

---

❷　余雪明，證券交易法，第 352 頁。

❷　對於證券商之經營業務，我國證券交易法本採單一能力原則，亦即證券商只能經
　　營承銷、自營或經紀業務中之一種，不得兼營兩種以上之業務。不過，為使證券
　　商能從事國際競爭，證券交易法於民國 77 年 1 月修正時，引進了綜合證券商制
　　度，於證券交易法第 45 條但書明文規定：「但經主管機關核准者，得兼營他種證
　　券業務或與其有關之業務。」參閱劉連煜，新證券交易法實例研習，第 236 頁。

❷　賴源河，證券法規管理，民國 92 年 9 月，修訂版，第 149 頁。

❷　廖大穎，證券交易法導論，第 305 頁。

❷　民國 77 年 1 月 29 日證券交易法第 45 條第 1 項修正理由。

融業務之兼營之趨勢，為確保對客戶提供全方位之服務，提升競爭力，又將第 45 條但書「但經主管機關核准者，得兼營他種證券業務或與其有關之業務」，修正為「但經主管機關核准者，不在此限」，以增加證券商未來業務兼營之彈性，以符合實際需要❷❻。

表 4-1　職能分離制度之變革過程──證券交易法第 45 條第 1 項之演變

立法或修正之日期	條文內容
民國 57 年 4 月 30 日訂定	證券商應依第 16 條之規定，分別依其種類經營證券業務，不得經營其本身以外之業務。但經主管機關核准者，除依第 101 條之規定外，得兼營他種證券業務或與其有關之業務。
民國 77 年 1 月 29 日修正	證券商應依第 16 條之規定，分別依其種類經營證券業務，不得經營其本身以外之業務。但經主管機關核准者，得兼營他種證券業務或與其有關之業務。
民國 95 年 1 月 11 日修正	證券商應依第 16 條規定，分別依其種類經營證券業務，不得經營其本身以外之業務。但經主管機關核准者，不在此限。

表 4-2　證券交易法第 45 條第 1 項法律內容變革所代表之意義

立法或修正之日期	法律內容所代表之意義
民國 57 年 4 月 30 日	嚴格證券商分業經營原則。
民國 77 年 1 月 29 日修正理由	配合證券市場發展及健全證券交易市場，證券商之功能亟須加強，宜實施綜合證券商制，取消其營業限制，俾提高對投資大眾之服務品質，爰修正第 1 項，刪除「除依第一百零一條規定外」等之文字。
民國 95 年 1 月 11 日修正理由	隨著經濟環境之變遷，證券商大型化並逐步發展為投資銀行，漸成為潮流，過去為使證券商專注於本業之經營，對於他種業務之兼營有相當之限制，惟時至今日各種型態金融業務之兼營已為趨勢，若自外於此潮流，將難對客戶提供全方位之服務，競爭力亦難提升，爰修正第一項，增加證券商未來業務兼營之彈性，以符合實際需要。

不過，為了避免取消嚴格職能分離制所衍生之問題，我國證券交易法明定有下列之規範防止弊端：

㈠證券交易法第 46 條 (兼營買賣之區別)：「證券商依前條第一項但書之

---

❷❻　民國 95 年 1 月 11 日證券交易法第 45 條第 1 項修正理由。

規定，兼營證券自營商及證券經紀商者，應於每次買賣時，以書面文件區別其為自行買賣或代客買賣。」如違反者，則依證券交易法第 177 條第 1 款之規定，處一年以下有期徒刑、拘役或科或併科新臺幣一百二十萬元以下罰金。

㈡證券交易法第 84 條：「證券自營商由證券承銷商兼營者，應受第七十四條規定之限制。」而證券交易法第 74 條規定（承銷商自己取得之禁止）：「證券承銷商除依第七十一條規定外，於承銷期間內，不得為自己取得所包銷或代銷之有價證券。」依第 177 條之 1 之規定：「違反第七十四條或第八十四條之規定者，處相當於所取得有價證券價金額以下之罰鍰。但不得少於新臺幣十二萬元。」

㈢證券交易法第 159 條（全權委託之禁止）：「證券經紀商不得接受對有價證券買賣代為決定種類、數量、價格或買入、賣出之全權委託。」

此外，雖然我國證券交易法規定證券商不得由他業經營，不過金融機關則為例外。依證券交易法第 45 條第 2 項之規定：「證券商不得由他業兼營。但金融機構得經主管機關之許可，兼營證券業務。」實務上，即有所謂綜合性證券商經主管機關之許可，兼營有價證券之承銷、有價證券之自行買賣及有價證券買賣之行紀等業務❷❼。

第六項　證券商之許可

第一款　證券商之許可制度

我國證券商之管理係採許可制，此從證券交易法第 44 條（營業之許可及分支機構設立之許可等）可知：

證券交易法第 44 條第 1 項：「證券商須經主管機關之許可及發給許可證照，方得營業；非證券商不得經營證券業務。」

證券交易法第 44 條第 2 項：「證券商分支機構之設立，應經主管機關許可。」

證券交易法第 44 條第 3 項：「外國證券商在中華民國境內設立分支機構，

---

❷❼　請參閱上述第四款有關綜合證券商之說明。

應經主管機關許可及發給許可證照。」❷❽

　　而依第 44 條第 4 項之授權❷❾，證券主管機關便訂有證券商設置標準、證券商管理規則及證券商受託買賣外國有價證券管理規則。

第二款　申請許可之要件

一、須為股份有限公司之組織

　　依證券交易法第 45 條及第 4 條之規定，證券商除依第 45 條第 2 項但書規定由金融機構兼營者外，其須為依法設立之股份有限公司。而證券商設置標準第 3 條第 1 項亦明文規定，證券商須為股份有限公司。

二、須財務健全

　　證券交易法第 48 條（證券商之最低資本額）第 1 項：「證券商應有最低之資本額，由主管機關依其種類以命令分別定之。」第 2 項：「前項所稱之資本，為已發行股份總額之金額。」

　　而依證券商設置標準第 3 條第 1 項之規定，證券商須為股份有限公司，其最低實收資本額可分為三類：

　　㈠證券承銷商：新臺幣四億元。

　　㈡證券自營商：新臺幣四億元。

　　㈢證券經紀商：新臺幣二億元。

---

❷❽　程序參閱賴英照，股市遊戲規則——最新證券交易法解析，第 268 頁及設置標準第 9 條、公司法第 17 條及設置標準第 10 條。

❷❾　在證券實務上之發展過程中，我國政府曾因有鑑於臺灣證券市場規模太小，為避免惡性競爭，於民國 62 年起停止證券商之新設。直至民國 77 年證券交易法增訂第 44 條第 4 項：「證券商設置標準及管理規則，由主管機關定之。」後，基於此授權，證券商設置標準於民國 77 年 5 月頒布施行後，政府方重新受理新證券商之設立。不過，證券交易法於民國 95 年 1 月份修正時，已將條文改成現行條文之模式。參閱賴英照，股市遊戲規則——最新證券交易法解析，第 268 頁。

且依第 2 項之規定，上述之最低實收資本額，發起人應於發起時一次認足。

　　就證券商之財務嚴格要求而言，其立法政策之考量，應是保護投資人及限制設立家數為其目的 ❸。

三、須構成人員符合資格

㈠董事、監察人或經理人之資格

　　證券交易法第 53 條：「有左列情事之一者，不得充任證券商之董事、監察人或經理人；其已充任者，解任之，並由主管機關函請經濟部撤銷其董事、監察人或經理人登記：一、有公司法第三十條各款情事之一者。二、曾任法人宣告破產時之董事、監察人、經理人或其他地位相等之人，其破產終結未滿三年或調協未履行者。三、最近三年內在金融機構有拒絕往來或喪失債信之紀錄者。四、依本法之規定，受罰金以上刑之宣告，執行完畢、緩刑期滿或赦免後未滿三年者。五、違反第五十一條之規定者。六、受第五十六條及第六十六條第二款解除職務之處分，未滿三年者。」

㈡營業行為直接有關之業務人員之資格

　　證券交易法第 54 條第 1 項：「證券商僱用對於有價證券營業行為直接有關之業務人員，應年滿二十歲，並具備有關法令所規定之資格條件，並無下列各款情事之一者：一、受破產之宣告尚未復權者。二、兼任其他證券商之職務者。三、（刪除）。四、曾犯詐欺、背信罪或違反工商管理法律，受有期徒刑以上刑之宣告，執行完畢、緩刑期滿或赦免後未滿三年者。五、有前條第二款至第四款及第六款之情事者。六、違反主管機關依照本法所發布之命令者。」第 2 項：「前項業務人員之職稱，由主管機關定之。」❸

四、須存入一定款項

　　依證券商設置標準第 7 條之規定，證券商發起人，應於向主管機關申請

---

❸　賴英照，股市遊戲規則──最新證券交易法解析，第 270 頁。

❸　有關有價證券營業行為直接有關之業務人員之概念，請參閱證券交易法施行細則第 9 條。

許可時，按其種類，向主管機關所指定銀行存入下列款項：

　　㈠證券承銷商：新臺幣四千萬元。

　　㈡證券自營商：新臺幣一千萬元。

　　㈢證券經紀商：新臺幣五千萬元。

五、須有符合規定之場所與設備

㈠場所與設備

　　依據證券商設置標準第 6 條之規定：「證券商經營業務之場地及設備，應符合證券商同業公會或證券櫃檯買賣中心訂定之場地及設備標準；其經營在集中交易市場受託或自行買賣有價證券業務者，並應符合證券交易所訂定之場地及設備標準。」

㈡電腦連線之承諾

　　1.與證券集中保管事業電腦連線之承諾（集中交易市場）：證券商設置標準第 8 條第 1 項規定：「申請在集中交易市場經營受託或自行買賣有價證券業務之證券商，應於向本會申請許可前，取得與證券集中保管事業電腦連線之承諾，並按其種類依左列規定先取得證券交易所集中交易市場電腦連線之承諾：一、證券自營商：主機或終端機之連線。二、證券經紀商：主機或終端機之連線。」

　　2.買賣有價證券交易資訊之電腦連線承諾（證券櫃檯買賣中心）：證券商設置標準第 8 條第 2 項：「申請在證券商及其增設之分支機構營業處所經營受託或自行買賣有價證券業務之證券商，應於向本會申請許可前，先向證券櫃檯買賣中心取得其買賣有價證券交易資訊之電腦連線承諾。」

第三款　營業許可之撤銷

　　一、證券交易法第 57 條：「證券商取得經營證券業務之特許，或設立分支機構之許可後，經主管機關發覺有違反法令或虛偽情事者，得撤銷其特許或許可。」

　　二、證券交易法第 59 條第 1 項：「證券商自受領證券業務特許證照，或

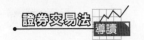

其分支機構經許可並登記後，於三個月內未開始營業，或雖已開業而自行停止營業連續三個月以上時，主管機關得撤銷其特許或許可。」

第七項　證券商之設置

　　證券交易法第 44 條第 1 項規定：「證券商須經主管機關之許可及發給許可證照，方得營業；非證券商不得經營證券業務。」第 4 項規定：「證券商設置標準及管理規則，由主管機關定之。」經由第 4 項之授權，我國證券主管機關便制定證券商設置標準，以作為證券商設置之依據。

　　以下便就證券商設置之相關規定，簡述如下：

一、得申請經營之業務項目

㈠一般規定

　　證券商依其業務內容，可分為證券承銷商、自營商及經紀商等三類。證券業務之申請，得申請一種、或合併申請兩種或三種。依證券商設置標準第 12 條之規定，證券商經營二種以上證券業務者，應按其經營之業務種類，就其資本額（同標準第 3 條）、存入款項（同標準第 7 條）及電腦連線之承諾（同標準第 8 條）應合併計算之。依同標準第 2 條之規定，證券商得經營之業務項目，須經主管機關，按證券商種類依本法及本標準之規定分別核定，並於許可證照載明之；未經核定並載明於許可證照者，不得經營。

㈡金融機構申請兼營證券業務

　　依證券商設置標準第 13 條規定：「金融機構依銀行法或其他法令規定得兼營證券業務者，其申請兼營應以機構名義為之。」且依第 14 條第 1 項之規定，金融機構兼營證券業務，除自行買賣政府債券或本標準發布前已許可兼營者外，以兼營下列各款之一為限：一、有價證券之承銷。二、有價證券之自行買賣。三、有價證券買賣之行紀或居間。四、有價證券之承銷及自行買賣。五、有價證券之自行買賣及在其營業處所受託買賣。

　　此外，依證券商設置標準第 15 條第 1 項之規定：「金融機構兼營證券業務，應按兼營種類依第 3 條所定金額，指撥相同數額之營運資金；其實收資

本額，不足指撥營運資金者，應先辦理增資，始得申請兼營。」第 2 項並規定：「金融機構兼營證券業務之指撥營運資金，應專款經營，除依銀行法第 102 條規定辦理者外，不得流用於非證券業務。」

㈢外國金融機構申請在我國分支機構兼營證券業務者

證券商設置標準第 33 條第 1 項規定，外國金融機構經其本國政府准許，得申請在中華民國境內設立之分支機構兼營證券業務。第 6 條（場地及設備標準之要求）、第 8 條（電腦連線承諾之取得）、第 11 條（建立內部控制制度處理準則）至第 15 條（兼營證券業務之資本額要求）、第 19 條（設置分支機構之申請）、第 20 條（申請設置分支機構之要件）、第 29 條（分支機構，專撥其在中華民國境內營業所用資金之下限）、第 31 條（外國證券商在中華民國境內設置分支機構之申請許可）及第 32 條（外國證券商申請設置分支機構核發分支機構許可證照之申請）規定，於除期貨商外之外國金融機構申請在中華民國境內設立之分支機構兼營證券業務者準用之。

二、申請要件

㈠組織

申請為證券商者，依證券商設置標準第 3 條第 1 項之規定，原則為股份有限公司。且依證券交易法第 44 條之規定，例外之情形金融機構得申請為證券商。依證券商設置標準第 3 條第 2 項之規定，證券商的發起人應一次認足最低實收資本額。從而觀之，我國證券商之設立乃僅得以發起設立進行，而不得以募集設立為之❸❷。且依證券交易法第 50 條之規定：「證券商之公司名稱，應標明證券之字樣。但依第四十五條第二項但書之規定為證券商者，不在此限。」❸❸因而，除了金融機構兼營證券業務外，證券公司之名稱應為「×

---

❸❷ 我國現行法對於證券商之設置採取發起設立之方式，學者認為此有違大眾募集資金為特色之股份有限公司之本質。參閱賴英照，股市遊戲規則——最新證券交易法解析，第 269 頁。

❸❸ 證券交易法第 45 條第 2 項：「證券商不得由他業兼營。但金融機構得經主管機關之許可，兼營證券業務。」

×（綜合）證券股份有限公司」。

此外，證券商設置標準第4條對於發起人之資格亦有嚴格規範。依該規定，有符合該九種之限制內容者，不得擔任證券商發起人，茲將之分列如下：

1.動員戡亂時期終止後，曾犯內亂、外患罪，經判刑確定或通緝有案尚未結案者。

2.曾犯詐欺、背信、侵占罪或違反工商管理法令，經受有期徒刑一年以上刑之宣告，執行完畢尚未逾二年者。

3.曾服公務虧空公款，經判刑確定，執行完畢尚未逾二年者。

4.受破產之宣告，尚未復權，或曾任法人宣告破產時之董事、監察人、經理人或與其地位相等之人，其破產終結未滿三年或調協未履行者。

5.有重大喪失債信情事，尚未了結或了結後未逾二年，或最近三年內在金融機構有拒絕往來或喪失債信之紀錄者。

6.限制行為能力者。

7.依本法、期貨交易法之規定，受罰金以上刑之宣告，執行完畢，緩刑期滿或赦免後未滿三年者。

8.受本會解除或撤換職務處分，未滿三年者。

9.有事實證明曾經從事或涉及其他不誠信或不正當活動，顯示其不適合從事證券業者。

此外，依證券商設置標準第4條第2項之規定，發起人為法人時，上述之九種資格限制之規定，對於該法人代表人或指定代表行使職務者，準用之。

對於證券商設置標準第4條之規定，學理上則有認為部分規定有待商榷。其中該標準第4條第1項第1款乃為終身限制擔任發起人之規定，第9款之規定之內容過於概括而不具體等等，均為公司法或證券交易法所沒有，其內容之妥適性及是否逾越母法之授權則滋生疑義❸❹。

(二)最低實收資本

依證券商設置標準第3條第1項之規定，證券商須為股份有限公司，其最低實收資本額分別是為1.證券承銷商：新臺幣四億元；2.證券自營商：新

---

❸❹ 賴英照，股市遊戲規則──最新證券交易法解析，第270頁。

臺幣四億元； 3.證券經紀商：新臺幣二億元。

㈢成立方式

1.申請許可：參閱證券商設置標準第 7 條、第 8 條及第 9 條。

2.申請核發許可證照：證券商設置標準第 10 條第 1 項規定，設置證券商，應自本會許可之日起六個月內完成公司設立登記，檢具相關書件向主管機關申請核發許可證照。依第 2 項規定：「證券商未於前項期間內申請核發許可證照者，撤銷其許可。但有正當理由，在期限屆滿前，得申請本會延展，延展期限不得超過六個月，並以一次為限。」

3.開始營業：證券交易法第 59 條第 1 項：「證券商自受領證券業務特許證照，或其分支機構經許可並登記後，於三個月內未開始營業，或雖已開業而自行停止營業連續三個月以上時，主管機關得撤銷其特許或許可。」第 2 項：「前項所定期限，如有正當事由，證券商得申請主管機關核准延展之。」

第八項　證券商之限制

一、兼業之禁止

㈠證券商本身以外業務兼營之禁止：證券交易法第 45 條第 1 項：「證券商應依第十六條之規定，分別依其種類經營證券業務，不得經營其本身以外之業務。但經主管機關核准者，不在此限。」

㈡他業兼營證券商之禁止：證券交易法第 45 條第 2 項：「證券商不得由他業兼營。但金融機構得經主管機關之許可，兼營證券業務。」

㈢證券商投資於其他證券商之禁止：證券交易法第 45 條第 3 項：「證券商不得投資於其他證券商。但兼營證券業務之金融機構，報經財政部核准者，不在此限。」

二、兼職之禁止

㈠適用之主體：證券交易法第 51 條：「證券商之董事、監察人及經理人，不得兼任其他證券商之任何職務。但因投資關係，並經主管機關核准者，得

兼任被投資證券商之董事或監察人。」本規定之兼職禁止適用之主體乃為證券商之董事、監察人或經理人。

㈡**兼職禁止之內容**：從前揭證券交易法第51條規定可知，我國證券交易法嚴格限制證券商之董事、監察人及經理人兼任其他證券商之任何職務。惟一之例外，乃是因投資關係時，方得兼任被投資證券商之董事或監察人，不過其事前仍須經主管機關之核准。

三、資力之限制

㈠**最低資本額限制**：證券交易法第48條第1項：「證券商應有最低之資本額，由主管機關依其種類以命令分別定之。」第2項：「前項所稱之資本，為已發行股份總額之金額。」在此授權下，證券商設置標準第3條第1項則明定，證券商須為股份有限公司，其最低實收資本額分別為：a.證券承銷商：新臺幣四億元。b.證券自營商：新臺幣四億元。c.證券經紀商：新臺幣二億元。並依證券商設置標準第12條之規定，若證券商經營二種以上證券業務者，其最低資本額應按其經營之業務種類，依第3條之規定標準併計之。因而，如證券商同時經營承銷及自營業務時，其最低實收資本額則為八億元。若是同時經營三種業務者，其最低實收資本額則須為十億元。學者或謂，我國證券商之最低實收資本額較美國及日本為高，其目的應兼括保護投資人及限制證券商之設立家數❸❺。

㈡**對外負債之限制**

1.對外負債總額及流動負債總額之限制：證券交易法第49條第1項：「證券商之對外負債總額，不得超過其資本淨值之規定倍數；其流動負債總額，不得超過其流動資產總額之規定成數。」

2.主管機關對負債總額之倍數與成數之規定權限：證券交易法第49條第2項：「前項倍數及成數，由主管機關以命令分別定之。」依證券商管理規則第13條第1項規定：「證券商除由金融機構兼營者另依銀行法規定辦理外，其對外負債總額不得超過其資本淨值之四倍；其流動負債總額不得超過其流

---

❸❺　賴英照，股市遊戲規則——最新證券交易法解析，第270頁。

動資產總額。但經營受託買賣有價證券或自行買賣有價證券業務，除本會另有規定者外，其對外負債總額不得超過其資本淨值。」而就負債之計算，則依證券商管理規則第 13 條第 2 項規定，負債總額之計算，得扣除依證券商管理規則第 11 條及第 12 條規定所提列之買賣損失準備、違約損失準備及承作政府債券買賣所發生之負債金額。

㈢營業保證金

1.營業保證金之提存：證券交易法第 55 條第 1 項規定：「證券商於辦理公司設立登記後，應依主管機關規定，提存營業保證金。」就營業保證金之提存而言，證券商管理規則第 9 條第 1 項規定：「證券商應於辦理公司登記後，依下列規定，向本會所指定銀行提存營業保證金：

一、證券承銷商：新臺幣四千萬元。

二、證券自營商：新臺幣一千萬元。

三、證券經紀商：新臺幣五千萬元。

四、經營二種以上證券業務者：按其經營種類依前三款規定併計之。

五、設置分支機構：每設置一家增提新臺幣一千萬元。」

第 2 項並規定：「前項之營業保證金，應以現金、政府債券或金融債券提存。」

至於申請許可時，則依證券商設置標準第 7 條第 1 項之規定：「證券商發起人，應於向本會申請許可時，按其種類，向本會所指定銀行存入左列款項：

一、證券承銷商：新臺幣四千萬元。

二、證券自營商：新臺幣一千萬元。

三、證券經紀商：新臺幣五千萬元。」

第 2 項規定：「前項存入款項，得以政府債券或金融債券代之。」第 3 項規定：「第一項之款項，經許可設置者，於公司辦理設立登記提存營業保證金後，始得動用；未經許可設置或經撤銷許可者，由本會通知領回。」

2.對營業保證金之優先受清償權：證券交易法第 55 條第 2 項規定：「因證券商特許業務所生債務之債權人，對於前項營業保證金，有優先受清償之權。」此處所指之有優先受清償之債權人，乃只與證券商……❸。證券交易法

第 55 條第 2 項所稱之證券商特許業務，係指證券商核准經營之證券業務，而若是證券商逾越特許業務範圍所經營之證券業務所生之債權，解釋上並非本規定之適用範圍內❸❼。

㈣提列特別盈餘公積：證券交易法第 41 條第 1 項規定：「主管機關認為有必要時，對於已依本法發行有價證券之公司，得以命令規定其於分派盈餘時，除依法提出法定盈餘公積外，並應另提一定比率之特別盈餘公積。」而證券商管理規則第 14 條第 1 項：「證券商除由金融機構兼營者另依銀行法規定外，已依本法發行有價證券者，應依本法第四十一條規定，於每年稅後盈餘項下，提存百分之二十特別盈餘公積。但金額累積已達實收資本額者，得免繼續提存。」第 2 項：「未依本法發行有價證券者，應於每年稅後盈餘項下，提存百分之二十特別盈餘公積。但金額累積已達實收資本額者，得免繼續提存。」第 3 項：「前二項特別盈餘公積，除填補公司虧損，或特別盈餘公積已達實收資本百分之五十，得以其半數撥充資本者外，不得使用之。」

㈤買賣損失準備：證券商管理規則第 11 條第 1 項：「證券商經營自行買賣有價證券業務者，其自行買賣有價證券利益額超過損失額時，應按月就超過部分提列百分之十，作為買賣損失準備。」第 2 項：「前項之買賣損失準備，除彌補買賣損失額超過買賣利益額之差額外，不得使用之。」第 3 項：「第一項之買賣損失準備累積已達新臺幣二億元者，得免繼續提列。」❸❽

㈥違約損失準備：證券商管理規則第 12 條第 1 項：「證券商經營受託買賣有價證券業務者，應按月就受託買賣有價證券成交金額提列萬分之零點二八，作為違約損失準備。」第 2 項：「前項違約損失準備，除彌補受託買賣有價證券違約所發生損失或本會核准者外，不得使用之。」第 3 項：「第一項之

---

❸❻ 最高法院 89 年臺上字第 1437 號判決；86 年臺上字第 2729 號判決；86 年臺上字第 1103 號判決；85 年臺上字第 824 號判決；88 年臺上字第 3269 號判決；89 年臺上字第 848 號判決；90 年臺再字第 45 號判決。

❸❼ 賴英照，股市遊戲規則──最新證券交易法解析，第 296 頁及第 297 頁。

❸❽ 此規定，似乎無證券交易法之授權規定。參閱賴英照，股市遊戲規則──最新證券交易法解析，第 292 頁。

違約損失準備累積已達新臺幣二億元者，免繼續提列。」第 4 項：「違約損失
準備於計算營利事業所得時，應依稅法之規定辦理。」

　　㈦交割結算基金與交易經手費之繳存：證券交易法第 132 條第 1 項：「公
司制證券交易所於其供給使用有價證券集中交易市場之契約內，應訂立由證
券自營商或證券經紀商繳存交割結算基金，及繳付證券交易經手費。」第 2 項：
「前項交割結算基金金額標準，由主管機關以命令定之。」❸❾ 而依證券商管理
規則第 10 條第 1 項之規定：「證券商經營在集中交易市場受託買賣有價證券
業務者，依下列規定，向證券交易所繳存交割結算基金：一、開始營業前，
應繳基本金額新臺幣一千五百萬元，並於開始營業後，按受託買賣有價證券
成交金額一定比率❹❹，於每季終了後十日內繼續繳存至當年底，其比率由本
會另訂之。二、開業次一年起，其原繳之基本金額減為新臺幣七百萬元，並
逐年按前一年受託買賣上市有價證券成交金額依前揭比率併計，於每年一月
底前就已繳存基金不足或多餘部分向證券交易所繳存或領回。」

　　證券商管理規則第 10 條第 2 項：「證券商經營在集中交易市場自行買賣
有價證券業務者，於開始營業前，應一次向證券交易所繳存交割結算基金新
臺幣一千萬元。」第 3 項：「證券商經營在集中交易市場受託及自行買賣有價
證券業務者，應按前二項併計繳存。」第 4 項：「證券商每增設一國內分支機
構，應於開業前，向證券交易所一次繳存交割結算基金新臺幣三百萬元，但
自開業次一年起，其原繳之金額減為新臺幣二百萬元。」第 5 項：「證券商繳
存之交割結算基金為共同責任制，並設置基金特別管理委員會；其管理辦法
由證券交易所洽商證券商業同業公會擬訂，函報本會核定；修正時亦同。」第
6 項：「基金特別管理委員會得視證券商之經營風險程度，通知證券商增繳交

---

❸❾　交割結算基金繳存之目的，依證券交易法第 153 條之規定，乃在於證券交易所之
　　會員或證券經紀商、證券自營商在證券交易所市場買賣證券，買賣一方不履行交
　　付義務時，證券交易所應指定其他會員或證券經紀商或證券自營商代為交付。其
　　因此所生價金差額及一切費用，證券交易所應先動用交割結算基金代償之。

❹❹　目前為萬分之三，參閱賴英照，股市遊戲規則——最新證券交易法解析，第 296
　　頁。

割結算基金，並報本會備查；其具體辦法，由基金特別管理委員會擬訂，函報本會核定；修正時亦同。」

證券交易法第 132 條第 3 項：「第一項之經手費費率，應由證券交易所會同證券商同業公會擬訂，申報主管機關核定之。」

四、轉投資之限制[41]

證券交易法第 45 條第 3 項：「證券商非經主管機關核准，不得投資於其他證券商」。本規定乃於民國 95 年 1 月 11 日證券交易法修正時所修訂，其修訂之理由為：「由於興櫃股票市場之建置，公開發行公司向財團法人中華民國證券櫃檯買賣中心申請其股票登錄為櫃檯買賣後，其股票交易之一方，必須為該股票之推薦證券商，該推薦證券商為發揮造市功能，並須持有一定部位，為符合興櫃股票市場交易性質，爰將第三項修正為證券商非經主管機關核准，不得投資於其他證券商。」[42]此外，證券商管理規則第 18 條對於證券商資金之運用，亦明定以經營業務所需為原則。該規定之內容如下：

證券商之資金，除由金融機構兼營者另依有關法令辦理外，非屬經營業務所需者，不得借貸予他人或移作他項用途，其資金之運用，以下列為限：

(一)銀行存款。

(二)購買政府債券或金融債券。

(三)購買國庫券、可轉讓之銀行定期存單或商業票據。

(四)購買經本會核准一定比率之有價證券及轉投資經本會核准一定比率之證券、期貨、金融等相關事業。

(五)其他經本會核准之用途。

依前項第 4 款、第 5 款運用之資金，其總金額合計不得超過資本淨值之

---

[41] 2001 年 5 月 16 日(90)臺財證(二)第 001229 號函；1992 年 6 月 1 日(81)臺財證(二)第 01109 號函；1996 年 7 月 5 日(85)臺財證(二)第 02506 號函；2001 年 3 月 1 日(90)臺財證(三)第 000525 號函；1997 年 10 月 28 日(86)臺財證(二)第 04855 號函。

[42] 民國 95 年 1 月 11 日證券交易法第 45 條第 3 項修訂前之條文內容：「證券商不得投資於其他證券商。但兼營證券業務之金融機構，報經財政部核准者，不在此限。」

百分之四十，且其中具有股權性質之投資，除經本會核准者外，其投資總金額不得超過實收資本額之百分之四十。

五、存放款、借貸有價證券及為借貸款項或有價證券之代理或居間等之禁止

證券交易法第 60 條❸：「證券商非經主管機關核准，不得為下列之業務：一、有價證券買賣之融資或融券。二、有價證券買賣融資融券之代理。三、有價證券之借貸或為有價證券借貸之代理或居間❹。四、因證券業務借貸款項或為借貸款項之代理或居間❺。五、因證券業務受客戶委託保管及運用其款項❻。證券商依前項規定申請核准辦理有關業務應具備之資格條件、人員、業務及風險管理等事項之辦法，由主管機關定之。」

證券商管理規則第 18 條亦明定，證券商之資金，除由金融機構兼營者另依有關法令辦理外，非屬經營業務所需者，不得借貸予他人或移作他項用途。其資金之運用，並有嚴格之限制。

---

❸ 證券交易法第 60 條第 1 項第 3 款、第 4 款及第 5 款乃為民國 95 年 1 月 11 日證券交易法修正時所新增訂之。

❹ 民國 95 年 1 月 11 日證券交易法第 60 條第 1 項第 3 款之增訂理由：「……(二)依據證券商業務之性質，有價證券之借貸或為其代理或居間，係證券商無可避免需提供之服務，目前實務上證券商已有辦理或代辦客戶信用交易之融券，亦或透過附條件交易方式滿足客戶融券之需要，是以依據各國法令規定，亦均准許證券商從事該等業務，爰增列第三款規定。」

❺ 民國 95 年 1 月 11 日證券交易法第 60 條第 1 項第 4 款之增訂理由：「……(三)證券商在經營證券業務之過程中，時有為客戶墊款因應交割之需，亦有辦理或代辦客戶信用交易融資之必要，以滿足客戶投資需求，是以因證券業務借貸款項或為其居間或代理，觀諸各國法令規定，均准許證券商為之，爰增列第四款規定。」

❻ 民國 95 年 1 月 11 日證券交易法第 60 條第 1 項第 5 款之增訂理由：「(四)鑑於國外法令規定多准許證券商受客戶委託保管其買賣有價證券後剩餘款項，俾轉投資貨幣市場基金或債券型基金，為提升國內證券商競爭力，及符合投資人實際需求，增列第五款規定。」

六、保證人、票據轉讓之背書或提供財產供他人設定擔保之禁止

證券商管理規則第 15 條：「證券商除由金融機構兼營者另依銀行法規定外，非經本會核准，不得為任何保證人、票據轉讓之背書或提供財產供他人設定擔保。」

七、固定資產持有之限制

證券商管理規則第 16 條：「證券商除由金融機構兼營者另依銀行法規定外，所持有營業用固定資產總額及非營業用不動產總額合計不得超過其資產總額之百分之六十。」

八、自有資本

為了健全證券商之財務、確保證券商之支付能力以及控制證券商風險等，證券商管理規則便仿照銀行法第 44 條等相關規定定有證券商自有資本適足比率之相關規範❹。以下便將重要之規範分述之：

㈠自有資本適足比率之意義：證券商管理規則第 59 條第 1 項：「證券商除由金融機構兼營者另依銀行法規定外，非經本會核准，其自有資本與經營風險約當金額應維持適當比率。」第 2 項：「前項之適當比率，稱自有資本適足比率，其計算方式為合格自有資本淨額除以經營風險之約當金額。」從上述規定可知，所謂自有資本適足比率，係指自有資本與經營風險約當金額應維持適當比率。

㈡自有資本適足比率之計算：自有資本適足比率之計算方式，依證券商管理規則第 59 條第 2 項之規定,乃以合格自有資本淨額除以經營風險之約當金額。至於合格自有資本淨額是如何算出，則規定於證券商管理規則第 60 條第 1 項，經營風險之約當金額之計算方式則規定於證券商管理規則第 61 條。以下便分別敘述之：

---

❹ 賴英照，股市遊戲規則——最新證券交易法解析，第 270 頁及第 292 頁。

1.合格自有資本淨額：依證券商管理規則第 60 條第 1 項之規定可知，合格自有資本淨額係為下列**第一類資本與第二類資本**所定科目之合計，並扣除資產負債表中指定以公平價值衡量且公平價值變動列為損益之金融資產——非流動、備供出售金融資產——流動及非流動、持有至到期日金融資產——流動及非流動、無活絡市場之債券投資——流動及非流動、預付款項、特種基金、採權益法之長期股權投資、待處分長期股權投資、固定資產、無形資產、營業保證金、交割結算基金、存出保證金、遞延借項、出租資產、閒置資產、遞延所得稅資產——非流動、受限制資產——非流動等科目後之餘額：

⑴第一類資本：股本（普通股股本、永續非累積特別股股本）、資本公積、保留盈餘或累積虧損、金融商品未實現損失、累積換算調整數、庫藏股票、未認列為退休金成本之淨損失及本年度累計至當月底之損益等之合計數。

⑵第二類資本：股本（永續累積特別股股本）、買賣損失準備、違約損失準備、金融商品未實現利益等之合計數。

2.經營風險之約當金額：依證券商管理規則第 61 條之規定，第 59 條第 2 項所稱經營風險之約當金額係指證券商依下列方式所計算之各項經營風險約當金額：

⑴市場風險：指資產負債表表內及表外部位因價格變動所生之風險，係上述部位依其公平價值乘以一定風險係數所得之價格波動風險約當金額。

⑵交易對象風險：指因交易對象所生之風險，係以證券商營業項目中，有交易對象不履行義務可能性之交易，依各類交易對象、交易方式之不同，分別計算後相加所得之總和計算其風險約當金額。

⑶基礎風險：指執行業務所生之風險，係以計算日所屬營業年度為基準點，並以基準點前一營業年度營業費用之百分之二十五計算其風險約當金額。

3.未符合自有資本適足比率之法律效果：為了控制證券商管理規則將未符合自有資本適足比率之法律效果分為三類，主管機關對於此三類不符合規定之證券商，則有不同之權限，以下分別敘述之：

⑴**自有資本適足比率達百分之一百二十，低於百分之一百五十：**依證券商管理規則第 64 條之規定，如證券商自有資本適足比率達百分之一百二十，

低於百分之一百五十時，主管機關得為之處置有三種：①暫緩證券商增加新業務種類或營業項目及增設分支機構。②要求證券商應加強內部控制及內部稽核查核頻率，並於申報後一週內，提出詳實之說明及改善計畫，分送相關單位。③截至董事會提議盈餘分配案前一個月底之資本適足比率如仍未改善者，要求其未分配盈餘於扣除依規定應提撥之項目外，餘應再依證券交易法第 41 條第 1 項規定，提列百分之二十為特別盈餘公積。

　　(2)**自有資本適足比率達百分之一百，低於百分之一百二十**：當證券商自有資本適足比率達百分之一百，低於百分之一百二十時，依證券商管理規則第 65 條規定，主管機關除得依上述之①及②辦理外，亦得為之處置者有三種：①縮減其業務範圍。②要求證券商每週填製及申報證券商資本適足明細申報表。③截至董事會提議盈餘分配案前一個月底之資本適足比率如仍未改善者，要求其未分配盈餘於扣除依規定應提撥之項目外，餘應再依證券交易法第 41 條第 1 項規定，提列百分之四十為特別盈餘公積。

　　(3)**自有資本適足比率低於百分之一百**：證券商自有資本適足比率低於百分之一百時，主管機關除得依上述(1)之①及②、(2)之①及②辦理外，亦得為下列之處置：①不予核准其增設分支機構之申請。②截至董事會提議盈餘分配案前一個月底之資本適足比率如仍未改善者，其未分配盈餘於扣除依規定應提撥之項目外，餘應依證券交易法第 41 條第 1 項規定，全數提列為特別盈餘公積。

第九項　對證券商之監督

一、主管機關之監督

㈠財務報表之編製、申報及公告

　　證券交易法第 63 條規定：「第三十六條關於編製、申報及公告財務報告之規定，於證券商準用之。」因而，證券商亦須盡到證券交易法第 36 條所規定之財務資訊公開之義務。亦即有編製、提出及公告年度財務報告、半年度財務報告、雙季財務報告、月營運報告（參閱證券交易法第 36 條第 1 項）及

緊急報告之義務（參閱證券交易法第 36 條第 2 項）。此外，對於此財務資訊提出義務，主管機關於證券商管理規則第 21 條亦有相關之規定。此外，亦可參閱臺灣證券交易所股份有限公司營業細則第 25 條及第 26 條之相關規範。

(二)命令提出、檢查業務或財務資料❹

證券交易法第 64 條規定：「主管機關為保護公益或投資人利益，得隨時命令證券商提出財務或業務之報告資料，或檢查其營業、財產、帳簿、書類或其他有關物件；如發現有違反法令之重大嫌疑者，並得封存或調取其有關證件。」主管機關除依本規定得派員自行檢查證券商外，其亦得依證券交易法第 38 條之 1 規定：「主管機關認為必要時，得隨時指定會計師、律師、工程師或其他專門職業或技術人員，檢查發行人、證券承銷商或其他關係人之財務、業務狀況及有關書表、帳冊，並向主管機關提出報告或表示意見，其費用由被檢查人負擔。」檢查證券承銷商。不過，對此規定限於受檢之證券商僅為證券承銷商而不及於證券自營商及證券經紀商而言，似乎範圍過於狹隘。因而，學界認為或應將證券承銷商改為證券商❹。

不過，在實務上，證券商之檢查業務多由於證交所為之❺。而臺灣證券交易所股份有限公司營業細則第 25 條第 2 項規定：「本公司得派員檢查或查詢前項帳簿、交易憑證、單據、表冊、契約，證券商不得規避或拒絕；證券商並同意本公司得向財團法人金融聯合徵信中心查詢證券商於金融機構之授信資料。」基於此規定，證交所派員檢查證券商之相關財務資料時，證券商不得有規避或拒絕之行為。證交所對於違反臺灣證券交易所股份有限公司營業細則第 25 條第 2 項之規定，而規避或拒絕本公司派員檢查或查詢者，證券交易所依臺灣證券交易所股份有限公司營業細則第 142 條之規定，得對其自營業務或經紀業務或其營業處所之全部或部分，先暫停買賣，並函報主管機關。

若是證券商或其委託人對於主管機關命令提出之帳簿、表冊、文件或其他參考或報告資料，屆期不提出，或對於主管機關依法所為之檢查予以拒絕、

---

❹ 違反者，有證券交易法第 178 條第 1 項第 2 款之適用。

❹ 賴英照，股市遊戲規則——最新證券交易法解析，第 299 頁。

❺ 賴英照，股市遊戲規則——最新證券交易法解析，第 298 頁。

妨礙或規避者，依證券交易法第178條第1項第3款之規定，得處新臺幣二十四萬元以上二百四十萬元以下罰鍰。

㈢命令糾正（證券交易法第 65 條）

若是主管機關於調查證券商之業務、財務狀況時，發現該證券商有不符合規定之事項，依證券交易法第 65 條之規定，主管機關得隨時對證券商以命令糾正之。其亦得依證券交易法第 66 條之規定：「證券商違反本法或依本法所發布之命令者，除依本法處罰外，主管機關並得視情節之輕重，為左列處分：一、警告。二、命令該證券商解除其董事、監察人或經理人職務。三、對公司或分支機構就其所營業務之全部或一部為六個月以內之停業。四、對公司或分支機構營業許可之撤銷。」

㈣證券商負責人與業務人員之管理（證券交易法第 70 條）

證券交易法第 70 條規定：「證券商負責人與業務人員管理之事項，由主管機關以命令定之。」並且有關證券商僱用對於有價證券營業行為直接有關之業務人員，其職稱，依據證券交易法第 54 條第 2 項之規定，應由證券主管機關定之。證券主管便制定證券商負責人與業務人員管理規則以作為規範證券商從業人員之依據。以下便擇其重要部分簡述之：

1.證券商從業人員之類型

依證券商負責人與業務人員管理規則第 2 條之規定，其證券商之從業人員可分為兩類，其分別如下：

⑴負責人：證券商負責人與業務人員管理規則第 2 條第 1 項：「本規則所稱負責人，依公司法第八條之規定。」❺¹

⑵業務人員：證券商負責人與業務人員管理規則第 2 條第 2 項規定，該規則所稱業務人員，指為證券商從事下列業務之人員：一、有價證券投資分析、內部稽核或主辦會計。二、有價證券承銷、買賣之接洽或執行。三、有

---

❺¹　公司法第 8 條第 1 項：「本法所稱公司負責人：在無限公司、兩合公司為執行業務或代表公司之股東；在有限公司、股份有限公司為董事。」第 2 項：「公司之經理人或清算人，股份有限公司之發起人、監察人、檢查人、重整人或重整監督人，在執行職務範圍內，亦為公司負責人。」

價證券自行買賣、結算交割或代辦股務。四、有價證券買賣之開戶、徵信、招攬、推介、受託、申報、結算、交割或為款券收付、保管。五、有價證券買賣之融資融券。六、衍生性金融商品之風險管理或操作。七、辦理其他經核准之業務。

而就業務人員之類型，依其職務之繁簡難易、責任輕重，**證券商負責人與業務人員管理規則**第3條第1項將之分為下列兩種：

A.高級業務員：擔任第8條第1項之部門主管及分支機構負責人、投資分析或內部稽核等職務者。

B.業務員：從事前條第2項各款有價證券承銷、自行買賣、受託買賣、內部稽核或主辦會計等職務者。

2.從業人員之資格

(1)證券交易法之規定

A.負責人之資格──消極資格

證券交易法第53條，對於證券商之負責人有消極資格之限制。換言之，有符合該條之情事者，不得充任證券商之董事、監察人或經理人；其已充任者，解任之，並由主管機關函請經濟部撤銷其董事、監察人或經理人登記❷。

問題：證券商是否能擔任其他證券商或公開發行公司之董事或監察人？證券交易法似乎並未禁止，但依證券商管理規則第20條及第18條，似乎採否定之見解❸。至於證券商之董事、監察人或經理人得否擔任其他公司之董事、監察人或經理人，證券交易法對此亦無明文規定，其相關之限制應回到公司法之規範內❹。

---

❷ 證券交易法第51條：「證券商之董事、監察人或經理人不得兼任其他證券商之任何職務。但因投資關係，並經主管機關核准者，得兼任被投資證券商之董事或監察人。」若是證券商之董事、監察人或經理人違反證券交易法第51條規定而兼職者，實務似乎認為，該證券商之董事、監察人或經理人未被解任前之董事或監察人之身分仍繼續存在。參閱最高法院93年度第952號判決；賴英照，股市遊戲規則──最新證券交易法解析，第280頁及第281頁。

❸ 參閱賴英照，股市遊戲規則──最新證券交易法解析，第281頁。

　　B.業務人員之資格

　　a.積極資格

依證券交易法第54條第1項之規定,證券商僱用對於有價證券營業行為直接有關之業務人員,應年滿二十歲。

　　b.消極資格

如同證券商負責人有消極資格之要求,證券商僱用對於有價證券營業行為直接有關之業務人員,證券交易法第54條第1項亦有消極資格之要求。須無下列各款情事之一者:一、受破產之宣告尚未復權者。二、兼任其他證券商之職務者。三、(刪除)四、曾犯詐欺、背信罪或違反工商管理法律,受有期徒刑以上刑之宣告,執行完畢、緩刑期滿或赦免後未滿三年者。五、有前條第2款至第4款及第6款之情事者。六、違反主管機關依照本法所發布之命令者。

此處要加強說明的是,有關證券交易法第54條第1項第2款之競業禁止規定。此規定之競業禁止之內容,係禁止證券商之業務人員兼任其他證券商之職務者。此外,違反第54條第1項者,乃於業務人員就任後始發生者,學說認為,基於貫徹立法目的之見解,應將該職員解任之❺。

(2)證券商負責人與業務人員管理規則

　　A.負責人之資格──積極資格

　　a.高級業務員資格之具備:第8條第1項規定,證券商之承銷、自行買賣、受託買賣、結算交割、內部稽核、股務、財務等部門之主管及分支機構負責人、擔任受託買賣與結算交割部門之主管,除由金融機構兼營者,其內部稽核主管及財務部門主管得另依本會之規定外,應具高級業務員資格條件。

　　b.外國證券商:第8條第2項規定,外國證券商在中華民國境內分支機構,除其負責人、財務及股務部門主管外,擔任承銷、自行買賣、受託買賣、結算交割及內部稽核等部門之主管,應具備高級業務員資格條件。

---

❺ 參閱賴英照,股市遊戲規則──最新證券交易法解析,第281頁。
❺ 參閱賴英照,股市遊戲規則──最新證券交易法解析,第282頁。

c.總經理、第 8 條第 1 項所定部門之主管、督導該部門或各該部門之副總經理、協理、經理及分支機構負責人另尚須應具備資格，請參閱第 9 條至第 10 條之規定。

d.過渡條款：第 11 條第 1 項：「本規則修正前，已擔任證券商總經理、第八條第一項所定部門之主管及分支機構負責人，得於原職務或任期內續任之，不受前二條規定之限制。」第 2 項：「前項人員於本規則修正後升任或充任者，應具備或符合本規則所訂資格條件；不符者，解任之。」

B.業務人員之資格──積極資格

a.高級業務員：依證券商負責人與業務人員管理規則第 5 條之規定，證券商高級業務員應具備下列資格條件之一：一、大學系所以上畢業，擔任證券機構業務員三年以上者。二、符合證券投資顧問事業負責人與業務人員管理規則所定證券投資分析人員資格者。三、經中華民國證券商業同業公會委託財團法人中華民國證券暨期貨市場發展基金會舉辦之證券商高級業務員測驗合格者。四、曾依本規則登記為證券商高級業務員，或已取得本會核發之證券商高級業務員測驗合格證書者。五、現任證券機構業務員，於 80 年 6 月 18 日本規則修正施行前任職一年以上，且在修正施行後，繼續擔任業務員併計達五年者。

b.業務員：依證券商負責人與業務人員管理規則第 6 條之規定，證券商業務員應具備下列資格條件之一：一、符合證券投資顧問事業負責人與業務人員管理規則所定證券投資分析人員資格者。二、經中華民國證券商業同業公會委託證基會舉辦之證券商業務員測驗合格者。三、曾依本規則登記為證券商業務員，或已取得本會核發之證券商業務員測驗合格證書者。

3.從業人員之登記

⑴執業登記：證券商負責人與業務人員管理規則第 12 條第 1 項規定：「證券商負責人及業務人員於執行職務前，應由所屬證券商向證券交易所、證券商同業公會或證券櫃檯買賣中心辦理登記，非經登記不得執行業務。」

⑵異動登記：證券商負責人與業務人員管理規則第 13 條規定：「證券商負責人及業務人員有異動者，證券商應於異動後五日內依下列規定，向證券

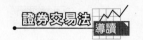

交易所、證券商同業公會或證券櫃檯買賣中心申報登記。所屬證券商在辦妥異動之登記前，對各該人員之行為仍不能免責。」

4.從業人員行為規範

證券交易法第70條規定：「證券商負責人與業務人員管理之事項，由主管機關以命令定之。」主管機關基於此授權，頒布了證券商負責人及業務人員管理規則，作為對於證券商從業人員之相關規範。就從業人員之行為規範而言，其重要內容如下：

(1)**一般條款——誠信原則**：證券商負責人與業務人員管理規則第18條第1項：「證券商負責人及業務人員執行業務應本誠實及信用原則。」

(2)**例示規定**：依證券商負責人與業務人員管理規則第18條第2項規定，證券商之負責人及業務人員，除其他法令另有規定外，不得有下列行為：①為獲取投機利益之目的，以職務上所知悉之消息，從事上市或上櫃有價證券買賣之交易活動。②非應依法令所為之查詢，洩漏客戶委託事項及其他職務上所獲悉之秘密。③受理客戶對買賣有價證券之種類、數量、價格及買進或賣出之全權委託。④對客戶作贏利之保證或分享利益之證券買賣。⑤約定與客戶共同承擔買賣有價證券之交易損益，而從事證券買賣。⑥接受客戶委託買賣有價證券時，同時以自己之計算為買入或賣出之相對行為。⑦利用客戶名義或帳戶，申購、買賣有價證券。⑧以他人或親屬名義供客戶申購、買賣有價證券。⑨與客戶有借貸款項、有價證券或為借貸款項、有價證券之媒介情事。⑩辦理承銷、自行或受託買賣有價證券時，有隱瞞、詐欺或其他足以致人誤信之行為。⑪挪用或代客戶保管有價證券、款項、印鑑或存摺。⑫受理未經辦妥受託契約之客戶，買賣有價證券。⑬未依據客戶委託事項及條件，執行有價證券之買賣。⑭向客戶或不特定多數人提供某種有價證券將上漲或下跌之判斷，以勸誘買賣。⑮向不特定多數人推介買賣特定之股票。但因承銷有價證券所需者，不在此限。⑯接受客戶以同一或不同帳戶為同種有價證券買進與賣出或賣出與買進相抵之交割。但依法令辦理信用交易資券相抵交割者，不在此限。⑰受理本公司之董事、監察人、受僱人代理他人開戶、申購、買賣或交割有價證券。⑱受理非本人開戶。但本會另有規定者，不在此

限。⑲受理非本人或未具客戶委任書之代理人申購、買賣或交割有價證券。
⑳知悉客戶有利用公開發行公司尚未公開而對其股票價格有重大影響之消息
或有操縱市場行為之意圖，仍接受委託買賣。㉑辦理有價證券承銷業務之人
員與發行公司或其相關人員間有獲取不當利益之約定。㉒招攬、媒介、促銷
未經核准之有價證券或其衍生性商品。㉓其他違反證券管理法令或經本會規
定不得為之行為。

(3)**補充規定**：證券商負責人與業務人員管理規則第 18 條第 3 項規定：「前
項人員執行業務，對證券商管理法令規定不得為之行為，亦不得為之。」

(4)**準用規定**：證券商負責人與業務人員管理規則第 18 條第 4 項規定：「前
二項之規定於證券商其他受僱人準用之。」

5.訓練

(1)**職前訓練與在職訓練**：依證券商負責人與業務人員管理規則第 15 條第
1 項規定：「證券商之業務人員，應參加本會或本會所指定機構辦理之職前訓
練與在職訓練。」第 2 項規定：「初任及離職滿三年再任之證券商業務人員應
於到職後半年內參加職前訓練；在職人員應每三年參加在職訓練。」

(2)**訓練及格**：證券商負責人與業務人員管理規則第 16 條規定：「證券商
之業務人員，參加職前訓練或在職訓練，成績合格者，由本會或訓練機構發
給結業證書，並將訓練成績送服務機構作為考績、升遷及工作指派之參考；
成績特優者，由本會或訓練機構給予獎勵。」

(3)**訓練不及格**：證券商負責人與業務人員管理規則第 17 條規定：「證券
商之業務人員，不參加職前訓練或在職訓練，或參加訓練成績不合格於三年
內再行補訓二次成績仍不合格者，由本會通知取銷業務人員資格。」

二、內部控制制度之建立

為了加強對證券商之財務及業務之監督，證券交易法第 14 條之 1 第 1 項
規定：「公開發行公司、證券交易所、證券商及第十八條所定之事業應建立財
務、業務之內部控制制度。」於同條第 2 項規定：「主管機關得訂定前項公司
或事業內部控制制度之準則。」主管機關便依證券交易法第 14 條之 1 第 2 項

之授權，制定公開發行公司建立內部控制制度處理準則。而證券商管理規則第2條第1項亦明文規定：「證券商應依行政院金融監督管理委員會訂定（以下簡稱本會）之證券暨期貨市場各服務事業建立內部控制制度處理準則及臺灣證券交易所股份有限公司（以下簡稱證券交易所）等證券相關機構共同訂定之證券商內部控制制度標準規範訂定內部控制制度。」此外，證券商管理規則第6條第1項亦明定：「證券商應設置內部稽核，定期或不定期稽核公司之財務及業務，並作成稽核報告，備供查核。」第2項規定：「前項之稽核報告，應包括公司之財務及業務，是否符合有關法令及公司內部控制制度之規定。」

三、主管機關核准權限之事項

㈠證券交易法第15條：依證券交易法第15條之規定，證券承銷商除了有價證券之承銷業務外，其欲經營其他相關業務，則須經主管機關之核准。同樣地，證券自營商欲經營有價證券自行買賣以外之其他相關業務，亦須經主管機關之核准。證券經紀商亦不例外，若其欲為有價證券買賣之行紀、居間、代理以外之相關業務，亦同。

㈡證券商管理規則第3條：證券商之從事證券業務，而須先經主管機關核准者，依證券商管理規則第3條第1項之規定，有下列項目：一、變更機構名稱。二、變更資本額、營運資金或營業所用資金。三、變更機構或分支機構營業處所。四、受讓或讓與其他證券商之全部或主要部分營業或財產。五、合併或解散。六、投資外國證券商。七、其他經本會規定應先報經核准之事項。

㈢臺灣證券交易所股份有限公司營業細則第16條：臺灣證券交易所股份有限公司營業細則第16條第1項：「證券商之資本額、公司章程、營業處所或董事長如有變更，應於五日內填具變更登記申請書三份，連同有關證明文件及變更登記費，送由本公司加具意見書後轉報主管機關核准變更登記。」

㈣證券商營業處所買賣有價證券管理辦法第9條及第10條：證券商營業處所買賣有價證券管理辦法第9條第1項規定：「證券櫃檯買賣中心認為有價證券合於櫃檯買賣者，應與其發行人訂立證券商營業處所買賣有價證券契約，

除申請登錄者外，應先報經本會核准後始得許可為櫃檯買賣。」證券商營業處所買賣有價證券管理辦法第 10 條第 1 項規定：「有價證券櫃檯買賣之終止，除申請登錄者外，應由證券櫃檯買賣中心依有關法令或前條所定契約之規定報請本會核准。」

四、應行申報主管機關事項

證券商管理規則第 4 條第 1 項：「證券商有下列情事之一者，應向本會申報：一、開業、停業、復業或終止營業。二、證券商或其董事、監察人及受僱人因經營或從事證券業務，發生訴訟事件。三、董事、監察人及經理人有本法第五十三條所定之情事。四、董事、監察人及受僱人，有違反本法或本會依照本法所發布之命令之行為。五、董事、監察人、經理人及持有公司股份超過百分之十之股東，持有股份變動。六、其他經本會規定應申報之事項。」

第 2 項：「前項第一款之事項，公司應事先申報；第二款至第四款之事項，公司應於知悉或事實發生之日起五日內申報；第五款之事項，公司應於次月十五日以前彙總申報。」

第 3 項：「證券商與證券交易所訂立有價證券集中交易市場使用契約者，第一項所列應申報之事項，應送由證券交易所轉送本會；僅與證券櫃檯買賣中心訂立證券商經營櫃檯買賣有價證券契約者，應送由證券櫃檯買賣中心轉送本會；均未訂立者，應送由證券商同業公會轉送本會。」

第十項　對證券商之董事、監察人及受僱人之監督

證券交易法第 56 條規定：「主管機關發現證券商之董事、監察人及受僱人，有違背本法或其他有關法令之行為，足以影響證券業務之正常執行者，除得隨時命令該證券商停止其一年以下業務之執行或解除其職務外，並得視其情節之輕重，對證券商處以第六十六條所定之處分。」就本條規定，其可分為下列幾個重點分述之：

一、違法行為主體之範圍──證券商之董事、監察人及受僱人

證券商之董事或監察人之範圍界定當無疑義，至於受僱人者，其範圍為何，似乎有闡述之必要。從本條之法律效果觀之，主管機關得隨時命令該證券商停止該受僱人一年以下業務之執行或解除其職務，因而證券商之受僱人應係與證券商有僱傭關係而言。此外，此僱傭關係應採廣義之見解，亦即屬於此範圍者，無論證券商與之係存在委任契約或僱傭契約，均屬於此處所稱之受僱人，亦即包括經理人以下之員工。經理人與證券商之關係，應為委任契約，不過其仍屬於廣義之受僱人。其他證券商之員工，如高級證券業務員或證券業務員亦屬於受僱人。

二、違法行為之界定──違背本法或其他有關法令之行為，足以影響證券業務之正常執行者

本條所規範之行為，係指證券商之董事、監察人及受僱人，有違背本法或其他有關法令之行為，足以影響證券業務之正常執行者。此處所稱之本法，乃指證券交易法。至於其他有關法令者，其範圍涵蓋與證券業務有關之法律及行政命令。法律者，如公司法、銀行法等，而行政命令者，則如證券交易法施行細則、證券商管理規則等。不過，證券商之董事、監察人及受僱人等人之違法行為，須足以影響證券業務之正常執行者，方符合本條之要件。

三、法律效果

若是證券商之董事、監察人及受僱人之違法行為符合上述之要件時，依本條之規定，所生之法律效果有二，其分別是對於行為人及證券商之效力。以下便分述之：

㈠對於行為人之效力

依證券交易法第 56 條前段之規定，主管機關發現證券商之董事、監察人及受僱人，有違背本法或其他有關法令之行為，足以影響證券業務之正常執行者，除得隨時命令該證券商停止其一年以下業務之執行或解除其職務。因

而，主管機關基於本規定，僅得命令證券商停止違法行為當事人之一年以下業務執行或解除職務，其並不得逕行以命令方式停止違法行為當事人之一年以下業務執行或解除其職務。

若是違法行為當事人係董事或是監察人，欲執行主管機關之停職或是解職命令者，則須依公司法規定召開股東會，經股東會決議後方得為之。至於經理人以下者，董事會或是經理人即得執行之❺❻。就解除經理人之職務而言，從公司法第 29 條第 1 項第 3 款之規定可知，股份有限公司得依章程規定置經理人，其委任、解任及報酬，應由董事會以董事過半數之出席，及出席董事過半數同意之決議行之。但公司章程有較高規定者，從其規定。而證券商，除了金融機構兼營者，須為股份有限公司組織（參閱證券交易法第 4 條及第 47 條）。並且依民法第 549 條第 1 項之規定，縱使證券商與經理人間有確定期限之委任契約，證券商亦得解除契約❺❼。本條並無規定證券商接獲主管機關之命令後，於多久期限內須執行主管機關要求之停職或解職行為。實務上，主管機關乃以命令限期完成之❺❽。

㈡對證券商之效力

依證券交易法第 56 條之規定，主管機關對於證券商之董事、監察人及受僱人之違法行為，除得隨時命令該證券商停止其一年以下業務之執行或解除其職務外，並得視其情節之輕重，對證券商處以證券交易法第 66 條所定之處分。而證券交易法第 66 條所規定之處分有四種，其分別是：一、警告。二、命令該證券商解除其董事、監察人或經理人職務。三、對公司或分支機構就其所營業務之全部或一部為六個月以內之停業。四、對公司或分支機構營業許可之撤銷。須說明的是，證券交易法第 66 條第 2 款所規定之命令該證券商解除其董事、監察人或經理人職務之處分係不同於證券交易法第 56 條所規定之，主管機關對於證券商之董事、監察人及受僱人之違法行為，得隨時命令該證券商解除其職務。後者，乃是對於實質違法行為人之命令證券商解除其

❺❻ 賴英照，股市遊戲規則──最新證券交易法解析，第 301 頁。
❺❼ 民法第 549 條第 1 項：「當事人之任何一方，得隨時終止委任契約。」
❺❽ 賴英照，股市遊戲規則──最新證券交易法解析，第 301 頁。

職務。前者，乃不以證券商董事、監察人或經理人有違法行為為前提❺，例如董事對於經理人疏於監督，致使該經理人違法行為。此時，主管機關得依證券交易法第56條規定，命令證券商解除經理人職務。並如有證據顯示董事執行職務怠惰而被認定不適任時，主管機關則得依證券交易法第 66 條之規定，命令該證券商解除該董事之職務。

於證券交易法第 66 條所規定之四款處分中，其中之第 3 款及第 4 款之處分，尚引發相關之法律效果。主要有三：

1. **應了結業務**：證券交易法第 67 條規定：「證券商經主管機關依本法之規定撤銷其特許或命令停業者，該證券商應了結其被撤銷前或停業前所為有價證券之買賣或受託之事務。」依本規定，證券商已進行之有價證券買賣或是受託之事項須完成之。然而，若是證券商違反本規定，證券交易法並無明文規定對證券商應如何加以處罰或證券商須負何責任。此大概可分為兩個方面觀之，就買賣而言，如證券商已完成買賣契約之締結，而未完成交割時，則依證券交易法第 153 條之規定，證券交易所應指定其他證券商（證券經紀商或證券自營商）代為交付。其因此所生價金差額及一切費用，證券交易所應先動用交割結算基金代償之；如有不足，再由證券交易所代為支付，均向不履行交割之證券商追償之。至於被證交所指定代為交付之證券商，依證券交易法第 135 條之規定❻，其有履行此代為交付行為之義務。就受託之事項而言，如證券商未完成受託之事項時，因證券商與投資人間之契約關係或為委任契約、或為行紀契約等，故投資人得依民法契約之相關規定，如依債務不履行之規定向證券商請求損害賠償❻。

2. **資格存續之擬制**：證券交易法第 68 條規定：「經撤銷證券業務特許之證券商，於了結前條之買賣或受託之事務時，就其了結目的之範圍內，仍視

---

❺ 賴英照，股市遊戲規則──最新證券交易法解析，第 302 頁。

❻ 參閱證券交易法第 135 條：「公司制證券交易所於其供給使用有價證券集中交易市場之契約內，應比照本法第一百十二條之規定，訂明證券自營商或證券經紀商於被指定了結他證券自營商或證券經紀商所為之買賣時，有依約履行之義務。」

❻ 參閱賴英照，股市遊戲規則──最新證券交易法解析，第 303 頁。

為證券商；因命令停業之證券商，於其了結停業前所為有價證券之買賣或受託事務之範圍內，視為尚未停業。」

3.**解散或歇業之申報**：證券交易法第 69 條第 1 項規定：「證券商於解散或部分業務歇業時，應由董事會陳明事由，向主管機關申報之。」證券交易法第 69 條第 2 項規定：「第六十七條及第六十八條之規定，於前項情事準用之。」

此外，若是證券商對於主管機關所為對於違法行為人之停職或免職之命令不執行者，主管機關得依證券交易法第 66 條之規定，對於證券商予以警告、停業或營業許可撤銷之行為❷。

第二節　證券承銷商

第一項　意　義

依證券交易法第 10 條之規定，所謂承銷，乃指依約定包銷或代銷發行人發行有價證券之行為。並參照證券交易法第 15 條、第 16 條、第 44 條及第 45 條之規定，所謂證券承銷商，係指經主管機關許可，從事經營有價證券之承銷及其他經主管機關核准之相關業務之證券商。證券交易法第 31 條第 1 項明定：「募集有價證券，應先向認股人或應募人交付公開說明書。」證券承銷商既為依約定須履行包銷或代銷發行人發行有價證券之行為，故公開說明書應由證券承銷商代發行人交付之。

證券承銷商除了經營有價證券承銷業務外，其尚從事輔導公司上市、上櫃以及企業併購之相關工作❸。

第二項　證券承銷之類型

如前所述，證券承銷商之主要業務為有價證券之承銷，而我國證券交易法將證券承銷商之承銷業務分為包銷與代銷兩種，並分別規定於第 71 條及第

---

❷　賴英照，股市遊戲規則——最新證券交易法解析，第 301 頁。

❸　賴英照，股市遊戲規則——最新證券交易法解析，第 265 頁。

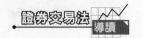

72 條中，以下便分別敘述之：

一、包　銷

　　證券交易法第 71 條第 1 項規定：「證券承銷商包銷有價證券，於承銷契約所訂定之承銷期間屆滿後，對於約定包銷之有價證券，未能全數銷售者，其賸餘數額之有價證券，應自行認購之」。學理上，有將此種包銷方式稱之為嚴格或老式之承銷❻❹，又有將之稱為餘額包銷❻❺。此外，證券交易法第 71 條第 2 項規定：「證券承銷商包銷有價證券，得先行認購後再行銷售或於承銷契約訂明保留一部分自行認購」。學理上，則稱此種包銷方式為確定的包銷❻❻。

　　若就證券交易法第 71 條第 1 項及第 2 項規定之內容觀之，包銷之方式可分為三種，其分別是：1.單純包銷；2.先認購再銷售；3.於承銷契約中訂明，保留部分自己認購。而後二者之包銷，依證券交易法第 71 條第 3 項之規定，證券承銷商辦理此種包銷，其應具備之條件，由主管機關定之。而依證券商管理規則第 23 條之規定，證券商辦理證券交易法第 71 條第 2 項先認購後再行銷售或於承銷契約訂明保留一部分自行認購之包銷有價證券者，應具備具備以下兩個要件，第一、財務狀況符合法令規定；第二、半年內未曾受主管機關依證券交易法第 66 條所為之停業處分。

二、代　銷

　　代銷者，乃指承銷契約所訂定之承銷期間屆滿後，對於約定代銷之有價證券，未能全數銷售者，其剩餘數額之有價證券，得退還發行人（證券交易法第 72 條），學理上又稱之為盡力之承銷❻❼。不過，多數說認為代銷非真正

---

❻❹　余雪明，證券交易法，第 162 頁。

❻❺　余雪明，證券交易法，第 168 頁；此種包銷方式，近似美國之 "stand-by underwriting"，參閱賴英照，股市遊戲規則——最新證券交易法解析，第 304 頁。

❻❻　余雪明，證券交易法，第 168 頁；劉連煜，新證券交易法實例研習，第 237 頁；此種包銷方式，則近似美國之 "firm-commitment underwriting"，參閱賴英照，股市遊戲規則——最新證券交易法解析，第 304 頁。

之承銷業務，其應屬於代理人性質之分銷方式❻。而代銷之手續費，原本依證券交易法第76條第1項第6款之規定，乃為承銷契約之應記載事項。不過，民國95年1月證券交易法修正時，為使承銷作業更具彈性及符合國際事務，該規定連同證券交易法第76條之其他規定全部被刪除之❻。此外，依證券交易法第74條之規定：「證券承銷商除依第七十一條規定外，於承銷期間內，不得為自己取得所包銷或代銷之有價證券。」我國實務上之證券承銷業務，早期大部分以代銷為主，近年來主要則以包銷方式為之❼。

第三項　承銷之手續費與報酬

有關包銷之報酬與代銷之手續費標準，依證券交易法第82條之規定，證券承銷商包銷之報酬或代銷之手續費，其最高標準，由主管機關以命令定之❼。換言之，證券承銷商包銷之報酬或代銷之手續費乃由證券承銷商與發行公司議定之，但不得超過主管機關所公布之最高標準。依金管會民國93年12月6日金管會金管證㈡字第0930005837號函，包銷之報酬最高不得超過包銷有價證券總金額之百分之十，代銷之手續費最高不得超過代銷有價證券總金額之百分之五。

第四項　承銷契約

證券交易法第19條規定：「凡依本法所訂立之契約，均應以書面為之。」因而，證券承銷商與發行人間之承銷契約，亦應以書面為之。若承銷契約未履行該書面之要式行為者，依民法第73條之規定，該契約無效❼。當有價證

---

❻ 余雪明，證券交易法，第163頁。

❻ 廖大穎，證券交易法導論，第251頁。

❻ 請參閱民國95年1月證券交易法第73條及第76條之修正理由。

❼ 參閱賴英照，股市遊戲規則——最新證券交易法解析，第305頁。

❼ 對於本規範之內容，學界有認為從競爭法角度觀之，並不妥當。因為，承銷屬於競爭市場，不宜有價格最高限制，應改由市場決定報酬及手續費，故建議刪除價格最高之限制。請參閱劉連煜，新證券交易法實例研習，第238頁。

券之承銷為代銷時，該承銷契約之法律性質應為委任契約。若是所約定之承銷乃餘額承銷時，則於承銷契約屆滿後，承銷商與有價證券發行人成立買賣契約。至於確定包銷者，承銷商就其認購之部分，亦與發行人成立買賣契約❼。

　　至於承銷契約之內容，證券交易法本於第 76 條第 1 項明文規定其應記載必要事項，不過基於使承銷作業更具彈性及符合國際事務之理由，於民國 95 年 1 月證券交易法修正時，該規定被刪除之。

第五項　證券承銷配售方式

　　我國證券交易法只對於證券之承銷商與發行人間之承銷關係有明文規定，至於證券承銷商與投資人間之銷售有價證券之關係並無明文規範。但證券商管理規則第 28 條第 1 項規定：「證券商承銷或再行銷售有價證券，應依證券商同業公會所訂定之處理辦法處理之。」第 2 項規定：「前項處理辦法，證券商同業公會應函報本會核定。」而證券商同業公會便依此授權下所制定之中華民國證券商業同業公會證券商承銷或再行銷售有價證券處理辦法（以下簡稱承銷或再行銷售有價證券處理辦法）第 5 條第 1 項規定中，將有價證券之承銷配售之方式，分為競價拍賣、詢價圈購、公開申購配售及洽商銷售等四種，茲分述如下：

一、競價拍賣

㈠意　義

　　所謂競價拍賣 (auction method)，係指主辦承銷商與發行人議定最低承銷價格，於投標前公告，投資人以不低於最低承銷價格遞送投標單參與競標，並以出價高者得標，而取得有價證券之承銷權者❼。如上所述，早期證券承銷方式乃以公開申購配售制為主，但是其存在許多問題。因而，財政部為了改進承銷制度，於民國 84 年透過證券商同業公會修改證券商承銷或再行銷售

---

❼　廖大穎，證券交易法導論，第 312 頁；賴源河，證券法規，第 139 頁。

❼　陳春山，證券交易法論，第 133 頁。

❼　賴英照，股市遊戲規則——最新證券交易法解析，第 306 頁。

有價證券處理辦法，正式引進競價拍賣及詢價圈購之配售方式❼❺。學者稱競價拍賣之此種承銷方式，乃具有折價最低且最具公平性之制度❼❻。

㈡**適用範圍**

依承銷或再行銷售有價證券處理辦法第 6 條第 1 項規定，以已發行股票或現金增資發行新股辦理股票初次上市、上櫃前之承銷案件（櫃（市）轉市（櫃）案件除外）及已上市、上櫃公司辦理現金增資全數提出承銷案件，如未採詢價圈購辦理承銷者，應以競價拍賣為之。但公營事業、依臺灣證券交易所股份有限公司「有價證券上市審查準則」第 6 條、第 6 條之 1 或財團法人中華民國證券櫃檯買賣中心「參與公共建設之民間機構申請股票上櫃之補充規定」及其他法令規定申請股票初次上市、上櫃者不在此限。

而依同條第 2 項之規定，轉換公司債、附認股權公司債承銷案件及依證券交易法第 22 條第 3 項規定辦理之公開招募案件（以下簡稱公開招募案件）得以競價拍賣為之。

二、詢價圈購

㈠**意義**

所謂詢價圈購，係指主辦承銷商與發行人議定承銷價格可能範圍，並辦理公告後，再與發行公司一同舉辦說明會，受理投資人遞交圈購單，藉之知悉投資人之認購意向後。主辦承銷商再與發行人議定承銷價格後，並得投資人承諾認購後，由承銷商辦理分配❼❼。此種制度之發行成本最低，承銷商就價格訂定與股票配售時有較大之裁量權限，故較受歡迎，並因此成為世界各國採用最廣之承銷方式❼❽。

㈡**適用範圍**

依承銷或再行銷售有價證券處理辦法第 21 條規定，以已發行股票或現金

---

❼❺　賴英照，股市遊戲規則——最新證券交易法解析，第 306 頁。
❼❻　賴英照，股市遊戲規則——最新證券交易法解析，第 306 頁。
❼❼　賴英照，股市遊戲規則——最新證券交易法解析，第 306 頁。
❼❽　賴英照，股市遊戲規則——最新證券交易法解析，第 306 頁。

增資發行新股辦理股票初次上市、上櫃前之承銷案件,如未採競價拍賣辦理承銷者,應同時以詢價圈購及公開申購配售方式辦理承銷,並應依第21條之1之規定辦理。但公營事業、依臺灣證券交易所股份有限公司「有價證券上市審查準則」第6條、第6條之1或財團法人中華民國證券櫃檯買賣中心「參與公共建設之民間機構申請股票上櫃之補充規定」及其他法令規定申請股票初次上市、上櫃者不在此限。

且依同辦法第22條第1項之規定,下列承銷案件,得以對外公開銷售部分全數辦理詢價圈購或部分詢價圈購部分公開申購配售方式辦理:一、(刪除)二、募集公司債及金融債券。三、募集臺灣存託憑證。四、公開招募案件。

三、 公開申購配售

(一)意義

所謂公開申購配售,係指承銷商與發行人議定承銷價格後,將承銷相關事項對外公告之。有意認購之投資人,則填妥申購書後(因公告於報紙上,申購書可從報紙剪下)並將之寄到承銷商處,當申購數量少於銷售數量時,投資人即成為認購人,未認購部分得由承銷商洽特定人認購之,亦得由證券商認購之。然而,申購數量少於銷售數量時,則以公開抽籤方式決定之。此種證券承銷方式,乃為我國實務最早採用之方式,從1962年5月起至1995年5月止❼⑨,在期間上亦屬最長❽⓪。不過此種承銷方式有其多數缺點,例如借用人頭戶參加抽籤或折價等問題❽①。而從民國86年11月起,申購之方式改變了,而改成投資人須先在證券商開戶,然後向證券商投件申請申購股票❽②。

(二)適用範圍

---

❼⑨ 於1980年代以後,一度我國股票狂飆,股市上萬點,買股票號稱全民運動,一開始公開發行之股票而由證券商承銷時,許多投資人即瘋狂投入,並且到處借用他人之身分證而加入申購之行列。

❽⓪ 參閱賴英照,股市遊戲規則——最新證券交易法解析,第305頁。

❽① 賴英照,股市遊戲規則——最新證券交易法解析,第305頁。

❽② 賴英照,股市遊戲規則——最新證券交易法解析,第305頁。

　　依承銷或再行銷售有價證券處理辦法第52條之規定，下列承銷案件應以公開申購配售方式辦理：

　　一、非依第6條第2項、第22條、第22條之1第2款及第3款、第31條規定辦理及已上市、上櫃公司辦理現金增資非全數提出承銷之承銷案件，對外公開銷售部分應全數以公開申購配售者。

　　二、依第7條規定對外公開銷售部分採部分競價拍賣辦理之承銷案件，其餘數應以公開申購配售者。

　　三、依第21條、第22條規定對外公開銷售部分採部分詢價圈購辦理之承銷案件，其餘數應以公開申購配售者。

　　四、依第31條第1項規定採部分洽商銷售辦理之承銷案件，其餘數應以公開申購配售者。

　　五、公營事業及依其他法令規定辦理初次上市、上櫃對外公開銷售未依第6條採競價拍賣或依第21條採詢價圈購辦理承銷者。

　　六、公營事業及依臺灣證券交易所股份有限公司「有價證券上市審查準則」第6條、第6條之1或財團法人中華民國證券櫃檯買賣中心「參與公共建設之民間機構申請股票上櫃之補充規定」，辦理股票初次上市、上櫃採全數公開申購配售之承銷案件，其過額配售部分，未採洽商銷售方式辦理者，應採公開申購配售者。

四、洽商銷售

　　承銷或再行銷售有價證券處理辦法第31條第1項規定：「募集普通公司債、金融債券、不動產資產信託受益證券、受託機構公開招募受益證券或特殊目的公司公開招募資產基礎證券及附認股權公司債之承銷案件得全數或部分採洽商銷售方式辦理，並依第三十條規定訂定承銷價格。」第2項：「發行認購（售）權證之承銷案件應全數採洽商銷售方式辦理。」第3項：「公營事業之公開招募承銷案件，如係採全民釋股者，得全數或部分採洽商銷售方式辦理，其配售方式由該公營事業主管機關與證券承銷商共同議定。」第4項：「普通股股票辦理股票初次上市、上櫃採競價拍賣方式之承銷案件，如有辦

理過額配售，該過額配售部分，應採洽商銷售方式辦理，並依第十六條、第十七條或第十七條之一之規定訂定承銷價格。」第 5 項：「公營事業及依證交所『有價證券上市審查準則』第六條、第六條之一或櫃檯買賣中心『參與公共建設之民間機構申請股票上櫃之補充規定』，辦理股票初次上市、上櫃採全數公開申購配售之承銷案件，如有辦理過額配售，該過額配售部分，得採洽商銷售方式辦理，其承銷價格應與公開申購部分一致。」

第六項　承銷價格決定之方式

一、承銷價格訂定之方式

　　經由證券商管理規則第 28 條之授權❽，證券商同業公會便制定了中華民國證券商業同業公會證券商承銷或再行銷售有價證券處理辦法，而依該辦法第 4 條之規定，承銷價格決定方式，可分為三，其分別為(1)競價拍賣；(2)詢價圈購；(3)承銷商與發行公司、發行機構或有價證券持有人議定❽。

　　所謂發行機構，係指受託機構或特殊目的公司，其接受創始機構信託或讓與金融資產，並以該資產為基礎發行受益證券或資產基礎證券或受託機構接受委託人移轉不動產或不動產相關權利，並向不特定人募集不動產資產信託受益證券❽。

---

❽　參閱證券商管理規則第 28 條第 1 項：「證券商承銷或再行銷售有價證券，應依證券商同業公會所訂定之處理辦法處理之。」中華民國證券商業同業公會證券商承銷或再行銷售有價證券處理辦法第 1 條：「本辦法依證券商管理規則第二十八條之規定訂定之。」

❽　中華民國證券商業同業公會證券商承銷或再行銷售有價證券處理辦法第 4 條第 1 項：「證券承銷商辦理有價證券之承銷，其承銷價格以左列方式之一為之：一、競價拍賣。二、詢價圈購。三、與發行公司、發行機構或有價證券持有人議定。」賴英照，股市遊戲規則——最新證券交易法解析，第 307 頁。

❽　中華民國證券商業同業公會證券商承銷或再行銷售有價證券處理辦法第 4 條第 3 項：「本辦法所稱發行機構，係指以下列行為發行受益證券或資產基礎證券之機構：一、受託機構或特殊目的公司，其接受創始機構信託或讓與金融資產，並以

二、承銷價格訂定方式為承銷公告事項

證券商管理規則第24條第1項規定:「證券商承銷有價證券,應辦理承銷公告,並應登載於當地之日報。其公告事項,應包括承銷價格訂定方式及其依據之說明、證券商評估報告總結意見及公開說明書之取閱地點及方法。」

第2項規定:「前項承銷價格訂定方式如係由證券承銷商與發行公司或有價證券持有人議定者,其公告事項除依前項規定辦理外,並應包括據以訂定承銷證券銷售價格之財務性資料及會計師對財務資料之查核簽證意見;且該據以訂定承銷證券銷售價格之財務性資料在計算每股獲利能力時,應充分反映發行股數增加之稀釋效果;對不同來源或期間之資料,其計算基礎並應一致。」

第七項　公開說明書之交付

證券交易法第79條規定:「證券承銷商出售其所承銷之有價證券,應依第三十一條第一項之規定,代理發行人交付公開說明書。」違反此公開說明書交付義務者,則依證券交易法第178條第1項第2款之規定,處新臺幣二十四萬元以上二百四十萬元以下罰鍰。且依第178條第2項之規定,主管機關除依前項規定處罰鍰外,並應令其限期辦理;屆期仍不辦理者,得繼續限期令其辦理,並按次各處新臺幣四十八萬元以上四百八十萬元以下罰鍰,至辦理為止。

不過,證券交易法第31條第2項所規定,違反交付公開說明書義務者,對於善意之相對人因而所受之損害應負賠償責任之規定,於證券承銷商未交付公開說明書時,是否適用之,則有爭議❽。若從文義解釋觀之,似乎應採否定之見解。

該資產為基礎發行受益證券或資產基礎證券。二、受託機構接受委託人移轉不動產或不動產相關權利,並向不特定人募集不動產資產信託受益證券。」

❽ 賴英照,股市遊戲規則——最新證券交易法解析,第311頁。

第八項　自己取得證券之限制──承銷期間內

為了防止證券承銷商利用其地位，圖謀私利，影響證券交易秩序，並落實有價證券之公開發行，因而證券交易法便於第74條明文規定，證券承銷商除依第71條規定外，於承銷期間內，不得為自己取得所包銷或代銷之有價證券。換言之，我國證券交易法原則禁止證券承銷商自己取得所包銷或代銷之有價證券。例外的是，若依證券交易法第71條之規定，則證券商仍可取得有價證券。至於，就此例外證券商可取得自己承銷之有價證券之情形，則依證券交易法第75條之規定：「證券承銷商出售依第七十一條規定所取得之有價證券，其辦法由主管機關定之。」依證券商管理規則第27條第1項：「證券商依本法第七十一條第二項前段先行認購之有價證券，應於承銷契約所訂定承銷期間內再行銷售。」

證券商管理規則第27條第2項亦規定：「證券商辦理前項再行銷售之公告，準用第二十四條之規定。」依第3項：「證券商辦理第一項之再行銷售，未能全數銷售者，其賸餘數額之有價證券，應依本法第七十五條之規定出售。」

第九項　包銷之總金額限制

一、一般包銷

證券交易法第81條第1項規定：「證券承銷商包銷有價證券者，其包銷之總金額，不得超過其流動資產減流動負債後餘額之一定倍數；其標準由主管機關以命令定之。」而證券商管理規則第22條第1項規定：「證券商包銷有價證券者，其包銷之總金額，不得超過其流動資產減流動負債後餘額之十五倍。其中證券商國外分支機構包銷有價證券之總金額，不得超過其流動資產減流動負債後餘額之五倍。」然而，第2項規定：「證券商自有資本適足比率低於百分之一百二十者，前項包銷有價證券總金額倍數得調整為十倍，其國外分支機構包銷總金額倍數得調整為三倍；低於百分之一百者，包銷有價證券總金額倍數得調整為五倍，且其國外分支機構不得包銷有價證券。」

二、共同承銷之包銷

證券交易法第 81 條第 2 項規定：「共同承銷者，每一證券承銷商包銷總金額之計算，依前項之規定。」

第十項　承銷商之利益迴避

證券承銷商一方面評估有價證券發行之可能性，一方面與發行人議定承銷價格，因而亦有利益迴避原則之適用[87]。證券商管理規則第 26 條則明定，證券承銷商與發行公司間，有下列八種情事之一者，不得為該公司發行有價證券之主辦承銷商：

一、任何一方與其持股超過百分之五十之被投資公司，合計持有對方股份總額百分之十以上者。

二、任何一方與其持股超過百分之五十之被投資公司派任於對方之董事，超過對方董事總席次半數者。

三、任何一方董事長或總經理與對方之董事長或總經理為同一人，或具有配偶、二親等以內親屬關係者。

四、任何一方股份總額百分之二十以上之股份為相同之股東持有者。

五、任何一方董事或監察人與對方之董事或監察人半數以上相同者。其計算方式係包括該等人員之配偶、子女及具二親等以內之親屬關係者在內。

六、任何一方與其關係人總計持有他方已發行股份總額百分之五十以上者。但證券承銷商為金融機構或金融控股公司之證券子公司時，如其本身、母公司及其母公司之全部子公司總計持有發行公司股份未逾發行公司已發行股份總額百分之十，且擔任發行公司董事或監察人席次分別未逾三分之一者，不在此限。

七、雙方依相關法令規定，應申請結合者或已經行政院公平交易委員會准予結合者。

八、其他法令規定或事實證明任何一方直接或間接控制他方之人事、財

---

[87]　賴英照，股市遊戲規則──最新證券交易法解析，第 310 頁。

務或業務經營者。

第十一項　初次公開發行新制

　　金管會於民國 93 年 7 月 29 日召開「提升證券發行市場品質專案小組會議」，研議承銷制度之改進措施，並經證券商同業公會之配合修正相關規則，針對初次上市或上櫃之證券承銷度，亦即所謂初次公開發行（Initial Public Offering，簡稱 IPO）加以修正，完成「承銷制度改革方案」，並配合修訂相關規定，於民國 94 年 1 月 1 日起實施初次公開發行新制❽❽，而此 IPO 新制之重要內容如下，茲分列如下說明之❽❾：

一、初次上市（櫃）之股票承銷——新股承銷

　　初次上市（或上櫃）案件之股票承銷，除公營事業、獎勵民間參與國家重大建設事業 (BOT) 及過額配售股份外，均應以發行新股方式為之❾⓿，而藉此承銷所獲得之價款，發行公司可獲得資金❾❶。

二、承銷價格訂定合理化

　　於主管機關民國 93 年 12 月 6 日廢止股票承銷價格訂定使用財務資料注意事項以前❾❷，承銷價格之訂定，乃係以該注意事項為參考依據。而於該注意事項廢止後，承銷價格回歸市場機制，由推薦證券商評估相關之財務資料及其他因素後，與發行公司議定之❾❸。例如中華民國證券商業同業公會證券商承銷或再行銷售有價證券處理辦法第 6 條第 1 項規定：以已發行股票或現

---

❽❽　金管會民國 93 年 12 月 6 日金管證一字第 0930005848 號令。

❽❾　賴源河，證券法規，第 142 頁；賴英照，股市遊戲規則——最新證券交易法解析，第 307 頁。

❾⓿　賴英照，股市遊戲規則——最新證券交易法解析，第 307 頁。

❾❶　李開遠，證券管理法規新論，第 169 頁；賴源河，證券法規，第 143 頁。

❾❷　參閱金管會民國 93 年 12 月 6 日金管證一字第 0930005849 號令。

❾❸　賴源河，證券法規，第 143 頁；曾宛如，證券交易法原理，第 315 頁。

金增資發行新股辦理股票初次上市、上櫃前之承銷案件及已上市、上櫃公司辦理現金增資全數提出承銷案件，如未採詢價圈購辦理承銷者，應以競價拍賣為之。但公營事業、依證交所「有價證券上市審查準則」第6條、第6條之1或櫃檯買賣中心「參與公共建設之民間機構申請股票上櫃之補充規定」及其他法令規定申請股票初次上市、上櫃者不在此限。而同辦法第8條第1項規定：「主辦承銷商為辦理競價拍賣之承銷，應先行辦理左列事項，並應將所約定之內容由各主、協辦承銷商及發行人簽名或蓋章後向本公會申報：……二、與發行人議定最低承銷價格。……」且同辦法第30條第2項規定：「初次上市、上櫃前之承銷案件應參考詢價圈購狀況、一個月內之興櫃市場價格及主、協辦承銷商之研究報告訂定承銷價格，並應提出合理說明；若承銷價格與訂價日前一營業日之興櫃價格差距達百分之五十時，應具體說明訂價之理由。」

此外，對於初次上市（或上櫃）案件，取消掛牌後5個營業日之漲幅限制[94]。

三、價格穩定措施

就價格穩定措施部分，乃以中華民國證券商業同業公會承銷商辦理初次上市（櫃）案件承銷作業應行注意事項要點為主要依據[95]。依該要點第2條之規定，除上櫃轉上市案件及其他法令另有規定者外，承銷商輔導發行公司以普通股辦理初次上市（櫃）案件，應於向臺灣證券交易所或櫃檯買賣中心申請初次上市（櫃）前與發行公司簽訂協議。而其協議之重要內容為：㈠過額配售：應委託證券商辦理公開承銷股數之百分之十五之額度，提供已發行普通股股票供主辦承銷商辦理過額配售；惟主辦承銷商得依市場需求決定過額配售數量。㈡特定股東閉鎖期：主辦承銷商應要求發行公司協助取得該公司之董事、監察人、持股達百分之十之股東等之配偶及其二親等親屬、該公司經理人本人及其配偶及其二親等親屬及其他股東，就其所持有之已發行普

---

[94] 賴英照，股市遊戲規則——最新證券交易法解析，第307頁。

[95] 曾宛如，證券交易法原理，第316頁。

通股股票，於掛牌日起一定期間（不得少於三個月，長於六個月）內，自願
送存臺灣證券集中保管股份有限公司集保並不得賣出之承諾。㈢除息或除權
辦理之禁止：如辦理過額配售者，於辦理承銷期間至掛牌後五個交易日內執
行穩定價格操作期間，發行公司不得辦理除息或除權⑯。

第三節　證券自營商

一、自營商之意義

　　經營有價證券之自行買賣及其他經主管機關核准之相關業務者，為證券
自營商（參照證券交易法第 15 條及第 16 條）。所謂自行買賣者，係指為自己
計算，亦即自負盈虧，而在證券交易市場買賣有價證券。證券自營商與一般
投資人之參與證券，在參與方式之最大不同點，乃是證券自營商之自己本身
得參與集中交易市場或店頭市場下之直接交易行為，亦即自為出賣人或買受
人，而無須透過證券經紀商為之。但是一般投資人不得親自參與集中交易市
場或店頭市場下之直接交易行為，而須透過證券經紀商為之⑰。

二、自營商之設置功能

　　自營商 (Floor Trader) 之設置功能為何，我國證券交易法中並無明文之規
範。然而，證券商管理規則第 30 條規定：「證券商經營自行買賣有價證券業
務或出售承銷所取得之有價證券，應視市場情況有效調節市場之供求關係，
並注意勿損及公正價格之形成及其營運之健全性。」此外，臺灣證券交易所股
份有限公司營業細則第 99 條第 3 項規定：「本公司對證券自營商買賣證券有
影響正常市況之虞時，得報請主管機關限制其對一部或全部證券之買賣數量
或價格。」因而，學說上認為，自營商設置之目的乃在於使其發揮調節功能，
協助維持市場之穩定⑱。

---

⑯　參閱賴英照，股市遊戲規則——最新證券交易法解析，第 308 頁。

⑰　參閱賴英照，股市遊戲規則——最新證券交易法解析，第 265 頁。

三、證券自營商之地位

證券交易法第 83 條:「證券自營商得為公司股份之認股人或公司債之應募人。」因而,證券自營商亦可於承銷商承銷有價證券時,認購有價證券。不過,若是證券自營商有兼營證券承銷者,依證券交易法第 84 條之規定:「證券自營商由證券承銷商兼營者,應受第七十四條規定之限制。」因而,證券交易法第 74 條之承銷商禁止自己取得其所承銷之有價證券規定,於此亦適用之❾❽。

四、買賣損失準備之提列

證券商管理規則第 11 條:「證券商經營自行買賣有價證券業務者,其自行買賣有價證券利益額超過損失額時,應按月就超過部分提列百分之十,作為買賣損失準備。前項之買賣損失準備,除彌補買賣損失額超過買賣利益額之差額外,不得使用之。第一項之買賣損失準備累積已達新臺幣二億元者,得免繼續提列。」

五、證券自營商持有他公司股份總數之限制

證券商管理規則第 19 條:「證券商除由金融機構兼營者依相關法令規定外,其經營自行買賣有價證券業務者,持有任一公司股份之總額不得超過該公司已發行股份總額之百分之十;其持有任一公司所發行有價證券之成本總額,並不得超過其資本淨值之百分之二十;持有櫃檯買賣第二類股票之成本總額不得超過其資本淨值之百分之十。但本會另有規定者,不在此限。證券商因承銷取得有價證券,與自行買賣部分併計超過前項限額者,其超過部分,應於取得後一年內,依本法第七十五條之規定出售。」本規定所稱「證券商除由金融機構兼營者依相關法令規定外……」,應係指銀行法第 74 條、第 74 條之 1 及財政部頒布之行政命令而言❿❾。

---

❾❽　參閱賴英照,股市遊戲規則——最新證券交易法解析,第 266 頁。

❾❾　賴源河,證券法規,第 144 頁。

六、證券自營商持有外國公司股份總數及外國公司所發行有價證券之成本總額之限制

證券商管理規則第 19 條之 1 第 1 項:「證券商經營自行買賣外國有價證券業務者,其持有之外國有價證券部位及衍生性金融商品避險交易支出之總額及其計算方式,由本會定之。」

證券商管理規則第 19 條第 1 項:「……二、持有任一外國公司股份之總額,不得超過該公司已發行股份總額之百分之五;其持有任一外國公司所發行有價證券之成本總額,不得超過前項總額之百分之十。」

七、證券自營商之任務

證券商管理規則第 30 條:「證券商經營自行買賣有價證券業務或出售承銷所取得之有價證券,應視市場情況有效調節市場之供求關係,並注意勿損及公正價格之形成及其營運之健全性。」

八、證券自營商從事交易市場零股買賣及店頭交易之義務

證券商管理規則第 31 條:「證券商在集中交易市場經營自行買賣有價證券業務,應依證券交易所之協調,至少負責一種上市股票未達一個成交單位之應買應賣。證券商在營業處所經營自行買賣有價證券業務,應依證券櫃檯買賣中心之協調,至少負責一種有價證券之應買應賣。證券商在營業處所經營自行買賣有價證券業務,對所持有之有價證券,於持有期間,並應對該有價證券提供賣出之報價。證券商經營自行買賣有價證券業務,應訂定買賣政策及相關處理程序,除本會另有規定外,買賣時應依據分析報告擬訂買賣決策後執行,作成紀錄,及定期提出檢討報告,並應建立控管機制,規範變更買賣決策之處理程序。前項之書面資料,應按時序記載並建檔保存,其保存期限不得少於五年。」

---

⑩ 賴英照,股市遊戲規則——最新證券交易法解析,第 312 頁;財政部民國 86 年 9 月 10 日臺財融字第 86641276 號函。

九、證券商自行買賣外國有價證券及從事外國衍生性金融商品避險交易之管制

　　㈠外國有價證券範圍、外國衍生性金融商品種類之決定：證券商管理規則第 31 條之 1：「證券商自行買賣外國有價證券及從事外國衍生性金融商品避險交易，其外國有價證券範圍、外國衍生性金融商品種類、外國交易市場及交易當地之國家主權評等，由本會定之。」

　　㈡專責單位之設置與處理程序之訂定：證券商管理規則第 31 條之 2 第 1 項：「證券商自行買賣外國有價證券及從事外國衍生性金融商品避險交易，應設置專責單位並訂定處理程序，經董事會通過後實施，修正時亦同。」

　　㈢特定交易行為之禁止：證券商管理規則第 31 條之 3 第 1 項：「證券商自行買賣外國有價證券及從事外國衍生性金融商品避險交易，不得有下列情事：一、從事信用交易。二、與海外關係企業進行買賣或交易。但委託其買賣或交易者，不在此限。」

　　㈣資本適足比率之維持：證券商管理規則第 31 條之 4：「證券商自行買賣外國有價證券及從事外國衍生性金融商品避險交易，如其自有資本適足比率連續三個月低於本會規定者，除自有資本適足比率已改善外，僅得出售或結清其持有部位，不得再行買賣或交易。」就自有資本適足比率之問題，金管會民國 96 年 12 月 17 日金管證二字第 09600690792 號函令中，規定證券商自行買賣外國有價證券及從事外國衍生性金融商品避險交易，如其自有資本適足比率連續三個月低於百分之二百者，僅得出售或結清其持有部位，不得再行買賣或交易。

十、證券商自行買賣範圍之限制

　　證券商管理規則第 32 條第 1 項：「證券商在集中交易市場自行買賣有價證券，除法令另有規定外，不得申報賣出其未持有之有價證券。」第 2 項：「金融機構兼營之證券商，其以自有資金與信託資金在同一日內作同一有價證券之相反自行買賣者，應依銀行法第一百零八條規定辦理，並報經本會備查。」

十一、利益衝突之防堵——自行買賣與受託買賣之區隔

　　為了防範證券商之經紀部門與自營部門資訊流通，進而侵害投資人之利益，除了證券交易法第 46 條規定，兼營證券自營商及證券經紀商者，應於每次買賣時，以書面文件區別其為自行買賣或代客買賣外。主管機關並於證券商管理規則中，對於證券商從事自行買賣及受託買賣時，明定若干區隔此兩種買賣之管理規範[101]。例如：

　　㈠帳戶之區隔：證券商管理規則第 43 條：「證券商在集中交易市場自行及受託買賣有價證券，應分別設立帳戶辦理申報與交割，申報後不得相互變更。」

　　㈡受託買賣之資訊利用之禁止：證券商管理規則第 44 條：「證券商於受託買賣時，不得利用受託買賣之資訊，對同一之買賣為相反之自行買賣。但因經營在其營業處所買賣有價證券業務，依其報價應賣，並同時申報買進者，不在此限。」

第四節　證券經紀商

一、證券經紀商之意義

　　經營有價證券之有價證券買賣之行紀、居間、代理及其他經主管機關核准之相關業務者，為證券經紀商（參照證券交易法第 15 條及第 16 條）。無論是集中市場或店頭市場之證券交易，只有證券經紀商或證券自營商方得為買賣之主體。因而，非證券自營商之投資人（無論是自然人或法人）僅得委託證券經紀商代為買賣有價證券，而此以為證券經紀商最重要之業務[102]。

　　為了確保投資人之權益，民國 77 年 5 月開放受理新的證券商設立時[103]，

---

[101]　賴英照，股市遊戲規則——最新證券交易法解析，第 315 頁以下。

[102]　參閱賴英照，股市遊戲規則——最新證券交易法解析，第 266 頁。

[103]　在實務上，我國政府基於臺灣證券市場規模較小，為了預防惡性競爭，自民國 62 年起便停止新證券商之設立，直到民國 77 年 5 月方重新開放新證券設立之申請。

我國於證券商管理規則第 37 條第 1 項第 17 款、第 18 款及第 40 條等規定中，禁止證券商為客戶保管款項或有價證券[104]，並須於一定期間送交集保公司保管之[105]。學者認為，上述之規範，乃為對證券商之風險嚴格控管中，所採取之最重要措施[106]。然而，因時代之改變，為了提升國內證券商之競爭力及符合投資人之實際需求[107]，民國 95 年 1 月證券交易法修正時，於證券交易法第 60 條第 1 項增列第 5 款，允許證券商經主管機關核准，得為「因證券業務受客戶委託保管及運用其款項」之業務。證券交易法經此修訂後，經主管機關核准後，證券商得為客戶保管款項及運用之，證券商藉此得大幅擴展其資金來源，此亦被稱為證券業務之一大突破[108]。

而依證券商管理規則第 39 條規定：「證券商受託買賣有價證券，其結算及交割方法，應依證券交易所營業細則或證券櫃檯買賣中心證券商營業處所買賣有價證券業務規則之規定辦理。」

二、受託契約

㈠受託契約之性質

證券交易法第 158 條第 1 項規定：「證券經紀商接受於有價證券集中交易

參閱賴英照，股市遊戲規則——最新證券交易法解析，第 268 頁。

[104] 參閱證券商管理規則第 37 條第 1 項：「證券商經營證券業務，除法令另有規定外，不得有下列行為：……十七、挪用屬於客戶所有或因業務關係而暫時留存於證券商之有價證券或款項。十八、代客戶保管有價證券、款項、印鑑或存摺。……。」

[105] 證券商管理規則第 40 條第 1 項：「證券商受託買賣有價證券，對於客戶存放之有價證券不得自行保管，應於當日送存證券集中保管事業集中保管。但臺北市、縣以外之證券商得延至次一營業日送存。」

[106] 參閱賴英照，股市遊戲規則——最新證券交易法解析，第 283 頁。

[107] 參閱民國 95 年 1 月 11 日證券交易法第 60 條第 1 項第 5 款之增訂理由：「鑑於國外法令規定多准許證券商受客戶委託保管其買賣有價證券後剩餘款項，俾轉投資貨幣市場基金或債券型基金，為提升國內證券商競爭力，及符合投資人實際需求，增列第五款規定。」

[108] 賴英照，股市遊戲規則——最新證券交易法解析，第 285 頁。

市場為買賣之受託契約，應依證券交易所所訂受託契約準則訂定之。」經紀商與委託人所簽訂之買賣受託契約類型為何，學說上有不同之見解：

1.**行紀契約**：依民法第 576 條規定：「稱行紀者，謂以自己之名義，為他人之計算，為動產之買賣或其他商業上之交易，而受報酬之營業。」因而，所謂行紀契約者，係指委託人與行紀人約定，由行紀人以自己之名義為委託人計算，為動產之買賣或其他商業上之交易，並受有報酬之契約。通說認為，證券商受託為有價證券之買賣，乃為此處所指之行紀契約[109]。

2.**具有行紀性質之特種委任契約[110]。**

(二)適當性原則建立

所謂適當性原則，係指證券商應充分注意客戶之實際狀況，並使客戶為適當的投資[111]。證券商管理規則第 34 條、第 35 條及第 36 條即為該原則之具體規範。以下試分別列舉之：

1.**客戶資料之建立**：依證券商管理規則第 34 條第 1 項規定，證券商受託買賣有價證券，對客戶應建立之資料有六項，其分別是：

(1)姓名、住所及通訊處所。

(2)職業及年齡。

(3)資產之狀況。

(4)投資經驗。

(5)開戶原因。

(6)其他必要之事項。

2.**客戶資料保密之義務**：依證券商管理規則第 34 條第 2 項之規定，證券

---

[109] 參閱邱聰智，新訂民法債編各論(中)，第 347 頁；最高法院 85 年度臺上字第 895 號判決、最高法院 86 年度臺上字第 2662 號判決、最高法院 90 年度臺上字第 746 號判決。

[110] 陳春山，證券交易法論，第 196 頁。

[111] 賴英照，股市遊戲規則——最新證券交易法解析，第 315 頁；詹庭禎，有價證券交易適當性之探討，2005 年 8 月，第 667 頁以下；林國全，證券交易法研究，第 155 頁。

商對客戶之資料，除應依法令所為之查詢外，應予保密。

　　3.**客戶投資能力之評估**：證券商管理規則第 35 條：「證券商受託買賣有價證券，應依據前條之資料及往來狀況評估客戶投資能力；客戶之委託經評估其信用狀況如有逾越其投資能力，除提供適當之擔保者外，得拒絕受託買賣。」

　　4.**有價證券之推介**：證券商管理規則第 36 條第 1 項：「證券經紀商推介客戶買賣有價證券，應先評估客戶之投資能力及具備合理之資訊，並不得保證所推介有價證券之價值。」第 2 項：「證券經紀商推介客戶買賣有價證券，屬在集中交易市場受託買賣者，應依證券交易所訂定之管理辦法辦理；屬在證券商營業處所受託買賣者，應依櫃檯買賣中心訂定之管理辦法辦理，上開管理辦法應函報本會核定。」

(三)受託契約之相關規範基礎❶❷

　　1.證券交易法

　　⑴第 158 條第 1 項（受託契約準則）：「證券經紀商接受於有價證券集中交易市場為買賣之受託契約，應依證券交易所所訂受託契約準則訂定之。」第 2 項：「前項受託契約準則之主要內容，由主管機關以命令定之。」

　　⑵第 159 條（全權委託之禁止）：「證券經紀商不得接受對有價證券買賣代為決定種類、數量、價格或買入、賣出之全權委託。」

　　⑶第 160 條（委託場所之限定）：「證券經紀商不得於其本公司或分支機構以外之場所，接受有價證券買賣之委託。」

　　2.主管機關制定之命令

　　臺灣證券交易所股份有限公司證券經紀商受託契約準則。

(四)臺灣證券交易所股份有限公司營業細則第 75 條以下

三、委託人之義務

(一)給付有價證券或給付價金之義務

　　1.**一般交易**：臺灣證券交易所股份有限公司證券經紀商受託契約準則第

---

❶❷　陳春山，證券交易法論，第 206 頁以下。

12 條第 1 項:「證券經紀商接受普通交割之買賣委託,應於委辦時,或成交日後第一營業日上午十二時前,向委託人收取買進證券之價金或賣出之證券。但其委託人為境外華僑及外國人者,得延至成交日後第一營業日下午六時。」

第 2 項:「委託人為境外華僑及外國人,且於交易確認中,遇兩地假日交錯、電信中斷或天然災害等不可抗力、保管機構未收到交割指令或交割指令與成交報告不符之情況,可資證明者,經證券經紀商向本公司申報遲延交割在案,其賣出證券或買進、賣出證券價金相抵後之應付價金,得遲延至成交日後第三營業日下午六時。」

2.信用交易: 臺灣證券交易所股份有限公司證券經紀商受託契約準則第12 條第 3 項:「證券經紀商接受信用交易之買賣委託,應於成交日後第一營業日上午十二時前,向委託人依規定收取融資自備價款或融券保證金。」

㈡支付手續費之義務

證券交易法第 85 條第 1 項 (手續費費率之核定):「證券經紀商受託於證券集中交易市場,買賣有價證券,其向委託人收取手續費之費率,由證券交易所申報主管機關核定之。」第 2 項:「證券經紀商非於證券集中交易市場,受託買賣有價證券者,其手續費費率,由證券商同業公會申報主管機關核定之。」

臺灣證券交易所股份有限公司營業細則第 94 條第 1 項:「證券經紀商受託買賣成交後,須向委託人收取手續費,其費率由本公司申報主管機關核定之。」第 2 項:「證券經紀商收取證券交易手續費得按客戶成交金額自行訂定費率標準,另得訂定折讓及每筆委託最低費用,並於實施前透過『證券商申報單一窗口』申報本公司備查。證券經紀商於手續費收取後,得按一定期間(月、週等)結算,如有應退還或折減款項,應撥入至原客戶交割帳戶,並於客戶對帳單月報表及向本公司申報之月計表中載明。證券經紀商所訂手續費率逾成交金額千分之一點四二五者,應於委託前採取適當方式通知,並留存紀錄。但境外華僑及外國人得於交割前通知。」第 3 項:「證券經紀商應收之手續費,不得以一部或全部付給買賣有關之介紹人作為報酬。但依契約付給國外經當地國主管機關註冊允許經營證券業務之金融機構者,不在此限。」

集中交易市場則採分級費率制,而依臺灣證券交易所股份有限公司民國 85 年 7 月 17 日⑻臺證交字第 14457 號函:「……二、本公司證券集中交易市場證券交易手續費率, 按下列分級費率計算手續費:㈠公債、公司債、可轉換公司債及以新臺幣計價之外國債券: 1.每日每戶成交金額在新臺幣(以下同)五佰萬元(含)以下者, 按千分之一收取。 2.每日每戶成交金額超過五佰萬元至五仟萬元者, 就其超過部分, 按千分之〇‧七五收取。 3.每日每戶成交金額超過五仟萬元以上者, 就其超過部分, 按千分之〇‧五收取。……㈣除公債、公司債、可轉換公司債、外國債券外, 其他有價證券: 1.每日每戶成交金額在新臺幣(以下同)一仟萬元(含)以下者, 按千分之一‧四二五收取。 2.每日每戶成交金額超過一仟萬元至五仟萬元者, 就其超過部分, 按千分之一‧三二五收取。 3.每日每戶成交金額超過五仟萬元至一億元者, 就其超過部分, 按千分之一‧二收取。 4.每日每戶成交金額超過一億元至一億五仟萬元者, 就其超過部分, 按千分之一‧一收取。 5.每日每戶成交金額超過一億五仟萬元以上者, 就其超過部分, 按千分之一收取。」此外, 主管機關允許證券商得自行訂定對客戶折減收取手續費標準⑬。

四、經紀商之義務

㈠成交通知義務

臺灣證券交易所股份有限公司證券經紀商受託契約準則第 11 條第 1 項:「證券經紀商受託買賣, 除屬規定以專櫃競價者外, 應按委託書記載事項依序逐筆由電腦終端機輸入證券交易所電腦主機, 經接受後列印買賣申報回報單;於成交後列印成交回報單, 並即製作證券交易法第 86 條規定之買賣報告書於成交當日通知委託人。」

㈡繳付經手費、交割結算基金及違約準備金之義務

---

⑬ 財政部證券管理委員會民國 85 年 10 月 8 日⑻臺財證㈡字第 57161 號函:「主旨:證券集中交易市場手續費實施分級費率制之後, 證券商如基於業務考量, 仍有以更低之費率收取手續費者, 得自行訂定對客戶折減收取手續費標準辦理之。請查照並轉知各證券商。」

1.繳付經手費之義務

2.繳存交割結算基金之義務

臺灣證券交易所股份有限公司營業細則第 15 條規定:「證券商應俟本公司簽還使用市場契約並繳存交割結算基金後,方得參加本公司市場買賣。」從而可知,繳存交割結算基金乃為證券商參加證交所市場買賣之要件。此外,臺灣證券交易所股份有限公司營業細則第 22 條規定:「證券經紀商奉准設置國內分支機構者,於奉頒許可證並依第一百十八條規定增繳交割結算基金後,始准開業。」至於證券商應繳存交割結算基金之額度,則依證券商管理規則第 10 條辦理:

(1)經紀商繳存交割結算基金之額度:證券經紀商之繳存交割結算基金之額度,依證券商管理規則第 10 條第 1 項規定:「證券商經營在集中交易市場受託買賣有價證券業務者,依下列規定,向證券交易所繳存交割結算基金:一、開始營業前,應繳基本金額新臺幣一千五百萬元,並於開始營業後,按受託買賣有價證券成交金額一定比率,於每季終了後十日內繼續繳存至當年底,其比率由本會另訂之。二、開業次一年起,其原繳之基本金額減為新臺幣七百萬元,並逐年按前一年受託買賣上市有價證券成交金額依前揭比率併計,於每年一月底前就已繳存基金不足或多餘部分向證券交易所繳存或領回。」至於證券自營商者,則依第 2 項規定:「證券商經營在集中交易市場自行買賣有價證券業務者,於開始營業前,應一次向證券交易所繳存交割結算基金新臺幣一千萬元。」

(2)兼營證券經紀與自營業務之證券商應繳存交割結算基金之額度:若是證券商兼營證券經紀與自營業務者,則其應繳存交割結算基金之額度,則依證券商管理規則第 10 條第 3 項規定:「證券商經營在集中交易市場受託及自行買賣有價證券業務者,應按前二項併計繳存。」

(3)證券商每增設一國內分支機構應繳存交割結算基金之額度:依證券商管理規則第 10 條第 4 項規定:「證券商每增設一國內分支機構,應於開業前,向證券交易所一次繳存交割結算基金新臺幣三百萬元,但自開業次一年起,其原繳之金額減為新臺幣二百萬元。」

3.違約準備金提列之義務

　　⑴違約準備金提列之計算標準：依證券商管理規則第 12 條第 1 項規定：「證券商經營受託買賣有價證券業務者，應按月就受託買賣有價證券成交金額提列萬分之零點二八，作為違約損失準備。」

　　⑵違約準備金使用之限制：依證券商管理規則第 12 條第 2 項規定：「前項違約損失準備，除彌補受託買賣有價證券違約所發生損失或本會核准者外，不得使用之。」

　　⑶違約準備金提列之免除：依證券商管理規則第 12 條第 3 項規定：「第一項之違約損失準備累積已達新臺幣二億元者，免繼續提列。」

㈢報告書及對帳單之編製與交付義務

　　證券交易法第 86 條第 1 項規定：「證券經紀商受託買賣有價證券，除應於成交時作成買賣報告書交付委託人，並應於每月底編製對帳單分送各委託人。」第 2 項規定：「前項報告書及對帳單之記載事項，由主管機關以命令定之。」[114]證券主管機關制訂有證券經紀商受託買賣有價證券製作委託書買賣報告書及對帳單應行記載事項準則以為規範。

㈣委託書之備置義務

　　證券交易法第 87 條第 1 項規定：「證券經紀商應備置有價證券購買及出售之委託書，以供委託人使用。」且第 2 項規定：「前項委託書之記載事項，由主管機關以命令定之。」例如證券經紀商受託買賣有價證券製作委託書買賣報告書及對帳單應行記載事項準則第 4 條規定，委託書應記載委託人姓名、帳號、委託日期時間、證券種類、股數或面額、限價、有效期間、推介、營業員簽章、委託人簽章、委託方式（電話、電報、書面、當面委託）、保管方式（領回證券、集中保管）。並應附註下列各款事項：

一、（刪除）。

二、未填明「有效期限」者視為當日有效。

三、委託方式應予標明。

---

[114]　此外，臺灣證券交易所股份有限公司證券經紀商受託契約準則第 9 條並明文規定：「證券經紀商應於每月底編製對帳單，於次月十日前分送委託人查對。」

四、書面或電報委託者應粘附函電。

五、買入證券一律集中保管，如欲領回證券者，應另填具存卷領回申請書。

㈤書件之保存義務

證券交易法第 88 條規定：「第八十六條第一項及第八十七條第一項之書件，應保存於證券經紀商之營業處所。」書件保存之期限，依財團法人中華民國證券櫃檯買賣中心櫃檯買賣證券商帳表憑證保存年限表：1.已成交委託書：5 年；2.買賣報告書：5 年。而依臺灣證券交易所股份有限公司營業細則第 75 條第 1 項第 10 款之規定：1.未成交之委託書：一週後自行銷毀；2.成交委託書：5 年。此外，依財團法人中華民國證券櫃檯買賣中心證券商營業處所買賣有價證券業務規則第 62 條第 4 項之規定，未成交之委託書無爭議者，一週後自行銷毀。

㈥結算與交割方法

證券商管理規則第 39 條：「證券商受託買賣有價證券，其結算及交割方法，應依證券交易所營業細則或證券櫃檯買賣中心證券商營業處所買賣有價證券業務規則之規定辦理。」❶❶❺

第五節　綜合證券商

依證券交易法第 45 條第 1 項但書規定，經主管機關核准者，證券商得兼營他種證券業務或與其有關之業務。因而，如本書前文所述，縱使我國證券交易法之條文中並無綜合證券商之相關用語，學者或有認為綜合經紀商，亦指有價證券承銷、自營及經紀業務均經營者，亦有認為經營兩種以上不同證券業務者，即為綜合經紀商。

---

❶❶❺　有關集中交易市場之結算與交割，請參閱臺灣證券交易所股份有限公司營業細則第 101 條以下。例如結算期之計算：臺灣證券交易所股份有限公司營業細則第 103 條第 1 項規定：「本公司市場買賣成交之有價證券，以同一營業日成交者為一結算期。」

就證券商之經營業務而言，我國證券交易法本採單一能力原則，亦即證券商只能經營承銷、自營或經紀業務中之一種，不得兼營兩種以上之業務。亦即證券交易法第44條第1項原有之條文為:「證券商應依第十六條之規定，分別依其種類經營證券業務，不得經營其本身以外之業務。」不過，為使證券商能從事國際競爭，證券交易法於民國77年1月修正時，引進了綜合證券商制度，於證券交易法第45條增訂但書之規定:「但經主管機關核准者，得兼營他種證券業務或與其有關之業務。」⑯因而，兼營上述三種業務者為綜合證券商。此外，民國89年7月證券交易法修正時，又開放證券商之經營業務範圍，我國並於證券交易法第60條規定，經主管機關核准者，得為有價證券買賣之融資或融券或有價證券買賣融資融券之代理業務。又如前所述，我國證券商之設置採許可主義，而依證券商設置標準第2條之規定，證券商種類依證券交易法及證券商設置標準之規定分別核定，並於許可證照載明之；未經核定並載明於許可證照者，不得經營之。

但是，如果係金融機構兼營證券業務者，上述綜合證券商之經營模式並不適用之，而是受到較嚴格之限制。依證券商設置標準第14條之規定，金融機構兼營證券業務，除自行買賣政府債券或本標準發布前已許可兼營者外，以兼營下列各款之一為限:

一、有價證券之承銷。

二、有價證券之自行買賣。

三、有價證券買賣之行紀或居間。

四、有價證券之承銷及自行買賣。

五、有價證券之自行買賣及在其營業處所受託買賣。

此外，為防止證券商兼營多種業務所生之問題，我國分別於證券交易法第46條⑰、證券商管理規則第7條⑱、第43條⑲、第44條⑳及第45條㉑

---

⑯　參閱劉連煜，新證券交易法實例研習，第236頁。

⑰　證券交易法第46條（自行買賣或代客買賣區別之註明）:「證券商依前條第一項但書之規定，兼營證券自營商及證券經紀商者，應於每次買賣時，以書面文件區別其為自行買賣或代客買賣。」

等規範證券商，以避免證券商從事自營業務及行紀業務時，侵害投資人之權益，尤其欲避免高價買入時或低價賣出時歸於客戶，相反的低價購入或高價售出時則歸於證券商本身⓲。

⓲ 證券商管理規則第 7 條：「證券商經營二種以上證券業務者，應按其經營證券業務種類獨立作業。」

⓲ 證券商管理規則第 43 條：「證券商在集中交易市場自行及受託買賣有價證券，應分別設立帳戶辦理申報與交割，申報後不得相互變更。」

⓲ 證券商管理規則第 44 條：「證券商於受託買賣時，不得利用受託買賣之資訊，對同一之買賣為相反之自行買賣。但因經營在其營業處所買賣有價證券業務，依其報價應賣，並同時申報買進者，不在此限。」

⓲ 證券商管理規則第 45 條：「證券商因辦理證券業務，獲悉重大影響上市或在證券商營業處所買賣之股票價格消息時，在該消息未公開前，不得買賣該股票或提供該消息給客戶或他人。」

⓲ 於實務上，為了達到上述之防弊目標，證券商受託買賣有價證券而於電腦輸入買賣報價時，須同時輸入客戶之帳戶號碼。請參閱賴英照，股市遊戲規則——最新證券交易法解析，第 268 頁。

附 錄

附錄一　證券商數目

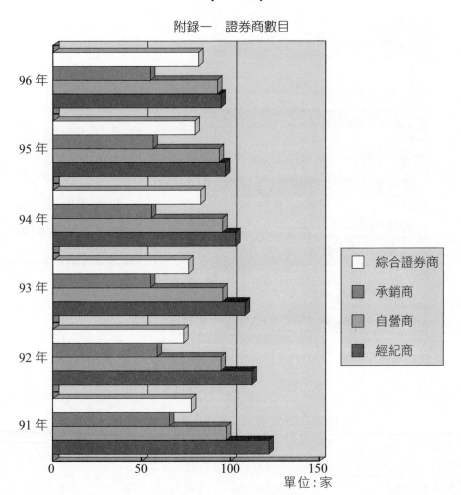

單位：家

附錄二　證券商（增減表）

年度\家數	91	92	93	94	95	96
綜合證券商	79	74	77	83	80	82
承銷商	66	59	57	56	57	55
自營商	97	95	96	96	94	93
經紀商	125	114	108	103	97	95

註：綜合證券商：指兼營經紀、自營或承銷三種業務的當中兩種以上（含兩種）而言。

資料來源：行政院金融監督管理委員會證期局的證券統計資料及中華民國證券商業同業公會的公會年報

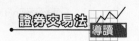

附錄三　綜合證券商（集中市場）

95 年

94 年

93 年

92 年

91 年

0　　10　　20　　30　　40　　50

單位：家

- □ 承銷商+自營商
- ▨ 承銷商+經紀商
- ▨ 自營商+經紀商
- ■ 承銷商+自營商+
　經紀商

附錄四　綜合證券商（集中市場）（增減表）

	91 年	92 年	93 年	94 年	95 年
承銷商 + 自營商	3	3	3	3	6
承銷商 + 經紀商	16	14	13	15	9
自營商 + 經紀商	2	2	2	2	2
承銷商 + 自營商 + 經紀商	47	42	41	41	38

資料來源：中華民國證券商業同業公會的公會年報

附錄五　綜合證券商（店頭市場）

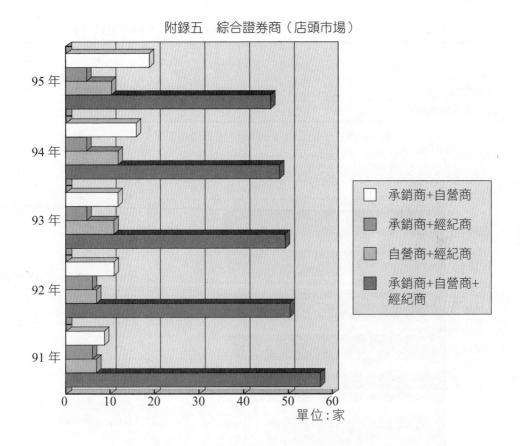

單位：家

附錄六　綜合證券商（店頭市場）（增減表）

	91 年	92 年	93 年	94 年	95 年
承銷商＋自營商	9	11	12	16	19
承銷商＋經紀商	6	6	5	5	5
自營商＋經紀商	7	7	11	12	10
承銷商＋自營商＋經紀商	57	50	49	48	46

資料來源：中華民國證券商業同業公會的公會年報

215

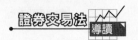
證券交易法 導讀

附錄七　證券商受主管機關同意從事其他業務經營的家數（增減表）

家數	91 年	92 年	93 年	94 年	95 年
融資融券	44	43	41	48	95
買賣外國有價證券	29	32	31	31	39

資料來源：中華民國證券商業同業公會的公會年報

附錄八　證券商之資本總額

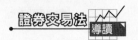

資本總額

單位：億元

附錄九　證券商之資本總額（增減表）

年度	91	92	93	94	95	96
資本總額（單位：億元）	9081.53	9880.93	10843	11720.14	12663.65	11228.78

資料來源：行政院金融監督管理委員會證期局的證券統計資料

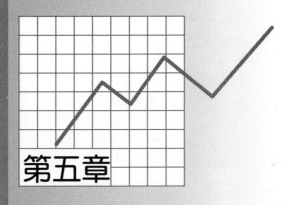

第五章

證券商同業公會與
其他證券相關服務
機構

第一節　證券商同業公會

第一項　證券商同業公會之意義

　　證券商同業公會乃是以證券商為會員所組成之社團法人，並且是對於證券商從事證券商業務時有監督權限之自律機關❶。證券交易法第 89 條之規定：「證券商非加入同業公會，不得開業。」從本規定可知，證券商從事業務行為前，須先加入同業公會，此為強制規定❷。

　　我國證券商同業公會原本分為南北各有一個公會，其分別為臺北市證券商同業公會與高雄市證券商同業公會。於民國 87 年 1 月 26 日新成立中華民國證券商同業公會，並於民國 88 年 7 月 31 日合併臺北市證券商同業公會，且在民國 88 年 12 月 31 日合併高雄市證券商同業公會。因而，我國現存之證券商同業公會乃是中華民國證券商同業公會❸。

第二項　證券商同業公會之管理

　　針對證券商同業公會之管理，我國證券交易法第 90 條至第 91 條訂有明文。並經證券交易法第 90 條之授權，主管機關亦制定了相關行政規範作為指導與監督證券商同業公會業務等相關事項之用。而證券交易法之規範重點，可分為：章程及業務之監督、主管機關之命令權及理、監事之監督。以下便分別敘述之：

一、章程及業務之監督

　　證券交易法第 90 條規定：「證券商同業公會章程之主要內容，及其業務之指導與監督，由主管機關以命令定之。」主管機關便依此授權訂立證券商同

---

❶　賴英照，股市遊戲規則──最新證券交易法解析，第 316 頁。

❷　陳春山，證券交易法論，第 289 頁。

❸　賴源河，證券法規，第 161 頁。

業公會業務管理規則，來作為指導及監督證券商同業公會之依據。

二、主管機關之命令權

證券交易法第 91 條規定：「主管機關為保障有價證券買賣之公正，或保護投資人，必要時得命令證券商同業公會變更其章程、規則、決議或提供參考、報告之資料，或為其他一定之行為。」

三、理、監事之監督

證券交易法第 92 條規定：「證券商同業公會之理事、監事有違反法令怠於實施該會章程、規則，濫用職權，或違背誠實信用原則之行為者，主管機關得予糾正，或命令證券商同業公會予以解任。」

第二節　證券投資信託事業

第一項　證券投資信託事業之意義

依證券投資信託及顧問法第 3 條第 1 項及第 2 項之規定，所謂證券投資信託事業，係指經主管機關許可，以經營證券投資信託為業之機構。而證券投資信託，係指向不特定人募集證券投資信託基金發行受益憑證，或向特定人私募證券投資信託基金交付受益憑證，從事於有價證券、證券相關商品或其他經主管機關核准項目之投資或交易。我國之所以將投資或交易並列，其主要原因乃是我國將期貨買賣視為交易，而不將之視為投資。因而，證券投資信託之標的，亦可能包括期貨❹。

從事證券投資信託事業之組織，依證券投資信託及顧問法第 67 條第 1 項之規定，以股份有限公司為限，亦即為證券投資信託股份有限公司（一般稱之為投信）。因而就學理而言，所謂證券投資信託，乃指證券投資信託公司以發行受益憑證，公開向大眾募集資金，進而集合所募集之眾人資金透過經理

❹　曾宛如，證券交易法原理，第 324 頁。

人（具有專業知識及經驗之人）進行證券投資管理之公司。此種將募集之資金運用專業知識而投資於有價證券，而使投資人經由基金受益憑證來取得投資收益之權利之公司，即為證券投資信託公司（又稱之為基金經理公司）❺。

證券投資信託及顧問法第25條第1項規定：「證券投資信託契約載有受益人得請求買回受益憑證之約定者，除主管機關另有規定外，受益人得以書面或其他約定方式請求證券投資信託事業買回受益憑證，證券投資信託事業不得拒絕；對買回價金之給付不得遲延。」因而，投資人購買受益憑證後，可要求證券投資信託公司依資產淨值購回，或將之在交易市場出售而變現❻。

實務上，投資人除了可以一次投入資金購買受益憑證外，亦可採定期定額方式購買受益憑證。換言之，投資人得依其財務計畫採取一次大額資金投入，或採小額資金投入而以定期定額方式長期投資。採定期定額之長期投資之方式投入資金，乃具有分散風險之功能。此亦符合學理上所稱，證券投資信託事業是基於分散風險原則，集合公眾投資人資金之精神❼。綜上所述，投資人透過證券投資信託公司參與有價證券投資，其有三大特色，分別是：㈠適宜小投資者之投資；㈡藉由專家管理與經營；㈢可以分散風險。我國於民國72年公布證券投資信託事業管理規則而至民國80年前，所成立之證券投資信託公司有國際、光華、建弘及中華投信等四家❽。

此外，證券投資信託及顧問法第3條第2項規定：「本法所稱證券投資信託事業，指經主管機關許可，以經營證券投資信託為業之機構。」因而可知，證券投資信託公司之設立係採許可主義。

第二項　證券投資信託事業之管理

證券交易法第18條第1項規定：「經營證券金融事業、證券集中保管事業或其他證券服務事業，應經主管機關之核准。」及第2項規定：「前項事業

❺　參閱李開遠，證券管理法規新論，第440頁；陳春山，證券交易法論，第219頁。
❻　參閱余雪明，證券交易法，第676頁。
❼　參閱余雪明，證券交易法，第676頁。
❽　余雪明，證券交易法，第692頁。

之設立條件、申請核准之程序、財務、業務與管理及其他應遵行事項之規則，由主管機關定之。」而立法院於民國93年6月11日通過證券投資信託及顧問法作為管理證券投資信託公司之依據。此外，證券投資信託及顧問法第1條規定：「為健全證券投資信託及顧問業務之經營與發展，增進資產管理服務市場之整合管理，並保障投資，特制定本法；本法未規定者，適用證券交易法之規定。」因而，證券投資信託及顧問法為證券交易法之特別規定，應可被認定。

依證券投資信託及顧問法第3條第3項及第4項之規定，證券投資信託事業經營之業務種類，應報請主管機關核准。而證券投資信託事業經營之業務種類如下：

一、證券投資信託業務。

二、全權委託投資業務。

三、其他經主管機關核准之有關業務。

現行證券投資信託及顧問法乃於民國93年通過，於第2條明定：「本法所稱主管機關，為財政部證券暨期貨管理委員會。」不過，自金融監督管理委員會成立後，原財政部證券暨期貨管理委員會之相關業務已移轉於金融監督管理委員會管轄。因而，現狀之證券投資信託及顧問法之主管機關，應為金融監督管理委員會。

證券投資信託及顧問法第7條第1項規定：「證券投資信託事業、證券投資顧問事業、基金保管機構、全權委託保管機構及其董事、監察人、經理人或受僱人，應依本法、本法授權訂定之命令及契約之規定，以善良管理人之注意義務及忠實義務，本誠實信用原則執行業務。」第2項又規定：「前項事業、機構或人員對於受益人或客戶個人資料、往來交易資料及其他相關資料，除其他法律或主管機關另有規定外，應保守秘密。」是以我國對於證券投資信託事業要求善良管理人之注意義務、忠實義務及保密義務，若是違反上述之義務者，則依同條第3項之規定，就證券投資信託基金受益人或契約之相對人因而所受之損害，應負賠償之責。忠實義務 (fiduciary duty) 乃是引進英美法之產物，而英美法對忠實義務內容之標準十分嚴苛，負有義務者需十分謹

慎❾。

第三節　證券投資顧問事業

第一項　證券投資顧問事業之意義

依證券投資信託及顧問法第 4 條第 1 項及第 2 項之規定，證券投資顧問事業，係指經主管機關許可，以經營證券投資顧問為業之機構。所謂證券投資顧問，則指直接或間接自委任人或第三人取得報酬，對有價證券、證券相關商品或其他經主管機關核准項目之投資或交易有關事項，提供分析意見或推介建議。

與從事證券投資信託事業一樣，證券投資顧問事業之組織，依證券投資信託及顧問法第 67 條第 1 項之規定，亦以股份有限公司為限，其乃為證券投資顧問股份有限公司（簡稱投顧）。因而，所謂證券投資顧問公司，係指提供有價證券分析、證券相關商品投資意見或推介之公司。

第二項　證券投資顧問事業之管理

依證券投資信託及顧問法第 4 條第 4 項之規定，證券投資顧問事業經營之業務種類，應報請主管機關核准。同條第 3 項規定，證券投資顧問事業經營之業務種類如下：

一、證券投資顧問業務。

二、全權委託投資業務。

三、其他經主管機關核准之有關業務。

從上述之業務範圍可知，證券投資顧問事業對於投資大眾之權益亦有相當之影響。因而，證券投資顧問事業亦受證券交易法等相關法規之規範。基本規定，乃是證券交易法第 18 條第 1 項規定：「經營證券金融事業、證券集中保管事業或其他證券服務事業，應經主管機關之核准。」及第 2 項規定：「前

---

❾　曾宛如，證券交易法原理，第 327 頁。

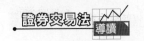

項事業之設立條件、申請核准之程序、財務、業務與管理及其他應遵行事項之規則,由主管機關定之。」此外,證券投資信託及顧問法第 4 條第 2 項規定:「本法所稱證券投資顧問事業,指經主管機關許可,以經營證券投資顧問為業之機構。」因而,證券投資顧問公司如同證券投資信託公司之設立,亦採許可主義。

第四節　證券集中保管事業

第一項　證券集中保管事業之意義

依證券集中保管事業管理規則第 2 條第 1 項規定,證券集中保管事業,指經營有價證券之保管、帳簿劃撥及無實體有價證券登錄之事業。而同規則第 4 條又規定:「證券集中保管事業以股份有限公司組織為限,其實收資本額不得少於新臺幣五億元,發起人並應於發起時一次認足之。」經營證券集中保管事業者,限於股份有限公司組織,並採發起設立方式成立公司,實收資本額由發起人一次認足。因而,所謂證券集中保管公司乃指經營有價證券之保管、帳簿劃撥及無實體有價證券登錄事業之公司。

證券集中保管事業之發展過程如下:

一、民國 78 年 10 月 17 日──臺灣證券集中保管股份有限公司設立

我國證券集中保管事業公司化,乃是肇始於民國 78 年 10 月 17 日所設立,而於民國 79 年 1 月 4 日正式營運之臺灣證券集中保管股份有限公司。該公司負責處理「有價證券集中保管帳簿劃撥制度」之相關業務,服務項目包括有價證券集中保管帳簿劃撥、集中交易及櫃檯買賣市場有價證券交割、興櫃股票款券結算交割等業務。而當初臺灣證券集中保管股份有限公司於民國 78 年設立登記時,資本額定為新臺幣十億元,實收資本額為五億元,計發行普通股五千萬股,每股十元。其中臺灣證券交易所出資百分之六十,復華證

券金融公司出資百分之二十，其餘百分之二十由證券商、票券公司及金融機構等 123 法人共同出資❿。

　　民國 80 年 3 月臺灣證券集中保管股份有限公司辦理新臺幣五億元之現金增資。為了讓尚未成為臺灣證券集中保管股份有限公司股東之新證券商認股，臺灣證券交易所與復華證券金融公司便各放棄新臺幣五千萬元之新股認股權利，連同原證券商股東可認購之新臺幣一億元認股權利，合計新臺幣二億元，則該尚非公司股東之新證券商認股。經由此次現金增資後，最大股東之臺灣證券交易所持股比率為百分之五十五，第二大股東之復華證券金融公司持股比率為百分之十五，全省 200 餘家證券商及其他金融機構之持股比率則增加至百分之三十。

二、民國 94 年 7 月 29 日——行政院金融監督管理委員會決議，臺灣證券集中保管公司與臺灣票券集中保管結算公司合併

　　由於我國金融市場參與者經營型態之改變，有逐漸往跨業經營之趨勢，例如證券業及票券業者同時經營證券、債券，並且票券商品之交易量能亦逐年增加，因而行政院金融監督管理委員會為兼顧市場參與者之方便、並避免資源重複投資，以及順應國際主要證券市場後臺整合之趨勢，因而於民國 94年 7 月 29 日決議推動臺灣證券集中保管公司與臺灣票券集中保管結算公司之合併，並以臺灣證券集中保管公司為存續公司，期待透過整合結算交割保管平臺，能夠有效降低投資成本，提高經營效率，擴大服務範圍，並促進市場發展等整合綜效。此合併目標於民國 95 年 3 月 27 日正式達成，而合併完成，並改名為臺灣集中保管結算所股份有限公司⓫。而為此合併案，於民國95 年 3 月臺灣證券集中保管公司與臺灣票券集中保管結算公司合併辦理合

---

❿　資料來源，臺灣集中保管結算所股份有限公司網頁：http://www.tdcc.com.tw/tc_01profile.htm，檢索日期：2007 年 11 月 23 日。

⓫　資料來源，臺灣集中保管結算所股份有限公司網頁：http://www.tdcc.com.tw/tc_01profile.htm，檢索日期：2007 年 11 月 23 日。

併增資新臺幣二億三千零三十一萬八千三百二十元，發行新股二千三百零三萬一千八百三十二股❷。

第二項　證券集中保管事業之管理

　　經營證券集中保管事業，依證券交易法第 18 條第 1 項之規定，應經主管機關之核准。且依同條第 2 項之規定，證券集中保管事業之設立條件、申請核准之程序、財務、業務與管理及其他應遵行事項之規則，由主管機關定之。因而，主管機關便依第 2 項之授權而制定證券集中保管事業管理規則。

　　且依證券交易法第 43 條第 2 項：「證券集中保管事業保管之有價證券，其買賣之交割，得以帳簿劃撥方式為之；其作業辦法，由主管機關定之。」主管機關便依第 2 項及證券投資信託及顧問法第 34 條之授權而制定有價證券集中保管帳簿劃撥作業辦法。

　　而就參加人之意義，則分別規定於證券集中保管事業管理規則第 2 條第 2 項之規定：「本規則所稱參加人，指於證券集中保管事業開設帳戶送存證券並辦理帳簿劃撥之人。」及有價證券集中保管帳簿劃撥作業辦法第 3 條第 1 項規定：「證券交易所、證券櫃檯買賣中心（以下簡稱櫃檯中心）、證券商及證券金融事業辦理前條有價證券買賣之集中交割，應以帳簿劃撥方式為之。」同條第 2 項規定：「為辦理前項帳簿劃撥，證券交易所、櫃檯中心、證券商及證券金融事業應於保管事業開設保管劃撥帳戶，成為參加人。」

　　依證券集中保管事業管理規則第 5 條之規定，證券集中保管事業經營下列業務：

一、有價證券之保管。

二、有價證券買賣交割或設質交付之帳簿劃撥。

三、有價證券帳簿劃撥事務之電腦處理。

四、有價證券帳簿劃撥配發作業之處理。

五、有價證券無實體發行之登錄。

---

❷　資料來源，臺灣集中保管結算所股份有限公司網頁：http://www.tdcc.com.tw/tc_01profile.htm，檢索日期：2007 年 11 月 23 日。

六、其他經本會核准之有關業務。

第五節　證券金融事業——信用交易

第一項　證券金融事業之意義

依證券金融事業管理規則第 2 條規定，所謂證券金融事業，指依證券金融事業管理規則規定予證券投資人、證券商或其他證券金融事業融通資金或證券之事業。而所謂融通資金或證券，依據證券金融事業管理規則第 5 條第 1 項第 1 款之規定，有價證券買賣之融資融券屬於證券金融事業經營業務之一，亦即一般所稱之融資、融券。投資人以融資或融券買賣有價證券之方式，即為通稱之信用交易❸。而所謂融資者，乃指投資人預期某家公司股票之股價會上漲，如先買進該股票，俟股價上漲後而再行賣出，則會獲利。因而，為了增加其所持有之股票總數，乃向融資機構借錢買股票❹。至於融券者，乃指投資人預期某家公司股票之股價會下跌，如先賣出該股票，俟股價下跌後再回補，則會獲利。因而，為了增加其出售之股票總數，乃向融券機構借股票出售❺。且依證券金融事業管理規則第 6 條第 1 項之規定，證券金融事業辦理有價證券買賣融資融券之對象，以在證券商開戶買賣證券之委託人（以下簡稱委託人）為限。從本規定可知，欲融資買股票或融券賣股票者，乃限於已在證券商開戶買賣證券之委託人。並且依同規則第 7 條第 1 項之規定，證券金融事業辦理有價證券買賣融資融券，應與委託人簽訂融資融券契約，並開立信用帳戶。

此外，依據證券金融事業管理規則第 3 條之規定，經營證券金融事業，應經主管機關之核准。由此可知，證券金融事業之設立，乃採核准制，並且

---

❸ 陳春山，證券交易法論，第 265 頁；賴英照，股市遊戲規則——最新證券交易法解析，第 85 頁。

❹ 賴英照，股市遊戲規則——最新證券交易法解析，第 85 頁。

❺ 賴英照，股市遊戲規則——最新證券交易法解析，第 86 頁。

依同規則第 4 條之規定，其並以股份有限公司組織為限，而其實收資本額不得少於新臺幣四十億元。

我國證券金融業務，乃於民國 63 年由臺灣銀行、土地銀行與交通銀行開始辦理。當時所依據之規範乃為**授信機關辦理融資融券業務暫行辦法**，而其營業範圍僅限於辦理融資業務，融券業務則不得辦理。民國 68 年 7 月 18 日基於證券交易法第 18 條第 2 項及銀行法第 139 條第 3 項授權下之**證券金融事業管理規則**被頒布了，第一家證券金融公司——復華證券金融股份有限公司於民國 69 年 2 月成立，並於同年 4 月 21 日開始營業，取代臺灣銀行、土地銀行與交通銀行等三家銀行辦理證券融資業務，並且於同年 7 月 21 日開始辦理融券業務[16]。不過，臺灣銀行、土地銀行與交通銀行仍可對其原有客戶繼續辦理融資業務[17]。復華證券金融股份有限公司辦理證券金融事業時，一開始仍需透過證券商，亦產生一些問題。就復華證券金融股份有限公司而言，其無法掌握客戶之資料，例如信用資料，卻須直接承擔風險；而就證券商而言，其受託辦理信用交易授信手續，純為服務性質，無手續費之收入，因無利潤故無意願積極配合信用交易之運作。因而，自民國 79 年起，開放證券商一同辦理，形成所謂之雙軌制[18]。

於民國 88 年 1 月 1 日，政府開放上櫃股票辦理信用交易業務。而民國 89 年 9 月 27 日行政院頒布**證券商辦理有價證券買賣融資融券管理辦法**，開放證券商辦理信用交易業務。此外，主管機關於民國 92 年 12 月頒布**證券金融事業申請設立及核發營業執照審核要點**，開放證券金融事業之新設[19]。至民國 94 年 10 月底，共有 4 家金融證券金融事業（復華、環華、富邦及安泰等 4 家證券金融公司）及 37 家證券商辦理信用交易業務[20]。

---

[16] 吳光明，證券交易法論，第 161 頁；陳春山，證券交易法論，第 267 頁；賴英照，股市遊戲規則——最新證券交易法解析，第 89 頁。

[17] 賴英照，股市遊戲規則——最新證券交易法解析，第 89 頁。

[18] 吳光明，證券交易法論，第 161 頁及第 162 頁；曾宛如，證券交易法原理，第 337 頁及第 338 頁。

[19] 賴英照，股市遊戲規則——最新證券交易法解析，第 90 頁。

第二項　證券金融事業之管理

　　與證券集中保管事業一樣，依證券交易法第 18 條第 1 項之規定，經營證券金融事業者亦應經主管機關之核准。且依同條第 2 項之規定，金融事業設立相關事項及財務、業務與管理等應遵行事項，由主管機關定之。因而，主管機關依此授權制定證券金融事業管理規則。而依據證券金融事業管理規則第 5 條第 1 項之規定，證券金融事業經營下列業務：

一、有價證券買賣之融資融券。

二、對證券商或其他證券金融事業之轉融通。

三、現金增資及承銷認股之融資（以下簡稱認股融資）。

四、對證券商辦理承銷之融資（以下簡稱承銷融資）。

五、有價證券交割款項之融資。

六、有價證券之借貸。

七、其他經主管機關核准之有關業務。

---

❷⓿　賴英照，股市遊戲規則──最新證券交易法解析，第 90 頁。

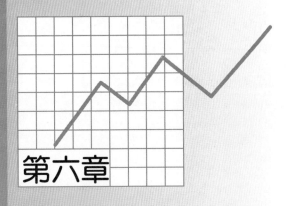

第六章

證券交易市場之
管理

第一節　證券交易所

第一項　證券交易所之意義

證券交易法第 11 條規定：「本法所稱證券交易所，謂依本法之規定，設置場所及設備，以供給有價證券集中交易市場為目的之法人。」依此規定可知，所謂證券交易所（或簡稱為證交所）係指依證券交易法之規定，設置場所及設備，以供給有價證券集中交易市場為目的之法人❶。此處所指之有價證券集中交易市場，依證券交易法第 12 條之規定，乃指證券交易所為供有價證券之競價買賣所開設之市場。而所謂集中交易市場，亦即為一般所稱上市之交易市場，也就是提供上市公司有價證券交易之市場。在證券市場實務上，證券交易所亦為傳統認知下之唯一證券市場❷。然而，在我國現行法制上，與證券交易所並存之組織性交易市場，尚有在櫃檯買賣中心體制下之櫃檯買賣市場，亦即為所謂之店頭市場。

證券交易所之設立，既以供給有價證券集中交易市場為目的，因而在此目的以外之業務是否得為之，即生疑義。對此，證券交易法第 98 條則明文加以限制，該規定明確指出，證券交易所以經營供給有價證券集中交易市場為其業務，非經主管機關核准，不得經營其他業務或對其他事業投資。

我國目前所成立之證券交易所只有一家，亦即為臺灣證券交易所股份有限公司，一般稱之為臺灣證券交易所或是更精簡的稱之為證券交易所，或是證交所。我國證券交易所體制之所以一開始採取公司制而不採會員制之主要理由，乃是公司制證券交易所之股票得以上市，將有利於資金之募集。不過，於證券交易法立法之時並不將證券交易所視為營利組織，並於證券交易法第 127 條限制證券交易所之股票上市❸，並於第 128 條第 1 項限制受讓股票之

❶ 賴英照，股市遊戲規則——最新證券交易法解析，第 225 頁；陳春山，證券交易法論，第 305 頁。

❷ 廖大穎，證券交易法導論，第 322 頁。

股東資格❹。若就股東觀之，證券交易所仍有相當比例之公營事業持有其股份❺。因而，雖然證券交易所為股份有限公司，如依公司法第 1 條之精神，名義上應為營利法人，但實質上已受政府機關影響甚深，學說上或有認為證券交易所已成為政策執行機關，其常常在執行行政主管機關之政策。因而，實質上，證券交易所已非公司法規定下所稱之營利法人❻。

第二項 證券交易所之功能

如前所述，證券交易所乃為設置場所及設備，以供給有價證券集中交易市場為目的之法人。而就證券交易所之功能而言，學理上將之分為三個部分，其分別為立法功能、監督功能與維持交易秩序功能等❼，以下便分別敘述之：

一、立法功能

就證券法制而言，證券交易所乃被歸於自律機關之一環中，我國於證券交易法亦有明文授權或規定證券交易所法應（或得）制訂相關規範。例如證券交易法第 140 條規定：「證券交易所應訂定有價證券上市審查準則及上市契約準則，申請主管機關核定之。」基於此授權及要求，臺灣證券交易所股份有限公司便制定了臺灣證券交易所股份有限公司有價證券上市審查準則、臺灣證券交易所股份有限公司有價證券上市契約準則等。又證券交易法第 158 條第 1 項規定：「證券經紀商接受於有價證券集中交易市場為買賣之受託契約，

---

❸ 證券交易法第 127 條：「公司制證券交易所發行之股票，不得於自己或他人開設之有價證券集中交易市場上市交易。」

❹ 證券交易法第 128 條第 1 項：「公司制證券交易所不得發行無記名股票；其股份轉讓之對象，以依本法許可設立之證券商為限。」

❺ 公營事業持有證券交易所股份者，乃包括臺銀、中信局、臺電、中油、臺糖及國有財產局。至 2005 年年底止，上述公營事業共持有證券交易所之股份共計百分之二十二‧四八。上述之數據轉引自賴英照教授所引用之資料，詳細說明請參閱氏著，股市遊戲規則——最新證券交易法解析，第 251 頁。

❻ 賴英照，股市遊戲規則——最新證券交易法解析，第 251 頁。

❼ 參閱賴源河，證券法規，第 173 頁。

應依證券交易所所訂受託契約準則訂定之。」第 2 項規定:「前項受託契約準則之主要內容,由主管機關以命令定之。」臺灣證券交易所股份有限公司則頒布了臺灣證券交易所股份有限公司證券經紀商受託契約準則,以作為證券經紀商受託契約之所須。因而,證券交易所被認為有立法功能。

二、監督功能

在上市之有價證券市場中,證券交易法或是主管機關所頒布之行政命令中,可以發現證券交易所對於證券商或是上市公司有管理、監督或是處罰權限。此外,從證券交易所本身所制訂之規章中更是可見其具有監督權限。此監督權限之相關規範,茲分述如下:

㈠就證券交易法之規定而言,例如依證券交易法第 110 條第 1 項之規定,如會員制證券交易所之會員違反法令或本於法令之行政處分者等情形時,證券交易所應課以違約金並得警告或停止或限制其於有價證券集中交易市場為買賣或予以除名之。又如證券交易法第 133 條規定:「公司制證券交易所應於契約內訂明對使用其有價證券集中交易市場之證券自營商或證券經紀商有第一百一十條各款規定之情事時,應繳納違約金或停止或限制其買賣或終止契約。」

㈡而就主管機關所制訂之行政規則而言,例如證券交易所管理規則第 22 條第 2 項規定:「證券交易所為前項市場之監視,必要時得向其會員或證券經紀商、證券自營商、上市公司查詢及調閱有關資料或通知提出說明,其會員或證券經紀商,證券自營商、上市公司,不得拒絕。」或是第 23 條第 3 項規定:「會員或證券經紀商、證券自營商不能履行交付義務時,證券交易所應即為專案檢查,並督導代辦證券商接辦其交割事務。」

㈢至於證券交易所自己所制訂之規章中,例如臺灣證券交易所股份有限公司營業細則第 25 條第 1 項規定:「證券商應將所用帳簿及有關交易憑證、單據、表冊、契約,置於營業處所。」第 2 項規定:「證券交易所得派員檢查或查詢前項帳簿、交易憑證、單據、表冊、契約,證券商不得規避或拒絕;證券商並同意本公司得向財團法人金融聯合徵信中心查詢證券商於金融機構

之授信資料。」

三、維持交易秩序功能

　　證券交易法第 153 條規定:「證券交易所之會員或證券經紀商、證券自營商在證券交易所市場買賣證券，買賣一方不履行交付義務時，證券交易所應指定其他會員或證券經紀商或證券自營商代為交付。其因此所生價金差額及一切費用，證券交易所應先動用交割結算基金代償之；如有不足，再由證券交易所代為支付，均向不履行交割之一方追償之。」 ❽

---

❽　臺灣證券交易所:http://www.tse.com.tw/ch/about/company/service.php，檢索日期:2007 年 9 月 11 日。指出，其服務項目包括: 1.證券上市: 發行公司初次申請股票上市時之審議。2.交易制度: 集中交易市場之買賣即採公開競價方式，民國82年 5 月起，分階段實施「電腦自動交易」作業，並於同年 11 月將全部上市有價證券納入該系統作業。3.電腦資通安全: 臺灣證券交易重視電腦交易之資通安全機制，建置集中市場之全量備援系統。4.股市監視: 為維護證券市場交易秩序，保護證券投資人權益，臺灣證券交易所訂定「實施股市監視制度辦法」及「公布或通知注意交易資訊暨處置作業要點」。5.結算交割: 臺灣證券集中保管股份有限公司 (已於95 年 3 月 27 日與臺灣票券集中保管結算公司合併，更名: 臺灣集中保管結算所)，專責辦理「證券集中保管劃撥交割」。6.有價證券借貸制度: 臺灣證券交易所於92 年 6 月 30 日推出有價證券借貸交易，出借人與借券人得透過證券商向臺灣證券交易所申請以定價、競價或議借交易之方式進行有價證券借貸業務。7.證券市場國際化: 為加強與外國證券相關機構之資訊交換及實質交流合作，臺灣證券交易所已與外國二十多家證券交易所簽訂合作備忘錄，並加入WFE、AOSEF、ANNA 及 IOSCO 等各項國際性證券組織。8.證券商管理: 證券商之設立，依據證券交易法規定，須經主管機關之許可及發給證照，方得營業。證券商應與臺灣證券交易所簽訂使用市場契約，並繳存交割結算基金後，方得參加臺灣證券交易所集中交易市場買賣。臺灣證券交易所為維護市場秩序與交易之安全，派員赴各證券經紀商和自營商營業處所檢查其業務及財務狀況是否符合法令規定，以及進行證券商經營風險預警作業與建立信用交易風險控管資料庫，以強化對證券商之風險管理作業。9.投資人服務: 為使投資人建立正確的投資理財觀念，臺灣證券交易所運用電視、報章雜誌、海報、媒體製作刊登宣導廣告，以

第三項　證券交易所之類型

依證券交易法第 94 條規定，證券交易所之組織，分會員制❾及公司制。因而，證券交易所可以會員制或公司制之方式組成之。二者之區別如下：

表 6–1

	會員制證券交易所	公司制證券交易所
1.組織型態不同	非營利社團法人（證券交易法第 103 條）	股份有限公司（營利社團法人，公司法第 1 條、證券交易法第 124 條）
2.證券商參與經營限制不同	證券商得參與經營	證券商之董事、監察人、股東或受僱人不得為公司制證券交易所之經理人（證券交易法第 126 條第 1 項）
3.證券商與證券交易所之關係	所制定之章程、細則或其他規範為自律性質	契約性質
4.組織成員不同	證券經紀商與證券自營商	不以證券經紀商與證券自營商為限

不過，證券交易法第 125 條第 1 項將公司制證券交易所之存續期間明定為公司制證券交易所章程之應記載事項。並且，證券交易法第 125 條第 2 項則明定該存續期間，不得逾十年。但得視當地證券交易發展情形，於期滿三個月前，呈請主管機關核准延長之。而就此十年之限制所代表之意義為何，

及辦理各項宣導活動，對於投資人投訴之紛爭案件，可向「投資人服務中心」查詢。為增進及保護證券投資人權益，並成立財團法人證券投資人及期貨交易人保護中心。10.證券資訊：為使證券交易公平合理及效率化，臺灣證券交易所於「臺灣證券交易所網站」(http://www.tse.com.tw/) 公告證券市場之上市及交易等有關資訊。同時，並建置㈠「基本市況報導網站」(http://mis.tse.com.tw/)：主要功能是提供整個市場及個股的即時交易資訊。㈡「公開資訊觀測站」(http://newmops.tse.com.tw/)：主要功能是提供上市（櫃）公司自行輸入之各項財務、業務及重大資訊。㈢「網路資訊商店」(http://dataeshop.tse.com.tw/)：主要功能是提供資訊業者及一般投資大眾，於網站上訂閱並取得臺灣證券交易所所產製之「盤後資訊商品」。

❾ 證券交易所採會員制之著名證券交易所者，則例如東京交易所及紐約交易所。參閱陳春山，證券交易法論，第 307 頁。

學理上有不同之見解。多數說認為，會員制證券交易所為美日等國所採取之進步制度，公司制證券交易所乃為過渡時期之制度，於證券交易法特予之規定存續期間，以示限制❿。而臺灣證券交易所股份有限公司於民國 51 年 2 月 9 日開始營業，而應於民國 61 年 2 月 8 日屆滿十年，主管機關則同意其延長十年。於民國 71 年第二次屆滿十年時，主管機關同意其繼續延長，但是未指明延長之期限為多久。因而，縱使多數說認為公司制證券交易所為過渡時期之產物，不過公司制證券交易所歷經了四十餘年，仍是我國唯一之證券交易所。

第四項　證券交易所之設立

一、證券交易所設立方式──許可主義

證券交易法第 93 條規定：「證券交易所之設立，應於登記前先經主管機關之特許或許可；其申請程序及必要事項，由主管機關以命令定之。」因而，我國證券交易所之設立顯然係採許可主義。且經本條後段之授權，主管機關於其所頒布之證券交易所管理規則中，而就證券交易所之申請程序及必要事項加以規範❶。此外，證券交易法第 95 條第 1 項規定：「證券交易所之設置標準，由主管機關定之。」第 2 項規定：「每一證券交易所，以開設一個有價證券集中交易市場為限。」

二、證券交易所之名稱

證券交易法第 97 條之規定：「證券交易所名稱，應標明證券交易所字樣；非證券交易所，不得使用類似證券交易所之名稱。」本規定所代表之意義，乃

---

❿　賴英照，股市遊戲規則──最新證券交易法解析，第 233 頁以下；廖大穎，證券交易法導論，第 336 頁。

❶　證券交易所管理規則共有四章，有關證券交易所之設立乃規定於第二章中，該章定名為設立許可或特許，而該章規定有兩節，第一節為會員制證券交易所（第 2 條至第 10 條），第二節為公司制證券交易所（第 11 條至第 17 條）。

在於證券交易所之字樣乃為專屬的，並為確保此專屬性及禁止地下證券交易之產生，證券交易法第 175 條並規定，違反本規定時，得處二年以下有期徒刑、拘役或科或併科新臺幣一百八十萬元以下罰金。

三、保證金之繳存

依證券交易法第 99 條之規定：「證券交易所應向國庫繳存營業保證金，其金額由主管機關以命令定之。」而證券交易所管理規則第 18 條第 2 項，則明文規定，證券交易所須繳交之營業保證金為其會員出資額總額或公司實收資本額百分之五。

第五項　證券交易所之監督與管理

一、行政命令制定之授權

證券交易法第 102 條之規定：「證券交易所業務之指導、監督及其負責人與業務人員管理事項，由主管機關以命令定之。」主管機關便依此授權，頒布了證券交易所管理規則。證券交易所管理規則計有四章，第一章總則（第 1 條至第 3 條）：較重要之規範內容為業務人員之範圍（第 3 條）；第二章設立許可或特許（第 4 條至第 17 條）：此章規定會員制證券交易所之設立（第 4 條至第 10 條）及公司制證券交易所之設立等（第 11 條至第 17 條）⓬；第三章管理與監督（第 18 條至第 37 條）：此章規範證券交易所財務及業務、組織及人員等相關事項；第四章附則（第 48 條至第 49 條）：此章規定證券交易所或證券交易所之董事、監事、監察人等相關人員違反本規則之規定時，得證券交易法之規定處罰或其他懲處以及本規則之施行日。

⓬　股份有限公司之設立，依公司法第 131 條及第 132 條之規定，本有募集設立及發起設立兩種。而證券交易法第 124 條僅規定公司制證券交易所之組織以股份有限公司為限，其並未明確指出該公司之成立係採何種方式。不過，證券交易所管理規則第 11 條則明定，公司制證券交易所應為發起設立之股份有限公司。

二、證券交易所之業務範圍之監督

依證券交易法第 98 條之規定：「證券交易所以經營供給有價證券集中交易市場為其業務，非經主管機關核准，不得經營其他業務或對其他事業投資。」

三、證券交易所之特許與許可之撤銷

依證券交易法第 100 條之規定：「主管機關於特許或許可證券交易所設立後，發現其申請書或加具之文件有虛偽之記載，或有其他違反法令之行為者，得撤銷其特許或許可。」

第六項　會員制證券交易所

第一款　會員制證券交易所之意義

若從證券交易法第 103 條及第 104 條之規範觀之❸，所謂會員制證券交易所，係指以七人以上之證券自營商及證券經紀商為會員所組成之非營利目的之社團法人❹。且依證券交易法第 103 條第 1 項之規定，會員制證券交易所除依證券交易法規定外，適用民法之規定。因而，民法中有關法人總則性規定及社團法人之相關規定，於證券交易法規定外，對於會員制證券交易所亦有適用之餘地。而會員制證券交易所成立之目的，則為開設有價證券競價買賣之市場❺，亦即依證券交易法之規定，設置場所及設備，以供給有價證券集中交易市場。雖然多數相關文獻強調，會員制乃為我國證券交易所終極追求之目標。不過，目前仍只存在公司制證券交易所，會員制證券交易所尚

---

❸　證券交易法第 103 條第 1 項：「會員制證券交易所，為非以營利為目的之社團法人，除依本法規定外，適用民法之規定。」第 2 項：「前項證券交易所之會員，以證券自營商及證券經紀商為限。」第 104 條：「會員制證券交易所之會員，不得少於七人。」

❹　類似之定義，請參閱賴英照，股市遊戲規則——最新證券交易法解析，第 225 頁。

❺　陳春山，證券交易法論，第 312 頁。

未出現。

第二款　會員制證券交易所之章程應記載事項

證券交易法第 103 條明文規定會員制證券交易所為非營利社團法人,且除證券交易法有規定外,應適用民法之規定。而依民法第 47 條之規定,設立社團者,應訂定章程。雖然民法第 47 條對於章程之應記載事項有明文規定,不過證券交易法第 105 條對於章程有特別規定,因而依證券交易法第 103 條之規定,應優先適用證券交易法第 105 條之規定。而依證券交易法第 105 條之規定,會員制證券交易所其應記載之事項可臚列如下:

(1)目的。(2)名稱。(3)主事務所所在地,及其開設有價證券集中交易市場之場所。(4)關於會員資格之事項。(5)關於會員名額之事項。(6)關於會員紀律之事項。(7)關於會員出資之事項。(8)關於會員請求退會之事項。(9)關於董事、監事之事項。(10)關於會議之事項。(11)關於會員存置交割結算基金之事項。(12)關於會員經費之分擔事項。(13)關於業務之執行事項。(14)關於解散時賸餘財產之處分事項。(15)關於會計事項。(16)公告之方法。(17)關於主管機關規定之其他事項。

第三款　會員制證券交易所之會員

一、會員之資格

依證券交易法第 103 條第 2 項之規定,證券交易所之會員,以證券自營商及證券經紀商為限。而欲成為會員者,亦即得成為證券自營商或證券經紀商者,依證券交易法第 47 條、第 45 條第 2 項及第 4 條規定可知,其須為股份有限公司或非股份有限公司之金融機構❶⑥。

---

❶⑥　參閱證券交易法第 47 條:「證券商須為依法設立登記之公司。但依第四十五條第二項但書規定兼營者,不在此限。」第 4 條:「本法所稱公司,謂依公司法組織之股份有限公司。」第 45 條第 2 項:「證券商不得由他業兼營。但金融機構得經主管機關之許可,兼營證券業務。」

二、會員之義務

就證券交易法之規定觀之,會員制證券交易所之會員之義務,主要者可分為出資義務、履行未了結買賣義務、交割結算基金與交易經手費之繳付義務及經費分擔之義務等❶,茲分述如下:

㈠出資義務

證券交易法第 109 條:「會員應依章程之規定出資,其對證券交易所之責任,除依章程規定分擔經費外,以其出資額為限。」

㈡履行未了結買賣義務

證券交易法第 112 條第 1 項:「會員退會或被停止買賣時,證券交易所應依章程之規定,責令本人或指定其他會員了結其於有價證券集中交易市場所為之買賣,其本人於了結該買賣目的範圍內,視為尚未退會,或未被停止買賣。」

㈢交割結算基金與交易經手費之繳付義務

證券交易法第 108 條之規定:「會員應依章程之規定,向證券交易所繳存交割結算基金,及繳付證券交易經手費。」

㈣經費分擔之義務

由證券交易法第 105 條第 12 款之規定可知,會員之經費分擔為章程應記載事項,因而會員制證券交易所尚有經費分擔義務。

三、會員之退會

會員制證券交易所之會員退會,可分為自動退會與被動退會等兩種類型:

㈠自動退會

證券交易法第 107 條本文規定,會員得自動退會。此外,證券交易法第 105 條第 8 款將關於會員請求退會之事項列為會員制證券交易所應記載事項。從而可知,會員制證券交易所之會員得自動退會。

㈡被動退會

---

❶ 參閱賴源河,證券法規,第 183 頁。

會員制證券交易所除自動退會外，證券交易法第 107 條又規定三種退會方式，其分別為： 1.會員資格之喪失。 2.會員公司之解散或撤銷。 3.會員之除名❶。

第四款　會員制證券交易所董事、監事之選任與解任

依證券交易法第 118 條之規定：「會員制證券交易所之董事、監事或經理人，除本法有規定者外，準用公司法關於董事、監察人或經理人之規定。」以下便簡述證券交易法之相關特別規定：

一、董事、監事之選任

㈠董事、監事之人數

依證券交易法第 113 條第 1 項之規定，會員制證券交易所至少應置董事三人，監事一人，依章程之規定，由會員選任之。但董事中至少應有三分之一，監事至少應有一人就非會員之有關專家中選任之。

㈡消極資格

1.一般消極資格： 證券交易法第五十三條列舉六款不得充任證券商之董事、監察人或經理人之情事，縱使其已充任者，則應解任之，並由主管機關函請經濟部撤銷其董事、監察人或經理人登記。而此六款之情事茲列舉如下：⑴有公司法第 30 條各款情事之一者。⑵曾任法人宣告破產時之董事、監察人、經理人或其他地位相等之人，其破產終結未滿三年或調協未履行者。⑶最近三年內在金融機構有拒絕往來或喪失債信之紀錄者。⑷依證券交易法之規定，

---

❶ 而就會員除名之相關規定，請參閱證券交易法第 110 條：「會員制證券交易所對會員有左列行為之一者，應課以違約金並得警告或停止或限制其於有價證券集中交易市場為買賣或予以除名： 一、違反法令或本於法令之行政處分者。二、違反證券交易所章程、業務規則、受託契約準則或其他章則者。三、交易行為違背誠實信用，足致他人受損害者。前項規定，應於章程中訂定之。」第 111 條：「會員制證券交易所依前條之規定，對會員予以除名者，應報經主管機關核准；其經核准者，主管機關並得撤銷其證券商業務之特許。」

受罰金以上刑之宣告，執行完畢、緩刑期滿或赦免後未滿三年者。(5)違反證券交易法第 51 條之規定者。(6)受證券交易法第 56 條及第 66 條第 2 款解除職務之處分，未滿三年者。

　　2.競業禁止：依證券交易法第 115 條之規定，會員制證券交易所之董事、監事或經理人，不得為他證券交易所之董事、監事、監察人或經理人。

㈢任期

　　依證券交易法第 113 條第 2 項之規定，董事、監事之任期均為三年，連選得連任。

㈣董事長之產生

　　依證券交易法第 113 條第 3 項之規定，董事應組織董事會，由董事過半數之同意，就非會員董事中選任一人為董事長。

二、董事、監事之解任

㈠違反一般消極要件

　　證券交易法第 114 條第 1 項規定：「第五十三條之規定，於會員制證券交易所之董事、監事或經理人準用之。」第 2 項規定：「董事、監事或經理人違反前項之規定者，當然解任。」因而，董事、監事或經理人違反證券交易法第 53 條所列之事由者，則構成解任事由。

㈡不正當當選或違反法令之行為

　　證券交易法第 117 條：「主管機關發現證券交易所之董事、監事之當選有不正當之情事者，或董事、監事、經理人有違反法令、章程或本於法令之行政處分時，得通知該證券交易所令其解任。」

第五款　董事、監事或經理人之競業禁止義務

　　證券交易法第 115 條：「會員制證券交易所之董事、監事或經理人，不得為他證券交易所之董事、監事、監察人或經理人。」

第六款　保密之義務

證券交易法第 120 條：「會員制證券交易所之董事、監事及職員，對於所知有關有價證券交易之秘密，不得洩露。」

第七款　會員制交易所之解散

依證券交易法第 122 條第 1 項之規定，構成會員制證券交易所解散事由有下列五種情形：1.章程所定解散事由之發生。2.會員大會之決議。3.會員不滿七人時。4.破產。5.證券交易所設立許可之撤銷。

並且依證券交易法第 122 條第 2 項之規定，如係會員制證券交易所之會員大會決議解散者，非經主管機關核准，不生效力。

第七項　公司制之證券交易所

第一款　公司制證券交易所之概述

一、公司制證券交易所之意義

依證券交易法第 124 條之規定，公司制證券交易所之組織，以股份有限公司為限。因而，所謂公司制證券交易所，係指證券交易法之規定，設置場所及設備，以供給有價證券集中交易市場為目的之股份有限公司[19]。股份有限公司之設立方式，本可分為發起設立及募集設立兩種[20]。就公司制證券交易所而言，證券交易所管理規則第 11 條規定：「公司制證券交易所應為發起設立之股份有限公司。」因而可知，公司制之證券交易所乃採發起設立制。

---

[19] 陳春山，證券交易法論，第 316 頁。

[20] 發起設立者，參閱公司法第 131 條第 1 項：「發起人認足第一次應發行之股份時，應即按股繳足股款並選任董事及監察人。」募集設立，請參閱公司法第 132 條第 1 項：「發起人不認足第一次發行之股份時，應募足之。」

二、公司制證券交易所之股東

　　公司制證券交易所既為股份有限公司，當然其組成成員為股東。依我國現行之證券法規，證券交易所之股東可能為證券商或證券商以外之人。不過，證券交易法第128條第1項規定，證券交易所股份轉讓之對象，以依本法許可設立之證券商為限。此立法方式，則將使非證券商之股東慢慢消失無蹤，而使公司制證券交易所如同會員制證券交易所一樣，其股東成員均為證券商。本來，為了與會員制證券交易所有所區別，我國民國77年證券交易法修正前之第126條第1項乃禁止證券商或其股東或經理人擔任公司制證券交易所之董事、監察人或經理人。不過，或受到政策希望將現行公司制證券交易所改為會員制證券交易所之設計下，於民國89年證券交易法修正時，將第126條第1項改成：「證券商之董事、監察人、股東或受僱人不得為公司制證券交易所之經理人。」如此一來，證券商或其相關人員之受禁止職務只限於公司制證券交易所經理人。至於董事或監察人則不在禁止範圍內，故證券商則有可能參與證券交易所之經營。故學者謂，經由證券交易法第126條連同第128條之修正，一方面使證券商方便取得證券交易所之股權，一方面得合法擔任公司制證券交易所之董事或監察人，奠下臺灣證券交易所制度由公司制轉向會員制之法律礎石❷。

三、公司制證券交易所之資本額

　　證券交易所之最低資本額應為多少，依證券交易法第137條準用第48條之規定可知，該最低之資本額，由主管機關依其種類以命令分別定之。而依**證券交易所管理規則**第12條之規定，公司制證券交易所之最低實收資本額為新臺幣五億元。而目前我國唯一之證券交易所——臺灣證券交易所股份有限公司之實際資本額之現狀，則依臺灣證券交易所股份有限公司章程第7條規定，其資本總額定為新臺幣五十四億二千四十九萬五千五百六十元，並採全

---

❷　有關公司制證券交易所已往會員制證券交易所轉化中之相關詳盡說明，請參閱賴英照，股市遊戲規則——最新證券交易法解析，第231頁以下。

額發行方式❷。

第二款　公司制證券交易所之章程應記載事項

依證券交易法第 125 條第 1 項之規定，公司制證券交易所章程，應記載可分為三部分：一、依公司法規定。二、在交易所集中交易之經紀商或自營商之名額及資格。三、存續期間。以下則分別敘明之：

一、依公司法規定

公司法第 129 條規定，絕對必要記載事項有六項： 1.公司名稱。 2.所營事業。 3.股份總數及每股金額。 4.證券交易所所在地。 5.董事及監察人之人數及任期。 6.訂立章程之年、月、日。而公司法第 130 條規定之相對必要記載事項如下： 1.分公司之設立。 2.分次發行股份者，定於公司設立時之發行數額。 3.解散之事由。 4.特別股之種類及其權利義務。 5.發起人所得受之特別利益及受益者之姓名。

二、在交易所集中交易之經紀商或自營商之名額及資格

目前臺灣證券交易所股份有限公司章程第 31 條第 2 項將在交易所集中交易之經紀商或自營商之名額暫訂為 500 名❸。至於得於交易所集中交易之經紀商或自營商之資格者，證券交易法則已明定，在公司制證券交易所限於訂有使用有價證券集中交易市場契約之證券自營商或證券經紀商。因而，臺灣證券交易所股份有限公司章程亦遵守此原則而於該章程第 31 條第 1 項規

---

❷ 中華民國 96 年 6 月 23 日臺灣證券交易所股份有限公司臺證秘字第 0961401468 號函修正發布第 7 條條文,而臺灣證券交易所股份有限公司章程第 7 條規定:「本公司資本總額為新臺幣五十四億二千四百四十九萬五千五百六十元,分為五億四千二百四萬九千五百五十六股,每股新臺幣壹拾元,全額發行。」

❸ 參閱臺灣證券交易所股份有限公司章程第 31 條第 2 項:「前項證券經紀商與證券自營商名額暫定為五○○名。但必要時得經董事會決議調整名額,報請主管機關核准辦理。」

定，在臺灣證券交易所股份公司所開設之集中交易市場為交易者，限於與臺灣證券交易所股份有限公司訂有使用有價證券集中交易市場契約之證券自營商或證券經紀商❷。

三、存續期間

依證券交易法第 125 條第 1 項第 2 款之規定，公司制證券交易所應記載其存續期間。且依同條第 2 項規定，公司制證券交易所之存續期間，不得逾十年。但得視當地證券交易發展情形，於期滿三個月前，呈請主管機關核准延長之。從此規定觀之，則如前所述，公司制之證券交易所應被視為過渡時期之組織。而現存之臺灣證券交易所乃成立於民國 51 年 2 月，其則因主管機關之持續核准延長，故至今尚繼續存在而成為我國唯一之證券交易所。此一結果似乎與當初之設計有所出入。

第三款 公司制證券交易所股票發行限制、交易限制與禁止

一、股票發行限制——限發行記名股票

證券交易法第 128 條第 1 項前段規定，公司制證券交易所不得發行無記名股票。股份有限公司之股票本分為記名股票與無記名股票，持有前者之股票者為記名股東，而持有後者之股票者則為無記名股東❷。因而證券交易法第 128 條第 1 項前段之規定，則意味著公司制證券交易所僅能發行記名股票。而臺灣證券交易所亦貫徹此規範，並於臺灣證券交易所股份有限公司章程第

---

❷ 參閱臺灣證券交易所股份有限公司章程第 31 條第 1 項：「在本公司市場內為買賣者，以與本公司訂立供給使用有價證券集中交易市場契約之證券經紀商及證券自營商為限。」

❷ 例如公司法第 164 條：「記名股票，由股票持有人以背書轉讓之，並應將受讓人之名或名稱記載於股票。無記名股票，得以交付轉讓之。」其他相關規定，請參閱公司法第 165 條以下。

8 條明定：「證券交易所股票概用記名式，由董事長及董事二人以上簽名或蓋章，並依法簽證後發行之。」而證券交易所僅能發行記名有價證券之理由，乃是為了能有效管理公司制證券交易所之股份轉讓❷❻。

二、股份轉讓對象之限制

證券交易法第 128 條第 1 項後段規定，證券交易所股份轉讓之對象，則限於依證券交易法許可設立之證券商。立法者之所以採取公司制證券交易所之股份轉讓對象之應加以限制之政策，乃是基於公司制證券交易所為過渡時期之組織，證券交易所之理想組織應視為會員制證券交易所❷❼。此外，為了避免證券商壟斷股權，證券交易法第 128 條第 2 項規定，每一證券商得持有證券交易所股份之比率，由主管機關定之❷❽。主管機關（行政院金融監督管理委員會）於民國 96 年 6 月 5 日（金管證三字）第 0960025912 號函函釋指出：依據證券交易法第 128 條第 2 項規定，依本法許可設立之證券商投資臺灣證券交易所股份有限公司，應依下列規定辦理：

㈠每一證券商持有臺灣證券交易所股份有限公司股份之比率，以百分之五為限，下列情形不在此限，但不得再增加其持股比率：1.金融機構兼營證券商在本令發布日前已持有臺灣證券交易所股份有限公司股份之比率逾百分之五者。2.證券商或金融機構兼營證券商因合併繼受被合併公司所持有臺灣證券交易所股份有限公司股份，至持股比率逾百分之五者。

㈡證券商投資臺灣證券交易所股份有限公司之金額不得超過證券商實收資本額之百分之十，但經會計師查核簽證之最近年度或半年度財務報告所列淨值低於實收資本額者，以淨值為準。

---

❷❻ 廖大穎，證券交易法導論，第 337 頁。

❷❼ 參閱民國 89 年證券交易法第 128 條第 1 項之修正理由：「為過渡公司制證券交易所成為會員制之需要，爰修正本條明定證券交易所股票轉讓之對象以證券商為限……。」

❷❽ 參閱民國 89 年證券交易法第 128 條第 2 項之增訂理由：「……另為避免壟斷並規定每一證券商之持有證券交易所股份之比率由主管機關定之。」

㈢原財政部證券期貨管理委員會 90 年 3 月 1 日 (90) 臺財證㈢字第 000525 號公告,自即日廢止。

三、上市交易之禁止

證券交易法第 127 條規定:「公司制證券交易所發行之股票,不得於自己或他人開設之有價證券集中交易市場上市交易。」本規定禁止公司制證券交易所發行之股票於集中交易市場交易,其目的或為了維持公司制證券交易所之中立客觀立場,避免影響集中交易市場秩序與投資人信心❷。從本規定規範之文義觀之,至於店頭市場交易或私下轉讓,似乎不在禁止之列❸。

第四款　公司制證券交易所董事、監察人

一、董事與監察人之選任

㈠人數與成員

如前所述,證券交易所非為純粹營利法人,其具有公益性質❸,因而為使社會公正人士或證券投資專家能參與公司制證券交易所董事會之運作,發揮證券交易所應有之功能,證券交易法則引進非股東董事、監察人制度,授權主管機關有指派此類董事、監察人之權限❸。因而,證券交易法第 126 條第 2 項規定:「公司制證券交易所之董事、監察人至少應有三分之一,由主管機關指派非股東之有關專家任之;不適用公司法第一百九十二條第一項及第

---

❷　參閱賴英照,證券交易法逐條釋義㈢,第 160 頁。

❸　參閱余雪明,證券交易法,第 464 頁。

❸　廖大穎,證券交易法導論,第 338 頁。

❸　參閱民國 77 年證券交易法第 126 條第 2 項之增訂理由:「二、第二項新增。證券交易所為證券集中交易市場之核心,集中交易市場之建立、市場之運作以及交易秩序之維護,具有公益性質。為使社會公正人士或證券投資專家參與證券交易所董事會表達其意見,或以監察人監督公司業務之執行,以發揮證券交易所實際功能,爰參照第一百十三條會員制證券交易所選任非會員為董事之例,增訂本條第二項。」

二百十六條第一項之規定。」❸ 至於非股東董事或監察人之選任標準及辦法，依證券交易法第 126 條第 3 項之規定，授權由主管機關定之。目前依臺灣證券交易所股份有限公司章程第 18 條之規定，董事之人數明定為十五人、監察人三人，其中三分之一由主管機關指派之有關專家任之，其餘的則由股東會選任之❸。

㈡消極資格

1.依證券交易法第 137 條準用第 53 條第 1 款至第 4 款及第 6 款之規定：有下列情事之一者，不得充任證券商之董事、監察人或經理人；其已充任者，解任之，並由主管機關函請經濟部撤銷其董事、監察人或經理人登記：(1)有公司法第 30 條各款情事之一者。(2)曾任法人宣告破產時之董事、監察人、經理人或其他地位相等之人，其破產終結未滿三年或調協未履行者。(3)最近三年內在金融機構有拒絕往來或喪失債信之紀錄者。(4)依證券交易法之規定，受罰金以上刑之宣告，執行完畢、緩刑期滿或赦免後未滿三年者。(5)受證券交易法第 56 條及第 66 條第 2 款解除職務之處分，未滿三年者。

2.依證券交易法第 137 條準用第 115 條之規定：證券交易所之董事、監事或經理人，不得為他證券交易所之董事、監事、監察人或經理人。

3.依證券交易法第 126 條第 1 項之規定：證券商之董事、監察人、股東或受僱人不得為公司制證券交易所之經理人。

㈢任期

證券交易法對於公司制證券交易所董事及監察人之任期並無明文規定，

---

❸ 參閱民國 90 年 11 月 14 日證券交易法第 126 條修正立法理由：「證券交易所為證券集中交易市場之核心，其功能為建立集中交易市場之運作及交易秩序之維護，具有公益性質。應由社會公正專業人士參與或監督交易所業務之執行。但為求公正、客觀、超然，避免政治酬庸致生流弊，主管機關應訂立公益董監事之選任標準及辦法，以昭公信。」

❸ 參閱臺灣證券交易所股份有限公司章程第 18 條：「本公司設董事十五人，監察人三人，除依證券交易法規定至少應有三分之一由主管機關指派之有關專家任之外，均由股東會依法選任之。」

而依臺灣證券交易所股份有限公司章程第 19 條之規定，董事及監察人之任期均為三年，連選或續派者，均得連任。不過，依證券交易所管理規則第 17 條❸❺準用第 7 條第 1 項之規定，董事及監察人應於證券交易所收到行政院金融監督管理委員會發給許可之核准通知後，始得就任。

㈣董事長之產生

就董事長產生之方式，證券交易法對公司制證券交易所並無如同會員制證券交易所有明文規定❸❻。不過，證券交易所管理規則第 17 條❸❼準用第 7 條第 2 項規定：「董事就任後，應即依法成立董事會及選任董事長，並擬任經理人及業務人員，報請本會核准登記。」此外，臺灣證券交易所股份有限公司章程第 20 條亦規定，該公司董事長之產生方式為：「董事互推一人為董事長」。而該董事長則代表臺灣證券交易所股份有限公司。

二、董事及監察人之解任

㈠當然解任

依證券交易法第 137 條準用第 53 條第 1 款至第 4 款及第 6 款之規定，如有違反該消極資格者，縱使已充任董事或監察人者，應解任之❸❽。

㈡命令解任

依證券交易法第 137 條準用證券交易法第 117 條規定:「主管機關發現證券交易所之董事或監察人當選有不正當之情事者，或董事、監察人或經理人有違反法令、章程或本於法令之行政處分時,得通知該證券交易所令其解任。」

三、董事及監察人之競業禁止義務

依證券交易法第 137 條準用第 115 條之規定，證券交易所之董事、監事、監察人或經理人，不得為他證券交易所之董事、監事、監察人或經理人。

四、董事及監察人之保密義務

依證券交易法第 137 條準用第 120 條之規定，證券交易所之董事、監察人或職員，對於所知有關有價證券交易之秘密，不得洩露。

第五款　經理人

一、經理人之意義

所謂公司制證券交易所之經理人，參照證券交易所管理規則第 39 條第 2 項，似乎包括總經理、副總經理、協理及各業務單位之主管、副主管。因為公司制證券交易所乃為股份有限公司之組織，有關經理人之相關規範，除證券交易法有特別規定外，公司法之規定則適用之。例如關於證券商經理人之選任，公司法第 29 條規定，公司得依章程規定置經理人，其委任、解任及報酬除公司章程有較高規定者,股份有限公司應由董事會以董事過半數之出席，及出席董事過半數同意之決議行之。以下僅就證券交易法及相關有特別規定者，簡述之。

二、經理人之資格

㈠積極資格之具備

依證券交易所管理規則第 39 條第 1 項規定，證券交易所之經理人，除不得有證券交易法第 53 條所定各款之情事外，應具備下列資格之一：1.具有碩

士以上學位，曾任證券、金融機構或公民營企業業務部門之主管職務或曾在國內外獨立學院以上學校任講師以上職務一年以上者。2.大專以上學校畢業，曾任證券、金融機構或公民營企業業務部門之主管職務三年以上者。3.曾任證券、金融機構或公民營企業業務部門之主管職務五年以上者。

(二)消極資格之具備

證券交易法對於經理人之消極資格有特別規定者，則依證券交易法第137條準用第53條第1款至第4款及第6款規定，有相關之限制。符合該數款者，不得充任證券商之經理人；其已充任者，解任之，並由主管機關函請經濟部撤銷其董事、監察人或經理人登記。至於其內容則參閱本書前面有關公司制董事及監察人選任之相關說明，於此茲不贅述。

三、證券商相關人員擔任經理人之禁止

證券交易法第126條第1項規定，證券商之董事、監察人、股東或受僱人不得為公司制證券交易所之經理人。本規定之立法意旨，乃在預防證券商與證券交易所之利益衝突[39]。從另一個角度看本規定，亦可推論得知，公司制證券交易所之經理人不得擔任證券商之董事、監察人、股東或受僱人[40]。

四、經理人之競業禁止

依證券交易法第137條準用第115條之規定，公司制證券交易所之經理人，不得為他證券交易所之董事、監事、監察人或經理人。

五、經理人之保密義務

---

[39] 參閱民國89年7月19日證券交易法第126條第1項之修正立法理由：「為配合第一百二十八條之修正，證券商得購買公司制證券交易所股份，因此一投資關係，宜放寬使其得兼任證券交易所之董事、監察人，但為避免因執行業務之利害衝突，及貫徹專職經營之原則，故證券交易所之經理人仍不得兼任。爰修正第一項。」廖大穎，證券交易法導論，第341頁。

[40] 廖大穎，證券交易法導論，第341頁。

解釋上，證券交易所之經理人當然為證券交易所之職員。而證券交易法第 137 條準用證券交易法第 120 條之規定，證券交易所之職員，對於所知有關有價證券交易之秘密，不得洩露。此處之保密義務當然適用於具有職員身分之經理人 [41]。

六、經理人之命令解任

依證券交易法第 137 條準用證券交易法第 117 條規定，主管機關發現證券交易所之經理人有違反法令、章程或本於法令之行政處分時，得通知該證券交易所令其解任。

第六款　業務人員

一、業務人員之意義

何謂證券交易所之業務人員，證券交易法並無明文規定。但依證券交易法第 137 條規定準用第 123 條之規定，此處所指之業務人員似乎係指「**有價證券營業行為直接有關之業務人員**」。此外，依證券交易所管理規則第 3 條之規定，業務人員，係指為證券交易所從事下列業務之主管或人員：㈠有價證券上市之審查。㈡有價證券上市公司財務業務之查核。㈢有價證券集中交易市場之交易、監視、結算、交割及保管。㈣集中交易市場電腦作業及資訊管理。㈤本證券交易所、會員或證券經紀商、證券自營商財務業務之查核。㈥證券市場國際事務。㈦其他經金管會核准之業務。

二、業務人員之積極與消極要件

㈠**積極要件**

依證券交易法第 137 條規定準用第 123 條之規定，證券交易所僱用業務人員應具備之條件，準用第 54 條規定。因而，證券交易所之業務人員，應年滿二十歲。且依證券交易所管理規則第 40 條以下，將業務人員分為主管之業

---

[41]　廖大穎，證券交易法導論，第 341 頁。

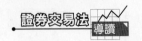

務人員、非主管之業務人員及助理業務人員三類，並分別規定其積極要件。
因而，業務人員須具備之積極要件，則依其職務不同而其應具備之要件也不
同。以下便分別歸類之。

　1.主管之業務人員

　⑴須年滿二十歲（證券交易法第 137 條規定準用第 123 條，而第 123 條
準用第 54 條）。

　⑵依證券交易所管理規則第 40 條，主管之業務人員，應具備下列資格之
一：

　A.大專以上學校畢業或高等考試或相當於高等考試以上之特種考試及
格，曾任證券、金融機構之業務部門或上市證券發行公司財務、股務部門職
務三年以上者。

　B.曾任證券、金融機構之業務部門或上市證券發行公司財務、股務部門
職務五年以上者。

　C.具有證券投資分析人員資格者。

　D.曾登記為證券商高級業務員，或已取得本會核發之證券商高級業務員
測驗合格證書者。

　E.經中華民國證券商業同業公會（以下簡稱全國證券商公會）委託財團
法人中華民國證券暨期貨市場發展基金會（以下簡稱證基會）舉辦之證券商
高級業務員測驗合格者。

　2.非主管之業務人員

　⑴須年滿二十歲（證券交易法第 137 條規定準用第 123 條，而第 123 條
準用第 54 條）。

　⑵依證券交易所管理規則第 41 條，非主管之業務人員，應具備下列資格
之一：

　A.大專以上學校畢業者。

　B.普通考試或相當於普通考試以上之特種考試及格者。

　C.曾任證券、金融機構之業務部門或上市證券發行公司財務、股務部門
職務三年以上者。

D.曾登記為證券商業務員，或已取得本會核發之證券商業務員測驗合格
證書者。

E.經全國證券商公會委託證基會舉辦之證券商業務員測驗合格者。

3.助理業務人員

⑴須年滿二十歲（證券交易法第 137 條規定準用第 123 條，而第 123 條
準用第 54 條）。

⑵依證券交易所管理規則第 42 條規定，助理業務人員，應具備下列資格
之一：

A.高中或高職以上學校畢業者。

B.低於普通考試之特種考試及格者。

㈡消極要件

依證券交易法第 137 條規定準用第 123 條之規定，證券交易所僱用業務
人員（無論是主管人員、非主管人員或是助理業務人員）❷應具備之條件，
準用第 54 條規定。因而，就消極要件而言，證券交易所僱用業務人員需無下
列各種情事之一：

1.受破產之宣告尚未復權。

2.兼任其他證券商之職務。但因投資關係，並經主管機關核准兼任被投
資證券商之董事或監察人者，不在此限。

3.曾犯詐欺、背信罪或違反工商管理法律，受有期徒刑以上刑之宣告，
執行完畢、緩刑期滿或赦免後未滿三年。

4.有證券交易法第 53 條第 2 款至第 4 款或第 6 款情事之一。

5.違反主管機關依證券交易法所發布之命令。

三、停止職務或解除職務及其他處分

依證券交易法第 137 條規定準用第 123 條之規定，證券交易所僱用業務
人員之解除職務，準用第 56 條規定。因而，業務人員有違背證券交易法或其
他有關法令之行為，足以影響證券交易所業務之正常執行者，主管機關除得

---

❷　參閱證券交易所管理規則第 40 條、第 41 條及第 42 條。

隨時命令該證券交易所停止其一年以下業務之執行或解除其職務。依證券交易所管理規則第45條之1之規定,證券交易所之經理人及業務人員就應執行之業務事項有怠於執行或未確實執行者,所屬證券交易所應予以解聘、解僱或為適當之處分。

第二節　有價證券之上市

　　證券交易所之核心任務,應為有價證券上市與有價證券買賣之相關事宜。就此核心任務,證券交易法第138條第1項規定,證券交易所除分別訂定各項準則外,應於其業務規則或營業細則中,將有關下列各款事項詳細訂定之:一、有價證券之上市。二、有價證券集中交易市場之使用。三、證券經紀商或證券自營商之買賣受託。四、市場集會之開閉與停止。五、買賣種類。六、證券自營商或證券經紀商間進行買賣有價證券之程序,及買賣契約成立之方法。七、買賣單位。八、價格升降單位及幅度。九、結算及交割日期與方法。十、買賣有價證券之委託數量、價格、撮合成交情形等交易資訊之即時揭露。十一、其他有關買賣之事項。

　　以下,便就有價證券上市之相關規範敘述如下。

第一項　有價證券上市之意義

　　所謂有價證券之上市,係指公司發行人向證券交易所申請上市,而經審查通過後,公司發行人與證券交易所間,訂立上市契約,使公司發行之有價證券得以在證券交易所之集中交易市場買賣,而證券交易所得向發行公司收取費用之法律行為[43]。

　　證券交易法學者一般認為,「上市」之用語乃源自證券交易法第139條第1項:「依本法發行之有價證券,得由發行人向證券交易所申請上市。」[44]目前「上市」一詞已被廣泛用在證券交易之場合,例如在公司之有價證券被准

---

[43]　參閱吳光明,證券交易法論,第141頁;陳春山,證券交易法論,第335頁。

[44]　廖大穎,證券交易法導論,第202頁。

許在證券交易所開設之集中交易市場掛牌交易者,該公司被稱為上市公司❹。證券交易法第141條並規定,證券交易所應與上市有價證券之公司訂立有價證券上市契約,其內容不得牴觸上市契約準則之規定,並應申報主管機關核准。此外,依證券交易法第142條之規定,發行人發行之有價證券,非於其上市契約經前條之核准,不得於證券交易所之有價證券集中交易市場為買賣。因而,有價證券上市乃為有價證券在證券交易所開設之集中交易市場買賣之要件❻。

有價證券集中交易市場,乃係以有價證券之競價買賣所開設之市場(參照證券交易法第12條),因而上市公司得在此市場買賣,其對於上市公司及參與投資之股東均有相當之利益。就上市公司之利益而言,其具有易於籌措資金、提高公司之企業評價及有利於對外招募人才及留住人才等優點。而對投資人而言,亦具有資金流通之便利性或透過融資、融券之方式而提高其信用交易方式等優點,且因證券相關法規之規範,企業之財務及資訊之透明化,投資人獲得較多之保障等優點❼。因而,公司上市已成為普遍企業經營者追求之目標。

我國目前之證券交易所,僅有公司制之臺灣證券交易所股份有限公司一家。並且依證券交易法第140條之規定:「證券交易所應訂定有價證券上市審查準則及上市契約準則,申請主管機關核定之。」因而,臺灣證券交易所股份有限公司便制定臺灣證券交易所股份有限公司有價證券上市審查準則,作為公司申請上市之審查依據。就股票上市而言,乃指公開發行公司發行人依上述準則向證券交易所申請在集中交易市場買賣其發行之股票之審核程序❽。

---

❹ 賴英照,最新證券交易法解析,第67頁。

❻ 臺灣證券交易所股份有限公司將上市交易有價證券類型分為七類: 1.股票。2.臺灣存託憑證。3.認購(售)權證。4.其他債券。5.受益憑證。6. ETF。7.受益證券。資料來源:http://www.tse.com.tw/ch/investor/faq.php,檢索日期:2008年5月20日。

❼ 余雪明,證券交易法,第495頁;陳春山,證券交易法論,第335頁;廖大穎,證券交易法導論,第203頁。

此外，公司法第 142 條規定：「發行人發行之有價證券，非於其上市契約經前條之核准，不得於證券交易所之有價證券集中交易市場為買賣。」由本規定可知，未上市公司，不得於證券集中交易市場從事交易行為。

第二項　上市之類型

雖然我國證券交易制度曾採取強制上市制度，不過此與證券市場之本旨相違背。蓋證券市場乃為籌集資金之場所，如企業不想經由證券市場籌措資金，竟被強迫上市，實為不妥。故我國現行證券交易法對於公司上市制度，乃改為尊重各公司自由決定為原則，而採取任意申請制度。例外之情形，乃是於上市公司發行新股時，方強制採強制上市（參閱證券交易法第 139 條第 2 項）**❹**。換言之，我國現行證券交易法制，公司上市之類型，又可分為自願上市（申請上市）及被動上市（強制上市與依命令上市）等，以下便分述之。

第一款　申請上市

證券交易法第 139 條第 1 項：「依本法發行之有價證券，得由發行人向證券交易所申請上市。」因而，原則上，有價證券已依證券交易法公開發行者（**已公開發行之有價證券**），得由發行人自由向證券交易所申請上市。至於尚未依證券交易法公開發行之有價證券，則依證券交易法第 42 條第 1 項規定，公司對於未依本法發行之股票（**未公開發行之股票**），擬在證券交易所上市或於證券商營業處所買賣者，應先向主管機關申請補辦證券交易法規定之有關發行審核程序。且依第 42 條第 2 項之規定，未依第 42 條第 1 項規定補辦發行審核程序之公司股票，不得為證券交易法之買賣，或為買賣該種股票之公開徵求或居間。

有價證券之上市，我國首先將之區分為本國有價證券及外國有價證券等兩種。就我國有價證券申請上市而言，除公營事業外，證券交易所只受理已

---

❹ 李開遠，證券管理法規新論，第 198 頁。

❹ 參閱賴英照，最新證券交易法解析，第 67 頁。

為興櫃股票櫃檯買賣屆滿六個月之公司❺⓪。

一、一般公司股票申請上市

依證券交易法第 139 條第 1 項規定，已依證券交易法發行之有價證券，得由發行人向證券交易所申請上市。從本規定可知，原則上，縱使已公開發行之有價證券，發行人仍得自由決定是否要申請上市。至於，尚未依證券交易法發行之有價證券，是否得申請上市？對此而言，證券交易法第 42 條第 1 項之規定：「公司對於未依本法發行之股票，擬在證券交易所上市或於證券商營業處所買賣者，應先向主管機關申請補辦本法規定之有關發行審核程序。」因而，尚未依證券交易法發行之有價證券，欲在證券交易所上市者，則需補辦有關發行審核程序（亦即公開發行程序）❺①。且依第 42 條第 2 項之規定，未依第 42 條第 1 項規定補辦發行審核程序之公司股票，不得為證券交易法之買賣，或為買賣該種股票之公開徵求或居間。

㈠一般公司股票申請上市之條件

為了規範上市公司之申請事宜，證券交易法第 140 條規定：「證券交易所應訂定有價證券上市審查準則及上市契約準則，申請主管機關核定之。」而臺灣證券交易所股份有限公司便依此授權，分別頒布了**臺灣證券交易所股份有限公司有價證券上市審查準則**（以下簡稱上市審查準則）及**臺灣證券交易所股份有限公司有價證券上市契約準則**（以下簡稱上市契約準則）。而就一般公司股票申請上市而言，其申請條件可分述如下：

1.**須已登錄為興櫃股票櫃檯買賣屆滿六個月**：上市審查準則第 2 條之 1 第 1 項之規定：「申請本國有價證券上市之發行公司，除公營事業外，均應先申請其股票登錄為興櫃股票櫃檯買賣屆滿六個月，並完成已公開發行有價證

---

❺⓪ 參閱臺灣證券交易所股份有限公司有價證券上市審查準則第 2 條之 1 第 1 項：「申請本國有價證券上市之發行公司，除公營事業外，均應先申請其股票登錄為興櫃股票櫃檯買賣屆滿六個月，並完成已公開發行有價證券之無實體登錄相關作業，本公司始受理其申請上市案。」

❺① 廖大穎，證券交易法導論，第 204 頁。

券之無實體登錄相關作業,本公司始受理其申請上市案。」此外,第 2 項規定:
「股票未在外國證券交易所或證券市場上市之外國發行人初次申請其發行之
股票上市(以下簡稱:第一上市),應先由主辦證券承銷商上市輔導或申請其
股票登錄為興櫃股票櫃檯買賣屆滿六個月,並承諾其申請上市股份應以帳簿
劃撥方式交付,本公司始受理其申請上市案。」

　　2.**輔導期間**: 依臺灣證券交易所股份有限公司審查有價證券上市作業程
序(以下簡稱上市作業程序)第 3 條之規定,申請上市時發行公司之上市輔
導期間少於九個月者(含興櫃交易期間),應於送件時附具「輔導上市時程合
理性評估」之說明,供審查該案時參考。從本規定可知,一般而言上市之輔
導期間原則上需九個月以上。若是少於九個月者(含興櫃交易期間),應於送
件時附具「輔導上市時程合理性評估」之說明,供審查該案時參考。

　　3.**設立年限**: 依上市審查準則第 4 條第 1 項第 1 款之規定,同意股票上
市之年限要求,該申請股票上市之發行公司,申請上市時已依公司法設立登
記屆滿三年以上。但公營事業或公營事業轉為民營者,不在此限。

　　4.**資本額**: 依上市審查準則第 4 條第 1 項第 2 款之規定,申請股票上市
之發行公司,其申請上市時之實收資本額須達新臺幣六億元以上者。

　　5.**獲利能力**: 依上市審查準則第 4 條第 1 項第 3 款之規定,申請股票上
市之發行公司之獲利能力須符合下列規定: 其個別及依財務會計準則公報第
七號規定編製之合併財務報表之營業利益及稅前純益符合下列標準之一,且
最近一個會計年度決算無累積虧損者。但編有合併財務報表者,其個別財務
報表之營業利益不適用下列標準:

　　⑴營業利益及稅前純益占年度決算之財務報告所列示股本比率,最近二
個會計年度均達百分之六以上者;或最近二個會計年度平均達百分之六以上,
且最近一個會計年度之獲利能力較前一會計年度為佳者。

　　⑵營業利益及稅前純益占年度決算之財務報告所列示股本比率,最近五
個會計年度均達百分之三以上者。

　　6.**股權分散**: 依上市審查準則第 4 條第 1 項第 4 款之規定,申請股票上
市之發行公司,須其記名股東人數在一千人以上,其中持有股份一千股至五

萬股之股東人數不少於五百人，且其所持股份合計占發行股份總額百分之二十以上或滿一千萬股者。

㈡證券交易所認為不宜上市之情形

依上市審查準則第 9 條第 1 項規定，申請股票上市之發行公司雖符合本準則規定之上市條件，但除有第 8、9、10 款之任一款情事，本公司應不同意其股票上市外，有下列各款情事之一，**經本公司認為不宜上市者，得不同意其股票上市：**

1.遇有證券交易法第 156 條第 1 項第 1 款、第 2 款所列情事，或其行為有虛偽不實或違法情事，足以影響其上市後之證券價格，而及於市場秩序或損害公益之虞者。

2.財務或業務未能與他人獨立劃分者。

3.有足以影響公司財務業務正常營運之重大勞資糾紛或污染環境情事，尚未改善者。

4.經發現有重大非常規交易，尚未改善者。

5.申請上市年度已辦理及辦理中之增資發行新股併入各年度之決算實收資本額計算，不符合上市規定條件者。

6.有迄未有效執行書面會計制度、內部控制制度、內部稽核制度，或不依有關法令及一般公認會計原則編製財務報告等情事，情節重大者。

7.所營事業嚴重衰退者。

8.申請公司於最近五年內，或其現任董事、監察人、總經理或實質負責人於最近三年內，有違反誠信原則之行為者。

9.申請公司之董事會成員少於五人，或獨立董事人數少於二人；監察人少於三人；或其董事會、監察人有無法獨立執行其職務者。但依證券交易法第 14 條之 4 規定，設置審計委員會替代監察人者，本款有關監察人規範，不適用之。另所選任獨立董事以非為公司法第 27 條所定之法人或其代表人為限，且其中至少一人須為會計或財務專業人士。

10.申請公司於申請上市會計年度及其最近一個會計年度已登錄為證券商營業處所買賣興櫃股票，於掛牌日起，其現任董事、監察人及持股超過其發

行股份總額百分之十之股東有未於興櫃股票市場而買賣申請公司發行之股票情事者。但因辦理本準則第 11 條之承銷事宜或有其他正當事由者,不在此限。

　　11.申請公司係屬上市(櫃)公司進行分割後受讓營業或財產之既存或新設公司,該上市(櫃)公司最近三年內為降低對申請公司之持股比例所進行之股權移轉,有損害公司股東權益者。

　　12.其他因事業範圍、性質或特殊狀況,本公司認為不宜上市者。

　　不過,依上市審查準則第 9 條第 2 項規定,前項第 2 款規定,於公營事業之申請公司不適用之。

(三)一般公司股票申請上市流程

　　一般公司股票申請上市之流程可分為六個階段❷,其分別為:

　　1.**申請公司須向臺灣證券交易所提出申請**:上市審查準則第 2 條第 1 項規定:「凡依證券交易法規定發行或補辦發行審查程序之有價證券,其發行人於依據證券交易法第一百三十九條之規定向本公司申請上市者,應分別檢具各類有價證券上市申請書,載明其應記載事項,連同應檢附書件,向本公司申請,本公司依據本準則暨本公司審查有價證券上市作業程序之規定審查之」。從本規定可知,申請上市公司之發行人須分別檢具各類有價證券上市申請書,載明其應記載事項,連同應檢附書件,向臺灣證券交易所股份有限公司申請上市。對於公司提出上市申請,是否應經股東會或董事會決議,證券交易法並無明文規定。或有認為,申請上市乃重大事項,應經董事會及股東會之特別決議❸。若從公司辦理上市前之公開承銷時,公司與承銷商簽定之協議書,依中華民國證券商商業同業公會承銷商辦理初次上市(櫃)案件承銷作業應行注意事項要點第 2 條第 2 項規定,須經董事會決議通過。因而,公司提出上市申請,應經董事會決議❹。

　　2.**臺灣證券交易所承辦人員查核**:依上市作業程序第 6 條之規定,承辦

---

❷　參閱證券交易所網頁: http://www.tse.com.tw/ch/listed/listing_process/apply_flow.php, 檢索日期: 2007 年 9 月 11 日。

❸　李開遠,證券管理法規新論,第 224 頁。

❹　賴英照,股市遊戲規則——最新證券交易法解析,第 68 頁。

人員於受理申請上市案件後，應就申請文件及其附件，暨申請公司、承銷商或會計師提供之其他資料進行審查，並注意會計師查核報告、財務報告內容、財務預測資訊、內部控制制度及其聲明書與專案審查報告、是否依一般公認審計準則、公開發行公司建立內部控制制度處理準則及其他有關法令辦理、承銷商評估報告，承辦人員應檢視其格式及內容、公開說明書等事項。並依上市作業程序第 7 條之規定，承辦人員於接受分配之股票上市案後，應完成申請書件、公開說明書、承銷商評估報告、內部控制制度等等查核程序，並編製工作底稿等。

3.**臺灣證券交易所有價證券上市審議委員會及董事會審查：**依上市作業程序第 7 條規定，承辦人員於接受分配之股票上市案後，應完成申請書件、公開說明書等等查核程序，並編製工作底稿，且於工作底稿完成後，承辦人員應將查核情形之重點，必要時得諮詢相關專家之意見及相關資料撰成提案資料，供審議該案時參考。股票初次申請上市案件於收件後六週內提報審議委員會審議之，但遇有特殊情形者，經理部門得基於審查之需要或申請公司之請求，於召開審議委員會之十日前，簽報證券交易所總經理核准後，得延長提報時間，因申請公司之請求而延長提報之時間以一個月為限，並不得跨越次一年度。且依上市作業程序第 16 條至第 20 條規定，承辦人員須將全案審查情形，撰擬提案資料供審議該案時參考，而送交給審議委員會開會審議，經審議委員會作成同意上市之決議，則提報董事會核議。

4.**審議通過後轉報行政院金融監督管理委員會：**依上市作業程序第 22 條規定，董事會決議通過申請股票上市後，證券交易所須將其與申請上市公司所訂立之有價證券上市契約連同審查報告，報請主管機關鑑核。而就上市契約而言，臺灣證券交易所制定有臺灣證券交易所股份有限公司有價證券上市契約準則，並定有有價證券上市契約。且依證券交易法第 140 條之規定：「證券交易所應訂定有價證券上市審查準則及上市契約準則，申請主管機關核定之。」因而，上述之臺灣證券交易所股份有限公司有價證券上市契約準則之條款仍受主管機關（亦即為現今金融監督管理委員會）之監督。從而言之，於證券交易所審查上市通過後，申請上市之公司與證券交易所簽定之上市契約，

上市契約仍須經主管機關核准，學理上認為，該契約須經核准始為生效❺❺。解釋上，主管機關核准應為該契約之特別生效要件。

5.**委託證券承銷商辦理承銷手續**：依上市作業程序第 29 條規定，初次申請股票上市案件，其上市契約經主管機關核准後，承辦人員應函知申請公司依照規定完成股票公開銷售。

6.**向臺灣證券交易所洽定上市日期**：上市程序之第六個步驟，乃為申請公司向臺灣證券交易所洽定上市日期。此可參閱上市作業程序第 29 條：「初次申請股票上市案件，其上市契約經主管機關核准後，承辦人員應函知申請公司依照規定完成股票公開銷售，辦妥股票集中保管（不須保管者除外），並向本公司洽定掛牌日後，方得上市買賣。」此外，有關上市費用與費率部分，證券交易法第 143 條規定：「有價證券上市費用，應於上市契約中訂定；其費率由證券交易所申報主管機關核定之。」依臺灣證券交易所股份有限公司所制定之上市契約第 4 條第 1 項規定，發行公司於本契約奉主管機關核准後，應依證券交易所訂定之「有價證券上市費費率表」所列有價證券上市費標準，於初次上市時及以後每年開始一個月內，向證券交易所繳付有價證券上市費。例如申請上市公司股票之上市有價證券總面值為五億元以下者，依臺灣證券交易所股份有限公司有價證券上市費費率表第 1 條規定，上市費費率為百分之〇‧〇三❺❻。

二、其他公司之申請股票上市

除上述一般申請股票公司外，對於申請股票上市之發行公司如經中央目的事業主管機關出具其係屬科技事業之明確意見書者，或是屬於國家經濟建設之重大事業，經目的事業主管機關認定，並出具證明文件者，或者是屬於政府獎勵民間參與之國家重大公共建設事業，取得中央政府、直轄市及地方自治團體或其出資百分之五十以上之法人核准投資興建及營運之特許權合約，並出具證明文件者，上市審查準則分別於第 5 條、第 6 條及第 6 條之 1

---

❺❺　賴英照，股市遊戲規則——最新證券交易法解析，第 70 頁。

❺❻　如依每年費用速算，每百萬元收取三百元，但低於十萬元者，以十萬元計收。

分別規定其申請條件之標準**❺⃝**：

㈠**申請股票上市之發行公司為科技事業之申請要件**：上市審查準則第 5 條規定，申請股票上市之發行公司，經中央目的事業主管機關出具其係屬科技事業之明確意見書，合於下列各款條件者，同意其股票上市：

1.申請上市時之實收資本額達新臺幣三億元以上者。

2.產品或技術開發成功且具市場性，經證券交易所取得中央目的事業主管機關出具之評估意見者。

3.經證券承銷商書面推薦者。

4.最近期財務報告及其最近一個會計年度財務報告之淨值不低於財務報告所列示股本三分之二者。

5.記名股東人數在一千人以上，且其中持有股份一千股至五萬股之股東人數不少於五百人者。

㈡**申請股票上市之發行公司屬於國家經濟建設之重大事業之申請要件**：上市審查準則第 6 條規定，申請股票上市之發行公司，屬於國家經濟建設之重大事業，經目的事業主管機關認定，並出具證明文件，合於下列各款條件者，同意其股票上市：

1.由政府推動創設，並有中央政府或其指定之省（直轄市）級地方自治團體及其出資百分之五十以上設立之法人參與投資，合計持有其申請上市時已發行股份總額百分之五十以上者。

2.申請上市時之實收資本額達新臺幣十億元以上者。

3.股權分散合於第 4 條第 1 項第 4 款規定標準者。

㈢**申請股票上市之發行公司屬於政府獎勵民間參與之國家重大公共建設**

---

❺⃝ 至於其他特殊公司之上市，請參閱下列相關規範，本書不再論述之：證券業、金融業及保險業（參閱上市審查準則第 15 條）、集團企業中之發行公司（參閱上市審查準則第 18 條）、母子公司關係之子公司（參閱上市審查準則第 19 條）、投資控股公司（參閱臺灣證券交易所股份有限公司投資控股公司申請股票上市審查準則）、金融控股公司（參閱臺灣證券交易所股份有限公司金融控股公司申請股票上市審查準則）。

事業之申請要件：上市審查準則第6條之1規定，申請股票上市之發行公司，屬於政府獎勵民間參與之國家重大公共建設事業，取得中央政府、直轄市級地方自治團體或其出資百分之五十以上之法人核准投資興建及營運之特許權合約，並出具證明文件，合於下列各款條件者，同意其股票上市：

1.公司係為取得特許合約所新設立之公司，且其營業項目均經中央目的事業主管機關之核准。

2.申請上市時之實收資本額達新臺幣五十億元以上者。

3.取得特許合約之預計工程計畫總投入成本達二百億元以上者。

4.申請上市時，其特許營運權尚有存續期間在二十年以上者。

5.公司之董事、監察人、持股達已發行股份總額百分之五以上之股東、持股達發行股份總額千分之五以上或十萬股以上之技術出資股東或經營者需具備完成特許合約所需之技術能力、財力及其他必要能力，並取得核准其特許權合約之機構出具之證明。

6.股權分散合於第4條第1項第4款規定標準者。

三、其他有價證券申請上市 ❺

㈠上市公司所發行之新股認購權利證書或新股權利證書：依上市審查準則第21條規定，上市公司所發行之新股認購權利證書或新股權利證書，應於增資案經證券主管機關申報生效後十五日內；所發行之股款繳納憑證，應於增資案經主管機關申報生效並收足股款後十五日內,向證券交易所申請上市，方得在證券交易所市場上市買賣。

㈡政府發行之債券：依上市審查準則第22條第1項之規定，政府發行之債券，由主管機關函令證券交易所後，公告其上市。

㈢金融債券及由上市公司發行之公司債：依上市審查準則第22條第2項之規定，凡經奉准發行之金融債券及由上市公司發行之公司債，經該發行人申請上市者，證券交易所得同意其上市。

㈣國內封閉式證券投資信託基金：依上市審查準則第23條第1項之規

---

❺ 參閱曾宛如，證券交易法原理，第91頁以下。

定，凡經奉准公開發行且成立之國內封閉式證券投資信託基金，合於下列各款條件，由募集之國內證券投資信託事業申請上市者，證券交易所得同意其受益憑證上市：1.基金發行總額在新臺幣貳拾億元以上者。2.持有該基金受益權單位價金總額未超過新臺幣壹佰萬元之持有人不少於一千人，且其所持有之受益權單位價金總額並不少於新臺幣肆億元者。

㈤指數股票型證券投資信託基金：依上市審查準則第 23 條第 2 項之規定，凡經奉主管機關核准公開發行且成立之指數股票型證券投資信託基金，且其最低淨資產價值達新臺幣二億元以上，由募集之國內證券投資信託事業申請上市者，除證券交易所另有規定外，得同意其受益憑證上市。

㈥受益證券或資產基礎證券：依上市審查準則第 23 條之 1 第 1 項規定，經奉准公開發行之受益證券或資產基礎證券合於下列各款條件，由募集之受託機構或特殊目的公司申請上市者，證券交易所得同意其上市：1.申請上市之受益證券或資產基礎證券發行總額達新臺幣伍億元以上者。2.自上市買賣日起算，其到期日須一年以上。3.受益人或持有人人數達五人以上，且單一持有該受益證券或資產基礎證券之價金總額不得超過發行總額百分之二十；如有分券發行者，則以分券後之發行金額計算之。但持有人為獨立專業投資者，不在此限。4.面額以新臺幣壹拾萬元為限。

㈦國內封閉式不動產投資信託基金所募集發行之不動產投資信託受益證券及不動產資產信託受益證券：

1.國內封閉式不動產投資信託基金所募集發行之不動產投資信託受益證券：依上市審查準則第 23 條之 2 第 1 項規定，受託機構經奉准成立之國內封閉式不動產投資信託基金所募集發行之不動產投資信託受益證券，合於下列各款條件，由募集之受託機構申請上市者，證券交易所得同意其上市：⑴發行總額達新臺幣三十億元以上者。⑵自上市買賣日起算，其契約存續期間須達一年以上。⑶持有該受益權單位價金總額未超過新臺幣一百萬元之受益人不少於五百人，且其所持有之受益權單位價金總額不少於新臺幣二億元者。⑷任五受益人持有該受益權單位價金總額未超過該受益證券發行總金額百分之五十以上。但持有人為獨立專業投資者，不在此限。⑸每一受益證券應表

彰一千個受益權單位,且面額以新臺幣一萬元為限。(6)該基金所投資不動產之所有人或不動產相關權利之權利人,依「受託機構募集或私募不動產投資信託或資產信託受益證券處理辦法」第 6 條第 1 項第 5 款規定,應將其因讓與不動產或不動產相關權利而持有之受益證券全數提交集中保管,且承諾自持有受益證券起一年內不予中途解除保管,所保管之受益證券及憑證不予轉讓或質押,於屆滿一年後始得全數領回。

2.受託機構經奉准募集發行之不動產資產信託受益證券:依上市審查準則第 23 條之 2 第 2 項規定,受託機構經奉准募集發行之不動產資產信託受益證券,合於下列各款條件,由募集之受託機構申請上市者,證券交易所得同意其上市:(1)申請上市之不動產資產信託受益證券發行總額達新臺幣五億元以上者。(2)自上市買賣日起算,迄到期日須達一年以上。(3)受益人人數達五人以上,且任五受益人持有第一受償順位受益證券之總金額未超過該受益證券發行總金額百分之五十;如有分券者,則以分券後之發行金額計算之。但持有人為獨立專業投資者,不在此限。(4)面額以新臺幣十萬元為限。(5)申請上市之受益證券應經信用評等機構評等。

四、外國有價證券之上市

㈠債券

1.外國政府發行之政府公債及國際組織發行之債券:依上市審查準則第 25 條第 1 項之規定,外國政府發行之政府公債及國際組織發行之債券,由主管機關函令證券交易所公告其上市。

2.外國發行人申請其經奉准發行之債券上市:依上市審查準則第 25 條第 2 項之規定,外國發行人申請其經奉准發行之債券上市,應為股票已在證券交易所上市、參與發行臺灣存託憑證上市,或符合第 26 條第 1 項第 2 至 5 款或第 27 條第 1 項第 2 至 5 款所規定上市條件之外國公司。

3.外國發行人申請其擬發行以外國貨幣計價之債券上市:依上市審查準則第 25 條第 3 項之規定,外國發行人申請其擬發行以外國貨幣計價之債券上市,合於第 2 項所訂債券上市條件者,證券交易所得出具同意其上市之證明

文件。且依同條第 4 項，前項取得證券交易所同意上市證明文件之債券上市案，俟經主管機關核准發行完成後，由證券交易所將其外國債券上市契約報請主管機關核准後，公告其上市。

㈡**臺灣存託憑證申請上市（參閱上市審查準則第 26 條）**
㈢**已發行之外國股票申請上市（參閱上市審查準則第 27 條）**
㈣**現金增資或無償配股（參閱上市審查準則第 28 條）**

　　1.因現金增資，而發行與已上市之股票或臺灣存託憑證權利義務相同之股票或臺灣存託憑證上市；或外國發行人以其原已發行股份參與發行之臺灣存託憑證者。

　　2.因無償配股，或已發行轉換公司債、附認股權公司債或其他具股權轉換性質之各種有價證券經請求轉換或認股，而增發與已上市之股票或臺灣存託憑證權利義務相同之股票或臺灣存託憑證上市。

第二款　強制上市

一、強制上市之原則

　　證券交易法第 139 條第 2 項規定：「股票已上市之公司，再發行新股者，其新股股票於向股東交付之日起上市買賣。但公司有第一百五十六條第一項各款情事之一時，主管機關得限制其上市買賣。」學說稱此為強制上市之規定，亦即依證券交易法第 139 條第 2 項之規定，股票已上市之公司，再發行與已上市股票同種類之新股者，除非有證券交易法第 156 條第 1 項各款情事之一時，否則其新股股票須強制上市買賣[59]。此外，證券交易法第 139 條第 3 項又規定，前項發行新股上市買賣之公司，應於新股上市後十日內，將有關文件送達證券交易所。本規定之立法，乃著重於強制上市程序之完備[60]。

---

[59]　廖大穎，證券交易法導論，第 206 頁。

[60]　賴英照，證券交易法逐條釋義㈣，第 484 頁；廖大穎，證券交易法導論，第 207 頁。

二、強制上市之例外

如前所述，依證券交易法第 139 條第 2 項之規定，原則上，股票已上市之公司，再發行與已上市股票同種類之新股者，其新股股票須強制上市買賣。而證券交易法第 156 條第 1 項**❻** 各款之情形如下：㈠發行該有價證券之公司遇有訴訟事件或非訟事件，其結果足使公司解散或變動其組織、資本、業務計畫、財務狀況或停頓生產。㈡發行該有價證券之公司，遇有重大災害，簽訂重要契約，發生特殊事故，改變業務計畫之重要內容或退票，其結果足使公司之財務狀況有顯著重大之變更。㈢發行該有價證券公司之行為，有虛偽不實或違法情事，足以影響其證券價格。㈣該有價證券之市場價格，發生連續暴漲或暴跌情事，並使他種有價證券隨同為非正常之漲跌。㈤其他重大情事。

此外，證券交易法第 43 條之 6 第 1 項規定：「公開發行股票之公司，得以有代表已發行股份總數過半數股東之出席，出席股東表決權三分之二以上之同意，對左列之人進行有價證券之私募，不受第二十八條之一、第一百三十九條第二項及公司法第二百六十七條第一項至第三項規定之限制……」。因而，所發行之新股乃為依證券交易法第 43 條之 6 以下之私募規定所發行之新股者，亦排除強制上市之列**❻**。

---

❻ 證券交易法第 139 條第 2 項但書規定：「但公司有第一百五十六條第一項各款情事之一時，主管機關得限制其上市買賣。」雖然原本證券交易法第 156 條有兩項之規定，不過民國 95 年 1 月 11 日證券交易法修正時，已將第 2 項刪除。而其修正理由如下：「第二項為第一項各款之概括性規定，爰予修正列為第一項第五款規定，以符合立法體例。」因而，現行證券交易法第 156 條已無第 2 項之規定。故證券交易法第 139 條第 2 項但書規定，似乎應改為：「但公司有第一百五十六條各款情事之一時，主管機關得限制其上市買賣。」

❻ 廖大穎，證券交易法導論，第 207 頁。

表 6-2

強制上市之排除
1. 有證券交易法第 156 條第 1 項各款情事之一
2. 有依證券交易法第 43 條之 6 以下之私募情形

第三款　依命令上市

證券交易法第 149 條規定：「政府發行之債券，其上市由主管機關以命令行之，不適用本法有關上市之規定。」因而，政府債券之上市並不依自願申請上市或被動強制上市之程序，而是由主管機關以命令為之❸。實務上，政府債券之上市程序乃政府債券發行時，經由財政部通知證券主管機關該債券上市之意願，並由該主管機關通知證券交易所為公告該政府債券之上市買賣❹。

第三項　有價證券之停止上市──暫時停止上市有價證券在集中交易市場買賣

有價證券上市之停止上市者，乃指有價證券暫時停止在集中交易市場買賣。依現行證券交易法之規範，已上市之有價證券停止上市之發生原因有二：一、主管機關之命令停止上市；二、證券交易所停止上市。以下便分述之：

一、主管機關之命令停止上市

於證券交易法中，賦予主管機關得命令停止上市之法規有二，其分別是：

㈠證券交易法第 148 條之規定，於證券交易所上市有價證券之公司，有違反證券交易法或依證券交易法發布之命令時，主管機關為保護公益或投資人利益，得命令該證券交易所停止該有價證券之買賣或終止上市。本規定明文賦予主管機關命令證券交易所停止違法之有價證券之上市買賣之權力。

㈡證券交易法第 156 條第 1 項規定：「主管機關對於已在證券交易所上市

---

❸　廖大穎，證券交易法導論，第 207 頁。

❹　賴英照，證券交易法逐條釋義㈢，第 345 頁；廖大穎，證券交易法導論，第 183 頁；黃川口，證券交易法要論，第 393 頁。

之有價證券,發生下列各款情事之一時,而有影響市場秩序或損害公益之虞者,得命令停止其一部或全部之買賣⋯⋯」

二、證券交易所停止上市

證券交易法第 147 條規定:「證券交易所依法令或上市契約之規定,或為保護公眾之利益,就上市有價證券停止或回復其買賣時,應申報主管機關核准。」同法第 156 條規定,主管機關對於已在證券交易所上市之有價證券,發生下列各款情事之一,而有影響市場秩序或損害公益之虞者,得命令停止其一部或全部之買賣,或對證券自營商、證券經紀商之買賣數量加以限制:㈠發行該有價證券之公司遇有訴訟事件或非訟事件,其結果足使公司解散或變動其組織、資本、業務計畫、財務狀況或停頓生產。㈡發行該有價證券之公司,遇有重大災害,簽訂重要契約,發生特殊事故,改變業務計畫之重要內容或退票,其結果足使公司之財務狀況有顯著重大之變更。㈢發行該有價證券公司之行為,有虛偽不實或違法情事,足以影響其證券價格。㈣該有價證券之市場價格,發生連續暴漲或暴跌情事,並使他種有價證券隨同為非正常之漲跌。㈤其他重大情事。

此外,臺灣證券交易所股份有限公司營業細則第 50 條第 1 項規定:上市公司有下列情事之一者,對其上市之有價證券應由證券交易所依證券交易法第 147 條規定報經主管機關核准後停止其買賣;或得由該上市公司依第 50 條之 1 第 5 項規定申請終止上市。但上市公司有第 2 款之情事者,證券交易所得先行公告停止其上市之有價證券買賣後,復報請主管機關備查:㈠未依法令期限辦理財務報告或財務預測之公告申報者。㈡有公司法第 282 條(公司重整)之情事,經法院依公司法第 287 條第 1 項第 5 款(公司記名式股票轉讓之禁止)規定對其股票為禁止轉讓之裁定者。㈢檢送之書表或資料,發現涉有不實之記載,經證券交易所要求上市公司解釋而逾期不為解釋者。㈣在證券交易所所在地設置證券過戶機構後予以裁撤,或虛設過戶機構而不辦過戶,並經證券交易所查明限期改善而未辦理者。㈤其依證券交易法第 36 條規定公告並申報之財務報告,有未依有關法令及一般公認會計原則編製,且情

節重大,經通知更正或重編而逾期仍未更正或重編者;或其公告並申報之年度或半年度財務報告,經其簽證會計師出具無法表示意見或否定意見之查核報告或出具否定式或拒絕式之核閱報告者。㈥違反上市公司重大訊息相關章則規定,個案情節重大,有停止有價證券買賣必要之情事者。㈦違反申請上市時出具之承諾。㈧依證券交易所有價證券上市審查準則第6條之1規定上市之公司,其所興建之工程發生重大延誤或有重大違反特許合約之事項者。㈨違反第49條第1項第8款規定,且三個月內無法達成同條第2項第8款情事者。㈩違反第49條第1項第9款規定,且自變更交易方法後之次一營業日起,三個月內無法達成同條第2項第9款之各項補正程序並檢附相關書件證明者。㈪對其子公司喪失金融控股公司法第4條第1款所定之控制性持股,經主管機關限期命其改正者。㈫違反第49條第1項第10款、第11款或第12款規定,且自變更交易方法後之次一營業日起,三個月內無法達成同條第2項第10款、第11款或第12款之情事者。㈬其他有停止有價證券買賣必要之情事者。

　　臺灣證券交易所股份有限公司營業細則第50條第2項規定,上市公司因有前項各款規定情事之一,致其上市有價證券經停止買賣者,符合下列各該款之規定,且無前項其他各款規定情事,證券交易所得依證券交易法第147條規定報經主管機關核准後,公告恢復其有價證券之買賣:㈠因前項第1款規定停止買賣後,經依規定補行公告申報財務報告或財務預測且無第49條第1項第3款所規定保留意見之查核報告或保留式之核閱報告者。㈡因前項第2款規定停止買賣後,俟法院所裁定之禁止轉讓期間屆滿,且未經法院裁定准予重整或未經依公司法第285條之1第3項第2款規定駁回重整之聲請者。㈢因前項第3款規定停止買賣後,經依規定更正或依證券交易所要求解釋,且有實據者。㈣因前項第4款規定停止買賣後,經依規定改善且有實據者。㈤因前項第5款規定停止買賣後,經補正或改善已無該款規定之情事且無第49條第1項第3款所規定保留意見之查核報告或保留式之核閱報告者。㈥因前項第6款規定停止買賣後,經依上市公司重大訊息查證暨公開等相關章則規定予以補正或改善者。㈦因前項第7款規定停止買賣後,經依規定予以補

正或改善，符合出具之承諾者。㈧因前項第 8 款規定停止買賣後，經依規定予以補正或改善，且有實據者。㈨因前項第 9 款規定停止買賣後，經依規定予以補正或改善者。㈩因前項第 10 款規定停止買賣後，自停止買賣之次一營業日起，六個月內達成前條第 2 項第 9 款所列之補正程序，經上市公司出示相關書件證明，表示業已補正者。㈪因前項第 11 款規定停止買賣後，於目的事業主管機關所定期限內改正者。㈫因前項第 12 款規定停止買賣後，自停止買賣之次一營業日起，六個月內補正或改善者。㈬因前項第 13 款規定停止買賣後，經依相關章則規定予以補正或改善者。

第四項　有價證券上市之終止——下市

所謂有價證券上市之終止，係指永久停止上市之有價證券於集中交易市場之買賣，亦即該上市之有價證券結束在集中交易市場之買賣，一般則稱之「下市」❻❺。而有價證券之下市，其又可分為三類，分別為：一、主管機關之命令終止上市；二、發行人申請終止上市；三、證券交易所終止上市。以下便分別敘述之：

一、主管機關之命令終止上市

當於證券交易所上市有價證券之公司，有違反證券交易法或依證券交易法發布之命令時，依證券交易法第 148 條規定，主管機關為保護公益或投資人利益，得命令該證券交易所停止該有價證券之買賣或終止上市。因為終止有價證券上市對於上市之公司而言，事關重大，故學說認為，主管機關須依上市公司違反證券交易法或依證券交易法發布之命令之情節輕重，並在符合比例原則下方可作出終止有價證券上市之命令❻❻。

二、發行人申請終止上市

證券交易法第 145 條第 1 項規定：「於證券交易所上市之有價證券，其發

---

❻❺　賴英照，股市遊戲規則——最新證券交易法解析，第 74 頁。

❻❻　賴英照，證券交易法逐條釋義㈢，第 340 頁。

行人得依上市契約申請終止上市。」此規定條文中明定，發行人有申請終止有價證券上市之權限。不過，依該規定，發行人申請終止有價證券上市之權限須規定於上市契約中。不過，依上市契約範本觀之，似乎欠缺明文規定。此外，依證券交易法第 145 條第 2 項規定，發行人之申請終止上市，應經主管機關核准。若違反此規定時，依證券交易法第 178 條第 1 項第 1 款之規定，處新臺幣二十四萬元以上二百四十萬元以下罰鍰。且依證券交易法第 146 條規定，主管機關核准此終止上市之申請時，應指定生效日期，並視為上市契約終止之日期。

三、證券交易所之終止上市

證券交易法第 144 條規定：「證券交易所得依法令或上市契約之規定，報經主管機關核准，終止有價證券上市。」本規定明文賦予證券交易所有終止有價證券上市之權限，不過須報經主管機關核准。此外，依臺灣證券交易所股份有限公司營業細則第 50 條之 1 第 1 項規定，上市公司有下列情事之一者，證券交易所股份有限公司對其上市之有價證券，應依證券交易法第 144 條規定，報經主管機關核准終止其上市：一、有公司法第 9 條、第 10 條、第 11 條、第 17 條第 2 項、第 315 條第 1 項第 1 款至第 8 款、第 397 條及金融控股公司法第 21 條、第 54 條規定情事，經有關主管機關撤銷公司登記、予以解散或廢止許可者。二、有公司法第 251 條或第 271 條規定情事，或其他原因經有關主管機關撤銷其核准者。三、經法院裁定宣告破產已確定者。四、經法院裁定准予重整確定或依公司法第 285 條之 1 第 3 項第 2 款規定駁回重整之聲請確定者。五、公司營業範圍有重大變更，證券交易所認為不宜繼續上市買賣者。六、其上市特別股發行總額低於新臺幣二億元者。七、其有價證券經依前條規定予以停止買賣，連續滿六個月後仍未恢復其有價證券買賣者；或經依前條第 1 項第 2 款規定予以停止買賣未滿六個月而恢復其有價證券之買賣，並於恢復買賣後六個月內又經依前條第 1 項第 2 款規定予以停止買賣，且其停止買賣之期間合併計算超過六個月者。八、有金融機構拒絕往來之紀錄；或有前條第 1 項第 10 款情事，且自停止買賣之次一營業日起，六個月內

無法達成第 49 條第 2 項第 9 款所列之補正程序並檢附相關書件證明者。但自停止買賣之次一營業日起，三個月內以和解方式取回票據，並經檢具和解書、票據影本及其他資料，向證券交易所申請者，前開停止買賣之期間得自證券交易所核准之日起重行起算，並以展延一次為限。九、依證券交易法第 36 條規定公告並申報之最近期個別財務報告顯示其淨值為負數者。補行公告並申報之個別財務報告顯示其淨值為負數者亦同。屬控股公司者，其淨值係指合併財務報告中股東權益扣除少數股權後之金額。十、公司營業全面停頓暫時無法恢復或無營業收入者。但依證券交易所有價證券上市審查準則第 6 條之 1 規定申請之上市公司，於其特許合約工程興建期間無營業收入者，不適用之。十一、有證券交易法第 156 條規定情事，經主管機關命令停止全部有價證券買賣達三個月以上者。十二、分割或與其他公司合併不符第 51 條繼續上市之規定者。十三、重大違反上市契約規定者。十四、依司法機關裁判確定之事實，證明該上市公司具有下列情形之一：㈠該公司於申請股票上市時，所提供之財務報告、帳冊等資料，有虛偽隱匿之情事，而將該等虛偽隱匿之金額加以設算或扣除後，其獲利能力不符合上市規定條件者，但該公司自上市日起，至司法機關裁判確定日止，已逾五年者，不在此限。㈡符合前目但書規定之上市公司，其虛偽隱匿所涉相關會計科目，係遞延至裁判確定時仍存在，經設算或扣除後，其裁判確定所屬當年度之獲利能力，不能符合上市規定條件者。十五、為另一已上市（櫃）之公司持有股份逾其已發行股份總數或資本總額百分之七十以上者。十六、有前條第 1 項第 12 款情事，且自停止買賣之次一營業日起，六個月內無法達成同條第 2 項第 12 款情事者。十七、金融機構經目的事業主管機關依法指派接管者。十八、其他有終止有價證券上市必要之情事者。

　　此外，上市契約準則第 6 條規定：「證券交易所依據有關法令、證券交易所章則規定或基於其他原因認為有必要者，得對上市之有價證券變更原有交易方法，並應於執行後一個月內報請主管機關備查；或於報請主管機關核准後，得對上市之有價證券予以停止買賣或終止上市。」有價證券上市契約第 5 條並將該規定納入。因而可知，證券交易所依據有關法令、證券交易所章則

規定或基於其他原因認為有必要者，於報請主管機關核准後，得對上市之有價證券予以終止上市。換言之，證券交易所欲對上市之有價證券予以終止上市者，亦應經主管機關核准。若違反此規定時，依證券交易法第 178 條第 1 項第 1 款之規定，處新臺幣二十四萬元以上二百四十萬元以下罰鍰。

表 6-3

有價證券上市契約					

　　股份有限公司（以下簡稱發行公司）依證券交易法第一百三十九條規定，向臺灣證券交易所股份有限公司（以下簡稱證券交易所）為其奉准公開發行之有價證券申請在證券交易所上市，依同法第一百四十一條之規定，按證券交易所有價證券上市契約準則所定事項，經雙方同意訂立本契約，茲將雙方應行遵守之事項開列如下：

　　第一條　發行公司依本契約初次申請上市之有價證券計有：

證券種類	發行日期	發行股數（股）	每股金額（元）	發行總額（元）	備考
1 普通股					
2					
3					
合　　計					

　　　　　發行公司嗣後上市有價證券如有增減或內容變更，其經證券交易所同意後之有價證券上市申請（報）書、上市有價證券內容變更申請書或上市有價證券轉換申報書所載之上市有價證券增減或內容變更事項，作為本有價證券上市契約之一部分。

　　第二條　證券相關法令及證券交易所章則暨公告事項規定均為有價證券上市契約之一部分，發行公司及證券交易所皆應遵守之。

　　第三條　發行公司應於向證券交易所函洽上市買賣日期前，提供函洽日（含）以前五年之董事、監察人、經理人及持有公司股份超過已發行股份總額百分之十之股東持股異動資料。

　　　　　前項人員持股異動者，包括其配偶、未成年子女、利用他人名義持有者及法人代表人。

　　第四條　發行公司於本契約奉主管機關核准後，應依證券交易所訂定之「有價證券上市費費率表」所列有價證券上市費標準，於初次上市時及以後每年

開始一個月內，向證券交易所繳付有價證券上市費。

前項有價證券上市費費率表應作為本契約之一部份，日後如有修正，依修正後之費率表辦理。

第五條　證券交易所依據有關法令、證券交易所章則規定或基於其他原因認為有必要時，得對上市之有價證券變更原有交易方法，並應於執行後一個月內報請主管機關備查；或於報請主管機關核准後，得對上市之有價證券予以停止買賣或終止上市。

第六條　本契約一式五份，除一份檢送主管機關外，餘分由發行公司及證券交易所存執。

第七條　本契約於報請主管機關核准後生效。

立約人：

法定代理人：

地址：

| 本契約經報奉 |
| 行政院金融監督管理委員 |
| 會　年　月　日（　） |
| 臺財證㈠第　　　號 |
| 函核准生效 |

臺灣證券交易所股份有限公司

法定代理人：

地址：

中　華　民　國　年　月　日

第三節　上市有價證券之買賣

第一項　買賣上市有價證券資格之限制

證券交易法第 151 條規定：「於有價證券集中交易市場為買賣者，在會員制證券交易所限於會員；在公司制證券交易所限於訂有使用有價證券集中交易市場契約之證券自營商或證券經紀商。」從本規定可知，得於證券集中交易市場買賣有價證券之主體，無論在會員制證券交易所或是公司制證券交易所，均分別有資格之限制，其分別可簡示如下：

表6-4 得於證券集中交易市場買賣有價證券之主體

會員制證券交易所	公司制證券交易所
會員制證券交易所之會員	訂有使用有價證券集中交易市場契約之證券自營商或證券經紀商

我國證券交易法之所以嚴格限制得於集中交易市場買賣有價證券之主體，其主要之原因乃是基於有效維持證券交易之秩序及維持證券交易所及證券商之利益[67]。對此資格之限制，有學者認為並非不妥適，因為買賣上市有價證券資格限制僅適宜針對於秩序及手續合理性為之，而不應變成保護經濟獨占利益者之手段[68]。目前，我國僅存在一家公司制證券交易所，得於有價證券集中交易市場為買賣者，僅限於訂有使用有價證券集中交易市場契約之證券自營商或證券經紀商。至於一般投資大眾既不能成為集中交易市場中之買賣有價證券之當事人，其僅得於證券經紀商開戶，並與之訂立受託契約，透過證券經紀商而以行紀之方式而於證券集中交易市場買賣股票[69]。

第二項　上市有價證券買賣場所之限制

一、原則：場外交易之禁止

證券交易法第150條本文規定：「上市有價證券之買賣，應於證券交易所開設之有價證券集中交易市場為之。」因而可知，我國對於上市之有價證券買賣乃採場外交易禁止之原則[70]。並且，我國上市有價證券之交易乃透過電腦

---

[67] 賴英照，證券交易法逐條釋義(三)，第356頁。

[68] 陳春山，證券交易法論，第339頁。

[69] 李開遠，證券管理法規新論，第264頁。

[70] 學說認為，集中交易市場內交易有下列三大優點：1.合法。2.交易公平且迅速。3.資訊充分且即時。至於場外交易則有下面六大缺點：1.交易不公平。2.權益欠缺保障。3.不能過戶享受股東應有權益。4.有買到掛失股票和假股票之風險。5.不能利用月融資融券交易。6.無法享受證券集中保管之服務。請參閱李開遠，證券管理法規新論，第268頁以下。

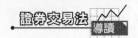

輔助而採競價買賣之方式。得於集中交易市場交易者僅為證券自營商與證券經紀商，前者乃是為自己而從事交易行為，至於後者則是接受投資人之委託而以證券經紀商之名義在集中市場之電腦系統從事交易行為❼。

二、例外：場外交易之允許

　　雖然證券交易法第 150 條本文明文規定，上市有價證券之買賣應於集中交易市場內為之。不過，於該條之但書中，例外允許於四種情形外，得於集中交易市場外為交易，茲分別敘述如下：

　　㈠政府所發行債券之買賣：就政府所發行之債券而言，於其上市之過程，已獨立證券交易法之上市原則。而依證券交易法第 149 條規定，政府發行之債券，其上市由主管機關以命令行之，不適用證券交易法有關上市之規定。於此，證券交易法第 150 條但書亦明文規定，其不受場外禁止交易之限制，更顯示出其政府債券之特色。此處所指政府所發行債券，乃包括中央政府及地方各級政府依法所發行之債券❼。

　　㈡基於法律規定所生之效力，不能經由有價證券集中交易市場之買賣而取得或喪失證券所有權者：就本規定而言，或可分為基於非買賣方式取得所有權及依買賣方式者，屬於前者，則例如因贈與、繼承、行使質權或法院判決下等等而取得所有權者❼，或是稅捐機關核准抵繳遺產稅而取得上市之有價證券者❼。至於後者，則如法院於集中市場外，拍賣上市有價證券❼。

　　㈢私人間之直接讓受，其數量不超過該證券一個成交單位❼；前後兩次

---

❼　李開遠，證券管理法規新論，第 265 頁。

❼　賴英照，股市遊戲規則——最新證券交易法解析，第 76 頁。

❼　廖大穎，證券交易法導論，第 212 頁。

❼　財政部證管會 1993 年 4 月 9 日(82)臺財證(三)字第 16837 號函、財政部 1985 年 4 月 9 日(74)臺財證(二)字第 2983 號函。

❼　賴英照，股市遊戲規則——最新證券交易法解析，第 77 頁。

❼　參閱臺灣證券交易所股份有限公司營業細則第 60 條第 1 項：股票為一千股一單位。公債及公司債為面額十萬元為一交易單位。

之讓受行為，相隔不少於三個月者。

㈣**其他符合主管機關所定事項者❼**：例如依證券交易法所為之公開招募（參閱證券交易法第 22 條第 3 項、第 22 條之 2 第 1 項第 1 款、第 3 款）、公開收購（證券交易法第 43 條之 1 第 2 項）。

第三項　上市有價證券買賣──集中交易市場買賣

一、買賣之流程

目前我國有價證券之集中市場交易，從有價證券之委託交易至買進之劃撥過戶及扣款（或賣出之劃撥過戶及價款入帳），共計三個營業日，其分別為：第一營業日（委託買賣成交日）、第二營業日上午（交割日）、第三營業日（入帳日）。而就其買賣之流程，又可分為下列三個階段❼：

㈠**委託人（投資人）對證券經紀商為有價證券買賣之委託**

證券交易法第 158 條第 1 項規定：「證券經紀商接受於有價證券集中交易市場為買賣之受託契約，應依證券交易所所訂受託契約準則訂定之。」第 2 項規定：「前項受託契約準則之主要內容，由主管機關以命令定之。」此外，臺灣證券交易所股份有限公司營業細則第 75 條第 1 項亦規定，證券經紀商於受理開戶時，應先與委託人訂立受託契約。此受託契約，在性質上應為行紀契約。臺灣證券交易所股份有限公司證券經紀商受託契約準則（以下簡稱受託契約準則）第 3 條第 1 項本文亦規定，證券經紀商於接受委託證券買賣時，必須先與委託人辦妥受託契約，未經辦妥受託契約者，證券經紀商應不得受理。

而依臺灣證券交易所股份有限公司營業細則第 75 條第 8 款及受託契約準則第 4 條之規定，委託買賣之方式有下列幾種：

1.**當面委託買賣**：委託人、代理人或被授權人當面委託買賣有價證券者，應填寫委託書並簽章。

---

❼　參閱 77 年 9 月 19 日㈦臺財證㈡第 09067 號函釋。

❼　余雪明，證券交易法，第 518 頁。

2.**電話、書信或電報委託**：以電話、書信或電報委託者，應由受託證券經紀商之受託買賣業務人員以書面或電子方式填具委託書、印製買賣委託紀錄，並依第 5、6、7 款之規定處理。

3.**語音、網際網路、專線、封閉式專屬網路及其他經本公司同意之電子式委託買賣方式**：委託人以語音、網際網路、專線、封閉式專屬網路及其他經本公司同意之電子式委託買賣方式，證券經紀商得免製作、代填委託書，但應依時序別列印買賣委託紀錄，並於收市後由經辦人員及部門主管簽章。

4.**網際網路委託**：委託人以網際網路委託者，其委託紀錄之內容，應記錄其網路位址 (IP) 及電子簽章；以語音委託者，應配合電信機構開放顯示發話端號碼之功能，記錄其來電號碼，即時列印委託紀錄時，得免列印上述項目。

不過，依證券交易法第 159 條規定：「證券經紀商不得接受對有價證券買賣代為決定種類、數量、價格或買入、賣出之全權委託。」此即所謂買賣有價證券全權委託之禁止。此外，證券交易法第 160 條規定：「證券經紀商不得於其本公司或分支機構以外之場所，接受有價證券買賣之委託。」此即為場外委託之禁止。

(二)證券經紀商執行有價證券買賣之委託

證券經紀商執行有價證券買賣之委託後，須遵守受託契約準則辦理。例如，受託契約準則第 7 條第 1 項規定：「證券經紀商接受委託時，應依據委託書所載委託事項及其編號順序執行之。」第 10 條：「證券經紀商對於委託人之一切委託事項有嚴守秘密之義務。但答復主管機關及證券交易所之查詢案件時，不在此限。」第 11 條第 1 項規定：「證券經紀商受託買賣，除屬規定以專櫃競價者外，應按委託書記載事項依序逐筆由電腦終端機輸入證券交易所電腦主機，經接受後列印買賣申報回報單；於成交後列印成交回報單，並即製作證券交易法第八十六條規定之買賣報告書於成交當日通知委託人。」

(三)買進之證券或賣出之價款劃撥入帳

1.**收取買進證券之價金或賣出之證券之時間**：依受託契約準則第 12 條第 1 項之規定，證券經紀商接受普通交割之買賣委託，應於委辦時，或成交日

後第一營業日上午十二時前，向委託人收取買進證券之價金或賣出之證券。但其委託人為境外華僑及外國人者，得延至成交日後第一營業日下午六時。第 3 項規定，證券經紀商接受信用交易之買賣委託，應於成交日後第一營業日上午十二時前，向委託人依規定收取融資自備價款或融券保證金。

　　2.證券經紀商受託買賣向委託人收付之證券及價金之方式：受託契約準則第 13 條規定,證券經紀商受託買賣向委託人收付之證券及價金與收取手續費、代徵證券交易稅等，均應透過委託人依本準則第 3 條規定之有價證券集中保管帳戶及金融機構存款帳戶以劃撥方式或保管機構存款帳戶以匯撥（匯款）方式為之。

二、上市有價證券買賣之方式

㈠一般買賣

　1.買賣有價證券時間

　　就證券交易所之營業時間而言，依臺灣證券交易所股份有限公司營業細則（以下簡稱證交所營業細則）第 3 條本文之規定，臺灣證券交易所有價證券集中交易市場，除另有規定外，其交易時間為上午九時至下午一時三十分。且依證交所營業細則第 4 條規定，集中交易市場之休假日與銀行業通行假日相同。換言之，依目前而言，集中交易市場乃為週休二日。

　2.有價證券買賣進行之方法

　　依證交所營業細則第 55 條第 1 項之規定,有價證券在臺灣證券交易所股份有限公司市場之買賣，採電腦自動交易，但臺灣證券交易所股份有限公司認為必要時，得採其他方式。同條第 2 項規定，債券、受益憑證、存託憑證、認購（售）權證、轉換公司債、債券換股權利證書、公司債、附認股權有價證券及外國股票之買賣辦法，由臺灣證券交易所股份有限公司另訂之。而依證交所營業細則第 58 條之 2，撮合依價格優先及時間優先原則成交，買賣申報之優先順序依下列原則決定：⑴價格優先原則：較高買進申報優先於較低買進申報，較低賣出申報優先於較高賣出申報。同價位之申報，依時間優先原則決定優先順序。⑵時間優先原則：開市前輸入之申報，依電腦隨機排列

方式決定優先順序；開市後輸入之申報，依輸入時序決定優先順序。

且依證交所營業細則第 58 條之 3 第 1 項，買賣申報之競價方式，一律為集合競價，其成交價格依下列原則決定：(1)滿足最大成交量成交，高於決定價格之買進申報與低於決定價格之賣出申報須全部滿足。(2)決定價格之買進申報與賣出申報至少一方須全部滿足。(3)合乎前二款原則之價位有二個以上時，採接近當市最近一次成交價格之價位，如當市尚無成交價格者，採接近當市開盤競價基準之價位。而依同條第 2 項，所稱當市開盤競價基準，係採前一日之收盤價格，如前一日無收盤價格，採最近一日之收盤價格，惟前一日無收盤價格而有第 63 條第 2 項規定連續二日之最高買進申報價格或最低賣出申報價格達漲跌停時，採該漲停買進申報或跌停賣出申報價格，如係初次上市或除權除息交易開始日者，採第 59 條或第 67 條所定參考基準之價格。

3.申報有價證券買賣之價格

依證交所營業細則第 61 條第 1 項之規定，申報買賣之價格，股票以一股為準，公債及公司債以面額百元為準。

(二)特種買賣

1.零股交易

多數說認為，所謂零股交易，係指委託人（投資人）買賣同一種類之股票，而該股數不足一交易單位（一千股）之交易❼❾。證交所營業細則第 70 條第 1 項亦規定，買賣股票數量不足一交易單位者為零股交易，其買賣辦法由本公司另訂報請主管機關核定後實施。換言之，於零股交易中，申報買賣之數量須為一股或未滿一千股（一交易單位）者。此交易由證券經紀商受託買賣，而於星期一至星期五，每日二時起至三時三十分止。而買賣價格則以申報當日各該股票收盤價格扣減千分之五為買賣價格❽⓿。

2.巨額交易

證交所營業細則第 71 條第 1 項及第 2 項之規定，鉅額買賣判斷標準有三：(1)單一證券鉅額買賣，係指申報上市證券數量達五百交易單位以上者。

---

❼❾ 李開遠，證券管理法規新論，第 271 頁；賴源河，證券法規，第 205 頁。

❽⓿ 李開遠，證券管理法規新論，第 271 頁；賴源河，證券法規，第 206 頁。

(2)股票組合鉅額買賣,係指申報上市股票種類達五種以上且總金額達一千五百萬元以上者。(3)一次申報買進或賣出總金額達一千五百萬元以上者,得為單一證券之鉅額買賣。

3.拍賣及標購

證交所營業細則第 74 條第 1 項規定,上市有價證券如有下列情形之一者,其交易方法得不適用第五章各條之規定,以議價、拍賣、標購或其他方法行之**[81]**:

(1)債券發售及其躉批買賣。

(2)股票上市前躉批發售。

(3)情形特殊不宜依通常規定處理之有價證券買賣。

(4)附有特定數量為條件之股票買賣,事先報經本公司同意者,得申報予以成交。

4.盤後定價交易

依證交所營業細則第 74 條之 1 規定,本公司有價證券集中交易市場盤後定價交易時間為下午二時至二時三十分止申報買賣,一律以當日市場收盤價格撮合成交,其買賣辦法由本公司另訂報請主管機關核定後實施。

5.變更交易方法

所謂**變更交易方法**,一般係指將股票列為全額交割股**[82]**。而投資人委託經紀商買入全額交割股之股票時,應先向證券經紀商繳交全額買賣價金;反之,若是投資人委託經紀商賣出全額交割股之股票者,則須先交付全部擬出售之全部股票**[83]**。

有關變更交易方法之相關問題,於我國證券交易法中,並無明文規定。不過,依照證交所營業細則第 49 條第 1 項之規定,上市公司有下列情事之一者,臺灣證券交易所股份有限公司對其上市之有價證券得列為變更交易方法

---

[81] 基於本規定之授權,證券交易所則頒布臺灣證券交易所股份有限公司受託辦理上市證券拍賣辦法及臺灣證券交易所股份有限公司上市證券標購辦法。

[82] 賴英照,股市遊戲規則──最新證券交易法解析,第 72 頁。

[83] 賴英照,股市遊戲規則──最新證券交易法解析,第 72 頁。

有價證券:

　⑴其依證券交易法第36條規定公告並申報之最近期個別財務報告,顯示淨值已低於財務報告所列示股本二分之一者。屬控股公司者,其淨值係指合併財務報告中股東權益扣除少數股權後之金額。但上市公司將其依證券交易法第28條之2規定買回之股份或其子公司所持有該上市公司之股份之成本列為股東權益減項者,其前開比例之計算,得將上市公司及其子公司持有之該上市公司庫藏股票面額自財務報告所列示股本中予以扣除;將預收股款列為股東權益加項者,其前開比例之計算,應將所預收股款之約當發行股份面額加計於股本中。

　⑵未於營業年度終結後六個月內召開股東常會完畢者,但有正當事由經報請公司法主管機關核准,且於核准期限內召開完畢者,不在此限。

　⑶其依證券交易法第36條規定公告並申報之最近期財務報告,會計師出具繼續經營假設存有重大疑慮之查核或核閱報告者,或其依證券交易法第36條規定公告並申報之年度或半年度財務報告,因查核範圍受限制,或會計師對其管理階層在會計政策之選擇或財務報表之揭露,認為有所不當,經其簽證會計師出具保留意見之查核報告或對控股公司以外公司之半年度合併財務報告出具保留式之核閱報告者,但半年度財務報告若因長期股權投資金額及其損益之計算係採被投資公司未經會計師查核簽證之報表計算,經其簽證會計師將保留之原因及可能影響之科目金額於查核報告中充分揭露且無重大異常者,不在此限。惟前開被投資公司若係納入編製合併報表之重要子公司、金融控股公司之子公司,其半年度財務報告應依相關法令規定經會計師核閱或查核。

　⑷違反上市公司重大訊息相關章則規定,經通知補行辦理公開程序,未依限期辦理且個案情節重大者。

　⑸董事或監察人累積超過三分之二(含)以上受停止行使董事或監察人職權之假處分裁定。

　⑹依公司法第282條規定向法院聲請重整者。

　⑺公司全體董事變動二分之一以上,有股權過度集中,致未達現行上市

股權分散標準，或其現任董事、監察人、總經理有本公司有價證券上市審查準則第 9 條第 1 項第 8 款規定之情事，經本公司限期改善而未改善者。

(8)無法如期償還到期或債權人要求贖回之普通公司債或可轉換公司債。

(9)發生存款不足之金融機構退票情事且經本公司知悉者。

(10)一般公司、科技事業公司經分割後之實收資本額，分別不符合有價證券上市審查準則第 4 條第 1 項第 2 款、第 5 條第 1 款規定者。

(11)投資控股公司所持被控股公司之家數低於二家者。但因股份轉換、概括讓與、營業讓與或分割而成為投資控股公司者，自上市買賣之日起一年內不適用之。

(12)未依承諾收買其持股逾百分之七十上市（櫃）子公司之少數股東股份者。

(13)辦理股務事宜不符第 44 條第 3 項規定或遭臺灣集中保管結算所股份有限公司查核發現缺失，個案情節重大經限期改善，而未於期限內改善者。

(14)於重大訊息說明記者會之說明未能釐清疑點，本公司基於保障投資人權益認有必要者。

(15)臺灣證券交易所股份有限公司基於其他原因認有必要者。

且依證交所營業細則第 49 條第 3 項之規定,臺灣證券交易所股份有限公司依第 1 項規定對上市之有價證券列為變更交易方法有價證券，應於執行後一個月內報請主管機關備查。

6.信用交易

(1)信用交易之意義

所謂信用交易，係指投資人依證券交易法相關之規定，以融資或融券之方式買賣有價證券者[84]。因而，採信用交易方式買賣有價證券者，其所採取之方式，一為融資，二為融券。而所謂融資，乃謂投資人向融資機構借款買進有價證券。此乃係投資人預期某發行公司所發行之有價證券之價格會上揚，如能先買進，等到該有價證券上漲後再行賣出，即可獲利，因而為增加有價證券買進之數量而為融資行為。融券者，乃指投資人向融券機關借（有價證）

---

[84] 賴英照，股市遊戲規則──最新證券交易法解析，第 85 頁。

券賣出而言。此則係投資人預期某發行公司所發行之有價證券之價格會下跌，如能先賣出有價證券，等到該有價證券下跌後再行回補，即可獲利，因而為增加有價證券出售之數量而為融券行為**⑧**。

表 6-5 　投資人融資之理想進行步驟

步驟一： 投資人向融資機構借款
步驟二： 投資人委託證券經紀商買進有價證券
步驟三： 投資人所買進之有價證券之價格上漲，投資人委託證券經紀商出售該有價證券，返還融資之借款，並得到預期之獲利

表 6-6 　投資人融券之理想進行步驟

步驟一： 投資人向融券機構借券
步驟二： 投資人委託證券經紀商出售有價證券
步驟三： 投資人所出售之有價證券之價格下跌，投資人委託證券經紀商買進該有價證券，返還融券之借券，並得到預期之獲利

(2)信用交易制度之發展

　　現行證券交易法第 18 條第 1 項規定：「經營證券金融事業、證券集中保管事業或其他證券服務事業，應經主管機關之核准。」第 43 條第 1 項：「在證券交易所上市或證券商營業處所買賣之有價證券之給付或交割應以現款、現貨為之。其交割期間及預繳買賣證據金數額，得由主管機關以命令定之。」第 60 條第 1 項：「證券商非經主管機關核准，不得為下列之業務：一、有價證券買賣之融資或融券。二、有價證券買賣融資融券之代理。三、有價證券之借貸或為有價證券借貸之代理或居間。四、因證券業務借貸款項或為借貸款項之代理或居間。五、因證券業務受客戶委託保管及運用其款項。」第 60 條第 2 項：「證券商依前項規定申請核准辦理有關業務應具備之資格條件、人員、業務及風險管理等事項之辦法，由主管機關定之。」第 61 條：「有價證券買賣融資融券之額度、期限及融資比率、融券保證金成數，由主管機關商經中央

---

⑧ 賴英照，股市遊戲規則——最新證券交易法解析，第 85 頁以下；李開遠，證券管理法規新論，第 294 頁及第 295 頁。

銀行同意後定之；有價證券得為融資融券標準，由主管機關定之。」由上述之
規定可知，我國現行規範係允許信用交易制度之存在。

不過，臺灣證券交易所於民國 51 年開始營業時，並無信用交易制度之存
在。而民國 53 年國際糖價大漲，臺糖公司股價因而上漲，並帶動國內股價之
上漲，投資人為增大交易量以達到獲利之增加，便向證券商及其他人借款或
券。在此情形下，因自營商被稱之為甲種證券商，經紀商為乙種證券商，至
於寄生於經濟商處所，而實質從事借款券業務者，則被稱之為丙種證券商❽❻。

民國 63 年主管機關頒布**授信機構辦理融資融券業務暫行辦法**，並指定臺
灣銀行、土地銀行及交通銀行辦理融資業務，但不開放融券業務，以避免融
券過多，導致股價下跌。民國 68 年行政院頒布**證券金融事業管理規則**，開放
證券金融事業之設立。復華證券金融公司乃則於民國 69 年 4 月 21 日開始營
業，接替原來三家銀行所辦理之融資業務，並於同年之 7 月 21 日開始辦理融
券業務❽❼。因而，復華證券金融公司便成為最早成立，並為當時之獨有承辦
融資融券之證券金融公司。

民國 77 年證券交易法修正時，將證券交易法原條文中有關信用交易業務
「應由證券金融事業辦理」之規定刪除，並規定證券商經主管機關許可，亦
可辦理融資融券。民國 79 年行政院頒布**證券商辦理有價證券買賣融資融券管
理辦法**，開放證券商承辦融資融券業務。民國 82 年主管機關頒布**證券金融事
業申請設立暨核發營業執照審核要點**，開放證券金融事業之新設立❽❽。

經上述之法規頒布，目前我國有辦理信用交易制度者，分別為一、證券
金融公司；二、證券商。前者，如復華、環華、富邦、安泰等證券金融公司；
後者則為多達 30 多家之證券商。學者稱我國目前之制度為雙軌制。

現行有關信用交易之法規，除上述外，尚有有價證券得為融資融券之標
準、證券商辦理有價證券買賣融資融券業務操作辦法等。

---

❽❻　賴英照，**股市遊戲規則——最新證券交易法解析**，第 88 頁及第 89 頁。

❽❼　賴英照，**股市遊戲規則——最新證券交易法解析**，第 89 頁。

❽❽　賴英照，**股市遊戲規則——最新證券交易法解析**，第 90 頁。

三、結算交割與保管劃撥

㈠結算[89]之意義

　　交易雙方確認交易已依指示執行，其乃經由證券交易所、結算機構 (Clearing Agencies) 與買賣之證券商為之[90]。

㈡交割 (Settlement)

　　係指賣方交付有價證券，買方交付款項而言[91]。並且依證券交易法第 43 條第 1 項規定:「在證券交易所上市或證券商營業處所買賣之有價證券之給付或交割應以現款、現貨為之。其交割期間及預繳買賣證據金數額，得由主管機關以命令定之」。因而，交割應以現款、現貨為之。

㈢證券集中保管機構 (Securities Despository Institutions)

　　證券交易法第 43 條第 2 項規定:「證券集中保管事業保管之有價證券，其買賣之交割，得以帳簿劃撥方式為之；其作業辦法，由主管機關定之。」因而，所謂證券集中保管事業，乃是保管有價證券之機構，其係以自己名義持有有價證券，透過證券商帳簿劃撥 (Book Entry) 方式，從事證券交付。至於投資人，則係於證券商之帳簿記載[92]。民國 78 年 10 月 17 日臺灣證券集中保管股份有限公司，也是我國第一家集中保管事業機構正式成立，而其股份則分別由證券交易所 (持股比例為百分之五十五)、復華證券金融股份有限公司 (持股比例為百分之十五)、證券商、票券公司及銀行等法人持有。

㈣交割結算基金及賠償準備金

　　集中交易市場之結算交割制度，為配合全面電腦自動撮合競價買賣，於交易過程中即予以確認，而由證券交易所與證券商餘額交割，再由證券商與客戶交割。若發生違約交割時，則由證券交易所動用交割結算基金及賠償準備金支付之。證券交易法第 132 條第 1 項規定:「公司制證券交易所於其供給

---

[89]　學者余雪明教授稱之為清算 (Clearance)，參閱氏著，證券交易法，第 561 頁。

[90]　余雪明，證券交易法，第 561 頁。

[91]　余雪明，證券交易法，第 561 頁；廖大穎，證券交易法導論，第 194 頁。

[92]　余雪明，證券交易法，第 561 頁。

使用有價證券集中交易市場之契約內，應訂立由證券自營商或證券經紀商繳存交割結算基金，及繳付證券交易經手費。」第 153 條規定：「證券交易所之會員或證券經紀商、證券自營商在證券交易所市場買賣證券，買賣一方不履行交付義務時，證券交易所應指定其他會員或證券經紀商或證券自營商代為交付。其因此所生價金差額及一切費用，證券交易所應先動用交割結算基金代償之；如有不足，再由證券交易所代為支付，均向不履行交割之一方追償之。」證券交易法第 154 條第 1 項：「證券交易所得就其證券交易經手費提存賠償準備金，備供前條規定之支付……」第 2 項：「因有價證券集中交易市場買賣所生之債權，就第一百零八條及第一百三十二條之交割結算基金有優先受償之權，其順序如左：一、證券交易所。二、委託人。三、證券經紀商、證券自營商。」

表 6–7

重要相關法規
證券集中保管事業管理規則
有價證券集中保管帳簿劃撥作業辦法
臺灣證券集中保管股份有限公司業務操作辦法

第四項　櫃檯買賣——店頭市場買賣

就證券交易之發展而言，美國證券市場乃是先集中市場而後店頭市場。但是我國證券交易剛好相反，亦即先有店頭市場而後集中交易市場。此乃起因於國民政府遷臺後，於民國 42 年為了實施耕者有其田政策而徵收地主之土地而發放給佃農，便一方面發行土地實物債券，一方面則以公營事業中之臺紙、臺泥、工礦及農林等四家之股票給地主補償。而地主為了出脫其手中之債券及股票，便開始了店頭市場之買賣❸。而集中交易市場之臺灣證券交易所股份有限公司，則成立於民國 50 年 10 月 23 日，並於民國 51 年 2 月 9 日正式營業。與證交所不同者，證券交易法對於櫃檯買賣中心之權限或組織並

---

❸　參閱賴英照，最新證券交易法解析，第 64 頁。

無明文規定。我國證券櫃檯買賣中心成立於民國 77 年，其乃由臺北市證券商同業公會所設。並且，於民國 83 年 11 月 1 日由臺北市證券商同業公會、高雄市證券商公會、臺灣證券交易所及臺灣證券集保公司分別捐助而成立財團法人證券櫃檯買賣中心❾❹。

一、櫃檯買賣之意義

所謂櫃檯買賣，係指於證券商專設之營業櫃檯上，以議價方式進行有價證券買賣之交易行為者❾❺。一般稱以此種櫃檯買賣方式所形成之有價證券交易市場為店頭市場（Over-The-Counter，簡稱為 OTC）。我國辦理櫃檯買賣業務者，乃為財團法人中華民國證券櫃檯買賣中心，而於櫃檯買賣者乃包括上櫃及興櫃之有價證券。此外，於店頭交易市場進行交易者尚有所謂之管理股票。所謂管理股票者，係指公司股票經公告下市（或下櫃）後，公司得於一個月內向櫃檯買賣中心申請為管理股票，並於店頭市場而以預收款券之方式所進行交易者。此種類型之交易於店頭市場之體系為之，其適用店頭市場之相關規範。不過，管理股票如逾 2 年仍未轉回上市或上櫃者，櫃檯買賣中心於報經主管機關核准後，得終止管理股票於店頭市場內之交易❾❻。我國證券交易法條文中所規定之「證券商營業處所買賣」者❾❼，即專指櫃檯買賣。

證券交易法第 62 條第 1 項規定：「證券經紀商或證券自營商，在其營業處所受託或自行買賣有價證券者，非經主管機關核准不得為之。」而第 2 項規定：「前項買賣之管理辦法，由主管機關定之。」而證券主管機關則依證券交易法第 62 條第 2 項之授權而頒布「證券商營業處所買賣有價證券管理辦法」，以作為櫃檯買賣有價證券之管理依據。而依該辦法第 8 條之規定：「證券櫃檯買賣中心應訂定證券商營業處所買賣有價證券審查準則，報請本會核定之。」

---

❾❹ 賴英照，最新證券交易法解析，第 84 頁。

❾❺ 參閱證券商營業處所買賣有價證券管理辦法第 2 條。

❾❻ 賴英照，最新證券交易法解析，第 81 頁。

❾❼ 證交法中有證券商營業處所買賣規定之相關條文者，例如證券交易法第 28 條之 1、第 28 條之 2、第 30 條、第 36 條、第 42 條、第 43 條、第 43 條之 8 等。

財團法人中華民國證券櫃檯買賣中心依此，制定財團法人中華民國證券櫃檯買賣中心證券商營業處所買賣有價證券審查準則❾❽，以作為有價證券上櫃之審查標準。

須注意的是，依證券商營業處所買賣有價證券管理辦法第4條規定：「櫃檯買賣之有價證券，以依證券交易法公開發行未在集中交易市場買賣之股票及其他經本會指定之有價證券為限。」因此，申請櫃檯買賣之有價證券，除了非屬於上市之股票外，須為依證券交易法公開發行之股票或是證券主管機關指定之有價證券。因而，申請上櫃買賣之公司股票尚未公開發行者，則依證券交易法第42條第1項之規定，應先向主管機關申請補辦本法規定之有關發行審核程序。否則，依同條第2項之規定，不得為證券交易法之買賣，或為買賣該種股票之公開徵求或居間❾❾。

二、上櫃之要件

㈠股票申請上櫃之要件

1.一般公司

依財團法人中華民國證券櫃檯買賣中心證券商營業處所買賣有價證券審查準則第3條第1項之規定，一般公司申請股票在櫃檯買賣之公開發行公司須合於下列條件：

(1)實收資本額在新臺幣五千萬元以上者，以公司登記（或變更登記）後之證明文件記載之資本額為準。但私募有價證券未經公開發行之股份不列入前開資本額之計算。

---

❾❽ 財團法人中華民國證券櫃檯買賣中心證券商營業處所買賣有價證券審查準則第1條規定：「本準則依證券商營業處所買賣有價證券管理辦法（以下簡稱管理辦法）第八條之規定訂定之。」

❾❾ 參閱證券交易法第42條第1項：「公司對於未依本法發行之股票，擬在證券交易所上市或於證券商營業處所買賣者，應先向主管機關申請補辦本法規定之有關發行審核程序。」第2項：「未依前項規定補辦發行審核程序之公司股票，不得為本法之買賣，或為買賣該種股票之公開徵求或居間。」

(2)依公司法設立登記滿二個完整會計年度。其個別及依財務會計準則公報第七號規定編製之合併財務報表之稅前純益占財務報告所列示股本之比率最近年度達百分之四以上,且其最近一會計年度決算無累積虧損者;或最近二年度均達百分之三以上者;或最近二年度平均達百分之三以上,且最近一年度之獲利能力較前一年度為佳者。前述合併財務報表之獲利能力不予考量少數股權純益(損)對其之影響。但前揭之稅前純益,於最近一會計年度不得低於新臺幣四百萬元。

(3)持有股份一千股至五萬股之記名股東人數不少於三百人,且其所持股份總額合計占發行股份總額百分之十以上或逾五百萬股。

(4)董事、監察人及持有公司已發行股份總數百分之十以上股份之股東,將其持股總額依本中心有關規定辦理集中保管及屆期領回等事宜。就集中保管及屆期領回等事宜之有關規定,由本中心另訂之。

(5)經二家以上證券商書面推薦者。惟應指定其中一家證券商係主辦推薦證券商,餘係協辦推薦證券商。

(6)在本中心所在地設有專業股務代理機構或股務單位辦理股務者。

(7)應於興櫃股票市場交易滿六個月以上。

(8)募集發行之股票及債券,皆應為全面無實體發行。

2.公營事業

公營事業申請股票在櫃檯買賣者,依財團法人中華民國證券櫃檯買賣中心證券商營業處所買賣有價證券審查準則第3條第2項之規定,得不受第1項第2款至第4款及第7款規定之限制;公營事業轉為民營者,得不受第1項第2款設立年限之限制。

3.證券業、期貨業、金融業、保險業及證券投資信託事業

依財團法人中華民國證券櫃檯買賣中心證券商營業處所買賣有價證券審查準則第3條第3項之規定:

(1)證券業、期貨業、金融業及保險業申請其股票為櫃檯買賣,應先取得目的事業主管機關之同意函,本中心始予受理。

(2)且證券投資信託事業之董事、監察人及持股百分之五以上之股東,應

依第 1 項第 4 款規定辦理集中保管及屆期領回等事宜。

  4.科技事業且其產品或技術開發成功具有市場性之評估意見者

  依財團法人中華民國證券櫃檯買賣中心證券商營業處所買賣有價證券審查準則第 3 條第 4 項之規定：公開發行公司取得中央目的事業主管機關出具其係屬科技事業且其產品或技術開發成功具有市場性之評估意見者，得不受第 1 項第 2 款規定之限制。但其董事、監察人及持股百分之五以上股東，及以專利權或專門技術出資而在公司任有職務並持有公司申請上櫃時已發行股份總數達千分之五或十萬股以上之股東，應依第 1 項第 4 款有關規定辦理集中保管及屆期領回等事宜。

㈡封閉式不動產投資信託基金發行之受益證券

  依財團法人中華民國證券櫃檯買賣中心證券商營業處所買賣有價證券審查準則第 3 條之 2 第 1 項規定：

  受託機構向本中心申請其依不動產證券化條例所募集之封閉式不動產投資信託基金發行之受益證券為櫃檯買賣者，應符合下列各款條件：

  1.發行總額在新臺幣二十億元以上者。

  2.自櫃檯買賣日起算，其契約存續期間須一年以上。

  3.持有該受益權單位價金總額未超過新臺幣一百萬元之受益人不少於三百人，且其所持有之受益權單位價金總額不少於新臺幣二億元者。

  4.任五受益人持有該受益權單位價金總額不得超過該受益證券發行總金額百分之五十。但持有人為獨立專業投資者，不在此限。

  5.該基金所投資不動產之所有人或不動產相關權利之權利人，依受託機構募集或私募不動產投資信託或資產信託受益證券處理辦法第 6 條第 1 項第 5 款規定，將其因讓與不動產或不動產相關權利而持有之該基金受益證券，全數委託臺灣證券集中保管股份有限公司集中保管，並承諾自該基金成立之日起一年內不予出售，所取得之集中保管證券憑證不予轉讓或質押，且於一年期限屆滿後，集中保管之受益證券始得領回。

  6.每一受益證券應表彰一千個受益權單位，且面額以新臺幣一萬元為限。

  且依同條第 2 項之規定，前項所稱獨立專業投資者，指不動產證券化條

例第 13 條第 1 項第 1 款之法人或機構或該條例第 13 條第 1 項第 2 款之基金；且非不動產投資信託發起人，或其利害關係人或公司法所稱之關係企業或財務會計準則公報第六號所定之關係人或實質關係人。

㈢依「金融資產證券化條例」所發行之受益證券或資產基礎證券

依財團法人中華民國證券櫃檯買賣中心證券商營業處所買賣有價證券審查準則第 7 條之 1 第 1 項本文之規定，發行機構向本中心申請其依金融資產證券化條例所發行之受益證券或資產基礎證券為櫃檯買賣。

㈣依「不動產證券化條例」所發行之不動產資產信託受益證券

依財團法人中華民國證券櫃檯買賣中心證券商營業處所買賣有價證券審查準則第 7 條之 2 第 1 項本文之規定，受託機構向本中心申請其依不動產證券化條例所發行之不動產資產信託受益證券為櫃檯買賣者。

㈤其他有價證券向本中心申請在櫃檯買賣

依財團法人中華民國證券櫃檯買賣中心證券商營業處所買賣有價證券審查準則第 8 條：「其他有價證券向本中心申請在櫃檯買賣，準用前三條規定。」

三、上櫃之申請

符合上述之上櫃要件之有價證券，則可申請上櫃。且依證券主管機關根據證券交易法第 62 條第 2 項之規定授權所訂定之證券商營業處所買賣有價證券管理辦法第 5 條第 1 項規定：「有價證券在櫃檯買賣，除政府發行之債券或其他經本會指定之有價證券，由本會依職權辦理外，其餘由發行人向財團法人中華民國證券櫃檯買賣中心（以下簡稱證券櫃檯買賣中心）申請上櫃或登錄。」第 2 項規定：「公司之股票或債券已在櫃檯買賣者，其發行新股或再發行債券時，除依有關法令規定辦理外，並應於發行三十日內，向證券櫃檯買賣中心申報之。」同法第 9 條第 1 項又規定：「櫃檯買賣中心認為有價證券合於櫃檯買賣者，應與其發行人訂立證券商營業處所買賣有價證券契約，除申請登錄者外，應先報經本會核准後始得許可為櫃檯買賣。」第 3 條之規定：「證券商經營櫃檯買賣，應依規定申經財政部證券暨期貨管理委員會（以下簡稱本會）核准。」可知，本規定所稱之本會，乃指證券主管機關，依現今之

證券機制，應指金融監督管理委員會（簡稱金管會）。就上述規定，有關有價證券之上櫃，簡分述如下：

㈠**公司之股票或債券尚未在櫃檯買賣者**：發行人向財團法人中華民國證券櫃檯買賣中心申請上櫃買賣（證券商營業處所買賣有價證券管理辦法第 5 條第 1 項）。

　1.有價證券櫃檯買賣契約之簽訂：有價證券之上櫃，其須櫃檯買賣中心與有價證券發行人簽訂有價證券櫃檯買賣契約。

　2.有價證券櫃檯買賣契約須經金管會核准：有價證券櫃檯買賣契約第 7 條明訂：「本契約於報請主管機關核准後生效。」

㈡**公司之股票或債券已在櫃檯買賣者**：發行人向財團法人中華民國證券櫃檯買賣中心申報（證券商營業處所買賣有價證券管理辦法第 5 條第 2 項）。

表 6-8

重要法規
證券商營業處所買賣有價證券管理辦法
財團法人中華民國證券櫃檯買賣中心證券商營業處所買賣有價證券審查準則
財團法人中華民國證券櫃檯買賣中心證券商營業處所買賣興櫃股票審查準則
財團法人中華民國證券櫃檯買賣中心證券商營業處所買賣有價證券業務規則
有價證券櫃檯買賣契約

四、上櫃有價證券之終止

所謂上櫃之終止者，乃指終止櫃檯買賣中心掛牌買賣之有價證券的買賣，一般又稱之為下櫃。

㈠證券商營業處所買賣有價證券管理辦法第 10 條第 1 項：「有價證券櫃檯買賣之終止，除申請登錄者外，應由證券櫃檯買賣中心依有關法令或前條所定契約之規定報請本會核准。」

㈡證券商營業處所買賣有價證券管理辦法第 11 條第 1 項：「證券櫃檯買賣中心依有關法令、櫃檯買賣契約之規定或為保護公眾之利益，就櫃檯買賣

之有價證券停止或回復其買賣時，除申請登錄者外，應報請本會核准。」

㈢證券商營業處所買賣有價證券管理辦法第 12 條：「櫃檯買賣有價證券之發行人，有違反證券交易法或依該法所發布之命令時，本會為保護公眾之利益，得命證券櫃檯買賣中心停止或終止該有價證券之買賣。」

第五項　興櫃股票

一、意　義

依財團法人中華民國證券櫃檯買賣中心興櫃股票買賣辦法（以下簡稱興櫃股票買賣辦法）第 3 條第 1 項之規定，所謂興櫃股票，係指發行人依財團法人中華民國證券櫃檯買賣中心證券商營業處所買賣興櫃股票審查準則（以下簡稱興櫃股票審查準則）規定申請登錄買賣之普通股票。

興櫃股票買賣辦法第 4 條第 1 項規定：「興櫃股票之櫃檯買賣，得採經紀或自營方式，以議價方法為之，其買賣雙方至少有一方須為該興櫃股票之推薦證券商。」第 2 項規定：「前項所稱經紀方式，指證券經紀商接受客戶委託，將委託資料依規定格式輸入興櫃股票電腦議價點選系統，與推薦證券商進行議價買賣。自營方式，指推薦證券商使用興櫃股票電腦議價點選系統，自行與證券經紀商或他證券自營商所為之議價買賣；或推薦證券商在其營業處所自行與客戶議價買賣。」第 6 條規定：「興櫃股票之櫃檯買賣應以現款現貨為之，不得為信用交易。」從而可知，興櫃股票之櫃檯買賣有下列特徵：1.得採經紀或自營方式，以議價方法為之；2.買賣雙方至少有一方須為該興櫃股票之推薦證券商；3.買賣應以現款現貨為之，不得為信用交易。

二、上興櫃要件

依興櫃股票審查準則第 5 條規定，興櫃股票之申請（報）櫃檯買賣、停止買賣、終止買賣及發行人於興櫃股票櫃檯買賣期間內應遵守之義務，除主管機關之法令另有規定或外國發行人因註冊地國（包括若屬投資控股公司型態者，其被控股公司之註冊地國）法令另有限制者外，悉依本準則辦理。因

而，股票欲於興櫃買賣者，須依興櫃股票審查準則之規定。

　　依興櫃股票審查準則第 6 條規定，本國發行人符合下列條件者得申請其股票登錄為櫃檯買賣：

　　㈠為公開發行公司。

　　㈡已與證券商簽訂輔導契約。

　　㈢經二家以上輔導推薦證券商書面推薦，惟應指定其中一家證券商係主辦輔導推薦證券商，餘係協辦輔導推薦證券商，並由主辦輔導推薦證券商檢送最近一個月對該公司之「財務業務重大事件檢查表」（以下簡稱「檢查表」）。

　　㈣在本中心所在地設有專業股務代理機構或股務單位辦理股務。

　　㈤募集發行之股票及債券，皆應為全面無實體發行。

　　前項第 4 款之專業股務代理機構或股務單位，應經臺灣集中保管結算所股份有限公司（以下簡稱集保結算所）出具下列證明文件：

　　㈠其辦理股務之人員與設備，皆已符合「公開發行股票公司股務處理準則」之規定。

　　㈡其最近三年度皆無經集保結算所查核後，以書面提出改進意見，逾期仍未改善之情事。

　　證券業、期貨業、金融業及保險業申請其股票為興櫃股票者，應先取得目的事業主管機關之同意函，本中心始予受理。

　　第 1 項第 3 款之「檢查表」，主辦輔導推薦證券商應逐月依其所列檢查項目，取具相關資料以執行查核程序，並詳實填具查核結果，連同相關工作底稿彙集成冊。

三、興櫃之資訊公開

　　雖然，對於興櫃股票之資訊公開未若如上市或上櫃之嚴格，不過興櫃股票發行公司的資訊亦有某種程度之公開，可區分為「登錄交易前」與「登錄交易後」兩大類：

㈠登錄交易前

1.公司概況資料之公開義務：興櫃股票審查準則第 17 條第 1 項規定：「本中心受理興櫃股票櫃檯買賣申請案後，應填製『發行人申請興櫃股票申請書件記錄表』（附件二或附件二之一），經檢查申請書件合於登錄為櫃檯買賣者，於收文日起之三個營業日內擬具是否同意其股票登錄為櫃檯買賣之明確意見，經簽請核可同意其股票登錄為櫃檯買賣後，通知發行人，並將其概況資料揭示於本中心網站至少五個營業日。」 ⑩

2.公司概況資料公開之內容：興櫃股票審查準則第 17 條第 2 項規定：「前項公司之概況資料應包括股票代號、公司名稱、董事長、總經理、資本額、股東權益總額、主要營業項目、主要產品、最近五年簡明損益表、最近五年簡明資產負債表等資料。」

㈡登錄交易後

1.資訊公開之義務：興櫃股票審查準則第 33 條第 1 項規定：發行人應將下列資訊依規定期限及格式輸入本中心指定之網際網路資訊申報系統：

⑴公司基本資料：應於開始櫃檯買賣前及其後變動時輸入。

⑵年度、半年度個別及合併資產負債表、損益表、現金流量表、股東權益變動表、會計師查核（或核閱）報告及簽證會計師名稱及財務報告附註揭露相關事項（關係人交易、資金貸與及背書保證）：依第 30 條第 1 項或第 31 條第 1 項規定之申報期限辦理。

⑶申請股票上櫃或上市者，於申請送件後至掛牌前之期間內，第一季、第三季個別及合併資產負債表、損益表、現金流量表及會計師核閱報告（合併得免經會計師核閱）及簽證會計師名稱，但如經自行撤件或退件後，得免公告之：依第 30 條第 2 項或第 31 條第 2 項規定之申報期限辦理。

⑷營業額、背書保證金額、資金貸放餘額及衍生性商品交易：每月十日前揭露上月份資料。航運業及金融業申報之營業額若部分屬估計者，應加註營業額採用估計部分之比例及估計方法；另營業額實際結算結果與公告數有差異者，應於申報次月份營運情形時，併同申報前一月份實際數與原公告數，

---

⑩　櫃檯中心網站之網址為：http://www.otc.org.tw。

且當實際數與原公告數差異達百分之三以上者，應再申報差異原因。

⑸內部人股權異動及設質解質資料：每月十五日前申報上月份股權異動資料；公司應於質權設定及解質後五日內申報。

⑹自願公開財務預測資訊者：依主管機關「公開發行公司公開財務預測資訊處理準則」應行公告申報之規定及期限辦理。

⑺股東會日期之公告申報：股東會應於停止股票過戶日期前十二個營業日，於本中心指定之網際網路資訊申報系統辦理申報，並於申報後二日內輸入。

⑻公司決定分派股息及紅利或其他利益之基準日公告申報：應於停止股東名簿記載變更日前至少十二個營業日，於本中心指定之網際網路資訊申報系統辦理公告，並於申報後二日內輸入，但有第 29 條第 2 項規定情事，得於股東會開會日至少四十日前就該等資料補行公告，並於申報後二日內輸入。

⑼大陸投資申報作業：年度資料部分以每營業年度終了後四個月內為期限；半年度資料部分則以每營業半年度終了後二個月內為期限。

⑽投資海外子公司資訊：年度資料部分以每營業年度終了後四個月內為期限；半年度資料部分則以每營業半年度終了後二個月內為期限。

⑾本年度股利分派情形：經董事會通過擬議及股東會確認後，於次一營業日交易時間開始前輸入。

⑿興櫃公司僑外投資持股情形統計表：應於①增資配股，②私募或公開發行海外存託憑證（含新股及老股）、海外可轉換公司債及附認股權有價證券或海外股票，③減資，④合併，⑤公開收購，⑥興櫃公司紅利配股、庫藏股轉讓或發認股權憑證予外籍員工，⑦初次登錄興櫃或轉換新設公司登錄興櫃，⑧召開股東常會時輸入，各項申報時限應依僑外投資持股情形申報作業之申報時限辦理。

⒀公司債資訊：①向主管機關申報生效後一日內，應輸入基本資料及依公司法第 248 條第 1 項第 5 款規定所載償還公司債款之籌集計畫及保管方式等相關資料。並於每月結束後十日內輸入上月份之基本資料異動情形。②公司債自發行日至到期日之存續期間內，應於每季結束後十日內申報上一季自

結數資料,並於申報經會計師查核財務報告時同時輸入實際數資料;於公司債到期日或債權人得要求贖回日前一年內之存續期間,另應於每月十日前輸入上月份自結數資料。③公司債到期日前六個月,或債權人得要求賣回日前六個月之存續期間內,應於每月十日前輸入依公司法第 248 條第 1 項第 5 款規定申報償還公司債款之籌集計劃及保管方式之支應償債款項來源及其具體說明。

(14)興櫃公司產業分類基本資料:年度資料部分以每營業年度終了後四個月內為期限;半年度資料部分則以每營業半年度終了後二個月內為期限。

(15)股東會議事手冊相關內容電子檔申報:應於股東常會開會三十日前或股東臨時會開會十五日前,申報股東會開會通知書、委託書用紙、有關承認案、討論案、選任或解任董事、監察人事項等各項議案之案由及說明資料之電子檔案,於股東會開會十五日前,申報股東會議事手冊及會議補充資料電子檔,並於股東會開會一日前,申報依主管機關規定編製之年報。

(16)財務比率重大變動說明及財務分析資料:每會計年度終了後四個月內輸入。

(17)現金增資、發行公司債及海外公司債資訊:於每季結束後十日內申報資金運用情形季報表;經董事會決議變更時,於二日內輸入變更之資料。

(18)國內海外有價證券轉換申報書:於每月五日前輸入上月份資料。

(19)辦理私募有價證券之資訊:私募款項繳納完成日起十五日內輸入。

(20)轉換公司債異動資料:於初次上櫃、除權或轉換價格調整之當日輸入。

(21)員工認股權憑證資訊:向主管機關申報生效後一日內,輸入發行及認股辦法等基本資料;發行後一日內,輸入實際發行情況等資料。

(22)召開法人說明會資訊:於法人說明會召開前之非交易時間內,得發布說明會簡要訊息或財務業務完整資訊,相關內容以英文表達者,應同時輸入中文翻譯資料,且完整內容至遲應於召開後當日申報;屬多日多場次之法人說明會,且其內容相同者,至遲應於首次召開後當日申報,免再逐日輸入。法人說明會需於交易時間內召開者,應事先專案報經本中心同意,並於召開前之非交易時間內申報完整財務業務資訊,且於說明會中揭露之財務業務資

訊不得逾越已申報之資訊內容。

(23)依主管機關公開發行公司取得或處分資產處理準則第 24 條第 3 項、第 4 項及第 5 項規定應公告申報之事項：於董事會決議通過之日起二日內輸入。

(24)興櫃公司及其子公司取得或處分私募有價證券資訊：於事實發生之日起二日內輸入。

2.**重大訊息說明義務**：興櫃股票審查準則第 34 條第 1 項規定：發行人有下列各款情事之一者，應於事實發生日之次一營業日交易時間開始前將該訊息內容輸入本中心指定之網際網路資訊申報系統，但於其前發布新聞稿者，則應同時輸入：

(1)公司、其負責人或其母、子公司發生存款不足之退票、拒絕往來或其他喪失債信情事者。

(2)公司及其負責人因訴訟、非訟、行政處分、行政爭訟、假扣押、假處分或強制執行事件，對公司財務或業務有重大影響者。

(3)嚴重減產、全部或部分停工、公司廠房或主要設備出租、全部或主要部分資產質押，對公司財務或業務有重大影響者。

(4)有公司法第 185 條第 1 項所定各款情事之一者。

(5)公司或其母、子公司進行公司重整或破產之程序，及其進行程序中所發生之一切事件，包括任何聲請、受法院所為之任何通知或裁定，或經法院依公司法、破產法等相關法令所為之禁止股票轉讓之裁定，或保全處分在內；或前開事項有重大變更者。

(6)董事長、總經理、法人董事及其代表人、法人監察人及其代表人、獨立董事、自然人董事或自然人監察人發生變動者，董事變動達三分之一以上或獨立董事均解任應註記說明之。

(7)非屬會計師事務所內部調整之更換會計師者。

(8)重要備忘錄（合併或分割備忘錄除外）、策略聯盟或其他業務合作計畫或重要契約之簽訂、變更、終止或解除，改變業務計畫之重要內容，完成新產品開發，或試驗之產品已開發成功且正式進入量產階段，對公司財務或業務有重大影響者。

(9)董事會決議減資、合併、分割、收購、股份交換、轉換或轉讓、解散、增資發行新股、發行公司債、發行員工認股權憑證、發行其他有價證券、私募有價證券、參與設立或轉換為金融控股公司或投資控股公司或其子公司者，或前開事項有重大變更者；或參與合併、分割、收購或股份受讓公司之董事會或股東會未於同一日召開、決議或參與合併、分割、收購或股份受讓公司嗣後召開之股東會因故無法召開或任一方否決合併、分割、收購或股份受讓議案者；或董事會決議合併後於合併案進行中復為撤銷合併決議者。

(10)依主管機關函訂之**公開收購公開發行公司有價證券管理辦法**規定應行公告申報之事項。

(11)公司發言人、代理發言人、訴訟及非訟代理人、財務主管、會計主管、研發主管或內部稽核主管發生變動者。

(12)董事會決議公開財務預測資訊、前揭財務預測資訊不適用或更正或更新前揭財務預測資訊、已公開財務預測之公司於年度終了後一個月內公告申報之自行結算損益與最近一次公告申報之財務預測數差異數達百分之二十以上且金額達新臺幣三千萬元及實收資本額之千分之五、或公告申報年度財務報告之稅前損益與年度終了後一個月內公告申報之上年度自行結算稅前損益差異達百分之二十以上且金額達新臺幣三千萬元及實收資本額之千分之五者。

(13)董事會或股東會決議直接或間接進行投資計劃達該公司財務報告所列示股本百分之二十且新臺幣一億元以上者，或前開事項有重大變更者。

(14)現金增資或募集公司債計畫經申報生效後，及私募有價證券計畫經董事會或股東會通過後，該計畫因董事會決議變更者。

(15)股東會或臨時股東會重要決議事項。

(16)公司發生重大內部控制舞弊、非常規交易或資產被掏空者。

(17)公司及其股票未於國內公開發行之子公司取得或處分資產，符合主管機關訂定之**公開發行公司取得或處分資產處理準則**第 3 條資產之適用範圍，且有第 30 條及第 31 條各款所規定之應辦理公告申報情形者；或公司從事衍生性商品交易有未實現損失占股東權益百分之三以上者。但公司進行合併、

分割、收購或股份受讓，取得或處分國內各類非私募性質之開放型基金，及按月申報之衍生性商品交易資訊除外。

⑴⑻興櫃公司及其子公司取得或處分私募有價證券者。

⑴⑼公司及其股票未於國內公開發行之子公司辦理背書保證，其金額達主管機關訂定之**公開發行公司資金貸與及背書保證處理準則**第 25 條第 1 項各款規定之標準者；或公司本身對集團企業背書保證之總額達公司最近期財務報表淨值百分之五十以上者。

⑵⑽公司及其股票未於國內公開發行之子公司辦理資金貸與他人，其金額達主管機關訂定之**公開發行公司資金貸與及背書保證處理準則**第 22 條第 1 項各款規定之標準者。

⑵⑴發生災難、集體抗議、罷工、環境污染或其他重大情事，致造成公司重大損害，或經有關機關命令停工、停業、歇業、廢止或撤銷相關許可證或罰鍰金額達新臺幣十萬元以上情節重大者。

⑵⑵董事會（或股東會）決議許可經理人（或董事）從事競業行為者，或公司知悉經理人自營或為他人經營同類之業務，或董事為自己或他人為屬於公司營業範圍內之行為，且從事之投資或營業屬大陸地區事業，有未依規定取得董事會（或股東會）許可之情事者，或前開事項有重大變動。

⑵⑶公司之關係人或主要債務人或其連帶保證人遭退票、聲請破產、重整或其他類似情事；公司背書保證之主要債務人無法償付到期之票據、貸款或其他債務者。

⑵⑷公司未依規定期限公告申報財務報告；編製之財務報告發生錯誤或疏漏，有證交法施行細則第 6 條規定應更正且重編者；公告申報之財務報告經會計師出具無保留意見或修正式無保留意見以外之查核報告者；或公告申報之財務報告經會計師出具非無保留核閱報告者，但依法律規定損失得分年攤銷；半年度（或第一季、第三季）財務報告若因長期股權投資金額及其損益之計算係採被投資公司未經會計師查核簽證（或核閱）之報表計算等情事，經其簽證會計師出具保留意見之查核報告（或保留式核閱報告）者，不在此限。

⒂公司年度例行申報之內部控制制度聲明書內容變更重新辦理申報公告者，或取得會計師執行內部控制專案查核之「內部控制專案審查報告」者。

⒃大眾傳播媒體報導或市場流傳之訊息有足以影響公司有價證券行情者。

⒄董事或監察人受停止行使職權之假處分裁定，或董事會因董事受停止行使職權之假處分裁定，致無法行使職權者。

⒅依本準則第 38、40 條規定停止或終止其有價證券櫃檯買賣者；或前開事項有重大變更者。

⒆本國發行人於海外發行有價證券者，對海外上市地申報之各期財務資訊，有海外財務報告因兩地適用會計原則不一致之差異而調節者。外國發行人之合併財務報告若未依我國財務會計準則編製，且其稅前純益差異金額累計達新臺幣一仟萬元以上者，應揭露重大差異項目及影響金額。

⒇公司召開法人說明會者，其召開日期及相關財務業務資訊。

(31)董事會決議發放股利，或股利分派經董事會或股東會決議有所變動，或決議股利配發基準日者。

(32)董事會決議股東會或股東臨時會召開日期、召集事由及停止變更股東名簿記載之日期者。

(33)公司與主要客戶或供應商停止部份或全部業務往來，且該客戶或供應商占公司最近一會計年度之總銷售值或進貨金額達百分之十以上者。

(34)依公司法第 369 條之 8 第 3 項公司股權變動之事由並收到通知者。

(35)公司因減資辦理資本變更登記完成者，其減資對公司財務報告之影響（含實收資本額與流通在外股數之差異、對每股淨值之影響）及預計換股作業計劃。暨爾後有未依換股作業計劃執行之情形者。

(36)獨立董事就董事會之決議表示反對意見者。

(37)全體董事及監察人放棄認購該公司現金增資股數達得認購股數二分之一以上，並洽由特定人認購者。但公司因申請股票上櫃或上市而辦理之現金增資除外。

(38)公司與債權銀行召開協商會議，其協商結果確定時。

⑶公司或其聯屬公司有其他經董事會決議之重大決策，或對股東權益或證券價格有重大影響之情事者。

四、興櫃股票之停止與終止買賣

㈠興櫃股票之停止買賣

依興櫃股票審查準則第 38 條第 1 項規定：發行人有下列情事之一者，本中心得停止其股票櫃檯買賣：

1. 無主辦輔導推薦證券商者。

2. 僅餘一家輔導推薦證券商者。

3. 未依證券交易法第 36 條規定時間公告申報年度或半年度財務報告者。

4. 未依規定辦理重大訊息公開，經限期改善而未改善者。

5. 未依本準則第 6 條第 1 項第 4 款或第 2 項第 1、2 款或第 7 條第 1 項第 5 款或第 2 項第 1、2 款之規定辦理股務，經本中心限期改善而未改善者。

6. 有公司法第 282 條之情事，經法院依公司法第 287 條第 1 項第 5 款規定對其股票為禁止轉讓之裁定者。

7. 外國發行人已無於我國境內居住或登記之訴訟及非訟代理人者。

8. 違反所出具之承諾事項者。

9. 外國發行人公告申報之合併財務報告未符合本準則第 31 條第 3 項規定者。

10. 規避或拒絕本中心或本中心所指定會計師或專業機構進行專案查核，且情節重大者。

11. 主辦輔導推薦證券商倘有異動者，發行人未依本準則第 15 條第 3 項規定提出一定股份由其新任之主辦輔導推薦證券商認購者。

12. 其他本中心認為有必要停止櫃檯買賣之情事者。

第 2 項：除依前項第 6 款規定停止櫃檯買賣者外，依前項規定停止櫃檯買賣之股票，本中心應即公告其自公告日之次五營業日起停止買賣。

第 3 項：依第 1 項第 6 款規定停止櫃檯買賣之股票，本中心於知悉日或受法院通知日或興櫃公司於重大訊息揭露日（以孰前者為準）之日即辦理公

告，並自公告日之次一營業日起停止買賣。

(二)興櫃股票之終止買賣

依興櫃股票審查準則第 40 條第 1 項規定：發行人有下列情事之一者，本中心得終止其股票櫃檯買賣：

1. 該股票已在本中心上櫃或在臺灣證券交易所上市者。

2. 經依本準則第 38 條之規定停止櫃檯買賣逾三個月，其停止交易原因仍未消滅者。

3. 無輔導推薦證券商者。

4. 經法院裁定宣告破產已確定者。

5. 經法院裁定准予重整確定或依公司法第 285 條之 1 第 3 項第 2 款規定駁回重整之聲請確定者。

6. 本國發行人有公司法第 9 條、第 10 條、第 11 條、第 17 條第 2 項、第 315 條第 1 項第 1 款至第 7 款及第 397 條規定情事或其他原因，或外國發行人因違反註冊地國相關法令規定，經有關主管機關撤銷公司登記或予以解散者。

7. 有公司法第 251 條或第 271 條規定情事或其他原因經我國或註冊地國有關主管機關撤銷其發行股票或公司債核准且情節重大者。

8. 依發行人申請或其他本中心認為有必要終止該股票櫃檯買賣之重大情事者。

第 2 項：依前項第 1 款規定終止櫃檯買賣者，本中心應即公告其自公告日之次一個營業日起終止買賣；依前項第 2 至 8 款規定終止櫃檯買賣者，本中心應即公告其自公告日之次十五日起終止買賣。

第 3 項：發行人之股票經依第 1 項規定終止櫃檯買賣者，自其終止櫃檯買賣之日起屆滿六個月後，始得重行申請登錄。

第四節　有價證券之公開收購

一、有價證券之公開收購之意義

　　所謂有價證券之公開收購，係指不經由有價證券集中交易市場或證券商營業處所，對非特定人為公開收購公開發行公司之有價證券之要約行為（參閱證券交易法第 43 條之 1 第 2 項）❿。簡而言之，公開收購之目的乃指公開收購人欲於市場外，直接與股東成立買賣行為❿。證券交易法第 43 條之 1 第 4 項規定：「依第二項規定收購有價證券之範圍、條件、期間、關係人及申報公告事項與前項之一定比例及條件，由主管機關定之。」主管機關依上述之授權便制定公開收購公開發行公司有價證券管理辦法（以下簡稱公開收購辦法）❿。此處所稱之「公開收購」之方式，則依公開收購辦法第 2 條第 1 項之規定，係指「以公告、廣告、廣播、電傳資訊、信函、電話、發表會、說明會或其他方式為公開要約」。

　　公開收購股權之制度，在證券市場發達之國家中（如英美等國），乃為公司間為追求企業外部成長，所採用之一種股權收購方式。此種制度，使得擬參與或控制其他公司之經營者，得不須經由有價證券集中交易市場或證券商營業處所，而直接透過廣告、書函等方法，向非特定人為公開出價購買他公司之股票。此制度之目的，乃在避免擬參與或控制其他公司之經營者，在集中交易市場或證券商營業處所，大量買進其鎖定之公司股票，導致影響市場

---

❿　李開遠，證券管理法規新論，第 286 頁；賴英照，股市遊戲規則──最新證券交易法解析，第 183 頁。此種行為，在美國稱之為 Tender Offer，於英國則稱之為 Take Over Bid（簡稱 TOB），而在日本稱之為公開買付。林國全，證券交易法研究，第 59 頁；陳春山，證券交易法論，第 147 頁。

❿　廖大穎，證券交易法導論，第 274 頁。

❿　公開收購公開發行公司有價證券管理辦法第 1 條：「本辦法依證券交易法（以下簡稱本法）第四十三條之一第四項規定訂定之。」

之價格。此制度在我國之法制化，則為我國政府因應我國未來金融市場自由化與國際化的發展，所為之一種前瞻性的立法❿。

二、有價證券公開收購之程序

證券交易法第 43 條之 1 第 2 項本文規定：「不經由有價證券集中交易市場或證券商營業處所，對非特定人為公開收購公開發行公司之有價證券者，除左列情形外，應先向主管機關申報並公告後，始得為之……」。由此可知，不經由有價證券集中交易市場或證券商營業處所之公開收購進行，除了有證券交易法第 43 條之 1 第 2 項之例外情形外，須先向金管會申報並公告後，方得為之。此外，主管機關對於公開收購，亦訂有公開收購辦法，以茲作為公開收購之相關規範。以下便就公開收購之相關程序分別敘述之：

㈠公開收購之申報

1.申報制度之演變

在民國 91 年以前，我國之公開收購制度係採核准制。但於民國 91 年證券交易法修正時，參照美國、英國及日本等國之立法例，於證券交易法第 43 條之 1 第 2 項之公開收購制度改採申報制❺。

2.申報為原則與免申報為例外

依證券交易法第 43 條之 1 第 2 項之規定，我國對於非經由有價證券集中交易市場或證券商營業處所之公開收購，採申報為原則，無須申報為例外。以下簡述之：

⑴原則——須申報

依證券交易法第 43 條之 1 第 2 項之規定，非經由有價證券集中交易市場或證券商營業處所，對非特定人為公開收購公開發行公司之有價證券者，除第 1 款至第 3 款之情形外，應先向主管機關申報並公告後，始得為之。顯然，我國對於公開收購，原則上須先向金管會申報並公告後，始得為之。而依公開收購辦法第 9 條第 1 項本文之規定：「公開收購人除依本法第二十八條之二

---

❿ 林國全，證券交易法研究，第 60 頁；廖大穎，證券交易法導論，第 272 頁。

❺ 賴英照，股市遊戲規則——最新證券交易法解析，第 189 頁。

規定買回其股份者外，應依第七條規定，於公開收購開始日前檢具公開收購申報書及下列書件向本會申報⋯⋯」因而，我國對於須申報之公開收購行為，其公開收購之申報，未採美國威廉斯法之同時申報制，亦未採日本之事後報備制，而係採事前申報制❶。並依公開收購辦法第 7 條第 2 項規定，對同一公開發行公司發行之有價證券競爭公開收購者，應於原公開收購期間屆滿之日五個營業日以前向金管會辦理公開收購之申報並公告。

至於公開收購之進行，並須依公開收購辦法第 15 條第 1 項之規定，公開收購人應委任證券商、銀行或其他經本會核准之機構，負責接受應賣人有價證券之交存、公開收購說明書之交付及公開收購款券之收付等事宜。

(2)例外——免申報

依證券交易法第 43 條之 1 第 2 項之規定，非經由有價證券集中交易市場或證券商營業處所，對非特定人為公開收購公開發行公司之有價證券者，除第 1 款至第 3 款之情形外，應先向主管機關申報並公告後，始得為之。而此於公開收購時，三種免申報之情形如下：

A.公開收購人預定公開收購數量，加計公開收購人與其關係人已取得公開發行公司有價證券總數，未超過該公開發行公司已發行有表決權股份總數百分之五。

B.公開收購人公開收購其持有已發行有表決權股份總數超過百分之五十之公司之有價證券。

C.其他符合主管機關所定事項。

3.申報之文件

(1)公開收購人係依證券交易法第 28 條之 2 實行庫藏股買回之公司：依公開收購辦法第 10 條之規定，公開收購人依證券交易法第 28 條之 2 規定買回其股份者，應於公開收購開始日前檢具公開收購申報書及下列書件公告並向金管會申報：A.前條第 1 項第 2 款之書件。B.董事會決議買回股份之會議紀錄。C.董事會出具已考慮公司財務狀況，不影響公司資本維持之聲明書。D.董事會決議前最近期依法公開經會計師查核或核閱之財務報告。E.會計師或

❶ 賴英照，股市遊戲規則——最新證券交易法解析，第 193 頁。

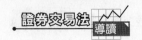

證券承銷商對買回股份價格之合理性評估意見。F.依上市上櫃公司買回本公司股份辦法第 10 條轉讓股份予員工辦法或第 11 條股權轉換或認股辦法。G.對公司未分配盈餘之影響。H.其他金管會規定之文件。

　　⑵公開收購人係依證券交易法第 28 條之 2 實行庫藏股買回之公司以外之人：依公開收購辦法第 9 條第 1 項之規定，公開收購人除依證券交易法第 28 條之 2 規定買回其股份者外，應依（公開收購辦法）第 7 條規定，於公開收購開始日前向金管會申報時，除檢具公開收購申報書，並應提出 A.公開收購說明書。B.公開收購人依（公開收購辦法）第 15 條規定與受委任機構簽定之委任契約書。C.公開收購人在中華民國境內無住所或營業處所者，指定訴訟及非訟事件代理人之授權書。D.其他本會規定之文件等書件。

㈡公開收購之對價

　　依公開收購辦法第 8 條之規定，公開收購之對價除現金外，應以下列範圍為限：

　　1.已在證券交易所上市或於證券商營業處所買賣之國內有價證券；外國有價證券之範圍由本會另定之。

　　2.公開收購人為公開發行公司者，其募集發行之股票或公司債；公開收購人為外國公司者，其募集發行之股票或公司債之範圍由本會另定之。

　　3.前款公開收購人之其他財產。

㈢公開收購之期間

　　依公開收購辦法第 18 條之規定，公開收購之期間不得少於十日，多於五十日。有公開收購辦法第 7 條第 2 項（公開收購之申報及公告之期限）之情事或有其他正當理由者,原公開收購人得向金管會申報並公告延長收購期間。但延長期間合計不得超過三十日。

㈣被收購有價證券之公開發行公司之申報與報告

　　公開收購辦法第 14 條規定,被收購有價證券之公開發行公司於接獲公開收購人依第 9 條第 3 項或本法第 43 條之 5 第 2 項規定申報及公告之公開收購申報書副本及相關書件後七日內，應就下列事項公告、作成書面申報本會備查及抄送證券相關機構：

1. 現任董事、監察人及持有本公司已發行股份超過百分之十之股東目前持有之股份種類、數量。

2. 就本次收購對其公司股東之建議，並應載明任何持反對意見之董事姓名及其所持理由。

3. 公司財務狀況於最近期財務報告提出後有無重大變化及其變化內容。

4. 現任董事、監察人或持股超過百分之十之大股東持有公開收購人或其符合公司法第六章之一所定關係企業之股份種類、數量及其金額。

5. 其他相關重大訊息。

前項第 1 款及第 4 款之人持有之股票，包括其配偶、未成年子女及利用他人名義持有者。

㈤有價證券之交存、公開收購說明書之交付及公開收購款券之收付之委任

依公開收購辦法第 15 條第 1 項，公開收購人應委任下列機構負責接受應賣人有價證券之交存、公開收購說明書之交付及公開收購款券之收付等事宜：

1. 證券商。

2. 銀行。

3. 其他經本會核准之機構。

㈥公開說明書之送達及交付

證券交易法第 43 條之 4 第 1 項規定，公開收購人除依證券交易法第 28 條之 2 規定買回本公司股份者外，應於應賣人請求時或應賣人向受委任機構交存有價證券時，交付公開收購說明書。

公開收購辦法第 16 條第 1 項亦規定，公開收購人除依證券交易法第 28 條之 2 規定買回本公司股份者外，應於公開收購期間開始日前，將公開收購說明書送達其受委任機構及證券相關機構；並應於應賣人請求時或應賣人向前條受委任機構交存有價證券時，交付應賣人公開收購說明書。

㈦公開收購人之公告

依公開收購辦法第 19 條第 1 項之規定，公開收購人於本次公開收購之條件成就後，應即公告並申報，並副知受委任機構。

而同條第 2 項並規定，前項公開收購之條件成就應以收購期間屆滿前達公開收購人所定之最低收購數量為標準。

(八)公開收購之結果報告

公開收購辦法第 22 條第 1 項規定，公開收購人應於第 18 條所定之公開收購期間屆滿之日起二日內，向金管會申報並公告下列事項： 1.公開收購人之姓名或名稱及住所或所在地。 2.被收購有價證券之公開發行公司名稱。 3.被收購有價證券之種類。 4.公開收購期間。 5.以應賣有價證券之數量達到預定收購數量為收購條件者，其條件是否達成。 6.應賣有價證券之數量、實際成交數量。 7.支付收購對價之時間、方法及地點。 8.成交之有價證券之交割時間、方法及地點。

三、同一收購條件與特定收購條件內容之禁止變更

(一)同一收購條件與禁止特定收購條件變更之內容

依證券交易法第 43 條之 2 第 1 項規定，公開收購人應以同一收購條件為公開收購，且不得為調降公開收購價格、降低預定公開收購有價證券數量、縮短公開收購期間及其他經主管機關規定之事項公開等收購條件之變更。

不過，公開收購人得為證券交易法第 43 條之 2 第 1 項以外之條件內容之變更。但是，公開收購人於條件變更前，依公開收購辦法第 17 條之規定，應向金管會申報並公告，且通知各應賣人、受委任機構及被收購有價證券之公開發行公司。

(二)違反禁止收購條件變更義務之損害賠償責任

依證券交易法第 43 條之 2 第 2 項規定，違反同條第 1 項應以同一收購條件公開收購者，公開收購人應於最高收購價格與對應賣人公開收購價格之差額乘以應募股數之限額內，對應賣人負損害賠償責任。

四、收購同種類之公開發行公司有價證券之禁止

(一)禁止收購同種類有價證券之內容

證券交易法第 43 條之 3 第 1 項規定，公開收購人及其關係人自申報並公

告之日起至公開收購期間屆滿日止，不得於集中交易市場、證券商營業處所、其他任何場所或以其他方式，購買同種類之公開發行公司有價證券。此處所指之關係人，則依公開收購辦法第 3 條第 1 項之規定，如公開收購人為自然人者，指其配偶及未成年子女；如公開收購人為公司者，指符合公司法第六章之一所定之關係企業者。且依同條第 2 項之規定，關係人持有之有價證券，包括利用他人名義持有者。

㈡違反禁止收購同種類有價證券義務之損害賠償責任

違反證券交易法第 43 條之 3 第 1 項規定者，則依同條第 2 項之規定，公開收購人應就另行購買有價證券之價格與公開收購價格之差額乘以應募股數之限額內，對應賣人負損害賠償責任。

五、公開收購之強制

㈠公開收購適用之範圍

證券交易法第 43 條之 1 第 3 項：「任何人單獨或與他人共同預定取得公開發行公司已發行股份總額達一定比例者，除符合一定條件外，應採公開收購方式為之」。

從本規定可知，受強制公開收購規範之行為主體之計算，係包括單獨之行為人或是數人共同預定取得公開發行公司已發行股份總額達一定比例者。此數人共同預定取得一定比例股份者，亦被稱之為共同預定取得人[107]之範圍，依公開收購辦法第 12 條之規定，係指預定取得人間因共同之目的，以契約、協議或其他方式之合意，取得公開發行公司已發行股份。

公開收購辦法第 11 條第 1 項規定：「任何人單獨或與他人共同預定於五十日內取得公開發行公司已發行股份總額百分之二十以上股份者，應採公開收購方式為之。」參照本規定可知，證券交易法第 43 條之 1 第 3 項一定比例者，則指公開發行公司已發行股份總額百分之二十以上之有價證券。此外，此共同預定者，係預定於五十日內取得公開發行公司已發行股份總額百分之二十以上股份者，方適用公開收購強制之範圍內。

---

[107] 廖大穎，證券交易法導論，第 333 頁。

㈡公開收購強制之排除

依公開收購辦法第 11 條第 2 項之規定，符合下列條件者，不適用前項應採公開收購之規定：

1.與第 3 條關係人間進行股份轉讓。

2.依臺灣證券交易所股份有限公司受託辦理上市證券拍賣辦法取得股份。

3.依臺灣證券交易所股份有限公司辦理上市證券標購辦法或依財團法人中華民國證券櫃檯買賣中心辦理上櫃證券標購辦法取得股份。

4.依證券交易法第 22 條之 2 第 1 項第 3 款（董事、監察人等股票轉讓符合主管機關所定條件之特定人）規定取得股份。

5.依公司法第 156 條第 6 項或企業併購法實施股份交換，以發行新股作為受讓其他公開發行公司股份之對價。

6.其他符合金管會規定。

六、停止公開收購

公開收購人進行公開收購後，原則上不得停止公開收購。至於特殊情形下，依證券交易法第 43 條之 5 及公開收購辦法之相關規定，則仍得停止公開收購。以下便分述之：

㈠停止公開收購之要件

1.停止公開收購事由

依證券交易法第 43 條之 5 第 1 項之規定，收購人進行公開收購後，有下列事由，則構成得停止公開收購之事由：

⑴被收購有價證券之公開發行公司，發生財務、業務狀況之重大變化，經公開收購人提出證明者。

⑵公開收購人破產、死亡、受禁治產宣告或經裁定重整者。

⑶其他經主管機關所定之事項。

2.須經主管機關核准

依證券交易法第 43 條之 5 第 1 項之規定，公開收購人進行公開收購後，

除有上述之停止公開收購事由之一，並經主管機關核准者外，不得停止公開收購之進行。因而，欲停止公開收購須存在**停止公開收購事由**，並經**主管機關核准**，換言之，須此二要件同時具備。

㈡停止公開收購之效果

1.公開收購停止之公告與通知

依公開收購辦法第 21 條之規定，公開收購依證券交易法第 43 條之 5 第 1 項規定經本會核准停止公開收購者，應於金管會停止收購核准函到達之日起二日內公告並通知各應賣人、受委任機構、被收購有價證券之公開發行公司。

2.一年內公開收購之禁止

依證券交易法第 43 條之 5 第 3 項之規定，經主管機關核准停止公開收購之進行者，除有正當理由並經主管機關核准者外，公開收購人於一年內不得就同一被收購公司進行公開收購。

而此處所謂之正當理由，則依公開收購辦法第 24 條之規定，係指有下列情形之一者： 1.對同一公開發行公司發行之有價證券競爭公開收購者，應於原公開收購期間屆滿之日五個營業日以前向金管會辦理公開收購之申報並公告。 2.經被收購有價證券公開發行公司董事會決議同意且有證明文件。但被收購有價證券公開發行公司之全體董事不符合證券交易法第 26 條規定者不適用之。 3.有其他正當理由者。

七、其他公開收購之規定

㈠命令公開收購人變更公開收購申報事項

證券交易法第 43 條之 5 第 2 項之規定，公開收購人所申報及公告之內容有違反法令規定之情事者，主管機關為保護公益之必要，得命令公開收購人變更公開收購申報事項，並重行申報及公告。

㈡定期之禁止公開收購

公開收購人未於收購期間完成預定收購數量或經主管機關核准停止公開收購之進行者，依證券交易法第 43 條之 5 第 3 項之規定除有正當理由並經主

管機關核准者外,公開收購人於一年內不得就同一被收購公司進行公開收購。

㈢臨時股東會召集請求權

證券交易法第 43 條之 5 第 4 項規定:「公開收購人與其關係人於公開收購後,所持有被收購公司已發行股份總數超過該公司已發行股份總數百分之五十者,得以書面記明提議事項及理由,請求董事會召集股東臨時會,不受公司法第一百七十三條第一項規定之限制。」

此處所指公開收購,就公開收購人部分,包括其本人及利用他人名義持有者。而於關係人部分,依公開收購辦法第 3 條第 2 項之規定,亦是包括關係人及利用他人名義持有者。

至於本規定所指之關係人,依公開收購辦法第 3 條第 1 項可分為兩類:

1.公開收購人為自然人者,關係人係指其配偶及未成年子女。

2.公開收購人為法人者,係指符合公司法第六章之一所定之關係企業者。

本規定之主要意義在於,排除公司法第 173 條第 1 項所規定,請求董事會召集股東臨時會者,須持有股票逾一年以上之限制。目的在於,使得公開收購人得儘速召開股東會,經由改選董事而進入經營團隊,得以完成經營團隊之改組❽。

第五節　有價證券買賣之給付與交割方式

一、現款、現貨之給付或交割

證券交易法第 43 條第 1 項:「在證券交易所上市或證券商營業處所買賣之有價證券之給付或交割應以現款、現貨為之。其交割期間及預繳買賣證據金數額,得由主管機關以命令定之。」

二、集保有價證券之交割

證券交易法第 43 條第 2 項:「證券集中保管事業保管之有價證券,其買

---

❽　廖大穎,證券交易法導論,第 280 頁。

賣之交割，得以帳簿劃撥方式為之；其作業辦法，由主管機關定之。」證券交易法之立法者為簡化行證券交割作業程序，並發揮證券集中保管之功能，故明文規定買賣之交割得以帳簿劃撥方式為之❿。

三、設質之交付

證券交易法第43條第3項：「以證券集中保管事業保管之有價證券為設質標的者，其設質之交付，得以帳簿劃撥方式為之，並不適用民法第九百零八條之規定。」依民法第908條之規定，質權以無記名證券為標的物者，因交付其證券於質權人而生設定質權之效力，以其他之有價證券為標的物者，並應依背書方法為之。然而集中保管之有價證券如為設質之標的，其設質之交付亦明定得以帳簿劃撥方式為之，並排除民法第908條設質應以背書為之的規定，以免減低集中保管之功能⓫。

四、集保之有價證券之所有權歸屬與領回

證券交易法第43條第4項：「證券集中保管事業以混合保管方式保管之有價證券，由所有人按其送存之種類數量分別共有；領回時，並得以同種類、同數量之有價證券返還之。」

五、集保股票與公司債之股東與公司債債權人之確認

證券交易法第43條第5項：「證券集中保管事業為處理保管業務，得就保管之股票、公司債以該證券集中保管事業之名義登載於股票發行公司股東名簿或公司債存根簿。證券集中保管事業於股票、公司債發行公司召開股東會、債權人會議，或決定分派股息及紅利或其他利益，或還本付息前，將所保管股票及公司債所有人之本名或名稱、住所或居所及所持有數額通知該股票及公司債之發行公司時，視為已記載於公司股東名簿、公司債存根簿或已將股票、公司債交存公司，不適用公司法第一百六十五條第一項、第一百七

---

❿　參閱民國77年1月29日證券交易法第43條第2項之修正理由。

⓫　參閱民國77年1月29日證券交易法第43條第3項之修正理由。

十六條、第二百六十條及第二百六十三條第三項之規定。」

六、政府債券及其他有價證券之準用

證券交易法第 43 條第 6 項：「前二項規定於政府債券及其他有價證券準用之。」

附　錄

附錄一　申請上市（國內公司）的流程圖

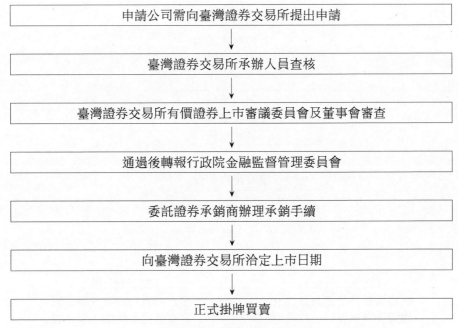

申請公司需向臺灣證券交易所提出申請

↓

臺灣證券交易所承辦人員查核

↓

臺灣證券交易所有價證券上市審議委員會及董事會審查

↓

通過後轉報行政院金融監督管理委員會

↓

委託證券承銷商辦理承銷手續

↓

向臺灣證券交易所洽定上市日期

↓

正式掛牌買賣

資料來源：臺灣證券交易所

附錄二　申請上櫃的流程圖

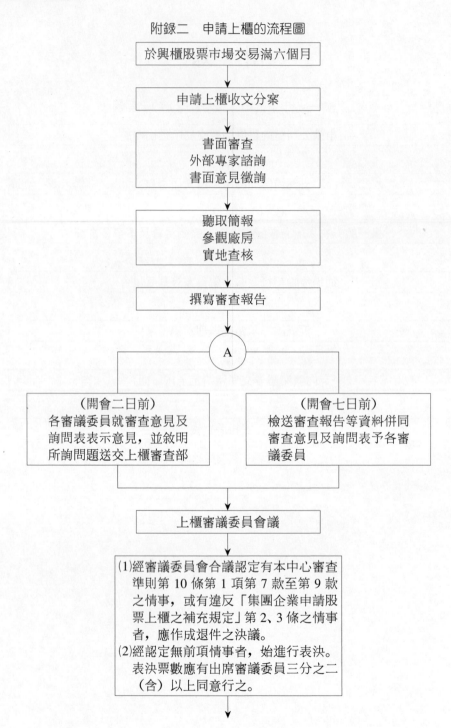

於興櫃股票市場交易滿六個月

申請上櫃收文分案

書面審查
外部專家諮詢
書面意見徵詢

聽取簡報
參觀廠房
實地查核

撰寫審查報告

A

（開會二日前）
各審議委員就審查意見及
詢問表表示意見，並敘明
所詢問題送交上櫃審查部

（開會七日前）
檢送審查報告等資料併同
審查意見及詢問表予各審
議委員

上櫃審議委員會議

(1)經審議委員會合議認定有本中心審查
準則第 10 條第 1 項第 7 款至第 9 款
之情事，或有違反「集團企業申請股
票上櫃之補充規定」第 2、3 條之情事
者，應作成退件之決議。
(2)經認定無前項情事者，始進行表決。
表決票數應有出席審議委員三分之二
（含）以上同意行之。

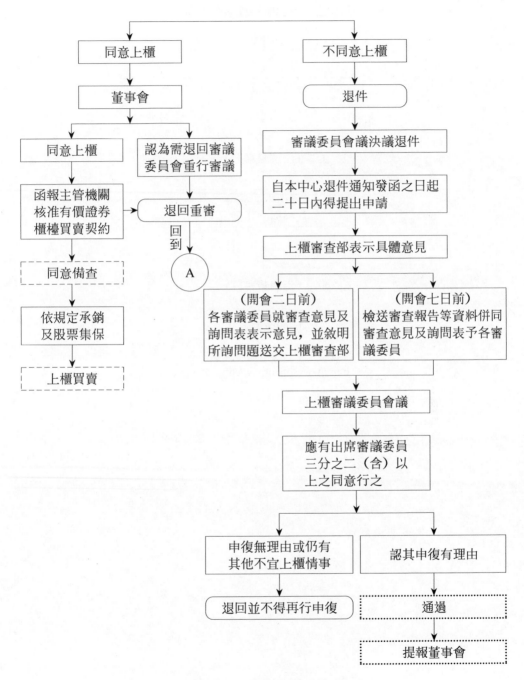

資料來源：證券櫃檯買賣中心
http://www.otc.org.tw/ch/index.php

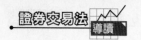

附錄三　登錄興櫃程序的流程圖

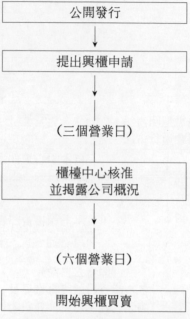

公開發行

↓

提出興櫃申請

↓

（三個營業日）

櫃檯中心核准 並揭露公司概況

↓

（六個營業日）

開始興櫃買賣

資料來源：證券櫃檯買賣中心
http://www.otc.org.tw/ch/index.php

附錄四　有價證券上市作業程序

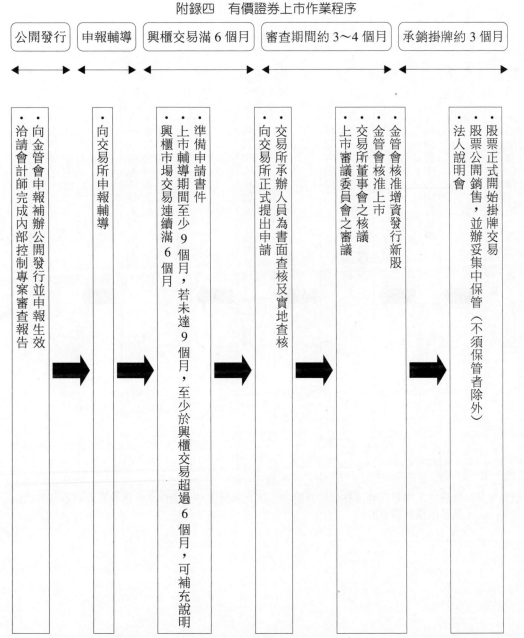

| 公開發行 | 申報輔導 | 興櫃交易滿 6 個月 | 審查期間約 3～4 個月 | 承銷掛牌約 3 個月 |

- ・向金管會申報補辦公開發行並申報生效
- ・洽請會計師完成內部控制專案審查報告

- ・向交易所申報輔導

- ・準備申請書件
- ・上市輔導期間至少 9 個月，若未達 9 個月，至少於興櫃交易超過 6 個月，可補充說明
- ・興櫃市場交易連續滿 6 個月

- ・交易所承辦人員為書面查核及實地查核
- ・向交易所正式提出申請

- ・金管會核准增資發行新股
- ・金管會核准上市
- ・交易所董事會之核議
- ・上市審議委員會之審議

- ・股票正式開始掛牌交易
- ・股票公開銷售，並辦妥集中保管（不須保管者除外）
- ・法人說明會

資料來源：臺灣證券交易所股份有限公司審查有價證券作業程序及元大京華證券的企業上市櫃相關規定（以下資料感謝元大京華證券范庭禹小姐提供）

附錄五　有價證券上櫃作業程序

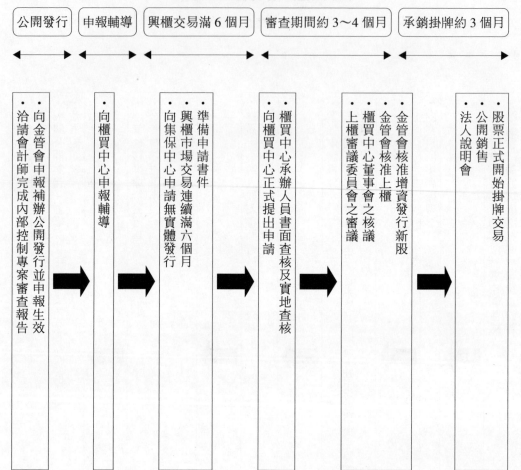

| 公開發行 | 申報輔導 | 興櫃交易滿 6 個月 | 審查期間約 3～4 個月 | 承銷掛牌約 3 個月 |

公開發行
・洽請會計師完成內部控制專案審查報告
・向金管會申報補辦公開發行並申報生效

申報輔導
・向櫃買中心申報輔導

興櫃交易滿 6 個月
・準備申請書件
・興櫃市場交易連續滿六個月
・向集保中心申請無實體發行

審查期間約 3～4 個月
・櫃買中心承辦人員書面查核及實地查核
・向櫃買中心正式提出申請

承銷掛牌約 3 個月
・金管會核准增資發行新股
・金管會核准上櫃
・櫃買中心董事會之核議
・上櫃審議委員會之審議

・股票正式開始掛牌交易
・公開銷售
・法人說明會

資料來源：財團法人中華民國證券櫃檯買賣中心審查有價證券上櫃作業程序及元大京華證券的企業上市櫃相關規定

附錄六　有價證券興櫃作業程序

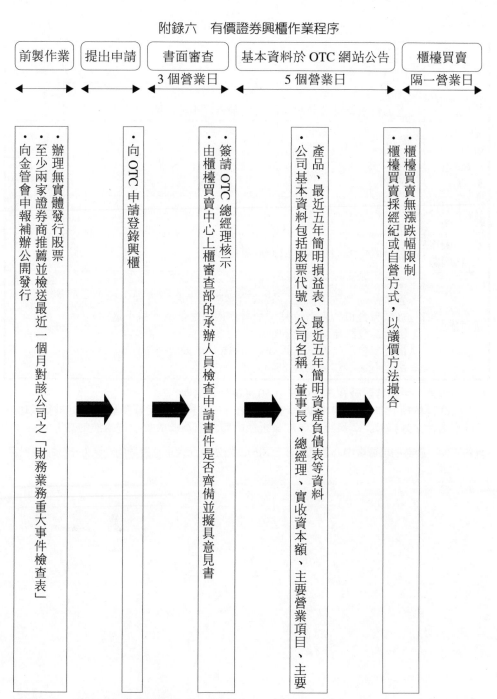

| 前製作業 | 提出申請 | 書面審查 | 基本資料於 OTC 網站公告 | 櫃檯買賣 |

| | | 3 個營業日 | 5 個營業日 | 隔一營業日 |

前製作業
- 辦理無實體發行股票
- 至少兩家證券商推薦並檢送最近一個月對該公司之「財務業務重大事件檢查表」
- 向金管會申報補辦公開發行

提出申請
- 向 OTC 申請登錄興櫃

書面審查
- 簽請 OTC 總經理核示
- 由櫃檯買賣中心上櫃審查部的承辦人員檢查申請書件是否齊備並擬具意見書

基本資料於 OTC 網站公告
- 產品、最近五年簡明損益表、最近五年簡明資產負債表等資料
- 公司基本資料包括股票代號、公司名稱、董事長、總經理、實收資本額、主要營業項目、主要

櫃檯買賣
- 櫃檯買賣無漲跌幅限制
- 櫃檯買賣採經紀或自營方式，以議價方法撮合

資料來源：財團法人中華民國證券櫃檯買賣中心證券商營業處所買賣興櫃股票審查準則及
　　　　　元大京華證券的企業上市櫃相關規定

附錄七　上市公司（國內公司）之申請標準

項　目	上市標準		高科技類
	一般		
設立年限	滿 3 年 （但公營事業或公營事業轉為民營者，不在此限）		－
實收資本額	6 億元		3 億元
股權分散標準　股東人數	1,000 人		1,000 人
股權分散標準　小股東人數	500 人		500 人
股權分散標準　小股東持股數	占發行股份總額 20% 或 1,000 萬股以上		－
獲利能力	·最近一會計年度無累積虧損 ·營業利益及稅前純益占實收資本額比率合於下列條件之一： 　（編有合併報表者，其個別財務報表之營業利益不適用） 1.最近二會計年度均達 6% 2.最近二會計年度平均達 6%，且後一年較前一年佳 3.最近五會計年度均達 3%		－

註：小股東，係指持股數在 1,000 股至 50,000 股之間者。
＊申請高科技類上市公司：(1)須取得工業局出具符合科技事業暨產品或技術開發成功且具市場性之意見書。(2)最近一年度及近期財報淨值不低於實收資本額的 2/3。

資料來源：證券櫃檯買賣中心上／興櫃公司申請辦法及元大京華證券的企業上市櫃相關規定

附錄八　上櫃公司之申請標準

項　目	上櫃標準		高科技類
	一般		
設立年限	滿 2 個會計年度 （科技事業、公營事業或公營事業轉民營者，不受此限）		－
實收資本額	5 千萬元 （私募有價證券未經公開發行之股份不計入）		5 千萬元
股權分散標準	股東人數	－	－
	小股東人數	300 人（公營事業不受此限）	300 人
	小股東持股數	占發行股份總額 10% 或 500 萬股以上 （公營事業不受此限）	占發行股份總額 10% 或 500 萬股以上
獲利能力	・最近一年之稅前純益不得低於新臺幣 400 萬元且稅前純益占股本比率符合下列條件之一： 1.最近一年度達 4% 以上，且無累積虧損 2.最近二年度均達 3% 以上 3.最近二年度平均達 3% 以上，且後一年較前一年佳		－

資料來源：證券櫃檯買賣中心上／興櫃公司申請辦法及元大京華證券的企業上市櫃相關規定

附錄九　興櫃公司之申請標準

項　目	興櫃標準
設立年限	無限制
實收資本額	無限制
股權分散標準	股東人數	無限制
	小股東人數	無限制
	小股東持股數	無限制

資料來源：證券櫃檯買賣中心上／興櫃公司申請辦法

附錄十　上市、上櫃、興櫃公司的總家數

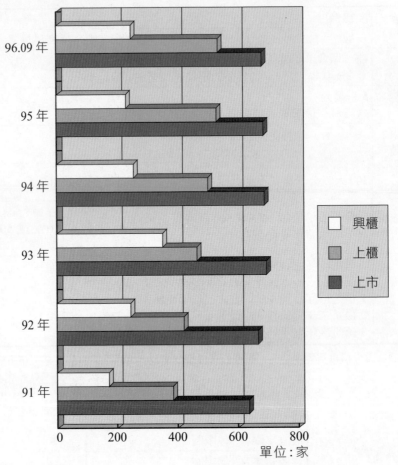

單位：家

附錄十一　上市、上櫃、興櫃公司的總家數（比較表）

年度 家數	91	92	93	94	95	96.9
上市	638	669	697	691	688	680
上櫃	384	423	466	503	531	537
興櫃	172	245	350	257	230	247

資料來源：行政院金融監督管理委員會證期局的證券統計資料

附錄十二　上市公司的資本額

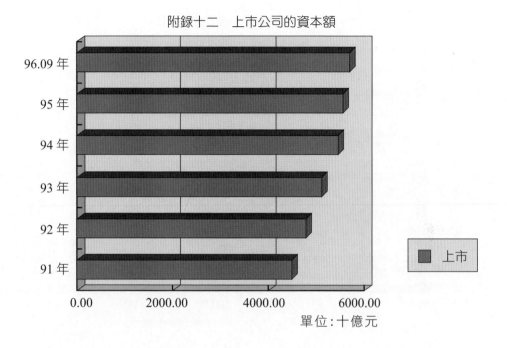

單位：十億元

附錄十三　上市公司（增減表）

年度	91	92	93	94	95	96.9
家數	638	669	697	691	688	680
資本額 （單位：10億元）	4,444.02	4,725.28	5,058.08	5,415.96	5,522.67	5,654.93

資料來源：行政院金融監督管理委員會證期局的證券統計資料

附錄十四　上櫃公司的資本額

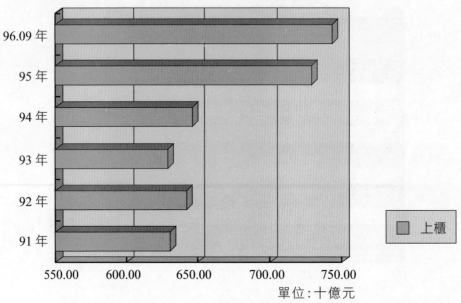

單位：十億元

附錄十五　上櫃公司（增減表）

年度	91	92	93	94	95	96.9
家數	384	423	466	503	531	537
資本額 （單位：10億元）	627.3	639.47	626.1	643.18	726.2	740.85

資料來源：行政院金融監督管理委員會證期局的證券統計資料

附錄十六　興櫃公司的櫃檯買賣市值

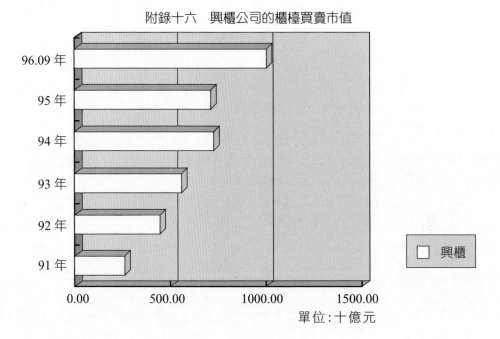

單位：十億元

附錄十七　興櫃公司（增減表）

年度	91	92	93	94	95	96.9
家數	172	245	350	257	230	247
市值（單位：10 億元）	271.42	459.11	568.68	740.87	723.4	1,018.45

資料來源：行政院金融監督管理委員會證期局的證券統計資料

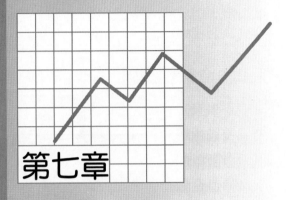

第七章

仲　裁

第一節　仲裁之意義

所謂仲裁 (arbitration)，係指由爭議之當事人以合意將其紛爭交由第三人（仲裁人）加以判斷，以解決紛爭之制度❶。我國仲裁之法制化乃起源於民國 2 年北洋政府司法及工商二部所頒行之商事公斷處章程及商事公斷處辦事細則。而於民國 10 年時，又頒布民事公斷暫行條例。民國 50 年，政府頒布了商務仲裁條例，日後又於民國 71 年及民國 75 年歷經兩次修正。然而因時代變遷迅速，為了符合國家發展需要，立法院於民國 87 年 5 月 3 日三讀通過仲裁法，並經總統於民國 87 年 6 月 24 日公布全文 56 條，並自公布日後 6 個月施行，此新法便取代了商務仲裁條例。而民國 91 年 7 月 10 日，總統公布修正仲裁法第 8 條、第 54 條及第 56 條條文，並自公布日施行❷。

第二節　有價證券交易爭議之仲裁法源依據

證券交易法第 166 條第 1 項規定：「依本法所為有價證券交易所生之爭議，當事人得依約定進行仲裁。但證券商與證券交易所或證券商相互間，不論當事人間有無訂立仲裁契約，均應進行仲裁。」從本規定可知，依證券交易法所為之證券交易產生爭議時，依本文規定得依約定仲裁，學理稱之為任意仲裁。至於證券商與證券交易所或證券商相互間，不論當事人間有無訂立仲裁契約，均應進行仲裁，學理則稱之為強制仲裁。以下便分述之。

第一項　任意仲裁

證券交易法第 166 條第 1 項本文規定：「依本法所為有價證券交易所生之爭議，當事人得依約定進行仲裁。」此種進行之仲裁，係基於當事人得依約定而來，學理上稱之為任意仲裁❸。於證券交易市場中，參與證券交易之當事

---

❶　楊崇森等著，仲裁法新論，2004 年 8 月，2 刷，第 1 頁。

❷　楊崇森等著，仲裁法新論，第 39 頁以下。

人，不外乎是投資人、證券商（證券承銷商、證券經紀商及證券自營商）、證券交易所。且證券交易法第 166 條第 1 項但書規定，證券商與證券交易所或證券商相互間乃採強制仲裁。因而，任意仲裁適用之範圍乃限於投資人與證券商、投資人與證券交易所間❹。

　　依臺灣證券交易所股份有限公司證券經紀商受託契約準則第 3 條第 1 項之規定：「證券經紀商於接受委託證券買賣時，必須先與委託人辦妥受託契約，未經辦妥受託契約者，證券經紀商應不得受理。……。」第 21 條第 1 項規定：「委託人與證券經紀商間因委託買賣證券所生之爭議，得依證券交易法關於仲裁之規定辦理或向同業公會申請調處。」第 2 項：「前項有關仲裁或調處之規定，應於委託契約中訂明。」因此，證券經紀商於接受委託證券買賣時，必須先與委託人辦妥受託契約，而委託人與證券經紀商簽訂委託契約時，如於契約中訂明期間交易之爭議適用仲裁時，則適用仲裁程序。

第二項　強制仲裁

　　證券交易法第 166 條第 1 項但書規定：「但證券商與證券交易所或證券商相互間，不論當事人間有無訂立仲裁契約，均應進行仲裁。」從此規定可知，我國證券交易法不採任意仲裁方式解決證券商與證券交易所或證券商相互間之證券糾紛，而係採強制仲裁。

　　此外，依臺灣證券交易所股份有限公司營業細則第 133 條規定：「證券商與本公司之間，因所訂使用市場契約發生之爭議，應進行仲裁，並準用本章之規定。」此規定，更是明確指出，證券商與證券交易所之間，因所訂使用市場契約發生之爭議，應進行仲裁，顯然係採強制仲裁。只不過，本規定強制仲裁適用之範圍為使用市場契約發生之爭議，而證券交易法第 166 條第 1 項之仲裁適用範圍為有價證券交易所生之爭議。顯然臺灣證券交易所股份有限公司營業細則第 133 條仲裁適用範圍較證券交易法第 166 條第 1 項為廣。且臺灣證券交易所股份有限公司營業細則第 132 條之 1 規定：「證券商與證券商

---

❸　賴源河，證券法規，第 235 頁；廖大穎，證券交易法導論，第 233 頁。

❹　吳光明，證券交易法論，第 233 頁。

間因有價證券交易所生之爭議，應進行仲裁，但本公司得商請證券商業同業公會為仲裁前之調解。」此亦為強制仲裁之規定，而其適用範圍與證券交易法第166條第1項相同，均適用有價證券交易所生之爭議❺。

第三節　法律適用之釐清

第一項　仲裁條例? 仲裁法?

　　證券交易法第166條第2項規定：「前項仲裁，除本法規定外，依商務仲裁條例之規定。」不過，總統於民國87年6月24日公布仲裁法全文56條，並自公布日後6個月施行，而此仲裁法亦取代了商務仲裁條例。因此，便產生證券交易法第166條第2項未隨著仲裁法取代商務仲裁條例之現狀而修改其內容。由於商務仲裁條例已不存在，而仲裁法乃係取代商務仲裁條例之規範，多數學者認為依證券交易法第166條第2項規定，第1項仲裁，除證券交易法規定外，則依仲裁法之規定❻。

第二項　證券交易法之特別規定

　　證券交易法對於證券交易所生之證券仲裁，則有下列明文規定：

一、仲裁人之產生方式——主管機關之指定仲裁人

　　仲裁法第9條第2項規定：「仲裁人於選定後三十日內未共推主任仲裁人者，當事人得聲請法院為之選定。」不過，證券交易法第168條規定：「爭議當事人之仲裁人不能依協議推定另一仲裁人時，由主管機關依申請或以職權指定之。」此時，依第166條第2項規定，證券交易法優先適用，故排除仲裁法第9條第2項對於主任仲裁人產生方式規定之適用❼。

---

❺　參閱賴英照，股市遊戲規則——最新證券交易法解析，第576頁及第577頁。

❻　吳光明，證券交易法論，第236頁；廖大穎，證券交易法導論，第385頁。

❼　廖大穎，證券交易法導論，第385頁。

二、仲裁判斷或和解不履行之處罰

　　證券交易法第 169 條規定:「證券商對於仲裁之判斷,或依商務仲裁條例第二十八條成立之和解,延不履行時,除有商務仲裁條例第二十三條情形,經提起撤銷判斷之訴者外,在其未履行前,主管機關得以命令停止其業務。」仲裁法第 37 條第 1 項規定:「仲裁人之判斷,於當事人間,與法院之確定判決,有同一效力。」且如前所述,商務仲裁條例已被仲裁法取代,因而此處所指之依商務仲裁條例第 28 條,即應被仲裁法第 44 條取代。依仲裁法第 44 條第 1 項之規定:「仲裁事件,於仲裁判斷前,得為和解。和解成立者,由仲裁人作成和解書。」第 2 項規定:「前項和解,與仲裁判斷有同一效力。但須聲請法院為執行裁定後,方得為強制執行。」商務仲裁條例第 23 條則被仲裁法第 40 條取代。而仲裁法第 40 條第 1 項列出 9 種情形,當事人得對於他方提起撤銷仲裁判斷之訴,其分別為:㈠有第 38 條各款情形之一者❽。㈡仲裁協議不成立、無效,或於仲裁庭詢問終結時尚未生效或已失效者。㈢仲裁庭於詢問終結前未使當事人陳述,或當事人於仲裁程序未經合法代理者。㈣仲裁庭之組成或仲裁程序,違反仲裁協議或法律規定者。㈤仲裁人違反第 15 條第 2 項所定之告知義務而顯有偏頗或被聲請迴避而仍參與仲裁者。但迴避之聲請,經依本法駁回者,不在此限。㈥參與仲裁之仲裁人,關於仲裁違背職務,犯刑事上之罪者。㈦當事人或其代理人,關於仲裁犯刑事上之罪者。㈧為判斷基礎之證據、通譯內容係偽造、變造或有其他虛偽情事者。㈨為判斷基礎之民事、刑事及其他裁判或行政處分,依其後之確定裁判或行政處分已變更者。

三、仲裁事項之訂明

---

❽　仲裁法第 38 條:「有下列各款情形之一者,法院應駁回其執行裁定之聲請:一、仲裁判斷與仲裁協議標的之爭議無關,或逾越仲裁協議之範圍者。但除去該部分亦可成立者,其餘部分,不在此限。二、仲裁判斷書應附理由而未附者。但經仲裁庭補正後,不在此限。三、仲裁判斷,係命當事人為法律上所不許之行為者。」

　　證券交易法第 170 條規定:「證券商同業公會及證券交易所應於章程或規則內，訂明有關仲裁之事項。但不得牴觸本法及商務仲裁條例。」例如**臺灣證券交易所股份有限公司章程第 39 條**規定:「參加本公司市場買賣之證券經紀商與證券自營商，其與本公司或其相互間因證券交易法所為有價證券交易所生之爭議，應依證券交易法第六章規定，進行仲裁；必要時，本公司得請證券商業同業公會為仲裁前之和解。」臺灣證券交易所股份有限公司營業細則第 122 條第 1 項規定:「證券經紀商與委託人間因有價證券交易所生之爭議，得依約定進行仲裁，其因受託契約所生之其他爭議亦同。」第 2 項:「前項仲裁約定，得由證券經紀商與委託人訂入受託契約，並作為仲裁法所規定之仲裁協議。」

　　在實務上，證券商之受託買賣契約書，以往常有「雙方同意進行仲裁」或「應依仲裁規定辦理」之附合條款❾。學理上認為，此乃實質上將投資人納入強制仲裁之範圍內❿。

　　近來，實務界採用之書面為「委託人與 貴證券經紀商因委託買賣證券所生之爭議，應依證券交易法關於仲裁之規定辦理或向同業公會申請調處」，此書面之約定意義是否意味著同意提交仲裁，則有疑義。證券交易法有關投資人是否同意仲裁之規定，應為證券交易法第 158 條及第 166 條。以下便分析之:

　　㈠證券交易法採任意仲裁制: 證券交易法第 166 條第 1 項規定:「依本法所為有價證券交易所生之爭議，當事人得依約定進行仲裁。但證券商與證券交易所或證券商相互間，不論當事人間有無訂立仲裁契約，均應進行仲裁。」從本規定可知，投資人與證券經紀商間之仲裁與否乃採任意仲裁，亦即由當事人依約定決定是否要仲裁。

　　㈡依證券交易法第 158 條第 1 項規定:「證券經紀商接受於有價證券集中交易市場為買賣之受託契約，應依證券交易所所訂受託契約準則訂定之。」而第 2 項規定:「前項受託契約準則之主要內容，由主管機關以命令定之。」而

---

❾　賴英照，股市遊戲規則——最新證券交易法解析，第 580 頁。

❿　賴英照，股市遊戲規則——最新證券交易法解析，第 580 頁。

主管機關依此授權所頒布之臺灣證券交易所股份有限公司證券經紀商受託契約準則第 21 條第 1 項規定:「委託人與證券經紀商間因委託買賣證券所生之爭議,得依證券交易法關於仲裁之規定辦理或向同業公會申請調處。」第 2 項規定:「前項有關仲裁或調處之規定,應於委託契約中訂明。」從此規定中均未見上述之書面記載時,即視為同意仲裁之意思。

綜上所述,上述之書面約定,應不宜解釋為同意提交仲裁❶。

第四節　仲裁之進行程序

證券仲裁於證券交易法中,採取任意仲裁與強制仲裁等兩種方式(參閱證券交易法第 166 條)。證券仲裁之規範,除了證券交易法第 166 條至第 170 條另有規定外,則應適用仲裁法所規定之一般仲裁之程序進行之。茲就一般仲裁程序進行簡述如下。

第一項　仲裁之聲請

仲裁法第 18 條第 1 項規定:「當事人將爭議事件提付仲裁時,應以書面通知相對人。」而所謂提付仲裁,係仲裁程序之啟動,其係指當事人向仲裁機構以書面聲請仲裁❷。

而依中華民國仲裁協會仲裁規則第 8 條規定:「當事人向本會聲請仲裁者,應預繳仲裁費用,並檢附下列文件:一、仲裁聲請書,並按仲裁人及他方人數計算之繕本。二、仲裁協議或載有仲裁條款之契約。三、有仲裁代理人者,其委任書。四、已選定仲裁人者,其選定同意書,其上應載有仲裁人姓名、住所或居所及應告知之事項。」因而,若是投資人與證券商之證券仲裁事件,因證券交易法第 166 條採任意仲裁,因而提付仲裁之可能有二:一、於證券商之受託買賣契約書已載明,同意發生證券交易糾紛時,提付仲裁,亦即該委託買賣契約書載有仲裁條款。此時,聲請仲裁者,應將該載有仲裁

---

❶　賴英照,股市遊戲規則——最新證券交易法解析,第 581 頁。

❷　張迺良、楊崇森等著,仲裁法新論,2002 年,修訂再版,第 186 頁。

條款之受託買賣契約書檢附之。二、於證券交易糾紛後，為解決爭端，證券商與投資人達成仲裁協議，同意提付仲裁。如係證券商與證券交易所或證券商相互間之證券仲裁，依證券交易法第 166 條第 1 項但書規定，係採強制仲裁，亦即不論當事人間有無訂立仲裁契約，均應進行仲裁。

第二項　仲裁程序之開始

仲裁法第 18 條第 2 項規定：「爭議事件之仲裁程序，除當事人另有約定外，自相對人收受提付仲裁之通知時開始。」不過，仲裁法第 21 條第 1 項又規定：「仲裁進行程序，當事人未約定者，仲裁庭應於接獲被選為仲裁人之通知日起十日內，決定仲裁處所及詢問期日，通知雙方當事人，並於六個月內作成判斷書；必要時得延長三個月。」學理上認為，從仲裁法第 21 條第 1 項之規定可知，仲裁起算日應以仲裁庭組成之日起算之❸。

而爭議事件，原則須由一位主任仲裁人及兩位仲裁人組成之仲裁庭作成判斷，因而仲裁程序之進行有賴仲裁庭之組成。而有關仲裁人之選任，其可分為下列幾個重點：

一、當事人自由選任仲裁人

仲裁法第 9 條第 1 項規定：「仲裁協議，未約定仲裁人及其選定方法者，應由雙方當事人各選一仲裁人，……。」由此可知，仲裁人之選定，採當事人自由選任為原則。仲裁法第 10 條第 1 項規定：「當事人之一方選定仲裁人後，應以書面通知他方及仲裁人；……。」第 11 條第 1 項規定：「當事人之一方選定仲裁人後，得以書面催告他方於受催告之日起，十四日內選定仲裁人。」

二、仲裁機構或法院選任仲裁人

雖然仲裁法第 9 條第 1 項有關仲裁人之選任，採當事人自由選任為原則。然若其中一方當事人遲遲不選任仲裁人，仲裁之進行定受延宕，因而仲裁法第 12 條第 1 項規定：「受前條第一項之催告，已逾規定期間而不選定仲裁人

---

❸　張迺良、楊崇森等著，仲裁法新論，第 192 頁。

者，催告人得聲請仲裁機構或法院為之選定。」因而，依本規定，仲裁人產生之第二種可能，乃是由催告人得聲請仲裁機構或法院為之選定。

此外，第 11 條第 2 項規定：「應由仲裁機構選定仲裁人者，當事人得催告仲裁機構，於前項規定期間內選定之。」而第 12 條第 2 項規定：「受前條第二項之催告，已逾規定期間而不選定仲裁人者，催告人得聲請法院為之選定。」

又仲裁協議所約定之仲裁人，因死亡或其他原因出缺，或拒絕擔任仲裁人或延滯履行仲裁任務者，依仲裁法第 13 條第 1 項之規定，當事人得再行約定仲裁人；如未能達成協議者，當事人一方得聲請仲裁機構或法院為之選定。又依仲裁法第 13 條第 2 項之規定：「當事人選定之仲裁人，如有前項事由之一者，他方得催告該當事人，自受催告之日起，十四日內另行選定仲裁人。但已依第九條第一項規定共推之主任仲裁人不受影響。」且第 3 項規定：「受催告之當事人，已逾前項之規定期間，而不另行選定仲裁人者，催告人得聲請仲裁機構或法院為之選定。」第 4 項規定：「仲裁機構或法院選定之仲裁人，有第一項情形者，仲裁機構或法院得各自依聲請或職權另行選定。」

三、主任仲裁人之選任

㈠雙方選定之仲裁人共推為原則

仲裁法第 9 條規定：「仲裁協議，未約定仲裁人及其選定方法者，應由雙方當事人各選一仲裁人，再由雙方選定之仲裁人共推第三仲裁人為主任仲裁人，並由仲裁庭以書面通知當事人。」從本規定可知，主任仲裁人之產生，原則採由當事人雙方選定當事人共推為原則。

㈡例外：金管會指定之

仲裁法第 9 條第 2 項規定：「仲裁人於選定後三十日內未共推主任仲裁人者，當事人得聲請法院為之選定。」然而，證券交易法第 168 條規定：「爭議當事人之仲裁人不能依協議推定另一仲裁人時，由主管機關依申請或以職權指定之。」此時，依第 166 條第 2 項規定，證券交易法優先適用，故排除仲裁法第 9 條第 2 項對於主任仲裁人產生方式規定之適用❶❹。

---

❶❹　廖大穎，證券交易法導論，第 385 頁。

四、仲裁處所及詢問期日之決定

仲裁法第 21 條第 1 項規定:「仲裁進行程序,當事人未約定者,仲裁庭應於接獲被選為仲裁人之通知日起十日內,決定仲裁處所及詢問期日,通知雙方當事人,並於六個月內作成判斷書;必要時得延長三個月。」由本規定可知,當仲裁庭組成後,仲裁庭須決定仲裁處所及詢問期日,通知雙方當事人,判斷書須於六個月內作成;必要時得延長三個月。亦即證券爭議事件進入仲裁程序,將可於六至九個月內做成判斷,其當比一般之民事訴訟程序之解決紛爭所需之時間為短。

第三項　仲裁程序之進行

一、仲裁詢問庭之進行

㈠充分陳述與必要之調查

仲裁法第 23 條規定:「仲裁庭應予當事人充分陳述機會,並就當事人所提主張為必要之調查。仲裁程序,不公開之。但當事人另有約定者,不在此限。」為了能使當事人之陳述更充分,仲裁法第 24 條規定:「當事人得以書面委任代理人到場陳述。」依仲裁法第 26 條第 1 項之規定,仲裁庭得通知證人或鑑定人到場應詢。但不得令其具結。如證人無正當理由而不到場者,依仲裁法第 26 條第 2 項之規定,仲裁庭得聲請法院命其到場。

㈡衡平原則之適用

仲裁法第 31 條規定:「仲裁庭經當事人明示合意者,得適用衡平原則為判斷。」依本規定所為之仲裁,即係所謂之衡平仲裁。而所謂衡平仲裁,係指仲裁庭如發現適用法律之嚴格規定,將產生不公平之結果者,得經由當事人之明示合意授權,基於公平、合理之考量,摒除法律之嚴格規定,改適用衡平原則為判斷而言❶⑤。由於衡平原則之適用,得排除法律之適用,我國仲裁

---

❶⑤ 最高法院 92 年臺上字第 1689 號判決:「八十七年六月二十四日修正公布之仲裁法第三十一條,固引進聯合國國際貿易法委員會國際商務仲裁模範法第二十八條

法明定須當事人明示合意方得適用本原則。

㈢仲裁程序之異議

仲裁法第 29 條規定:「當事人知悉或可得而知仲裁程序違反本法或仲裁協議,而仍進行仲裁程序者,不得異議。異議,由仲裁庭決定之,當事人不得聲明不服。異議,無停止仲裁程序之效力。」

二、仲裁詢問之終結

仲裁法第 33 條第 1 項:「仲裁庭認仲裁達於可為判斷之程度者,應宣告詢問終結,依當事人聲明之事項,於十日內作成判斷書。」

第四項　仲裁判斷之作成

如前所述,依仲裁法第 33 條第 1 項之規定,仲裁庭認仲裁達於可為判斷之程度者,應宣告詢問終結,依當事人聲明之事項,於十日內作成判斷書。而依仲裁法第 33 條第 2 項之規定,判斷書應記載下列各款事項:

一、當事人姓名、住所或居所。當事人為法人或其他團體或機關者,其名稱及公務所、事務所或營業所。

二、有法定代理人、仲裁代理人者,其姓名、住所或居所。

三、有通譯者,其姓名、國籍及住所或居所。

四、主文。

五、事實及理由。但當事人約定無庸記載者,不在此限。

第三項之規定,增設『法律仲裁』外之『衡平仲裁』制度,惟該條所稱之『衡平仲裁』,係指仲裁庭如發現適用法律之嚴格規定,將產生不公平之結果者,得經由當事人之明示合意授權,基於公平、合理之考量,摒除法律之嚴格規定,改適用衡平原則為判斷而言,若當事人間之契約內容或約定不明者,仲裁庭僅依民法第一條、第一百四十八條及第二百二十七條之二規定之『法理』、『誠實信用原則』或『情事變更原則』進一步探究、解釋而為判斷,並未將法律之嚴格規定加以摒棄,自仍屬『法律仲裁』判斷之範疇,不生上述經當事人明示合意始得『衡平仲裁』之問題。」採相同見解者,請參閱最高法院 92 年臺上字第 1330 號判決。

六、年月日及仲裁判斷作成地。

此外，判斷書之原本，依仲裁法第 33 條第 3 項之規定，應由參與評議之仲裁人簽名；仲裁人拒絕簽名或因故不能簽名者，由簽名之仲裁人附記其事由。第 32 條第 1 項規定，仲裁判斷之評議，不得公開。

此外，依據仲裁法第 21 條第 1 項之規定，仲裁進行程序，當事人未約定者，仲裁庭應於接獲被選為仲裁人之通知日起十日內，決定仲裁處所及詢問期日，通知雙方當事人，並於六個月內作成判斷書；必要時得延長三個月。換言之，仲裁判斷必須在九個月內完成，其顯然提供紛爭解決一個較經濟的途徑。實務亦謂，仲裁程序屬「快程程序」，並以「快速為重」為其原則❶❻。而同條第 3 項又規定，仲裁庭逾第 1 項期間未作成判斷書者，除強制仲裁事件外，當事人得逕行起訴或聲請續行訴訟。其經當事人起訴或聲請續行訴訟者，仲裁程序視為終結。

第五項　仲裁判斷書之送達與更正

仲裁法第 34 條規定：「仲裁庭應以判斷書正本，送達於當事人。前項判斷書，應另備正本，連同送達證書，送請仲裁地法院備查。」若是判斷書有誤寫、誤算或其他類此之顯然錯誤者，仲裁法第 35 條規定，仲裁庭得隨時或依聲請更正之，並以書面通知當事人及法院。其正本與原本不符者，亦同。

第六項　仲裁判斷之效力與撤銷判斷

仲裁法第 37 條第 1 項規定：「仲裁人之判斷，於當事人間，與法院之確定判決，有同一效力。」我國此一規定乃仿照日本舊民事訴訟法第 800 條之規定而來，而日本又係仿照德國舊民事訴訟法第 1040 條而來❶❼。而本規定所指之「與法院之確定判決，有同一效力」係指仲裁判斷亦有確定力。法院確定判決之確定力，可分為形式之確定力與實質之確定力兩種。如同法院一樣，仲裁判斷之確定力亦可分為形式之確定力與實質之確定力。仲裁判斷形式之

❶❻　最高法院 95 年臺抗字第 449 號民事裁定。

❶❼　林俊益、楊崇森等著，仲裁法新論，第 236 頁。

確定力者，乃指當事人對於送達之仲裁判斷書不得聲明不服（如有撤銷仲裁判斷事由則是另一問題），仲裁庭亦不得撤回或變更其仲裁判斷❶。而就實質之確定力而言，於仲裁判斷送達後，當事人間之事實與法律爭議受仲裁判斷內容之拘束。在此拘束下，當事人不得在舊仲裁判斷之意旨爭議為相反之主張而另行提起訴訟或另行提請仲裁。而法院亦不得為與仲裁判斷意旨牴觸之裁判，其他仲裁庭亦不得與該仲裁判斷內容相反之判斷❶。

而仲裁法第 40 條第 1 項規定，有下列各款情形之一者，當事人得對於他方提起撤銷仲裁判斷之訴：

一、有第 38 條各款情形之一者。

二、仲裁協議不成立、無效，或於仲裁庭詢問終結時尚未生效或已失效者。

三、仲裁庭於詢問終結前未使當事人陳述，或當事人於仲裁程序未經合法代理者。

四、仲裁庭之組成或仲裁程序，違反仲裁協議或法律規定者。

五、仲裁人違反第 15 條第 2 項所定之告知義務而顯有偏頗或被聲請迴避而仍參與仲裁者。但迴避之聲請，經依本法駁回者，不在此限。

六、參與仲裁之仲裁人，關於仲裁違背職務，犯刑事上之罪者。

七、當事人或其代理人，關於仲裁犯刑事上之罪者。

八、為判斷基礎之證據、通譯內容係偽造、變造或有其他虛偽情事者。

九、為判斷基礎之民事、刑事及其他裁判或行政處分，依其後之確定裁判或行政處分已變更者。

---

❶ 林俊益、楊崇森等著，仲裁法新論，第 236 頁及第 238 頁。
❶ 林俊益、楊崇森等著，仲裁法新論，第 239 頁及第 240 頁。

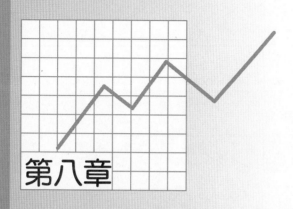

第八章

證券交易法之民刑
事責任與行政處分

　　近年來，政府及國人對於證券交易所引生之弊端逐漸重視，因而實務上違反證券交易法所產生之案例亦成為社會上之重要話題，例如最高法院刑事判決 96 年度臺上字第 2453 號（順大裕案）、臺灣高等法院刑事判決 91 年度上更㈠字第 936 號（國產汽車案）、最高法院刑事判決 93 年度臺上字第 4296 號（國揚案）、最高法院刑事判決 91 年度臺上字第 3037 號（東隆五金案）、最高法院刑事判決 96 年臺上字第 7644 號（台開案）、最高法院刑事判決 94 年度臺上字第 1433 號、臺灣高等法院刑事判決 92 年度上重訴字第 66 號（訊碟案）、臺灣臺北地方法院刑事判決 94 年度矚訴字第 1 號（禿鷹案）等。防範證券交易弊端之發生以及證券交易秩序之維持，才能夠使證券市場公平合理之健全發展。以下便針對證券交易法所規定之民刑事責任及行政處分之相關規定敘述之。

第一節　證券詐欺之民刑事責任

第一項　證券詐欺之民事責任

　　證券交易法第 20 條第 1 項：「有價證券之募集、發行、私募或買賣，不得有虛偽、詐欺或其他足致他人誤信之行為。」第 3 項：「違反第一項規定者，對於該有價證券之善意取得人或出賣人因而所受之損害，應負賠償責任。」就此種以虛偽、詐欺等不法方式，從事有價證券之募集、發行、私募或買賣等行為所生之民事損害賠償責任，即為一般所稱之證券詐欺 (Defraud) 之民事責任❶。本規定乃是參考美國 1934 年證券交易法 §10b–5 而來❷，並被視為一般反詐欺條款❸或禁止詐欺條款❹。

---

❶　劉連煜，新證券交易法實例研習，第 272 頁；賴英照，股市遊戲規則——最新證券交易法解析，第 508 頁。

❷　劉連煜，新證券交易法實例研習，第 272 頁。

❸　李開遠，證券管理法規新論，第 347 頁。

❹　賴源河，證券法規，第 243 頁。

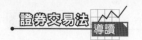

證券交易法第 20 條之民事責任性質為何，本有契約說、侵權行為說及獨立類型說等爭議❺。不過，於民國 77 年證券交易法修正時，修正理由明確採取侵權行為說❻。

一、損害賠償義務人

在性質上，立法者將證券交易法第 20 條定位為侵權行為責任。因而，解釋本條之損害賠償義務人範圍，當不限於證券發行公司。本條第 1 項之規定：「有價證券之募集、發行、私募或買賣，不得有虛偽、詐欺或其他足致他人誤信之行為。」第 3 項規定：「違反第一項規定者，對於該有價證券之善意取得人或出賣人因而所受之損害，應負賠償責任。」從上述兩項之規定可知，依證券交易法第 20 條第 3 項應負損害賠償責任者，應是指於同條第 1 項之有價證券之募集、發行、私募或買賣中，從事虛偽、詐欺或其他足致他人誤信之行為者❼。此外，證券交易法第 20 條第 1 項不僅適用於發行市場，而是包括流通市場及面對面之交易亦適用之❽。因而，依本法可能負責之範圍❾，應

---

❺ 長久以來，損害賠償責任之類型為何，即為一個受到關注之問題。或以為民事責任，除了侵權行為及契約責任（以債務不履行責任為核心）外，尚有法定責任。認為法定責任存在者，其主要之原因即為要件之構成，與侵權行為及契約責任不同，尤其是故意或過失要件之存在與否。不過，民事責任發展至今，侵權行為或契約責任已變成過失責任為原則，故意責任或無過失責任為例外。因而，有無法定責任類型之存在必要或說理，實有再探討之必要。

❻ 民國 77 年 1 月 29 日證券交易法第 20 條修正理由：「……四、第四項新增。依本法第十五條及第十六條證券經紀商受託買賣有價證券可以『行紀』與『居間』方式為之，其以『行紀』受託買賣者（證券集中交易市場屬之），買賣直接當事人為證券經紀商，並非委託人，若買賣有虛偽、詐欺等情事而符合本條之要件時，委託人欲提出賠償之訴，並不能逕行向侵權行為人請求，而須透過受託證券經紀商輾轉向侵權行為人請求，致權利之行使程序，顯過於繁雜，爰增訂第四項。」

❼ 類似之見解者，賴英照，股市遊戲規則——最新證券交易法解析，第 510 頁；廖大穎，證券交易法導論，第 240 頁。

❽ 賴英照，股市遊戲規則——最新證券交易法解析，第 509 頁。

包括下列:

㈠發行人

1.**發行公司本身**: 證券交易法第 5 條之規定:「本法所稱之發行人, 謂募集及發行有價證券之公司, 或募集有價證券之發起人。」因而, 已成立之股份有限公司, 於公開發行有價證券時, 其即為證券交易法依發行公司代表人之行為即為公司之行為, 公司為法人亦得成為侵權行為責任之主體❿。

2.**發起人**: 依證券交易法第 5 條之規定, 募集有價證券之發起人亦為發起人。因此, 於募集有價證券中, 發起人亦受反詐欺條款之管制。

㈡發行公司之負責人

依公司法第 8 條第 1 項之規定:「本法所稱公司負責人: ……股份有限公司為董事。」學理上, 稱董事為股份有限公司之當然負責人。董事參與公司之業務執行, 若發行公司有虛偽、詐欺或其他足致他人誤信之行為發生時, 參與該等行為之董事當然須負責。至於, 同條第 2 項所指之經理人、監察人 (職務負責人), 於其職務中參與發行公司有虛偽、詐欺或其他足致他人誤信之行為者, 亦應負責, 亦為理所當然。

㈢其他——發行人之職員、會計師等

發行人之職員, 曾在相關業務文件上簽名或蓋章者、參與相關文件簽證之會計師等人, 其所簽名或蓋章。

二、請求權人

證券交易法第 20 條第 3 項之規定:「違反第一項規定者, 對於該有價證券之善意取得人或出賣人因而所受之損害, 應負賠償責任。」因而, 如發生證券詐欺行為時, 得依證券交易法第 20 條第 3 項請求損害賠償者, 應為有價證券之善意取得人或出賣人。就證券集中交易市場之買賣而言, 只有證券商方得於證券交易所之交易所交易而為買受人或出賣人。投資人僅是委託證券經

---

❾ 實務上, 對於應依本條負責之損害賠償義務人之見解, 或有採取保守之態度。參閱臺北地院 89 年度訴字第 2993 號民事判決。

❿ 請參閱姚志明, 侵權行為法, 第 11 頁。

紀商以行紀之名義買進或賣出有價證券,其並非集中交易市場之取得人或出賣人。因而,就集中交易市場之交易而言,能依證券交易法第3項之規定請求損害賠償者,只有證券商。

不過,證券交易法第20條第4項規定:「委託證券經紀商以行紀名義買入或賣出之人,視為前項之取得人或出賣人。」因而,一般之投資人因本規定而被視為取得人或出賣人,而得請求損害賠償。

三、適用範圍

證券交易法第20條第1項及第2項所規範之證券詐欺責任,依證券交易法第20條第1項之規定,其適用範圍乃為有價證券之募集、發行、私募或買賣。

㈠有價證券之募集: 所謂有價證券募集者,依證券交易法第7條第1項之規定,係指發起人於公司成立前或發行公司於發行前,對非特定人公開招募有價證券之行為。

㈡有價證券之發行: 有價證券之發行者,依證券交易法第8條第1項之規定,謂發行人於募集後製作並交付,或以帳簿劃撥方式交付有價證券之行為。同條第2項又規定,前項以帳簿劃撥方式交付有價證券之發行,得不印製實體有價證券。此外,依證券交易法第5條規定,發行人係指募集及發行有價證券之公司,或募集有價證券之發起人。

㈢有價證券之私募: 依證券交易法第7條第2項之規定,所謂私募,係指已依證券交易法發行股票之公司依第43條之6第1項及第2項規定,對特定人招募有價證券之行為。

㈣有價證券之買賣: 現行證券交易法對於有價證券之買賣並無定義性規定,學說認為應民法規定決定其意義[11]。不管買賣進行之場所係集中市場、店頭市場或是市場外之買賣,均受本規定之規範[12]。

---

[11] 李開遠,證券管理法規新論,第350頁;賴英照,股市遊戲規則——最新證券交易法解析,第470頁。

[12] 李開遠,證券管理法規新論,第349頁及第350頁。

四、責任成立要件

㈠須有虛偽、詐欺或其他足致他人誤信之行為

證券交易法第 20 條第 1 項規定:「有價證券之募集、發行、私募或買賣,不得有虛偽、詐欺或其他足致他人誤信之行為。」因而,證券詐欺之加害行為態樣,即為虛偽、詐欺或其他足致他人誤信之行為。所謂行為者,乃指語言文字之陳述或非文字之行動、作為或不作為(違反作為義務者,例如會計師依法律或職業有作為義務者)❸。依證券交易法第 20 條第 1 項規定,詐欺行為可分為下列三種類型:

1.**虛偽:** 所謂虛偽者,係指不實之陳述或引人入錯誤推論之行為❹或謂陳述內容與客觀事實不符❺。

2.**詐欺:** 所謂詐欺者,乃係指以騙取他人財物為目的所為之欺罔行為❻。學說上,亦有借用刑法之概念,而謂以詐術使人將其本人或第三人支付交付之,或依上述方法,取得財產上不法之利益或使第三人取得之❼。

---

❸ 余雪明,證券交易法,第 620 頁。

❹ 余雪明,證券交易法,第 620 頁。

❺ 李開遠,證券管理法規新論,第 350 頁;賴英照,證券交易法逐條釋義(一),第 328 頁;賴英照,股市遊戲規則——最新證券交易法解析,第 471 頁;廖大穎,證券交易法導論,第 237 頁;有關刑事法對於虛偽之定義,請參閱最高法院 83 年臺上字第 4931 號刑事判決:「按證券交易法第一百七十一條因違反同法第二十條第一項成立之罪,須有價證券之募集,行為人有虛偽、詐欺、或其他足致他人誤信之行為。所謂虛偽係指陳述之內容與客觀之事實不符⋯⋯」。

❻ 賴英照,股市遊戲規則——最新證券交易法解析,第 471 頁。

❼ 李開遠,證券管理法規新論,第 350 頁;廖大穎,證券交易法導論,第 238 頁;此外,刑事實務上對於詐欺及其他足致他人誤信之行為之見解,參閱最高法院 83 年臺上字第 4931 號刑事判決:「按證券交易法第一百七十一條因違反同法第二十條第一項成立之罪,須有價證券之募集,行為人有虛偽、詐欺、或其他足致他人誤信之行為。⋯⋯所謂詐欺,係指以欺罔之方法騙取他人財物;所謂其他足致他人誤信之行為,係指陳述內容有缺漏,或其他原因,產生誤導相對人對事實之瞭

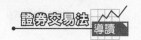

3.其他足致他人誤信之行為：此係指雖不構成虛偽或詐欺，但陳述之內容有缺漏或其他原因，足以誤導他人對事實之認識產生不正確之結果者❶。

㈡須虛偽、詐欺等行為與投資人之誤信間有因果關係

此外，構成證券交易法第 20 條第 1 項及第 3 項之證券詐欺民事責任，須賠償義務人之虛偽、詐欺或其他足致他人誤信之行為致使請求權人做成買賣有價證券之行為。簡而言之，須虛偽、詐欺等行為與投資人之誤信間有因果關係。對此因果關係應如何舉證，學說大致有兩個不同見解：

1.推定因果關係：對於詐欺責任之因果關係舉證，美國即發展出欺騙市場理論 (fraud-on-the-market theory)，以推定因果關係之方式，處理證券詐欺之問題。此欺騙市場理論之發展，肇始 1960 年代，並於 1988 年經美國聯邦法院於 Basic Incorporated v. Levinson 案 (485 U.S. 224) 正式採用。此說主張，在一個開放且發展良好之證券市場，不實資訊不僅欺騙個別投資人，亦欺騙了市場，股價亦因不實資訊而變動。縱使投資人並未直接信賴該不實訊息，仍推定存在交易因果關係❶。此理論乃以信賴市場取代信賴不實訊息，而減輕投資人之舉證責任❷。學者賴英照教授，似乎認為應採此說。其認為，為貫徹公開原則，不能因投資人不看報表或看不懂報表，而使相關人員免責，以免對投資人不公❸。學者劉連煜教授認為，若投資人需負擔此舉證責任，不僅是一大難題且於事實上頗為不易❹。其並認為，應立法引進推定因果關係理論，或藉由法官造法之方式加以彌補。

實務上亦有採取推定因果關係之見解者，其所持之主要理由為：「任何以

解發生偏差之效果。……」。

❶ 李開遠，證券管理法規新論，第 351 頁；賴英照，股市遊戲規則——最新證券交易法解析，第 471 頁。

❶ 參閱賴英照，股市遊戲規則——最新證券交易法解析，第 520 頁；劉連煜，新證券交易法實例研習，第 278 頁。

❷ 劉連煜，新證券交易法實例研習，第 278 頁。

❸ 賴英照，股市遊戲規則——最新證券交易法解析，第 528 頁。

❹ 劉連煜，新證券交易法實例研習，第 277 頁。

不實資訊公開於股票交易市場之行為，應均可視為對參與股票交易之不特定
對象為詐欺，並進而推定任何參與股票交易之善意取得人或出賣人，均有信
賴該資訊之真實性，而不須舉證證明其有如何信賴財務報告之事證，亦即因
果關係係被推定，此從證交法第二十條及第三十二條規定之意旨觀之，亦可
得佐證，並為美國就有關股票交易訴訟時所發展出之『詐欺市場理論』所採
用；況依民事訴訟法第二百七十七條但書規定，如舉證分配之情形顯失公平
者，並非必然由主張有利之事實者為舉證，而本件係屬股票交易下所生之損
害，就其交易型態係藉由公開市場及信賴公開資訊交易而言，如將舉證責任
責由原告為之，勢將產生舉證其信賴財務報告而交易上之重大困難，且亦違
反公開資訊者應確保其資訊真實性之原則，故本院認上開因果關係推定之見
解，應可適用於本件爭議，故原告僅須舉證證明財務報告內容不實，即可受
推定已就因果關係部分盡其舉證責任。」❷

2.**相當因果關係**：學者有認為，請求權人須證明，損害賠償義務人之虛
偽、詐欺等行為與其誤信間有相當因果關係❷。

本文認為，採推定因果關係較符合公平原則。不過，我國係成文法國家，
如對證券詐欺之因果關係採推定因果關係者，應明文立法。於為立法前，或
可適用民事訴訟法第 277 條但書規定，命由被告負舉證無因果關係存在之責
任。

㈢須存在可歸責事由

有關損害賠償義務人是否就其所為之虛偽、詐欺等行為可歸責，在學說
上有不同之見解。甲說認為，虛偽、詐欺或其他足致他人誤信之行為，通常
是行為人之故意或明知所為，並且亦可能是重大過失❷。乙說認為，證券交
易法第 20 條第 1 項及第 3 項之行為乃以故意為責任成立之前提，行為就過失
行為不負賠償之責❷。本書認為，從虛偽或詐欺之本質，均應為故意責任。

---

❷ 臺灣高雄地方法院 91 年度重訴字第 447 號民事判決。
❷ 參閱余雪明，證券交易法，第 620 頁。
❷ 余雪明，證券交易法，第 620 頁。
❷ 李開遠，證券管理法規新論，第 351 頁；賴源河，證券法規，第 243 頁；劉連煜，

不過，此反而對於請求權人不利，蓋請求權人須證明行為人係故意從事虛偽、詐欺或其他足致他人誤信之行為。德國有價證券交易法（Wertpapierhandelsgesetz，簡稱 WpHG）第 15 條對此類似情形，乃採推定過失責任，亦即以違反保護他人法律處理之❷。就本書而言，虛偽與詐欺應均屬故意行為，至於其他之致使他人誤信行為者，則可能為過失行為。如採推定過失責任方式，由行為人負舉證責任，亦不失為保護投資人之道。不過，法律規定宜明確，不宜含混不清，故本書建議立法者明白確定歸責事由之標準。

五、法律效果

依證券交易法第 20 條第 3 項之規定：「違反第一項規定者，對於該有價證券之善意取得人或出賣人因而所受之損害，應負賠償責任。」因而，符合上述之成立要件者，行為人對於該有價證券之善意取得人或出賣人因而所受之損害，應負賠償責任。此處所謂善意，係指有價證券之取得人或出賣人不知有虛偽或詐欺等情事❷。若行為人有數人時，證券交易法並無明文規定期間須負連帶責任。不過，數人之行為如符合第 185 條共同侵權行為者，其則須依該規定負連帶損害賠償責任❷。

六、請求權消滅時效

證券交易法第 21 條規定：「本法規定之損害賠償請求權，自有請求權人

新證券交易法實例研習，第 276 頁；此亦為實務上對於證券詐欺之刑事責任見解，參閱最高法院 83 年臺上字第 4931 號刑事判決：「按證券交易法第一百七十一條因違反同法第二十條第一項成立之罪，須有價證券之募集，行為人有虛偽、詐欺、或其他足致他人誤信之行為……無論虛偽、詐欺或其他使人誤信等行為，均須出於行為人之故意，否則尚不為罪。」

❷ Vgl. Schäfer/Geibel, §15 WpHG, Rn. 149.
❷ 賴英照，股市遊戲規則──最新證券交易法解析，第 512 頁。
❷ 賴英照，股市遊戲規則──最新證券交易法解析，第 512 頁。

知有得受賠償之原因時起二年間不行使而消滅；自募集、發行或買賣之日起逾五年者亦同。」

第二項　證券詐欺之刑事責任

依證券交易法第 171 條第 1 項第 1 款之規定，違反第 20 條第 1 項之規定者，處三年以上十年以下有期徒刑，得併科新臺幣一千萬元以上二億元以下罰金。

第二節　申報或公告不實資訊之民刑事責任

第一項　申報或公告不實資訊之民事責任

證券交易法第 20 條第 2 項規定：「發行人依本法規定申報或公告之財務報告及財務業務文件，其內容不得有虛偽或隱匿之情事。」證券交易法第 20 條之 1 第 1 項規定：「前條第二項之財務報告及財務業務文件或依第三十六條第一項公告申報之財務報告，其主要內容有虛偽或隱匿之情事，下列各款之人，對於發行人所發行有價證券之善意取得人、出賣人或持有人因而所受之損害，應負賠償責任……。」因而，本規定乃以發行人申報或公告之財務報告及財務業務文件，其內容不得有虛偽或隱匿之情事。違反者，須負損害賠償責任。

至於上述之損害賠償責任之性質，亦為侵權行為❸⓪。此外，此處之請求權與證券交易法第 20 條第 1 項及第 3 項所構成之損害賠償關係，係各別存在。縱使有同時成立要件符合之情形，其乃為請求權自由競合之情形，而由請求權自由選擇主張之❸①。

一、損害賠償義務人

證券交易法第 20 條第 2 項規定：「發行人依本法規定申報或公告之財務

---

❸⓪　賴英照，股市遊戲規則──最新證券交易法解析，第 512 頁。
❸①　陳春山，證券交易法論，第 392 頁。

報告及財務業務文件，其內容不得有虛偽或隱匿之情事。」若此依規定申報或公告之財務報告及財務業務文件，其內容有虛偽或隱匿之情事時，依證券交易法第 20 條之 1 第 1 項及第 3 項之規定，應負損害賠償義務者，可分為三類❷：

（一）**發行人及其負責人**：證券交易法第 20 條第 2 項之財務報告及財務業務文件之主要內容有虛偽或隱匿之情事時，依證券交易法第 20 條之 1 第 1 項之規定，發行人及其負責人對於發行人所發行有價證券之善意取得人、出賣人或持有人因而所受之損害，應負賠償責任。

1.**發起人**：依證券交易法第 5 條之規定，所謂發行人，係指募集及發行有價證券之公司，或募集有價證券之發起人。

2.**負責人**：至於負責人者，乃包括發行公司之當然負責人及職務負責人。而依公司法第 8 條第 1 項之規定，董事為股份有限公司之當然負責人。而經理人、監察人則於其職務時，亦為股份有限公司之負責人，一般稱之為職務負責人。

（二）**簽名或蓋章之發行人之職員**：證券交易法第 20 條第 2 項之財務報告及財務業務文件之主要內容有虛偽或隱匿之情事時，依證券交易法第 20 條之 1 第 1 項之規定，發行人之職員，曾在財務報告或財務業務文件上簽名或蓋章者亦應對於發行人所發行有價證券之善意取得人、出賣人或持有人因而所受之損害，應負賠償責任。

（三）**簽證之會計師**：依證券交易法第 20 條之 1 第 3 項之規定：「會計師辦理第一項財務報告或財務業務文件之簽證，有不正當行為或違反或廢弛其業務上應盡之義務，致第一項之損害發生者，負賠償責任。」若是簽證之會計師係會計師聯合事務所中之成員，如該聯合事務所係合夥組織者，其他會計師是否須負連帶責任之課題，引起爭議。若從民法合夥之規定觀之，我國民法

---

❷ 學者或有認為，本規定將財務文書不實之民事責任納入會計師，並不及於律師、證券承銷商及其他參與公開文件製作之專門職業技術人員。此乃忽略律師、證券承銷商及其他參與公開文件製作之專門職業技術人員規範之必要性。參閱曾宛如，證券交易法原理，第 226 頁。

第 681 條所規定,「合夥財產不足清償合夥之債務時,各合夥人對於不足之額,連帶負其責任。」此處所稱之合夥債務,應包括契約責任下所生之債務與執行職務所生之侵權行為責任。因而,該簽證之會計師乃是於執行職務所生之損害賠償責任,亦應屬於合夥債務中之一。故合夥財產不足清償簽證會計師所應負擔之損害賠償責任時,依民法第 681 條之規定,其他會計師對於不足之額,應負連帶責任❸❸。

二、請求權人

發生違反證券交易法第 20 條第 2 項之規定時,依證券交易法第 20 條之 1 第 1 項之規定,發行人及其負責人對於發行人所發行有價證券之善意取得人、出賣人或持有人因而所受之損害,應負賠償責任。因而,得依證券交易法第 20 條之 1 第 1 項之規定,請求損害賠償之人為:發行人所發行有價證券之善意取得人、出賣人或持有人。此之所謂善意,係指取得、出賣或持有有價證券時,不知發行人申報或公告之財務報告及財務業務文件之主要內容有虛偽或隱匿之情事❸❹。而取得人、出賣人或持有人之意涵為何,試分述如下❸❺:

㈠取得人:不實之財務報告及財務業務文件公告後,而於更正前,買入有價證券者。

㈡出賣人:不實之財務報告及財務業務文件公告後,而於更正前,出賣有價證券者。

㈢持有人:此包括不實之財務報告及財務業務文件公布前,買進有價證券,而於該不實財務資訊公布後,相信該訊息而繼續持有有價證券者。

三、責任成立要件

證券交易法第 20 條第 2 項規定:「發行人依本法規定申報或公告之財務報告及財務業務文件,其內容不得有虛偽或隱匿之情事。」第 20 條之 1 第 1

---

❸❸ 相同之結論,請參閱賴英照,股市遊戲規則——最新證券交易法解析,第 514 頁。

❸❹ 參閱賴英照,股市遊戲規則——最新證券交易法解析,第 517 頁。

❸❺ 參閱賴英照,股市遊戲規則——最新證券交易法解析,第 517 頁。

項規定:「前條第二項之財務報告及財務業務文件或依第三十六條第一項公告申報之財務報告,其主要內容有虛偽或隱匿之情事,下列各款之人,對於發行人所發行有價證券之善意取得人、出賣人或持有人因而所受之損害,應負賠償責任……。」茲將其損害賠償請求權之成立要件分述如下:

㈠須財務報告及財務業務文件,其主要內容有虛偽或隱匿之情事

依證券交易法第 20 條第 2 項及第 20 條之 1 第 1 項規定,構成申報不實之民事損害賠償責任成立,首先須發行人依證券交易法規定申報或公告之財務報告及財務業務文件,其主要內容有虛偽或隱匿之情事。以下便分述之:

1.**財務報告及財務業務文件**: 此處所指之財務報告及財務業務文件,依證券交易法第 20 條第 2 項規定,係指發行人依證券交易法規定申報或公告之財務報告及財務業務文件。何謂財務報告及財務業務文件,茲分別敘述如下:

(1)財務報告: 證券交易法第 14 條第 1 項之規定:「本法所稱財務報告,指發行人及證券商、證券交易所依法令規定,應定期編送主管機關之財務報告。」且依證券交易法第 14 條第 1 項規定:「前項財務報告之內容、適用範圍、作業程序、編製及其他應遵行事項之準則,由主管機關定之。」而依此授權,主管機關便頒布了證券發行人財務報告編製準則(以下簡稱發行人編製準則)。發行人編製準則第 4 條第 1 項規定:「財務報告指財務報表、重要會計科目明細表及其他有助於使用人決策之揭露事項及說明。」同條第 2 項規定:「財務報表應包括資產負債表、損益表、股東權益變動表、現金流量表及其附註或附表。」❸❻

(2)財務業務文件: 此係指依證券交易法第 174 條第 1 項第 4 款及第 5 款所規定,主管機關命令提出之文件及主管機關基於法律所發布之命令規定之業務文件。例如主管機關依證券交易法第 38 條規定,對發行人命令其提出參考或報告資料,此之財務業務文件❸❼。

2.**主要內容**: 構成此處之損害賠償請求權之要件,須上述之財務報告及財務業務文件之主要內容為不實。解釋上,須財務報告及財務業務文件影響

---

❸❻ 其他有關財務報告之說明,詳見本書第三章第三節。

❸❼ 陳春山,證券交易法論,第 395 頁及第 396 頁。

有價證券之善意取得人、出賣人或持有人之買賣有價證券與否之意願之重大判斷的內容。至於具體之事項，則應是依證券交易之實務決定之。

　　3.**虛偽或隱匿**：所謂虛偽者，係指上述之財務報告及財務業務文件有不實之陳述。如財務報告未依證券發行人財務報告編製準則之規定做真實記載，例如於資產負債表中，虛報擴大應收帳款。至於隱匿者，則指應揭露之事項，私自隱匿而不予揭露。例如將公司之龐大短期借款故意漏而不公布。

㈡須存在因果關係──致使有價證券之善意取得人、出賣人或持有人受有損害

　　無論是刑事責任之成立或是民事責任之成立，均以存在因果關係為前提。不過，有關因果關係之概念及其存在與否，學理上探討雖多，然對於其實質內容之許多部分上有待釐清。於證券交易所生責任之問題，亦不例外。以下便對目前學理或實務對於證券詐欺責任之論述簡述如下：

　　1.**因果關係理論於我國之見解**：侵權行為責任因果關係之判斷，於民法體系中本有爭議。我國民法學者通說認為，侵權行為成立要件中，因果關係之判斷係於加害行為與損害間 ❸❽。少數說則認為 ❸❾，因果關係之評斷上，應將之分為兩個階段性（我國傳統通說上係採一階段之分類，亦即加害行為與損害間須有相當因果關係）。並採德國通說之見解，侵權行為責任之成立，第一階段須侵權行為人之加害行為（或稱為侵害行為）(Verletzungsverhandlung) 與被侵害之法益 (Rechtsgutverletzung) 間具備有因果關係，此時稱為責任成立因果關係 (die haftungsbegründende Kausalität)❹❿。第二階段是被侵害法益與發生之損害 (Schaden) 間須具備有因果關係，此時稱為責任範圍因果關係 (die haftungsausfüllende Kausalität)❹❶。

---

❸❽　參閱邱聰智，新訂民法債編通則（上），第 165 頁以下；林誠二，民法債編總論（上），第 238 頁以下；黃立，民法債編總論，第 237 頁以下。

❸❾　姚志明，侵權行為法，第 32 頁以下。

❹❿　Schlechtriem, Schuldrecht, Besonderer Teil, Rn. 825.

❹❶　Brox/Walker, Besonderes Schuldrecht, §40 Rn. 4 f. u §1 Rn. 28 ff.; Esser/Schmidt, Schuldrecht, Band I, Allgemeiner Teil, Teilband 2, §33 I1; Larenz, Lehrbuch des

2.**美國法之因果關係**：就不實申報之損害賠償責任因果關係之判斷為何，亦面臨到上述原則之分野。學者賴英照教授，引進美國法之因果關係而加以評析。證券詐欺之因果關係，可分為交易因果關係與損失因果關係[42]。

(1)交易因果關係 (transaction causation)：原告因被告虛偽、詐欺或其他足致他人誤信之行為，或者相信被告公布之財務報告及財務業務文件為真實，因而作成買賣有價證券之決定。前者即為符合證券交易法第 20 條第 1 項之情形，後者則為同條第 2 項之情形。至於如何證明交易因果關係，則於美國法發展出所謂欺騙市場理論 (fraud on the market theory)[43]。依欺騙市場理論之見解，不實資訊欺騙了個別投資人，亦欺騙了市場，股價亦因不實資訊而變動。故在一定之條件下，原告雖未閱讀財報（或謂未取得特定不實資訊），基於信賴市場，仍推定具有交易因果關係，而被告得舉證反駁之。而美國聯邦法院於 1988 年之 Basic Incorporated v. Levinson 案 (485 U.S. 224) 正式採用此理論[44]。

(2)損失因果關係 (loss causation)：原告求償時，應證明其買賣有價證券之損失，係因證券詐欺或不實資訊所致。此精神已於 1995 年美國修正 1934 年證交法時，明定於 §21 D (b)(4)[45]。

3.**英國法之因果關係**：英國法於檢驗因果關係時，傳統分為兩階段：

(1)事實上之因果關係 (factual causation)——第一階段：此認定因果關係是否存在之標準為條件說 (the theory of conditions)，如果該行為為損害無法除去之原因時，則該行為為該發生結果之條件。此時，即存在因果關係[46]。

Schuldrechts, Band II/2, Besonderer Teil, S. 332 ff., S. 432; Schlechtriem, Schuldrecht, Besonderer Teil, Rn. 825.

[42] 賴英照，股市遊戲規則——最新證券交易法解析，第 519 頁以下。

[43] 中譯或稱之為「對市場詐欺理論」，劉連煜，新證券交易法實例研習，第 293 頁。

[44] 賴英照，股市遊戲規則——最新證券交易法解析，第 520 頁；劉連煜，新證券交易法實例研習，第 293 頁。

[45] 賴英照，股市遊戲規則——最新證券交易法解析，第 528 頁。

[46] 曾宛如，證券交易法原理，第 234 頁。

(2)**法律上因果關係 (legal causation)**——第二階段：就法律上因果關係又有預見說 (the foreseeability theory) 與直接因果關係說 (the direct consequences theory) 之區別。就契約責任而言，預見說乃以契約訂立時所可能預見之損害為具有因果關係之範圍內，而為損害賠償之範圍內。而就直接因果關係而言，凡是因行為所直接產生之損害即為存在因果關係❹。

4.**我國實務之見解**：本來依民事訴訟舉證責任分配原則，主張有利於己之人，須負舉證責任。如此一來，因果關係之存在，即應由請求權人主張之。不過，因投資人舉證之困難，而為避免因投資人無法舉證而縱容行為人違法亂紀，進而危害證券交易秩序，實務上則採用民事訴訟法第 277 條舉證責任轉換，要求行為人證明投資人並非信賴該不實資訊而購入有價證券而受有損害❹。

㈢須存在可歸責事由

如前所述，不實申報之損害賠償義務人之範圍可分為三類：發行人及其負責人、發行人之職員，曾在財務報告或財務業務文件上簽名或蓋章者及簽證之會計師。至於，就損害賠償責任之歸責事由之存在，亦有不同，茲分述如下：

1.**發行人及其負責人**：依證券交易法第 20 條之 1 第 1 項之規定，不實申報應負責之人為發行人及其負責人及發行人之職員，曾在財務報告或財務業務文件上簽名者。而證券交易法第 20 條之 1 第 2 項又規定：「前項各款之人，除發行人、發行人之董事長、總經理外，如能證明已盡相當注意，且有正當理由可合理確信其內容無虛偽或隱匿之情事者，免負賠償責任。」又如前所述，依公司法第 8 條第 1 項及第 2 項之規定，董事為公司當然負責人，總經理為職務負責人。解釋上，發行人、董事長及總經理須負**無過失責任**❹。至於，亦為負責人之其他董事或公司法第 8 條第 2 項所規定之職務上負責人（如經

---

❹ 曾宛如，證券交易法原理，第 235 頁。

❹ 參閱陳春山，證券交易法論，第 397 頁以下；臺中地方法院 91 年訴字第 243 號判決；新竹地方法院 90 年重訴字第 162 號判決。

❹ 曾宛如，證券交易法原理，第 226 頁。

理人或監察人），則負過失推定責任，亦即如能證明已盡相當注意，且有正當理由可合理確信其內容無虛偽或隱匿之情事者，免負賠償責任。

2.**發行人之職員，曾在財務報告或財務業務文件上簽名者**：依證券交易法第 20 條之 1 第 2 項規定，負過失推定責任，亦即如能證明已盡相當注意，且有正當理由可合理確信其內容無虛偽或隱匿之情事者，免負賠償責任。

3.**會計師**：依證券交易法第 20 條之 1 第 3 項規定：「會計師辦理第一項財務報告或財務業務文件之簽證，有不正當行為或違反或廢弛其業務上應盡之義務，致第一項之損害發生者，負賠償責任。」會計師為被簽證公司之受任人，而依民法第 535 條之規定，會計師受有報酬，其當以善良管理人之注意標準執行業務[50]。因此，會計師乃須依善良管理人之注意標準執行業務，故其為一般之**過失責任**[51]。於不實申報之損害賠償責任制度上，簽證之會計師未負擔過失推定責任，學理上認為或有討論之必要[52]。又依證券交易法第 20 條之 1 第 4 項規定：「前項會計師之賠償責任，有價證券之善意取得人、出賣人或持有人得聲請法院調閱會計師工作底稿並請求閱覽或抄錄，會計師及會計師事務所不得拒絕。」

四、法律效果

證券交易法第 20 條之 1 第 5 項規定：「第一項各款及第三項之人，除發行人、發行人之董事長、總經理外，因其過失致第一項損害之發生者，應依其責任比例，負賠償責任。」發行人、發行人之董事長、總經理須負完全賠償責任，其他之損害賠償義務人則依其責任比例，負賠償責任。此損害賠償責任分配之原則，學說稱之為**責任比例賠償原則**。從立法理由可知，損害賠償責任比例，有賴於法官就具體個案加以認定，亦即應依證據法則及專家之證詞確定損害賠償之金額[53]。

---

[50] 劉連煜，新證券交易法實例研習，第 284 頁。

[51] 劉連煜，新證券交易法實例研習，第 289 頁。

[52] 廖大穎，證券交易法導論，第 242 頁。

[53] 劉連煜，新證券交易法實例研習，第 292 頁。

第二項　申報或公告不實資訊之刑事責任

依證券交易法第 171 條第 1 項第 1 款之規定，違反第 20 條第 2 項之規定者，處三年以上十年以下有期徒刑，得併科新臺幣一千萬元以上二億元以下罰金。

第三節　違反公開說明書規範之民刑事責任

第一項　未交付公開說明書之民刑事責任

第一款　未交付公開說明書之民事責任

一、損害賠償義務人

證券交易法第 31 條第 1 項規定：「募集有價證券，應先向認股人或應募人交付公開說明書。」第 2 項規定：「違反前項之規定者，對於善意之相對人因而所受之損害，應負賠償責任。」此即所謂之未交付公開說明書之民事責任。從條文之文義中，並未明文規定誰為損害賠償義務人。不過，證券交易法第 30 條第 1 項明定，公司募集、發行有價證券，於申請審核時，除依公司法所規定記載事項外，應另行加具公開說明書。從本規定可知，製作及申報公開說明書（英：prospectus；德：Prospekt）義務者為公司。不過，證券交易法第 7 條第 1 項規定：「本法所稱募集，謂發起人於公司成立前或發行公司於發行前，對非特定人公開招募有價證券之行為。」且證券交易法第 5 條規定：「本法所稱發行人，謂募集及發行有價證券之公司，或募集有價證券之發起人。」從證券交易法第 5 條及第 7 條第 1 項可知，募集有價證券者，於公司成立前，則為發起人。因而解釋上，負有交付公開說明書之義務者，應為公司或募集設立之發起人❺❹。故解釋上，若發生違反交付公開說明書之義務者，則損害

---

❺❹　賴英照，股市遊戲規則──最新證券交易法解析，第 540 頁。

賠償義務人應為公司或募集設立之發起人。

有疑義的是,有價證券(例如股票或公司債)經由證券承銷商對外募集,承銷商是否須依證券交易法第 31 條第 1 項負有交付公開說明書之義務,並進而須負證券交易法第 31 條第 2 項之未交付公開說明書責任?我國通說❺採廣義之解釋,並採肯定之見解,認為證券商負有交付公開說明書之義務。因而,若證券承銷商違反交付公開說明書義務者,其亦成為損害賠償義務人。

總而言之,依通說之見解,未交付公開說明書之損害賠償義務人包括:公司、募集設立之發起人及證券承銷商。

二、責任成立要件

如前所述,公司、募集設立之發起人及證券承銷商依證券交易法第 31 條第 1 項之規定,負有交付公開說明書之義務。而違反此義務時,依同條第 2 項則生損害賠償責任。而構成此損害賠償責任之成立,其要件有三,其分別為:須違反交付公開說明書之義務、須致使相對人受有損害及須相對人為善意。以下茲分別說明其內容:

㈠須違反交付公開說明書之義務

違反交付公開說明書義務者,依證券交易法第 31 條第 2 項之規定,對於善意之相對人因而所受之損害,應負賠償責任。因而,此損害賠償責任之成立,第一個要件是須違反交付公開說明書之義務。證券交易法第 31 條第 1 項規定:「募集有價證券,應先向認股人或應募人交付公開說明書。」如前所述,負有交付公開說明義務者,乃為公司、募集設立之發起人及證券承銷商。故未交付公開說明書之損害賠償責任之成立,首先須公司、募集設立之發起人或證券承銷商對於認股人或應募人未履行交付公開說明書之義務。

㈡須致使相對人受有損害

證券交易法第 31 條第 2 項規定:「違反前項之規定者,對於善意之相對

---

❺ 余雪明,證券交易法,第 611 頁;曾宛如,證券交易法原理,第 205 頁;賴源河,證券法規,第 244 頁;賴英照,股市遊戲規則──最新證券交易法解析,第 540 頁;劉連煜,新證券交易法實例研習,第 251 頁。

人因而所受之損害，應負賠償責任。」從本規定可知，損害賠償責任之構成，尚須相對人受有損害。此處所稱之相對人，則是證券交易法第 31 條第 1 項所指之認股人或應募人 ❺❻。並且，相對人之受有損害與公開說明書交付義務違反間須有因果關係。並且，通說認為此因果關係指相當因果關係 ❺❼。而因果關係與損害之舉證責任，全由相對人負擔。學者認為，此舉證責任由相對人負擔，相對人所負擔者係較美國法制為重。基於保障投資人並強化發行人初次公開之義務，此舉證責任之分配有討論修改之必要 ❺❽。

㈢須相對人為善意

證券交易法第 31 條第 2 項所指善意之相對人，何謂善意，則有爭議。甲說 ❺❾：所謂善意，係指非與發行人、承銷商有勾結關係者。乙說 ❻⓿：所謂善意，係指相對人對於有價證券發行之情形為不知情。

㈣歸責事由

證券交易法對於未交付公開說明書之歸責事由，並無明文規定。本來，民事賠償責任以過失責任為原則，除非當事人有特別約定或法定之情形下，方為以其他歸責事由為標準。學說上認為，本規定為法定責任，與侵權行為及契約責任不同 ❻❶。不過，本書認為，本質上本規定應為侵權行為之特別規定，並採無過失責任。因而，本規定無須探討損害賠償義務人是否有無過失。

三、法律效果

若上述之成立要件具備時，依證券交易法第 31 條第 2 項之規定，各損害

---

❺❻ 曾宛如，證券交易法原理，第 205 頁；賴英照，股市遊戲規則——最新證券交易法解析，第 540 頁。

❺❼ 余雪明，證券交易法，第 611 頁；賴源河，證券法規，第 245 頁；劉連煜，新證券交易法實例研習，第 254 頁。

❺❽ 賴英照，股市遊戲規則——最新證券交易法解析，第 540 頁。

❺❾ 賴源河，證券交易法上之民事責任——以保障證券真實性之制度為中心，公司法問題之研究㈠，第 16 頁。

❻⓿ 劉連煜，新證券交易法實例研習，第 254 頁及第 255 頁。

❻❶ 賴英照，股市遊戲規則——最新證券交易法解析，第 540 頁及第 541 頁。

賠償義務人就其責任分別負損害賠償責任。

第二款　未交付公開說明書之刑事責任

違反第 31 條第 1 項之規定者，依證券交易法第 177 條第 1 款之規定，處一年以下有期徒刑、拘役或科或併科新臺幣一百二十萬元以下罰金。

第二項　公開說明書內容不實之民刑事責任

第一款　公開說明書內容不實之民事責任

一、損害賠償義務人

證券交易法第 32 條第 1 項規定：「前條之公開說明書，其應記載之主要內容有虛偽或隱匿之情事者，左列各款之人，對於善意之相對人，因而所受之損害，應就其所應負責部分與公司負連帶賠償責任：一、發行人及其負責人。二、發行人之職員，曾在公開說明書上簽章，以證實其所載內容之全部或一部者。三、該有價證券之證券承銷商。四、會計師、律師、工程師或其他專門職業或技術人員，曾在公開說明書上簽章，以證實其所載內容之全部或一部，或陳述意見者。」從本規定可知，公開說明書內容不實之損害賠償義務人，可分為四類：

㈠**發行人及其負責人**

此處所指之發行人，係指證券交易法第 5 條所規定，謂募集及發行有價證券之公司，或募集有價證券之發起人。若是發行人為公司者，則其負責人亦為損害賠償義務人。但負責人之定義於證券交易法並無規定。而依照公司法第 8 條之規定，股份有限公司負責人可分為兩類：1.當然負責人：股份有限公司之董事；2.職務負責人：執行職務範圍內之股份有限公司經理人或清算人、發起人、監察人、檢查人、重整人或重整監督人。

㈡**發行人之職員，曾在公開說明書上簽章，以證實其所載內容之全部**
　或一部者

所謂發行人之職員，則係指發行人之受僱人 ❻❷。

㈢該有價證券之證券承銷商

　　有價證券之承銷商，既然負責承銷有價證券，當須先就其所承銷之有價證券及發行人有所了解，並且須加以詳加調查。因而，如承銷商因未盡調查之責，致使未能得知公開說明書，其應記載之主要內容有虛偽或隱匿之情事，或者是未發現公開說明書之主要內容有虛偽或隱匿之情事者，依然予以承銷，並致使投資人受有損害，其當須負責 ❻❸。

㈣會計師、律師、工程師或其他專門職業或技術人員，曾在公開說明書上簽章，以證實其所載內容之全部或一部，或陳述意見者

二、責任成立要件

　　證券交易法第 32 條第 1 項規定：「前條之公開說明書，其應記載之主要內容有虛偽或隱匿之情事者，左列各款之人，對於善意之相對人，因而所受之損害，應就其所應負責部分與公司負連帶賠償責任：……。」第 2 項規定：「前項第一款至第三款之人，除發行人外，對於未經前項第四款之人簽證部分，如能證明已盡相當之注意，並有正當理由確信其主要內容無虛偽、隱匿情事或對於簽證之意見有正當理由確信其為真實者，免負賠償責任；前項第四款之人，如能證明已經合理調查，並有正當理由確信其簽證或意見為真實者，亦同。」本規定，即為所謂公開說明書虛偽不實之民事責任之規定 ❻❹。此損害賠償責任之成立要件，可分列如下：須公開說明書應記載之主要內容有虛偽或隱匿之情事、須致使相對人受有損害及須相對人為善意。以下，茲將各成立要件之內容分述之：

---

❻❷　賴英照，股市遊戲規則——最新證券交易法解析，第 549 頁。

❻❸　賴英照，股市遊戲規則——最新證券交易法解析，第 549 頁。

❻❹　賴英照，股市遊戲規則——最新證券交易法解析，第 550 頁。學者曾宛如教授則稱證券交易法第 32 條係對公開說明書記載不實而設，記載不實之觀念源自英美法之 misrepresentation 一語，其原意可譯為不實陳述。其他詳盡之說明，請參閱曾宛如，證券交易法原理，第 207 頁。

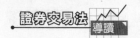

(一)須公開說明書應記載之主要內容有虛偽或隱匿之情事

公開說明書之應記載事項甚多，是否該應記載事項均為主要內容？對此問題，多數說認為，所謂主要內容，係指可能影響理性投資人的投資判斷之記載而言[65]。至於具體而言，構成主要內容者，則須依具體情形判斷之，而通常其與發行公司之財務、業務及重要人事有關訊息而言[66]。

本規定所指之虛偽，係指明知不實而為與客觀事實不符之陳述。至於隱匿者，則指雖未積極為虛偽之陳述，但對重要事實有意遺漏，使事實未能完整呈現，致引起錯誤之理解[67]。

(二)須致使相對人受有損害

證券交易法第 32 條損害賠償責任之成立，須公開說明書不實之記載與相對人之損害間須有因果關係。若從文義及一般舉證責任分擔原則觀之，損害賠償義務人須對於其所受之損害、公開說明書不實之記載與相對人之損害間之因果關係等事項之舉證責任，均應由請求權人負擔之。不過，學說認為如此一來，將使投資人負擔沉重之舉證責任[68]。而在實務上，地方法院或有採欺騙市場理論為基礎，並適用民事訴訟法第 277 條但書之規定而主張推定因果關係，而由損害賠償義務人負舉證反駁因果關係存在之責任[69]。

(三)須相對人為善意

證券交易法第 32 條第 1 項所指之「善意之相對人」，乃指不知主要內容有虛偽或隱匿之情事而購買有價證券者[70]。學者或有採取英美法之見解，主

---

[65] 賴英照，股市遊戲規則——最新證券交易法解析，第 544 頁；劉連煜，新證券交易法實例研習，第 260 頁。

[66] 劉連煜，新證券交易法實例研習，第 259 頁及第 260 頁。

[67] 賴英照，股市遊戲規則——最新證券交易法解析，第 546 頁；不過，學者余雪明教授認為，虛偽乃包括明知不實而為記載、可得而知而為不實之記載外，亦包括因不注意事實上重要之記載不實。至於隱匿應包括完全不記載及誤導之陳述。參閱氏著，證券交易法，第 612 頁。

[68] 賴英照，股市遊戲規則——最新證券交易法解析，第 552 頁。

[69] 參閱臺灣高雄地方法院 91 年重訴字第 447 號民事判決。

[70] 賴英照，股市遊戲規則——最新證券交易法解析，第 546 頁。

張請求權人只需證明公開說明書之重要記載事項有虛偽或隱匿時，即可推定其為善意❼。不過，何謂相對人（購買有價證券者）？從證券交易法第 31 條規定觀之，證券交易法第 32 條之公開說明書，應只限於發行市場之募集有價證券階段中之認股人或應募人，對於交易市場則不適用之❼。

㈣歸責事由

我國民事損害賠償責任，以過失責任為原則，故意責任、無過失責任（通常事變責任、不可抗力責任）等為例外。就公開說明書虛偽不實之民事責任而言，有關歸責事由之標準，則規定於證券交易法第 32 條第 2 項，不過此深受美國法制影響之規範，其所採取之用語則與大陸法系有所差異。於該規定中，對於發行人之責任乃採無過失責任。若是負責人、發行人之職員及該有價證券之證券承銷商能證明已盡相當之注意，並有正當理由確信其主要內容無虛偽、隱匿情事或對於簽證之意見有正當理由確信其為真實者，或是會計師、律師、工程師或其他專門職業或技術人員，如能證明已經合理調查，並有正當理由確信其簽證或意見為真實者，其均無過失可言，因而不負損害賠償責任。本規定所代表之意義，乃為過失推定，且依本書之見解，第 32 條第 2 項之規定，或可分析如下：

1. **負責人、發行人之職員及該有價證券之證券承銷商──過失推定（證券交易法第 32 條第 2 項前段）**

證券交易法第 32 條第 2 項前段規定：「前項第一款至第三款之人，除發行人外，對於未經前項第四款之人簽證部分，如能證明已盡相當之注意，並有正當理由確信其主要內容無虛偽、隱匿情事或對於簽證之意見有正當理由確信其為真實者，免負賠償責任；……」。就此規定，茲分為以下兩部分討論之：

⑴對於未經會計師、律師、工程師或其他專門職業或技術人員之簽證部分

依證券交易法第 32 條第 2 項前段規定，解釋上，此處所謂「如能證明已

---

❼ 曾宛如，證券交易法原理，第 212 頁。

❼ 賴英照，股市遊戲規則──最新證券交易法解析，第 546 頁以下。

盡相當之注意」應是推定過失之意思，其為民事損害賠償責任所常用 **❼**。本規定應視為侵權行為責任之特別規定，因而過失之標準應以善良管理人之注意為標準。亦即，負責人、發行人之職員及該有價證券之證券承銷商需舉證已盡到善良管理人之注意標準。不過，不同於民法一般之使用方式，於證券交易法第 32 條第 2 項前段規定之文義中，負責人、發行人之職員及該有價證券之證券承銷商僅是證明已盡相當注意，並不能當然免責，而是仍必須證明「並有正當理由確信其主要內容無虛偽、隱匿情事」存在，方得不負損害賠償責任。學說認為，所謂「並有正當理由確信其主要內容無虛偽、隱匿情事」，係指對於有關事項合理調查，而未能發現任何虛偽或隱匿之情事 **❼**。證券交易法於本條之規定方式，似乎異於民法之用語，這產生差異性之關鍵或為英美法與大陸法之差別而導致。本書認為，此處所稱「並有正當理由確信其主要內容無虛偽、隱匿情事」，應可認為係證券交易法第 32 條第 1 項之第 1 款至第 3 款等損害賠償義務人盡到善良管理人注意標準之例示規定。至於，「如能證明已盡相當之注意」則為善良管理人注意標準之一般規定 **❼**。總而言之，「並有正當理由確信其主要內容無虛偽、隱匿情事」乃是「能證明已盡相當之注意」之一個具體例子而已。

⑵對於經會計師、律師、工程師或其他專門職業或技術人員之簽證部分

此時，依證券交易法第 32 條第 2 項前段之規定，負責人、發行人之職員及該有價證券之證券承銷商，須證明「對於簽證之意見有正當理由確信其為

---

❼ 我國民事責任採取「已盡相當之注意」之用語者，作為推定過失者，則如民法第 188 條第 1 項但書、第 191 條第 1 項但書、第 191 條之 1 第 1 項等。

❼ 賴英照，股市遊戲規則——最新證券交易法解析，第 550 頁。

❼ 將一般規定與例示規定放於同一條文規定者，民法第 172 條之無因管理即是一例。民法第 172 條規定：「未受委任，並無義務，而為他人管理事務者，其管理應依本人明示或可得推知之意思，以有利於本人之方法為之。」無因管理之成立要件之一，即是管理人於無義務下而管理事務。若是有委任契約存在時，管理他人事務者即具有受任人身分。因而，無因管理之成立，一般抽象概念係管理人無任何義務下而管理他人事務，無委任乃為無義務之例示規定。參閱邱聰智，新訂民法債編通則（上），2000 年 9 月，修訂 1 版，第 88 頁。

真實者」。學說上認為，此時與主張免責者，乃係依其本身學識判斷，並無理由相信專家簽證之意見有虛偽或隱匿情事❼。依本書之見解，於此亦可解釋為，負責人、發行人之職員及該有價證券之證券承銷商，須證明其並無違反善良管理人之注意標準下而「對於簽證之意見有正當理由確信其為真實者」。故本規定，或亦可視為推定過失之態樣。

2.會計師、律師、工程師或其他專門職業或技術人員——過失推定（證券交易法第32條第2項前段）

證券交易法第32條第2項後段規定：「前項第四款之人，如能證明已經合理調查，並有正當理由確信其簽證或意見為真實者，亦同。」換言之，會計師、律師、工程師或其他專門職業或技術人員須證明「已經合理調查，並有正當理由確信其簽證或意見為真實者」，方可免責。此處與前述之負責人、發行人之職員及該有價證券之證券承銷商之舉證責任不同，亦即會計師、律師、工程師或其他專門職業或技術人員須證明，其所為簽證或意見前，「已經合理調查」，並已盡善良管理人之注意標準❼。就歸責事由部分，本規定，亦採推定過失之方式立法。

三、法律效果

當上述公開說明書虛偽不實之成立要件具備時，損害賠償義務人依證券交易法第32條第1項規定，對於善意之相對人，因而所受之損害，應就其所應負責部分與公司負連帶賠償責任。

有疑義的是，各個損害賠償義務人應負責部分應如何計算？就民事損害賠償責任之原則觀之，民法第272條至第282條就連帶債務有明文規定。並無類似證券交易法第32條第1項所規定之責任分割及分割後責任與公司負連帶責任之規範。主管機關或許應正視此問題，避免損害賠償責任範圍不確定所生之問題。

---

❼ 賴英照，股市遊戲規則——最新證券交易法解析，第550頁。
❼ 賴英照，股市遊戲規則——最新證券交易法解析，第550頁。

第二款　公開說明書內容不實之刑事責任

依證券交易法第 174 條第 1 項第 3 款之規定，發行人或其負責人、職員有證券交易法第 32 條第 1 項之情事，而無同條第 2 項免責事由者，處一年以上七年以下有期徒刑，得併科新臺幣二千萬元以下罰金。

第四節　操縱市場之民刑事責任

我國證券交易法對於操縱市場行為並無定義性規定，僅以例示禁止市場常見之操縱市場有價證券之行為，再加上概括規定以防止漏網之操縱市場行為❼❽。不過，學說則嘗試將操縱市場行為下定義。依學說之見解，所謂操縱市場行為，係指以人為之方法將某種有價證券之價格控制在某一水準，而操縱市場者則可以此價格出售或買進該有價證券之行為。操縱市場行為下之結果，操縱市場者所出售之特定有價證券之價格必定高於正常供需情況下決定之價格；反之，操縱市場者所買進之特定有價證券之價格必定低於正常供需情況下決定之價格❼❾。

本來自由證券市場中，交易之有價證券之價格乃是基於供需關係而形成，不應受到人為操縱市場而影響交易價格。學理上認為，操縱市場之行為，會製造證券供需及證券價格之假象，減損證券市場資本籌集等功能，其不但會造成個別投資人之損失外，並會危及到國家之金融、稅務、證券及國家經濟之發展❽⓿。因而，有價證券操縱市場行為之禁止，其符合保護投資人利益及國家經濟正常發展之利益。我國對操縱市場行為亦加以禁止，並有民刑事責任之規範，分別規定於證券交易法第 155 條及第 171 條，以下便分別敘述之。

---

❼❽ 賴英照，股市遊戲規則——最新證券交易法解析，第 431 頁。

❼❾ 李開遠，證券管理法規新論，第 297 頁。

❽⓿ 賴英照，股市遊戲規則——最新證券交易法解析，第 427 頁；廖大穎，證券交易法導論，第 243 頁以下。

第一項　操縱市場之民事責任

一、民事責任效力範圍

　　證券交易法第 155 條第 3 項規定:「違反前二項規定者,對於善意買入或賣出有價證券之人所受之損害,應負賠償責任。」此為操縱市場行為之民事責任的明文規定。本條第 1 項所規範者,乃指上市之有價證券❽,至於第 2 項則規定:「前項規定,於證券商營業處所買賣有價證券準用之。」而目前於證券商營業處所買賣有價證券者,包括上櫃有價證券與興櫃有價證券,此二者均為證券交易法第 155 條第 2 項涵蓋之範圍,亦即上櫃與興櫃之有價證券買賣亦準用上市有價證券買賣之操縱市場行為禁止之規範。因而,證券交易法第 155 條所規範之市場範圍,亦即操縱市場行為所生之民事責任範圍,包括上市有價證券之交易及上櫃與興櫃之有價證券之交易。

二、損害賠償義務人

　　證券交易法第 155 條第 1 項,明文規定對於上市之有價證券禁止為操縱市場行為。而於該項規定中,操縱市場行為之態樣有六種,其係被禁止為之。同條第 2 項亦規定,前項規定,於證券商營業處所買賣有價證券準用之。因而可知,證券交易法第 155 條第 1 項所規定之六種操縱市場行為禁止,依該項及同條第 2 項之規定,其適用之範圍包括集中買賣與店頭市場買賣(含上櫃有價證券及興櫃有價證券)❽。此外,依證券交易法第 155 條第 3 項規定:「違反前二項規定者,對於善意買入或賣出有價證券之人所受之損害,應負賠償責任。」因而此處之損害賠償義務人乃指從事操縱市場行為之人❽。

---

❽　證券交易法第 155 條第 1 項本文規定:「對於在證券交易所上市之有價證券,不得有下列各款之行為: ⋯⋯」顯然本項乃針對上市之有價證券禁止為操縱市場行為。

❽　賴英照,股市遊戲規則——最新證券交易法解析,第 430 頁。

❽　賴英照,股市遊戲規則——最新證券交易法解析,第 555 頁。

三、損害賠償請求權人

此外，證券交易法第 155 條第 4 項規定：「第二十條第四項規定，於前項準用之。」證券交易法第 20 條第 4 項則規定：「委託證券經紀商以行紀名義買入或賣出之人，視為前項之取得人或出賣人。」然而，就操縱市場行為民事責任權利人之範圍觀之，其包括證券自營商與一般投資人。以下就損害賠償請求權人便分述之：

㈠證券自營商（證券交易法第 155 條第 3 項）

因為自營商得自己於證交所所開設之集中交易市場從事有價證券買賣，亦即得自為買賣之主體，故證券自營商因受操縱市場行為受有損害者，依證券交易法第 155 條第 3 項有損害賠償請求權。

㈡一般投資人（證券交易法第 155 條第 4 項）

不過，除了自營商得自己於證交所所開設之集中交易市場從事有價證券買賣外，其他之一般投資人（自然人或法人）須委託證券經紀商於證券市場為交易行為，不得親自於集中交易市場為買賣行為，而須委託證券經紀商從事交易行為。依證券交易法第 155 條第 4 項明文規定，其準用第 20 條第 4 項規定。因而，委託證券經紀商以行紀名義買入或賣出之人，視為前項之買入或出賣人，故一般投資人其亦得主張因操縱市場行為所受之損害賠償請求權。

四、責任成立要件

㈠須存在操縱市場行為

依證券交易法第 155 條第 1 項之規定，證券交易法所禁止之操縱市場行為共計有六種，茲分述如下：

1.不履行交割

依證券交易法第 155 條第 1 項第 1 款之規定，禁止操縱市場行為之第一種類型，乃是不得在集中交易市場委託買賣或申報買賣，業經成交而不履行交割，足以影響市場秩序。一般稱此行為之禁止，乃為不履行交割之禁止❽。

---

❽　賴英照，股市遊戲規則——最新證券交易法解析，第 432 頁。

從本規定之文義及修正理由❽可知，本規定所規範之範圍乃包括投資人委託證券商買賣及證券商申報買賣，因而無論是投資人對證券商不履行交割行為或是證券商對市場不履行交割均屬此處之不履行交割之範圍內❻。此外，依證券交易法第 171 條第 1 項第 1 款之規定，不履行交割之行為，處三年以上十年以下有期徒刑，得併科新臺幣一千萬元以上二億元以下罰金。對此刑事處罰規定，學者認為適當性存有疑義，尤其對於單純不交割而言更是明確❽。

2.相對委託

證券交易法第 155 條第 1 項第 3 款規範之被禁止操縱市場行為之第二種類型，而明定禁止:「意圖抬高或壓低集中交易市場某種有價證券之交易價格，與他人通謀，以約定價格於自己出售，或購買有價證券時，使約定人同時為購買或出售之相對行為。」學理上，稱此種類型之操縱市場行為為相對委託 (matched oders)❽或對敲❽。本規定所指之約定價格者，無需通謀之雙方以相同之價格委託買賣。而所謂同時者，乃指於同一營業日委託時，即符合同時之概念。並且，同謀之雙方所約定委託買進或賣出之數量縱使不相同，只要有撮合成交之可能者，亦符合本規定❽。此外，本款「意圖」須與其刻意之

---

❽ 民國 95 年 1 月 11 日證券交易法第 155 條第 1 項第 1 款之修正理由:「一、修正第一項，其理由如次:㈠因實務運作上委託買賣雙方一經撮合即為成交，並無不實際成交之情形發生，爰刪除『不實際成交』，並配合實務情形修正『報價』、『業經有人承諾接受』等用語，另考量交易市場係採兩階段交易，包括投資人委託證券商買賣及證券商申報買賣，故不履行交割包括投資人對證券商不履行交割，以及證券商對市場不履行交割等兩種態樣，爰修正第一款為『委託買賣或申報買賣』，以資明確。本款之立意係為防範惡意投資人不履行交割義務，影響市場交易秩序，至於一般投資人若非屬惡意違約，其違約金額應不致足以影響市場交易秩序，不會有本款之該當，自不會受本法相關刑責之處罰。……」

❻ 賴英照，股市遊戲規則——最新證券交易法解析，第 433 頁。

❽ 賴英照，股市遊戲規則——最新證券交易法解析，第 434 頁以下。

❽ 賴英照，股市遊戲規則——最新證券交易法解析，第 442 頁。

❽ 廖大穎，證券交易法導論，第 246 頁。

❽ 賴英照，股市遊戲規則——最新證券交易法解析，第 442 頁。

炒作行為結合**❾**。就實務而言，乃是兩人或兩人以上，於兩家或多數之證券（經紀）商開戶，通謀鎖定某有價證券（如股票），其中一方為買進之委託，另一方為賣出之委託，藉以製造交易熱絡之假象，而影響有價證券之價格**❷**。

3.連續買賣

證券交易法第 155 條第 1 項第 4 款所規範之禁止操縱市場行為，即為一般所稱之連續買賣**❸**。該規定禁止：「意圖抬高或壓低集中交易市場某種有價證券之交易價格，自行或以他人名義，對該有價證券，連續以高價買入或以低價賣出。」本規定所指之高價或低價之認定，係指於某特定時點，市場有價證券相對之高低而言**❹**。本規定之目的係在使有價證券之價格能在自由市場正常供需競價下產生，避免遭受特定人操控，以維持證券價格之自由化，而維護投資大眾之利益**❺**。因本規定之立法方式採行為犯主義，非採結果犯主

---

❾ 民國 89 年 7 月 19 日證券交易法第 155 條第 1 項第 3 款之修正理由如下：「……二、第一項第三款係規範所謂『相對委託』之交易行為，此種行為亦製造市場交易活絡之假象，影響市場行情，實有必要予以禁止；再者，本款與第四款『意圖』須與其刻意之炒作行為結合才有構成犯罪之可能；而司法機關審理時，更須詳究其不法意圖之存在，始可認為該當本條之犯罪構成要件，加以定罪論刑，並不至於有浮濫或擴張適用之虞。」

❷ 賴英照，股市遊戲規則——最新證券交易法解析，第 442 頁。

❸ 廖大穎，證券交易法導論，第 247 頁。

❹ 劉連煜，新證券交易法實例研習，第 397 頁。

❺ 參閱最高法院 96 年臺上第 1044 號刑事判決：「證券交易法第一百五十五條第一項第四款規定，禁止『意圖抬高或壓低集中市場某種有價證券之交易價格，自行或以他人名義，對該有價證券連續以高價買入或以低價賣出者』之行為；違反該項禁止規定者，應依同法第一百七十一條第一款之規定論處。其目的係在使有價證券之價格能在自由市場正常供需競價下產生，避免遭受特定人操控，以維持證券價格之自由化，而維護投資大眾之利益。故成立本罪應就行為人主觀上是否具有造成股票集中交易市場交易活絡表象，以誘使他人購買或出賣上開股票謀利之企圖，詳加調查審認，以為判斷之準據。原判決並未審酌上訴人等是否具有此一意圖，徒以上訴人只要有抬高或壓低股價之意圖即構成本罪，有適用法則不當之違背法令。」

義。故行為人只要有意圖抬高或壓低集中交易市場某種有價證券之交易價格，自行或以他人名義，對該有價證券，連續以高價買入或以低價賣出之行為時，即違反本款所禁止之行為❾❻。至於該連續買賣之行為是否有影響市場秩序，或是否有無獲利則非所論❾❼。本規定所稱之意圖，係指行為人主觀上具有影響某種有價證券行情之意圖。欲判斷行為人主觀上是否有此不法之主觀意圖存在，則須從行為人買賣有價證券時之交易事實與涉案時之市場客觀狀態，加以評斷❾❽。本規定所稱之「以他人名義」之連續買賣，則為一般所稱人頭戶之問題。人頭戶如有幫助他人而構成本款規定之適用時，則應構成幫助犯❾❾。所謂連續者，乃指短期間（同一日、數日內或數月內）對特定之有價證券（例如股票）委託買賣，而其成交量、值占該有價證券總成交值相當高之比率而言❿。

4.製造交易活絡之表象

投資人因投資有價證券造成證券市場中之某種有價證券活絡，本屬正常之自由經濟活動。不過，基於操縱市場股價者經常以製造某種有價證券交易活絡之表象，藉以誘使他人參與買賣，屬操縱市場手法之一，證券交易法於民國95年1月11日修正時，則參考美、日等國立法例，爰增訂第5款，將該等操縱市場行為之態樣予以明定，以資明確。因而，證券交易法第155條第1項第5款明文禁止「意圖造成集中交易市場某種有價證券交易活絡之表象，自行或以他人名義，連續委託買賣或申報買賣而相對成交。」之行為。

---

❾❻ 參閱最高法院96年臺上第1119號刑事判決：「證券交易法第一百五十五條第一項第四款規定：『對於在證券交易所上市之有價證券，不得有意圖抬高或壓低集中交易市場某種有價證券之交易價格，自行或以他人名義，對該有價證券，連續以高價買入或以低價賣出之行為』。係以行為人主觀上有抬高或壓低集中交易市場某種有價證券交易價格之意圖，客觀上有自行或以他人名義，對該有價證券，連續以高價買入或以低價賣出之行為，為成立要件。」

❾❼ 賴英照，股市遊戲規則——最新證券交易法解析，第444頁。

❾❽ 劉連煜，新證券交易法實例研習，第395頁。

❾❾ 劉連煜，新證券交易法實例研習，第396頁。

❿ 賴英照，股市遊戲規則——最新證券交易法解析，第445頁。

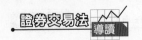

5.散布流言或不實資料

我國證券交易法第155條第1項第6款仿自美、日證券交易法之規定，禁止「意圖影響集中交易市場有價證券交易價格，而散布流言或不實資料。」之行為。以下便就本款規定之意義分析之：

⑴意圖影響之範圍界定：依證券交易法第155條第1項第6款之規定，受規範之意圖影響範圍，乃指集中交易市場有價證券交易價格。而此處所指之集中交易市場有價證券價格，包括特定種類之有價證券交易價格及特定種類之交易價格[101]。

⑵散布之意義：所謂散布，係指對不特定人或多數人為傳述之行為[102]。換言之，散布流言，係指使不特定人或多數人知悉不能確定是否為真實或未經證實之資訊。而散布不實資料者，則指使不特定人或多數人取得、知悉與事實不符之資訊[103]。本款所稱之散布流言或不實資料，乃泛指可能影響有價證券市價不實訊息而言[104]。

6.其他操縱市場行為

證券交易法第155條第1項第7款禁止「直接或間接從事其他影響集中交易市場有價證券交易價格之操縱市場行為」。操縱市場之行為，其態樣多樣化，立法者無法一一將其類型規範於條文中，為避免構成法律漏洞，故證券交易法制定本款概括規定，以填補上述5款規定之不足[105]。而其立法目的，乃在於為有效規範市場秩序，保障投資人權益，透過本規定則有嚇阻不法之徒利用各種操縱市場手段或市場弊端不當影響市場行情之功能。

㈡須存在因果關係

---

[101] 賴英照，股市遊戲規則——最新證券交易法解析，第455頁。
[102] 賴英照，股市遊戲規則——最新證券交易法解析，第455頁。
[103] 劉連煜，新證券交易法實例研習，第402頁。
[104] 李開遠，證券管理法規新論，第306頁；賴英照，股市遊戲規則——最新證券交易法解析，第455頁。
[105] 賴源河，證券法規，第253頁；賴英照，股市遊戲規則——最新證券交易法解析，第459頁。

操縱市場行為之實施，其須有價證券產生一定之結果間有因果關係，操縱市場行為人方須負責。否則，亦不構成操縱市場行為之責任。

(三)須存在可歸責事由

操縱市場行為從上述可知，應均出於故意而來，故其民事責任之歸責事由類型應屬於故意。

第二項　操縱市場行為之刑事責任

依據證券交易法第 171 條第 1 項第 1 款之規定，違反第 155 條第 1 項、第 2 項之規定者，處三年以上十年以下有期徒刑，得併科新臺幣一千萬元以上二億元以下罰金。

第五節　內部人短線交易之禁止

一、短線交易禁止與歸入權之起源

證券市場吸引眾多之投資人加入，公平交易制度之建立，則成為維持證券交易市場永續之基本要件。而於美國參議院銀行及貨幣委員會 1934 年之調查報告中，董事、經理人及大股東，利用其特殊身分所獲得之資訊而買賣股票圖利，乃為證券市場之重大弊端之一，並衝擊到投資人對證券市場之信心。然而欲證明上述之董事等人有利用內部消息從事買賣股票行為，並非容易。因此，美國則於 1934 年證券交易法 (Securities Exchange Act of 1934) §16 (b) 之條文中，主要內容規定「受益股東、董事或高級職員於未滿六個月內，對於發行人之股權證券 (除豁免證券外) 買進後再行賣出，或賣出後再行買進，⋯⋯對其因此獲得之利益應歸於發行人。」此種內部人於短期間買賣證券 (短期交易) 所獲得之利益應歸於發行人之制度，則被稱為歸入權❶⁰⁶。美國證券交易法所指之受益股東 (beneficial owner) 者，係指直接或間接持有公司已公開發行股票百分之十以上之大股東。所謂董事者，則係指擔任公司董事，或

---

❶⁰⁶　賴英照，股市遊戲規則──最新證券交易法解析，第 387 頁及第 390 頁以下。

實際上執行該類似功能之人。而高級職員者 (officer)，則係指總經理 (president)、副總經理 (vice-president)、財務長 (principal financial officer)、會計長 (principal accounting officer) 及其他單位主管或執行類似功能之人 ❶⓪❼。我國則於民國 57 年（1968 年）引進此制度，並明定於證券交易法第 157 條。本來我國證券交易法受歸入權規範之大股東，係指持有公司百分之五以上股權之股東，直到民國 77 年 1 月 29 日證券交易法修正時，方改成持有公司股份超過百分之十之股東 ❶⓪❽。

二、短線交易及歸入權之意義

參照前面之說明可知，所謂短線交易 (Short Swing Transaction)，又稱內部人短線交易，係指發行股票公司之內部人，對公司之上市股票，於取得後短期內再行賣出，或於賣出後短期內再行買進，因而獲得利益之行為 ❶⓪❾。若依我國證券交易法及美國證券交易法之規定，此處之短期為六個月。此處所指之內部人者，就我國現行法第 157 條之規定，係指公司之董事、監察人、經理人或是大股東（持有公司股份超過百分之十之股東）。而公司對於短線交易而獲利之內部人，應請求將其利益歸於公司。公司此種得請求短線交易所獲得之利益歸於公司之權利，即為我國證券交易法所謂之歸入權者。我國將短線交易及歸入權之規定，明定於證券交易法第 157 條。我國現行證券交易法第 157 條並未明文規定，短線交易行為須以內部人利用「未公開之內部消息」為要件，學者間或以為與立法原意不符，應予修正 ❶❶⓪。

短線交易所規範之義務人，乃以具有特別身分之公司董事、監察人、經理人或持有公司股份超過百分之十之股東為對象。而短線交易之型態乃是指

---

❶⓪❼ 賴英照，股市遊戲規則——最新證券交易法解析，第 392 頁。

❶⓪❽ 參閱民國 77 年 1 月 29 日證券交易法第 157 條第 1 項修正理由：「一、配合第二十二條之二之增訂將第一項『持有公司百分之五以上股權之股東』修正為『持有公司股份超過百分之十之股東』。」

❶⓪❾ 參閱李開遠，證券管理法規新論，第 309 頁。

❶❶⓪ 李開遠，證券管理法規新論，第 311 頁。

於六個月內為交易行為（亦即買進後再行賣出，或於賣出後再行買進）之行為。有疑問的是，何時具有內部人身分者，方為短線交易行為所規範之範圍？

三、歸入權規範之主體

㈠歸入權之請求權人──公司

證券交易法第 157 條第 1 項規定：「發行股票公司董事、監察人、經理人或持有公司股份超過百分之十之股東，對公司之上市股票，於取得後六個月內再行賣出，或於賣出後六個月內再行買進，因而獲得利益者，公司應請求將其利益歸於公司。」從本規定可知，此歸入權之請求權人應是該發行股票之公司。

不過，證券交易法中之歸入權所規範之公司為股份有限公司（參閱證券交易法第 4 條），而公司為法人，不會自己行使該歸入權，而就此歸入權之行使，依公司法與證券交易法之規定，分述如下：

1.**董事長或董事代表行使**：依公司法第 208 條第 3 項前段之規定，股份有限公司之董事長對外代表公司。因而，此歸入權之行使，應由該公司之董事長代表公司為之。且依公司法第 208 條第 3 項後段之規定，若是董事長請假或因故不能行使職權時，由副董事長代理之；無副董事長或副董事長亦請假或因故不能行使職權時，由董事長指定常務董事一人代理之；其未設常務董事者，指定董事一人代理之；董事長未指定代理人者，由常務董事或董事互推一人代理之。

2.**監察人代表行使**：若是為短線交易者為董事，則依公司法第 213 條之規定，除法律另有規定外，由監察人代表公司，股東會亦得另選代表公司為訴訟之人。

3.**臨時管理人代表行使**：依公司法第 208 條之 1 第 1 項規定，董事會不為或不能行使職權，致公司有受損害之虞時，法院因利害關係人或檢察官之聲請，得選任一人以上之臨時管理人，代行董事長及董事會之職權。但不得為不利於公司之行為。因而，從本規定可知，法院所選任之臨時管理人亦得行使此歸入權。

㈡股東之代位行使

證券交易法第 157 條第 2 項規定:「發行股票公司董事會或監察人不為公司行使前項請求權時,股東得以三十日之限期,請求董事或監察人行使之;逾期不行使時,請求之股東得為公司行使前項請求權。」學說上,稱此規定為股東代位訴訟⑪。證券交易法對此代位訴訟之行使,並未如公司法第 214 條第 1 項明文規定行使代位訴訟之股東,需繼續一年以上,持有已發行股份總數百分之三以上。因此,學理上或有認為,證券交易法之代位請求濫訴顧慮較少,並可彌補董監事迫於行使歸入權之不足,且證券交易法第 157 條為公司法代位訴訟之特別規定,因而公司法第 214 條之規定自不應適用之⑫。若是股東行使此代位權,其所請求之利益仍是應歸於公司之所有,自不待言。

㈢歸入權之義務人──內部人

依證券交易法第 157 條第 1 項之規定,短線交易之內部人包括發行股票公司董事、監察人、經理人或持有公司股份超過百分之十之股東。以下便分別敘述之:

1.董事或監察人

依公司法及證券交易法規定產生之董事或監察人,無論其是否實際有否執行職務,均應屬於短線交易規範之範圍當無疑義。學者並謂,縱使未具董事頭銜而實際執行董事或監察人職權者(亦即所謂有實無名者),本於務實觀點,因該等人實際掌握公司之內部資訊,亦應包含於歸入權行使之對象⑬。不過,此似乎與證券交易法第 157 條第 1 項條文之文義解釋有所不符。解釋上,或應以具有合法董事及監察人身分者,方屬於證券交易法第 157 條第 1

---

⑪ 賴英照,股市遊戲規則──最新證券交易法解析,第 420 頁。

⑫ 賴英照教授認為:「內部人有無在六個月內買賣本公司股票,依法應為申報及公告,且有無獲得利益,亦有明確規定可為計算依據,適用上具有客觀標準,濫訴顧慮較少。……股東代位請求正可彌補董、監事迫於行使歸入權之不足,因而不宜對股東行使代位訴訟多加限制。……」參閱氏著,股市遊戲規則──最新證券交易法解析,第 420 頁。

⑬ 賴英照,股市遊戲規則──最新證券交易法解析,第 395 頁。

項所稱之董事及監察人為妥。此外，依公司法第27條第1項之規定，政府或
法人當選為董事或監察人時，須指定自然人代表行使職務。此時，在名義上，
董事或監察人為政府或法人，但是在法律上，被指派之自然人之行為即為董
事或監察人之行為。換言之，無論在形式上或實質上，被指定代表政府或法
人行使董事（或監察人）職務之自然人即在執行董事（或監察人）之職務。
因而，該自然人在意義上與有實無名之行使董事（或監察人）權利者當有不
同，故代表行使董事（或監察人）職務之自然人應納入歸入權之範圍內❶❶。
至於公司法第27條第2項規定，政府或法人為股東時，亦得由其代表人當選
為董事或監察人。此時，政府或法人之代表既然當選為公司之董事或監察人，
其當屬於歸入權規範之範圍內❶❶。

2.經理人

所謂經理人者，乃包括(1)總經理及相當等級者，(2)副總經理及相當等級
者，(3)協理及相當等級者，(4)財務部門主管，(5)會計部門主管，(6)其他有為
公司管理事務及簽名權利之人❶❶。

3.持有公司股份超過百分之十之股東

此外，依證券交易法第157條第5項之規定：「第二十二條之二第三項之
規定，於第一項準用之。」因而，計算上述之董事、監察人、經理人及大股東
之股票時，則包括其配偶、未成年子女及利用他人名義持有者。換言之，歸
入權利益之計算，除包括內部人買進及賣出之獲利外，尚包括此內部人之其
配偶、未成年子女及利用他人名義持有股票買進及賣出之獲利❶❶。

---

❶❶ 學者亦有從立法目的考量，認為代表行使董事（或監察人）職務之自然人應納入
歸入權之範圍。參閱賴英照，股市遊戲規則——最新證券交易法解析，第398頁。

❶❶ 參閱賴英照，股市遊戲規則——最新證券交易法解析，第398頁及第399頁。

❶❶ 賴英照，股市遊戲規則——最新證券交易法解析，第401頁。

❶❶ 所謂利用他人名義持有股票者，依證券交易法施行細則第2條之規定，係指1.直
接或間接提供股票與他人或提供資金與他人購買股票；2.對該他人所持有之股
票，具有管理、使用或處分之權益；3.該他人所持有股票之利益或損失全部或一
部歸屬於本人等。

㈣內部人短線交易之界定時間點

上述內部人之身分，可能會隨時間而改變，亦即從非內部人而成為內部人或是從內部人變成非內部人。例如甲於擔任 A 股份有限公司董事之一個月前，購入 A 股份有限公司之股票，並於就任一個月內賣掉股票。或是，甲離開 A 股份有限公司董事職務之一個月前，購入 A 股份有限公司之股票，並於離職一個月內賣掉股票。此時，是否有短線交易禁止之適用？實務似乎認為，必須買進及賣出時均須具有內部人身分時，方有歸入權之適用，此說即是所謂之兩端說❶❶❽。本書認為，短線交易禁止之目的，乃在於防範內部人基於其身分而獲得公司內部資訊下，而為不當之使用❶❶❾。因而，證券交易法第 157 條規範者，應是規範內部人於其擁有內部人身分時，從事不當使用公司內部資訊行為即為已足，亦即只要內部人於出賣股票時或是買進股票時具有內部人身分時即適用本規定，此即為所謂之一端說❶❷⓿。其類型茲表列如下：

表 8–1

買進股票（內部人）、六個月內賣出股票（內部人）	證券交易法 §157（○）
賣出股票（內部人）、六個月後買進股票（內部人）	證券交易法 §157（○）
買進股票（非內部人）、六個月內賣出股票（內部人）	證券交易法 §157（○）
買進股票（內部人）、六個月內賣出股票（非內部人）	證券交易法 §157（○）
賣出股票（非內部人）、六個月後買進股票（內部人）	證券交易法 §157（○）
賣出股票（內部人）、六個月後買進股票（非內部人）	證券交易法 §157（○）

四、歸入權之成立要件

㈠須內部人有短線交易行為

1. 須行為人具有內部人身分

2. 須短線交易之客體為上市股票或公司發行具有股權性質之其他有價

---

❶❽ 參閱賴英照，股市遊戲規則——最新證券交易法解析，第 399 頁及第 400 頁所引之資料。

❶❾ 參閱賴英照，股市遊戲規則——最新證券交易法解析，第 390 頁以下。

❷⓿ 曾宛如，證券交易法原理，第 255 頁；賴英照，最新證券交易法解析，第 399 頁。

證券

證券交易法第 157 條規範之短線交易之客體,依第 1 項及第 6 項之規定,分別為上市股票及關於公司發行具有股權性質之其他有價證券。以下便分別敘述之:

⑴**上市股票**: 證券交易法第 157 條第 1 項規定:「發行股票公司董事、監察人、經理人或持有公司股份超過百分之十之股東,對公司之上市股票,於取得後六個月內再行賣出,或於賣出後六個月內再行買進,因而獲得利益者,公司應請求將其利益歸於公司。」依本規定可知,短線交易規範之客體,首先針對的是上市股票。

⑵**關於公司發行具有股權性質之其他有價證券**: 證券交易法第 157 條第 6 項規定:「關於公司發行具有股權性質之其他有價證券,準用本條規定。」而依證券交易法施行細則第 11 條第 1 項規定,證券交易法第 157 條第 6 項所稱具有股權性質之其他有價證券,指可轉換公司債、附認股權公司債、認股權憑證、認購(售)權證、股款繳納憑證、新股認購權利證書、新股權利證書、債券換股權利證書、臺灣存託憑證及其他具有股權性質之有價證券。

3.**須該交易行為為短線交易**

所謂短線者,依證券交易法第 157 條第 1 項之規定,係指對於上市股票,於取得後六個月內再行賣出,或於賣出後六個月內再行買進者。而依第 157 條第 6 項準用第 1 項之規定可知,此六個月期間之規定對於關於公司發行具有股權性質之其他有價證券準用之。證券交易法對於此六個月期間之計算,並未明文規定,應依民法之規定❶。

證券交易法第 157 條第 1 項規範之短線交易中「交易」之概念係指: 1.取得後六個月內再行賣出,或 2.賣出後六個月內再行買進。所謂取得者,除了一般經由證券經紀商而以買賣方式所買進者外,尚包括⑴因受贈取得之上市公司股票,⑵承銷商因信託關係受託持股當選上市公司董事或監察人後,依證券交易法第 71 條包銷承購上市股票者,⑶公營事業因移轉民營釋出公股時,公營事業經理人依「移轉民營從業人員優先認購股份辦法」,所認購之上

---

❶ 賴英照,股市遊戲規則──最新證券交易法解析,第 405 頁。

市股票⑫。

㈡須因短線交易行為致生有利益

發行股票公司董事、監察人、經理人或持有公司股份超過百分之十之股東，對公司之上市股票，於取得後六個月內再行賣出，或於賣出後六個月內再行買進，因而獲得利益者，公司應請求將其利益歸於公司。而就該利益而言，又分為下列兩個重點：

1.**利益之計算**：依證券交易法施行細則第 11 條第 2 項（分為 4 款）之規定，其計算方式分為四種：

⑴取得及賣出之有價證券，其種類均相同者，以最高賣價與最低買價相配，次取次高賣價與次低買價相配，依序計算所得之差價，虧損部分不予計入。

⑵取得及賣出之有價證券，其種類不同者，除普通股以交易價格及股數核計外，其餘有價證券，以各該證券取得或賣出當日普通股收盤價格為買價或賣價，並以得行使或轉換普通股之股數為計算標準；其配對計算方式，準用前款規定。

⑶列入前二款計算差價利益之交易股票所獲配之股息。

⑷列入第 1 款、第 2 款計算差價利益之最後一筆交易日起或前款獲配現金股利之日起，至交付公司時，應依民法第 203 條所規定年利率百分之五，計算法定利息。

---

⑫ 參閱證管會 84 年 3 月 2 日(84)臺財證(三)第 00461 號函：「主旨：補充釋示證券交易法第一五七條規定適用疑義，請 查照。說明：一、……。二、因受贈或繼承而取得上市股票，係屬本條第一項所定『取得』範圍。三、因信託關係受託持股當選上市公司董事……屬本條第一項所定『取得』範圍。四、公營事業經理人……依移轉民營從業人員優惠優先認購股份辦法認購上市股票，其於認購後六個月內賣出該上市股票者，有本條文之適用。」金管會 96 年 10 月 26 日金管證三字第 0960048145 號：「一、繼承非屬證券交易法第一百五十七條第一項所定之『取得』。二、本令自即日生效，前財政部證券管理委員會民國八十四年三月二日（八四）臺財證(三)第○○四六一號函說明二，因繼承而取得上市股票，係屬本條第一項所定『取得』之範圍，不再適用。」

2.利益之扣除：證券交易法施行細則第 11 條第 3 項規定：「列入前項第一款、第二款計算差價利益之買賣所支付證券商之手續費及證券交易稅，得自利益中扣除。」

五、法律效果

證券交易法第 157 條第 1 項規定：「發行股票公司董事、監察人、經理人或持有公司股份超過百分之十之股東，對公司之上市股票，於取得後六個月內再行賣出，或於賣出後六個月內再行買進，因而獲得利益者，公司應請求將其利益歸於公司。」依本規定，如符合內部人短線交易之要件時，公司應請求將其利益歸於公司。且公司法第 213 條規定：「公司與董事間訴訟，除法律另有規定外，由監察人代表公司，股東會亦得另選代表公司為訴訟之人。」因而，若是從事短線交易者為公司董事，則此歸入權原則應由公司監察人行使此請求權，而於從事短線交易者為公司董事以外之內部人時，歸入權之行使則由具有業務執行權之董事為之。

不過，發行股票公司董事會或監察人不為公司行使前項請求權時，依證券交易法第 157 條第 2 項之規定，股東得以三十日之限期，請求董事或監察人行使之；逾期不行使時，請求之股東得為公司行使前項請求權。此外，同條第 3 項又規定，董事或監察人不行使第 157 條第 1 項之請求以致公司受損害時，對公司負連帶賠償之責。

此外，依證券交易法第 157 條第 5 項之規定：「關於公司發行具有股權性質之其他有價證券，準用本條規定。」

六、消滅時效

證券交易法第 157 條第 4 項規定：「第一項之請求權，自獲得利益之日起二年間不行使而消滅。」此為兩年短期時效之規定。

第六節　內部人內線交易之民刑事責任

第一項　內部人內線交易之民事責任

一、內線交易之意義

所謂內線交易（英文：insider trading；德文：Insiderhandel），又稱內部人交易，係指具有特定身分之人，獲悉未經公開且重大影響有價證券價格之消息後，從事有價證券買賣之行為者❶❷❸。有關內線交易行為，是否應加以禁止，美國學理上曾有正反不同之見解❶❷❹。此外，內線交易禁止所規範之主體——內部人之範圍為何，在證券規範發達之美國所生之判例，亦可見所謂資訊平等理論、信賴關係理論、私取理論及修正的信賴關係理論等不同之見解❶❷❺。至於我國，則採禁止內線交易之立法，並於民國77年證券交易法修訂時，增訂證券交易法第157條之1及第171條之民事及刑事責任規定，明文禁止內線交易。

二、內線交易規範適用之範圍

㈠交易之客體限於股票或具有股權性質之有價證券

內線交易之客體於民國91年2月以前僅限於股票，但是於該年修正證券交易法時，立法者於證券交易法第157條之1第1項增列「具有股權性質之有價證券」，使得內線交易之規範客體擴大適用之範圍❶❷❻。

---

❶❷❸ 賴英照，股市遊戲規則——最新證券交易法解析，第319頁。

❶❷❹ 有關學理對於內線交易是否應禁止爭辯之詳細介紹，請參閱曾宛如，證券交易法原理，第247頁以下；賴英照，股市遊戲規則——最新證券交易法解析，第319頁以下。

❶❷❺ 有關上述理論之內容，學者賴英照教授有詳盡之見解，請參閱氏著，股市遊戲規則——最新證券交易法解析，第327頁以下。

　　何謂具有股權性質之有價證券，證券交易法或其施行細則並無定義性之
規定。學說上或有以為，只要將來得依特定條件轉換為股票之有價證券者，
均屬於此處所稱之具有股權性質之有價證券。如此一來，屬於具有股權性質
範圍之有價證券，不僅包括證券交易法第 157 條之 1 修正時，立法理由所例
示之轉換公司債，其亦涵蓋證券交易法第 6 條第 2 項所規定之新股認購權利
證書、新股權利證書及認購股票之價款繳納憑證或表明其權利之證書❶❷❼。

　　至於臺灣存託憑證（Taiwan Depository Receipt，簡稱 TDR），當其所表彰
者為股票或是具有股權性質範圍之有價證券時，則其亦屬於具有股權性質之
有價證券之範圍內❶❷❽。有疑義的是，究竟認購權證及認售權證是否亦為具有
股權性質之有價證券之一？對此問題，學說上或以為認購權證較無疑義，但
是認售權證則尚有疑義❶❷❾。

　　此外，對於政府債券及不可轉換公司債之被排除內線交易客體之範圍，
學說上認為或為不妥。從實際需求而言，內線交易之範圍應將之包括在內❶❸⓿。

㈡限於上市或上櫃之已發行股票或具有股權之有價證券

　　依證券交易法第 157 條之 1 第 1 項之規定，內線交易規範適用之範圍乃
為「上市」及「上櫃」之股票或具有股權之有價證券。而所謂「上櫃」之係
包括「興櫃」在內❶❸❶。此外，依體系解釋之結果，證券交易法第 157 條之 1
在體例編排上乃置於證券交易法第五章證券交易所之範圍中。因而，解釋上
本規定亦應僅限於交易市場內，並不及於發行市場。綜上所述，不適用內線

---

❶❷❻　參閱民國 91 年 2 月 6 日證券交易法第 157 條之 1 第 1 項之修正理由：「一、鑑於
　　第七條將招募之標的修正為有價證券，且實務上公司內部人等於重大消息未公開
　　前，買賣可轉換公司債等具有股權性質之有價證券均可能構成內線交易，修正第
　　一項，將股票以外具有股權性質之有價證券納入本條規範，並保留彈性以因應新
　　種有價證券不斷推陳出新。」
❶❷❼　賴英照，股市遊戲規則——最新證券交易法解析，第 346 頁。
❶❷❽　賴英照，股市遊戲規則——最新證券交易法解析，第 347 頁。
❶❷❾　賴英照，股市遊戲規則——最新證券交易法解析，第 346 頁。
❶❸⓿　賴英照，股市遊戲規則——最新證券交易法解析，第 347 頁及第 348 頁。
❶❸❶　賴英照，股市遊戲規則——最新證券交易法解析，第 345 頁。

交易規範者，包括上市（或上櫃）公司於發行市場買賣之有價證券及非上市（或上櫃）公司於發行市場買賣之有價證券[132]。

三、損害賠償義務人——內部人之範圍

證券交易法第 157 條之 1 第 1 項規定公司內部人，獲悉發行股票公司有重大影響其股票價格之消息時，在該消息未公開或公開後十二小時內，不得對該公司之上市或在證券商營業處所買賣之股票或其他具有股權性質之有價證券，買入或賣出。違反此規定時，依同條第 2 項，內部人對於當日善意從事相反買賣之人買入或賣出該證券之價格，與消息公開後十個營業日收盤平均價格之差額，負損害賠償責任。因而，內線交易之民事賠償義務人，亦即內線交易之責任主體乃為從事內線交易之內部人 (Insider)，而依證券交易法第 157 條之 1 第 1 項第 1 款至第 5 款之規定，內部人分為五類，其分別為：

表 8-2　內部人之範圍

法規	具體之內容
第 1 款	公司之董事、監察人、經理人（總經理、副總經理、協理、財務部及會計部主管以及有為公司管理事務及簽名權利之人）及依公司法第 27 條第 1 項規定受指定代表行使職務之自然人
第 2 款	持有該公司之股份超過百分之十之股東
第 3 款	基於職業或控制關係獲悉消息之人
第 4 款	喪失前三款身分後，未滿六個月者
第 5 款	從前四款所列之人獲悉消息之人

㈠公司董事、監察人與經理人

依證券交易法第 157 條之 1 第 1 項第 1 款之規定，公司之董事、監察人、經理人及依公司法第 27 條第 1 項規定受指定代表行使職務之自然人乃為公

---

[132] 將發行市場交易及未上市（或未上櫃）之股票排除內線交易之範圍，學者有認為將造成規範上之疏漏，因未公開發行公司於上市（或上櫃）前，交易頻繁，存在內線交易之誘因甚大。請參閱賴英照，股市遊戲規則——最新證券交易法解析，第 345 頁。

司之內部人。公司之董事係負責公司業務執行決策者，監察人則為監督該業務執行者，經理人則為該業務之執行者，因而其最容易取得公司之內部資訊，故其被劃入內部人之範圍內。從文義解釋而言，無論上述之人，係掛名或實際執行業務者，其均屬於內部人之範疇內。因而，縱使掛名之董事、監察人或經理人並未實際參與公司業務執行決策、或監督業務執行、或為該業務之執行者，只要其得知內線消息時，均產生內線交易責任問題❸。於實務上，公司之經理人或以不同之職稱呈現，其區別對一般人而言，實非容易。而依主管機關之解釋，屬於經理人範圍者，乃包括總經理、副總經理、協理、財務部及會計部主管以及有為公司管理事務及簽名權利之人❹。

　　除上述以外，依本規定屬於內部人之範圍者，尚有依公司法第27條第1項規定受指定代表行使職務之自然人。例如甲公司轉投資乙公司，甲公司為法人董事時，其指配 A 前往乙公司執行董事職務時，A 亦成為內部人之一。在實務上，法人董監事指派執行職務之代表人亦被歸為內部人之範疇內，立法為使法律適用更明確，因而才於第 1 款後段增訂「依公司法第二十七條第一項規定受指定代表行使職務之自然人」，使之成為內部人之範圍而明文法制化❺。較有爭議的是，此時甲公司是否為內部人？對此問題，主管機關似乎

---

❸　學者賴英照教授或認為，應以有無參閱公司決策，及接觸公司機密消息為認定之標準。請參閱氏著，股市遊戲規則──最新證券交易法解析，第349頁。

❹　財政部證期會92年3月27日臺財證(三)字第0920001301號函：「證券交易法第二十二條之二、第二十五條、第二十八條之二、第一百五十七條及第一百五十七條之一規定之經理人，其適用範圍訂定如下：(一)總經理及相當等級者(二)副總經理及相當等級者(三)協理及相當等級者(四)財務部門主管(五)會計部門主管(六)其他有為公司管理事務及簽名權利之人。二、本會八十年七月廿七日（八〇）臺財證(三)第一九三三七號函自即日起停止適用。」

❺　參閱民國95年1月11日證券交易法第157條之1第1項之修正理由：「……(二)公司董監事如係依公司法第二十七條第一項當選之法人董監事時，該法人董監事指派執行職務之代表人，雖實務已納入規範，惟為使法律適用更明確，爰增訂第一款後段『依公司法第二十七條第一項規定受指定代表行使職務之自然人』，以資明確。……」

採肯定說⓫，但學界有認為並非妥適⓬。

㈡大股東：持有該公司股份超過百分之十之股東

依證券交易法第157條之1第1項第2款之規定，持有該公司之股份超過百分之十之股東乃為內部人。持有該公司之股份超過百分之十之股東被稱之為大股東，大股東易以其影響力獲得公司之內部資訊，故我國將大股東納入內部人之範疇內。我國現行證券交易法將屬於內部人範圍者限於持有該公司股份超過百分之十之股東。而以持有該公司股份超過百分之十之股東作為判斷股東是否為內部人之基準，學者或以為上市公司因資本龐大，故實務上甚少人持股會超過公司股份百分之十，因而主張此規定可再加以檢討⓭（亦即此持股比例應下降之）。

㈢關係密切之人：基於職業或控制關係獲悉消息之人

基於職業或控制關係獲悉消息之人，依證券交易法第157條之1第1項第3款之規定，其亦被納入內部人之範圍。學說或以為，此處所指之職業關係，係指接受發行公司委任處理事務之專業人員，例如律師、會計師、財務分析師及證券承銷商等⓮。不過，從文義解釋，所謂基於職業獲悉消息之人，應泛指所有因其職業而與公司有業務往來之人⓯。換言之，本書認為，受到本款規範者，不應以有無委任關係存在為限，而是應以基於職業關係對於資訊來源又無信賴義務為前提。因而，與公司有委任關係者，如律師、會計師、財務分析師及證券承銷商等為基於職業關係獲悉消息之人外，基於職業關係獲悉消息而成為內部人者，尚有下列三種：

⓫ 財政部證管會77年8月26日證管會(77)臺財證(二)第08954號函：「……二、依公司法第二十七條第二項規定，政府或法人為股東，由其代表人當選為董事、監察人時，除當選為董事、監察人之代表人持股外，其配偶、未成年子女及利用他人名義持有之股票，及該政府或法人之持股，亦有前開證券交易法有關董事、監察人持股規定之適用。」

⓬ 賴英照，股市遊戲規則——最新證券交易法解析，第349頁。

⓭ 賴英照，股市遊戲規則——最新證券交易法解析，第351頁。

⓮ 賴英照，股市遊戲規則——最新證券交易法解析，第351頁。

⓯ 參閱陳春山，證券交易法論，第424頁。

1.基於職業關係獲悉消息之公司員工

美國實務認為，公司員工基於職務關係獲悉消息者，無論其職務高低，均屬於內線交易規範之對象。因而，美國實務亦將經理秘書或持有公司鑰匙之電器技術員列入內部人之範圍內❹。從文義解釋而言，我國證券交易法所指之基於職業關係獲悉消息之人亦應可包括上述所指之公司員工。

2.雖無委任關係或僱傭等關係，但是係基於職業關係而獲得重大資訊者

縱使與發生內線交易之公司並無委任關係者，若是該專業人員係基於職業關係而獲得重大資訊者，亦應有內線交易之適用。例如甲公司將要併購乙公司，受甲公司委任處理該事務之律師或會計師，或甲公司處理該事務之相關部門職員，雖然其與乙公司並無任何委任或僱傭關係，不過其應受乙公司內部人範圍之限制。換言之，上述之人如在併購消息未公布前，買賣乙公司之股票，均屬於內線交易。反之，乙公司委任處理該事務之律師或會計師，或乙公司處理該事務之相關部門職員，亦屬於甲公司內部人之範圍❶。

3.公務員因業務關係獲得公司重大資訊者

公務員若是基於其職業關係，例如金管會之官員，其亦應屬於內部人之範圍❶。此外，證券交易所或櫃檯買賣中心之相關業務人員，亦應受本款規定之規範，而屬於內部人之範圍❶。

至於控制關係者，本書認為或可以公司法之關係企業做參考，亦即符合公司法第369條之2之規定（例如，得直接或間接控制公司之人事、財務或業務經營者）或是公司法第369條之3之規定者（例如公司與他公司之執行業務股東或董事有半數以上相同者）❶。

㈣內部人身分喪失後，未滿六個月者

❶ 賴英照，股市遊戲規則——最新證券交易法解析，第351頁。
❶ 賴英照，股市遊戲規則——最新證券交易法解析，第352頁。
❶ 賴英照，股市遊戲規則——最新證券交易法解析，第352頁。
❶ 賴英照，股市遊戲規則——最新證券交易法解析，第354頁。
❶ 類似之見解，請參閱賴英照，股市遊戲規則——最新證券交易法解析，第351頁。

　　前所述之內部人若於其身分喪失後，其對於公司之財務或業務情形亦存在熟悉度及影響力，為避免內部人以「先辭職，後買賣公司有價證券」方式，來規避內線交易禁止之責任，民國 95 年 1 月 11 日證券交易法修正時，便在證券交易法第 157 條之 1 第 1 項增訂第 4 款：「喪失前三款身分後，未滿六個月者」，來擴大內部人之適用範圍，因而喪失證券交易法第 157 條之 1 第 1 項前 3 款身分後，未滿六個月者，亦屬於內部人 [146]。

㈤消息受領人 (tipee)：從證券交易法第 157 條之 1 第 1 項第 1 款至第 4 款之人獲悉消息者

　　依證券交易法第 157 條之 1 第 1 項第 5 款之規定，從前 4 款所列之人獲悉消息之人，在該消息未公開或公開後十二小時內，亦不得對該公司之上市或在證券商營業處所買賣之股票或其他具有股權性質之有價證券，買入或賣出。換言之，從上述之(1)公司之董事、監察人、經理人依公司法第 27 條第 1 項規定受指定代表行使職務之自然人，或(2)持有該公司股份超過百分之十之股東，或是(3)基於職業或控制關係獲悉消息之人，抑或是(4)喪失前(1)(2)(3)身分後，未滿六個月者處獲悉消息者，其亦屬於內部人之範疇內。

　　有疑義的是，此處所指之消息受領人，除了直接消息受領人（直接從第 157 條之 1 第 1 項第 1 款至第 4 款獲得消息者）外，是否包括間接消息受領人（從直接消息受領人或其後之人獲得消息者）？我國通說認為，應包括間接受領人 [147]，而其所持之理由乃在於貫徹立法意旨，維護市場健全，以防有心人士刻意安排間接消息受領人買賣股票，而逃避內線交易之責任 [148]。少數說

---

[146] 參閱民國 95 年 1 月 11 日證券交易法第 157 條之 1 第 1 項修正理由：「……㈢第二款及第三款未修正。㈣第一款至第三款之人於喪失身分後一定期間內，通常仍對公司之財務、業務有熟悉度或影響力，且實務上上開人等常有先辭去現職後，再買進或賣出發行公司之股票以規避本條規範之情形，爰參酌日本證券取引法第一百六十六條第一項後段之規定以及我國之國情，新增第四款之規定。……」。

[147] 余雪明，證券交易法，2003 年 4 月，4 版，第 656 頁；劉連煜，公司理論與判決研究㈠，1997 年，再版，第 263 頁；賴英照，股市遊戲規則——最新證券交易法解析，第 356 頁。

[148] 賴英照，股市遊戲規則——最新證券交易法解析，第 356 頁。

則認為，消息受領人應僅指直接消息受領人 **⑭**。

㈥證券交易法第 157 條之 1 第 5 項之規範意義

　　證券交易法第 157 條之 1 第 5 項規定:「第二十二條之二第三項規定，於第一項第一款、第二款，準用之；其於身分喪失後未滿六個月者，亦同。第二十條第四項規定，於第二項從事相反買賣之人，準用之。」而依同法第 22 條之 2 第 3 項規定:「第一項之人持有之股票，包括其配偶、未成年子女及利用他人名義持有者。」第 20 條第 4 項規定:「委託證券經紀商以行紀名義買入或賣出之人，視為前項之取得人或出賣人。」學者認為，證券交易法第 157 條之 1 第 5 項所代表之意義，僅在計算股東之持股是否跨越超過百分之十之門檻。而非於內部人獲知內線消息時，一旦其配偶買賣有價證券，即令該配偶負內線交易之責任 **⑮**。

　　證券交易法第 157 條之 1 第 5 項前段規定:「第二十二條之二第三項規定，於第一項第一款、第一款，準用之。」究竟對於第 157 條之 1 第 1 項第 1款及第 2 款有何影響，本書則認為，應分民刑事責任之不同性質而有不同之解釋。就此處，本書僅就民事責任加以分析之。至於刑事責任，則於內線交易之刑事責任部分再加以闡述之。

1. 證券交易法第 157 條之 1 第 5 項前段與第 157 條之 1 第 1 項第 1 款
　之關係

　　問題爭點: 計算公司之董事、監察人、經理人及依公司法第 27 條第 1 項規定受指定代表行使職務之自然人有無買賣股票時，是否包含其配偶、未成年子女及利用他人名義所持有之股票?

　　本書認為，民事責任乃以過失為歸責事由原則，無過失責任或推定過失責任亦可於其他民事責任規定見之。證券交易法第 157 條之 1 第 5 項前段規定:「第二十二條之二第三項規定，於第一項第一款、第二款，準用之。」亦即第 22 條之 2 第 3 項所規定之持有之股票計算，應包括其配偶、未成年子女

---

⑭ 林國全,證券交易法第一五七條之一內部人交易禁止規定之探討,政大法學評論，第 45 期，1992 年 6 月，第 284 頁以下。

⑮ 賴英照，股市遊戲規則——最新證券交易法解析，第 359 頁。

及利用他人名義持有者。既然證券交易法第 157 條之 1 第 1 項第 1 款已準用第 22 條之 2 第 3 項之持有之股票計算。當然,其配偶、未成年子女及利用他人名義持有者,若有買賣有價證券者,第 157 條之 1 第 1 項第 1 款之內部人應負內部人民事責任係符合文義解釋。此時,內部人就其配偶、未成年子女及利用他人名義持有者,若有買賣有價證券者,須負無過失責任。換言之,無論是內部人於獲知內線消息後,利用其配偶、未成年子女及利用他人名義持有者為買賣有價證券之行為,或是係內部人之配偶、未成年子女及利用他人名義持有者自發性之買賣有價證券之行為,獲知內線消息之內部人均須負內線交易之民事責任。

2. 證券交易法第 157 條之 1 第 5 項前段與第 157 條之 1 第 1 項第 2 款之關係

證券交易法第 157 條之 1 第 5 項前段規定:「第二十二條之二第三項規定,於第一項第一款、第二款,準用之。」本規定所代表之第一層意義是,計算股東持有之公司股份是否超過公司股份百分之十,其股份之計算係包括其配偶、未成年子女及利用他人名義所持有之股票。例如 A 股東持有甲公司百分之八之股份,而其配偶 B 持有甲公司百分之三之股份,此時合計 A 及其配偶 B 之股份,已超過甲公司百分之十之股份,A 則被視為第 157 條之 1 第 1 項第 2 款之大股東,進而成為公司之內部人。若是 A 獲知內線消息後,利用其配偶、未成年子女及利用他人名義持有者為買賣有價證券之行為,A 須負損害賠償責任應屬當然。不過,若是買賣有價證券係大股東之配偶、未成年子女及利用他人名義持有者自發性為之者,就民事責任之角度,大股東仍應負無過失責任。

四、請求權人

依證券交易法第 157 條之 1 第 1 項之規定,內線交易之損害賠償請求權人乃為當日善意從事相反買賣之人。得於證券集中市場或是店頭市場為買賣交易之主體限為證券商,因而屬於此處之善意從事相反買賣之人,外觀上或為證券自營商或是證券經紀商。不過,投資人以行紀方式委託證券經紀商進

行買賣交易者，因其非買賣契約直接當事人，且其亦可能為內線交易之受害者。為了解決投資人能依證券交易法內線交易損害賠償請求機制，立法者便於證券交易法第157條之1第5項後段規定：「第二十條第四項規定，於第二項從事相反買賣之人準用之。」亦即委託證券經紀商以行紀名義買入或賣出之人，視為有價證券之取得人或出賣人。因而，內線交易之請求權人包括證券商及投資人。

五、責任成立要件

依證券交易法第157條之1第1項禁止內部人獲悉發行股票公司有重大影響其股票價格之未公開消息或該消息於公開後十二小時內，買賣之該公司股票或其他具有股權性質之有價證券。同條第2項規定，違反前項規定者，對於當日善意從事相反買賣之人買入或賣出該證券之價格，與消息公開後十個營業日收盤平均價格之差額，負損害賠償責任；其情節重大者，法院得依善意從事相反買賣之人之請求，將賠償額提高至三倍；其情節輕微者，法院得減輕賠償金額。此即為內線交易之民事賠償責任。以下便就內線交易之民事賠償責任要件分析如下：

㈠須內部人獲悉內線消息

內線交易責任之成立，第一個要件須內部人知悉內線消息。所謂知悉，係指明知而言。至於內部人之範圍及何謂內線消息，則分述如下：

1.內部人之範圍

依證券交易法第157條之1第1項第1款至第5款之規定，所謂內部人者，係指下列之人：

⑴該公司之董事、監察人、經理人及依公司法第27條第1項規定受指定代表行使職務之自然人。

⑵持有該公司之股份超過百分之十之股東。

⑶基於職業或控制關係獲悉消息之人。

⑷喪失前三款身分後，未滿六個月者。

⑸從前四款所列之人獲悉消息之人❶。

2.內線消息

依證券交易法第 157 條之 1 第 1 項之規定，內線消息係指內部人獲悉發行股票公司有重大影響其股票價格之消息而言。所謂重大影響其股票價格之消息，依證券交易法第 157 條之 1 第 4 項之規定，係指涉及公司之財務、業務或該證券之市場供求、公開收購，對其股票價格有重大影響，或對正當投資人之投資決定有重要影響之消息；其範圍及公開方式等相關事項之辦法，由主管機關定之。主管機關便依本規定之授權，頒布了證券交易法第 157 條之 1 第 4 項重大消息範圍及其公開方式管理辦法（以下簡稱重大消息範圍辦法）。

⑴涉及公司之財務、業務，對其股票價格有重大影響，或對正當投資人之投資決定有重要影響之消息：

依重大消息範圍辦法第 2 條之規定，證券交易法第 157 條之 1 第 4 項所稱涉及公司之財務、業務，對其股票價格有重大影響，或對正當投資人之投資決定有重要影響之消息，指下列消息之一：

A.證券交易法施行細則第 7 條所定之事項❶❺❷。

B.公司辦理重大之募集發行或私募具股權性質之有價證券、減資、合併、

---

❶❺❶ 有關內部人之詳細界定，請參閱本書前面之說明。

❶❺❷ 證券交易法施行細則第 7 條所列出之事由共有下列九項：一、存款不足之退票、拒絕往來或其他喪失債信情事者。二、因訴訟、非訟、行政處分、行政爭訟、保全程序或強制執行事件，對公司財務或業務有重大影響者。三、嚴重減產或全部或部分停工、公司廠房或主要設備出租，全部或主要部分資產質押，對公司營業有影響者。四、有公司法第 185 條第 1 項所定各款情事之一者。五、經法院依公司法第 287 條第 1 項第 5 款規定其股票為禁止轉讓之裁定者。六、董事長、總經理或三分之一以上董事發生變動者。七、變更簽證會計師者。但變更事由係會計師事務所內部調整者，不包括在內。八、重要備忘錄、策略聯盟或其他業務合作計畫或重要契約之簽訂、變更、終止或解除，改變業務計畫之重要內容、完成新產品開發、試驗之產品已開發成功且正式進入量產階段、收購他人企業、取得或出讓專利權、商標專用權、著作權或其他智慧財產權之交易，對公司財務或業務有重大影響者。九、其他足以影響公司繼續營運之重大情事者。

收購、分割、股份交換、轉換或受讓、直接或間接進行之投資計畫，或前開事項有重大變更者。

C.公司辦理重整、破產、解散、或申請股票終止上市或在證券商營業處所終止買賣，或前開事項有重大變更者等等。

D.公司董事受停止行使職權之假處分裁定，致董事會無法行使職權者，或公司獨立董事均解任者。

E.發生災難、集體抗議、罷工、環境污染或其他重大情事，致造成公司重大損害，或經有關機關命令停工、停業、歇業、廢止或撤銷相關許可者。

F.公司之關係人或主要債務人或其連帶保證人遭退票、聲請破產、重整或其他重大類似情事；公司背書或保證之主債務人無法償付到期之票據、貸款或其他債務者。

G.公司發生重大之內部控制舞弊、非常規交易或資產被掏空者。

H.公司與主要客戶或供應商停止部分或全部業務往來者。

I.公司財務報告有下列情形之一：

　a.未依本法第 36 條規定公告申報者。

　b.編製之財務報告發生錯誤或疏漏，有本法施行細則第 6 條規定應更正且重編者。

　c.會計師出具無保留意見或修正式無保留意見以外之查核或核閱報告者。但依法律規定損失得分年攤銷，或第一季、第三季及半年度財務報告若因長期股權投資金額及其損益之計算係採被投資公司未經會計師查核簽證或核閱之報表計算等情事，經其簽證會計師出具保留意見之查核或核閱報告者，不在此限。

J.公開之財務預測與實際數有重大差異者或財務預測更新（正）與原預測數有重大差異者。

K.公司辦理買回本公司股份者。

L.進行或停止公開收購公開發行公司所發行之有價證券者。

M.公司取得或處分重大資產者。

N.公司發行海外有價證券，發生依上市地國政府法令及其證券交易市場

規章之規定應即時公告或申報之重大情事者。

O.其他涉及公司之財務、業務,對公司股票價格有重大影響,或對正當投資人之投資決定有重要影響者。

(2)涉及該證券之市場供求,對其股票價格有重大影響,或對正當投資人之投資決定有重要影響之消息:

依重大消息範圍辦法第 3 條之規定,證券交易法第 157 條之 1 第 4 項所稱涉及該證券之市場供求,對其股票價格有重大影響,或對正當投資人之投資決定有重要影響之消息,指下列消息之一:

A.證券集中交易市場或證券商營業處所買賣之有價證券有被進行或停止公開收購者。

B.公司或其所從屬之控制公司股權有重大異動者等等。

C.在證券集中交易市場或證券商營業處所買賣之有價證券有標購、拍賣、重大違約交割、變更原有交易方法、停止買賣、限制買賣或終止買賣之情事或事由者。

D.其他涉及該證券之市場供求,對公司股票價格有重大影響,或對正當投資人之投資決定有重要影響者。

㈡須內部人於內線消息未公開或公開後十二小時內,從事交易行為

內線交易行為乃是內線交易責任之加害行為,其係指內部人運用其所得之內線消息,從事股票或其他具有股權性質之有價證券之買入或賣出行為。依證券交易法第 157 條之 1 第 1 項之規定,內部人獲悉內線消息後,內線交易行為所禁止者,可分為三方面:

1.時間之限制

依證券交易法第 157 條之 1 第 1 項之規定,所謂內線交易之禁止,係指內部人獲悉內線消息後,在該消息未公開或公開後十二小時內,不得為交易行為。換言之,如內線消息已被公開後超過十二小時,則無內線交易禁止行為之存在。

2.標的之限制

依證券交易法第 157 條之 1 第 1 項之規定,內線交易所禁止之客體乃是

該公司之上市或在證券商營業處所買賣之股票或其他具有股權性質之有價證券[153]。

3.交易行為之限制

證券交易法第 157 條之 1 第 1 項所禁止之內線交易行為，係指內部人獲悉內線消息後，在該消息未公開或公開後十二小時內，不得對該公司之上市或在證券商營業處所買賣之股票或其他具有股權性質之有價證券，買入或賣出之行為。換言之，此處所禁止之行為係買入或賣出之行為。若是內部人為有價證券之設質，縱使係在其獲悉內線消息後，在該消息未公開或公開後十二小時內，亦無本法之適用。

㈢歸責事由

內線交易行為，學說上認為係故意責任。亦即內部人故意而從事內線交易行為者，須負內線交易責任[154]。

六、法律效果

㈠損害賠償範圍

證券交易法第 157 條之 1 第 2 項規定：「違反前項規定者，對於當日善意從事相反買賣之人買入或賣出該證券之價格，與消息公開後十個營業日收盤平均價格之差額，負損害賠償責任；其情節重大者，法院得依善意從事相反買賣之人之請求，將賠償額提高至三倍；其情節輕微者，法院得減輕賠償金額。」

依此規定，內線交易損害賠償範圍，乃是以內線交易當日，請求權人買入或賣出該證券之價格，與內線消息公開後十個營業日收盤平均價格之差額。不過，當內線交易情節重大者，法院得依善意從事相反買賣之人之請求，將賠償額提高至三倍；其情節輕微者，法院得減輕賠償金額。而此處所稱之內線交易情節重大者，證券交易法並無明文規定，似乎僅得由法院斟酌案情定之[155]。

---

[153] 有關內線交易適用之標的範圍，請參閱前面之說明。

[154] 賴英照，股市遊戲規則——最新證券交易法解析，第 560 頁。

(二)連帶責任

　　證券交易法第 157 條之 1 第 3 項規定：「第一項第五款之人，對於前項損害賠償，應與第一項第一款至第四款提供消息之人，負連帶賠償責任。但第一項第一款至第四款提供消息之人有正當理由相信消息已公開者，不負賠償責任。」

(三)請求權時效

　　證券交易法第 21 條規定：「本法規定之損害賠償請求權，自有請求權人知有得受賠償之原因時起二年間不行使而消滅；自募集、發行或買賣之日起逾五年者亦同。」

第二項　內部人內線交易之刑事責任

　　依證券交易法第 171 條第 1 項第 1 款之規定，違反證券交易法第 157 條之 1 第 1 項之內線交易禁止規定者，處三年以上十年以下有期徒刑，得併科新臺幣一千萬元以上二億元以下罰金。

第七節　掏空公司資產之責任

　　證券交易法第 171 條第 1 項規定：有下列情事之一者，處三年以上十年以下有期徒刑，得併科新臺幣一千萬元以上二億元以下罰金：

　　一、違反第 20 條第 1 項、第 2 項、第 155 條第 1 項、第 2 項或第 157 條之 1 第 1 項之規定者。

　　二、已依本法發行有價證券公司之董事、監察人、經理人或受僱人，以直接或間接方式，使公司為不利益之交易，且不合營業常規，致公司遭受重大損害者。

　　三、已依本法發行有價證券公司之董事、監察人或經理人，意圖為自己或第三人之利益，而為違背其職務之行為或侵占公司資產。

---

　⑮　李開遠，證券管理法規新論，第 332 頁；賴英照，股市遊戲規則——最新證券交易法解析，第 563 頁。

證券交易法第 171 條第 1 項第 2 款及第 3 款之規定，即為掏空公司資產行為責任。而此二款所規定之內容，分別為違反非常規交易禁止，與背信及侵占之規定。以下便分別敘述之。

第一項　違反非常規交易禁止之刑事責任

證券交易法第 171 條第 1 項規定：有下列情事之一者，處三年以上十年以下有期徒刑，得併科新臺幣一千萬元以上二億元以下罰金：……二、已依本法發行有價證券公司之董事、監察人、經理人或受僱人，以直接或間接方式，使公司為不利益之交易，且不合營業常規，致公司遭受重大損害者。……

上述規定，乃為違反非常規交易禁止之刑事責任。以下便分述相關內容：

一、適用之範圍

依證券交易法第 171 條第 1 項第 2 款之規定，本規定適用於已依證券交易法發行有價證券公司。因而，就文義解釋而言，本規定之適用已依證券交易法公開發行公司，亦即無論上市、上櫃或興櫃公司，抑或是未上市（櫃）公司均屬之[156]。

二、刑事責任構成要件

㈠客觀不法構成要件

1.行為主體

依證券交易法第 171 條第 1 項第 2 款之規定，犯罪責任之主體為依證券交易法發行有價證券公司之董事、監察人、經理人或受僱人。相形之下，本規定之適用對象，較同條項第 3 款為廣，受僱人亦適用本規定。

2.行為

此處之犯罪行為，乃指以直接或間接方式，使公司為不利益之交易，且不合營業常規，致公司遭受重大損害者。

㈡主觀不法構成要件

---

[156]　賴英照，股市遊戲規則——最新證券交易法解析，第 486 頁。

行為人主觀上須有為非常規交易之故意。學說並認為，本規定為刑法第342 條背信罪之特別規定[157]。此外，行為人如為非常規交易亦可能同時構成侵占或背信之結果，致使一行為同時構成本款與同條項第 3 款之責任[158]。

三、法律效果

行為人若符合上述之犯罪構成要件，依證券交易法第 171 條之規定，有下列不同之效果：

第 1 項：處三年以上十年以下有期徒刑，得併科新臺幣一千萬元以上二億元以下罰金。

第 2 項：犯罪所得金額達新臺幣一億元以上者，處七年以上有期徒刑，得併科新臺幣二千五百萬元以上五億元以下罰金。

第 3 項：犯第 1 項或第 2 項之罪，於犯罪後自首，如有犯罪所得並自動繳交全部所得財物者，減輕或免除其刑；並因而查獲其他正犯或共犯者，免除其刑。

第 4 項：犯第 1 項或第 2 項之罪，在偵查中自白，如有犯罪所得並自動繳交全部所得財物者，減輕其刑；並因而查獲其他正犯或共犯者，減輕其刑至二分之一。

第 5 項：犯第 1 項或第 2 項之罪，其犯罪所得利益超過罰金最高額時，得於所得利益之範圍內加重罰金；如損及證券市場穩定者，加重其刑至二分之一。

第 6 項：犯第 1 項或第 2 項之罪者，其因犯罪所得財物或財產上利益，除應發還被害人、第三人或應負損害賠償金額者外，以屬於犯人者為限，沒收之。如全部或一部不能沒收時，追徵其價額或以其財產抵償之。

第二項　背信及侵占之刑事責任

證券交易法第 171 條第 1 項規定：有下列情事之一者，處三年以上十年

---

[157] 賴英照，股市遊戲規則——最新證券交易法解析，第 487 頁。

[158] 賴英照，股市遊戲規則——最新證券交易法解析，第 489 頁。

以下有期徒刑，得併科新臺幣一千萬元以上二億元以下罰金：……三、已依本法發行有價證券公司之董事、監察人或經理人，意圖為自己或第三人之利益，而為違背其職務之行為或侵占公司資產。

一、適用之範圍

依證券交易法第 171 條第 1 項第 3 款之規定，本規定適用於依證券交易法發行有價證券公司。從文義解釋觀之，只要依證券交易法公開發行即有本規定之適用，至於該公開發行公司是否上市、上櫃或興櫃、未上市（櫃）在所不問。

二、刑事責任構成要件

(一)客觀不法構成要件

1.行為主體

依證券交易法第 171 條第 1 項第 3 款之規定，犯罪責任之主體為依證券交易法發行有價證券公司之董事、監察人或經理人。至於其他公司之人員，例如一般之職員，均無本規定適用之餘地。

2.行為

本罪之行為，乃指意圖為自己或第三人之利益，而為違背其職務之行為或侵占公司資產。此又可分為背信與侵占等兩種不法行為。

(1)背信行為

背信行為者，乃指上述行為之主體為已依證券交易法公司發行公司處理事務而違背其職務之行為❸。

(2)侵占行為

侵占行為者，乃指上述行為之主體易持有為所有之行為，亦即將自己持有已依證券交易法公司發行公司之物變為自己之物而言❹。

---

❸ 有關背信行為之概念，請參閱林山田，刑法各論罪，上冊，2006 年 10 月，修訂 5 版 2 刷，第 483 頁。

❹ 有關侵占行為之概念，請參閱林山田，刑法各論罪，上冊，第 422 頁以下。

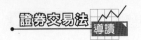

(二)主觀不法構成要件

1.背信行為

行為人主觀上須有背信之故意,以及為自己或第三人之利益或損害公司利益之不法意圖。

2.侵占行為

行為人主觀上須有侵占之故意,以及為自己或第三人之利益不法所有之不法意圖。此時,侵占故意乃指行為人對其持有物係屬於公司之所有物有所認識,並進而決定易持有為所有之主觀心態[161]。

三、法律效果

行為人若符合上述之犯罪構成要件,依證券交易法第171條之規定,有下列不同之效果:

第1項:處三年以上十年以下有期徒刑,得併科新臺幣一千萬元以上二億元以下罰金。

第2項:犯罪所得金額達新臺幣一億元以上者,處七年以上有期徒刑,得併科新臺幣二千五百萬元以上五億元以下罰金。

第3項:犯第1項或第2項之罪,於犯罪後自首,如有犯罪所得並自動繳交全部所得財物者,減輕或免除其刑;並因而查獲其他正犯或共犯者,免除其刑。

第4項:犯第1項或第2項之罪,在偵查中自白,如有犯罪所得並自動繳交全部所得財物者,減輕其刑;並因而查獲其他正犯或共犯者,減輕其刑至二分之一。

第5項:犯第1項或第2項之罪,其犯罪所得利益超過罰金最高額時,得於所得利益之範圍內加重罰金;如損及證券市場穩定者,加重其刑至二分之一。

第6項:犯第1項或第2項之罪者,其因犯罪所得財物或財產上利益,除應發還被害人、第三人或應負損害賠償金額者外,以屬於犯人者為限,沒

---

[161] 參閱林山田,刑法各論罪,上冊,第428頁。

收之。如全部或一部不能沒收時，追徵其價額或以其財產抵償之。

第三項　洗錢防制法第 3 條第 1 項所定之重大犯罪之認定

　　證券交易法第 174 條之 2 規定：「第一百七十一條第一項第二款、第三款及第一百七十四條第一項第八款之罪，為洗錢防制法第三條第一項所定之重大犯罪，適用洗錢防制法之相關規定。」

第八節　其他刑事責任

　　有關證券交易法所規範之刑事責任相關規定，除上述以外，茲將之分別臚列如下：

一、證券交易所之董事、監察人或受僱人之受賄罪

㈠不違背職務之受賄罪

　　1.處五年以下有期徒刑、拘役或科或併科新臺幣二百四十萬元以下罰金

　　證券交易法第 172 條第 1 項規定：「證券交易所之董事、監察人或受僱人，對於職務上之行為，要求期約或收受不正利益者，處五年以下有期徒刑、拘役或科或併科新臺幣二百四十萬元以下罰金。」

　　2.所收受之財物沒收或追徵其價額

　　證券交易法第 172 條第 3 項規定：「犯前二項之罪者，所收受之財物沒收之；如全部或一部不能沒收時，追徵其價額。」

㈡違背職務之受賄罪

　　1.處七年以下有期徒刑，得併科新臺幣三百萬元以下罰金

　　證券交易法第 172 條第 2 項規定：「前項人員對於違背職務之行為，要求期約或收受不正利益者，處七年以下有期徒刑，得併科新臺幣三百萬元以下罰金。」

　　2.所收受之財物沒收或追徵其價額

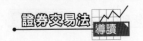

證券交易法第 172 條第 3 項規定:「犯前二項之罪者,所收受之財物沒收之;如全部或一部不能沒收時,追徵其價額。」

二、對證券交易所之董事、監察人或受僱人違背職務之行賄罪

㈠處三年以下有期徒刑、拘役或科或併科新臺幣一百八十萬元以下罰金

證券交易法第 173 條第 1 項規定:「對於前條人員關於違背職務之行為,行求期約或交付不正利益者,處三年以下有期徒刑、拘役或科或併科新臺幣一百八十萬元以下罰金。」

㈡自首之免刑

證券交易法第 173 條第 2 項規定:「犯前項之罪而自首者,得免除其刑。」

三、虛偽記載或不當行為

㈠證券交易法第 174 條第 1 項: 有下列情事之一者,處一年以上七年以下有期徒刑, 得併科新臺幣二千萬元以下罰金

1.公司募集、發行有價證券, 於申請審核時, 另行加具公開說明書為虛偽之記載者

證券交易法第 174 條第 1 項第 1 款規定:「於依第三十條……規定之申請事項為虛偽之記載者。」

2.證券商申請營業許可、分支機構之設立許可、外國證券商在中華民國境內申請設立分支機構許可及發給許可申請事項為虛偽之記載者

證券交易法第 174 條第 1 項第 1 款規定:「於依……第四十四條第一項至第三項……規定之申請事項為虛偽之記載者。」

3.證券交易所之設立特許或許可申請事項為虛偽之記載者

證券交易法第 174 條第 1 項第 1 款規定:「於依……第九十三條規定之申請事項為虛偽之記載者。」

4.散布虛偽記載者

證券交易法第 174 條第 1 項第 2 款:「對有價證券之行情或認募核准之重

要事項為虛偽之記載而散布於眾者。」

5.發行人、公開收購人或其關係人等，對於主管機關命令提出之帳簿、表冊、文件或其他參考或報告資料之內容有虛偽之記載者

證券交易法第 174 條第 1 項第 4 款規定：「發行人、公開收購人或其關係人、證券商或其委託人、證券商同業公會、證券交易所或第十八條所定之事業，對於主管機關命令提出之帳簿、表冊、文件或其他參考或報告資料之內容有虛偽之記載者。」

6.發行人、公開收購人或其關係人等，對依法或主管機關基於法律所發布之命令規定之帳簿、表冊、傳票、財務報告或其他有關業務文件之內容有虛偽之記載者

證券交易法第 174 條第 1 項第 5 款規定：「發行人、公開收購人、證券商、證券商同業公會、證券交易所或第十八條所定之事業，於依法或主管機關基於法律所發布之命令規定之帳簿、表冊、傳票、財務報告或其他有關業務文件之內容有虛偽之記載者。」

7.對依法或主管機關基於法律所發布之命令規定之財務報告上簽章之經理人或主辦會計人員，為財務報告內容虛偽之記載者

證券交易法第 174 條第 1 項第 6 款規定：「於前款之財務報告上簽章之經理人或主辦會計人員，為財務報告內容虛偽之記載者。但經他人檢舉、主管機關或司法機關進行調查前，已提出更正意見並提供證據向主管機關報告者，減輕或免除其刑。」

8.不實資料之傳播

證券交易法第 174 條第 1 項第 7 款規定：「就發行人或某種有價證券之交易，依據不實之資料，作投資上之判斷，而以報刊、文書、廣播、電影或其他方法表示之者。」

9.發行人之董事、經理人或受僱人違法將公司資金貸與他人、或擔保、保證或為票據之背書，致公司遭受重大損害者

證券交易法第 174 條第 1 項第 8 款規定：「發行人之董事、經理人或受僱人違反法令、章程或逾越董事會授權之範圍，將公司資金貸與他人、或為他

人以公司資產提供擔保、保證或為票據之背書，致公司遭受重大損害者。」

10.意圖妨礙主管機關檢查或司法機關調查

證券交易法第 174 條第 1 項第 9 款規定：「意圖妨礙主管機關檢查或司法機關調查，偽造、變造、湮滅、隱匿、掩飾工作底稿或有關紀錄、文件者。」

㈡律師與會計師之虛偽或不實責任

1.證券交易法第 174 條第 2 項

有下列情事之一者，處五年以下有期徒刑，得科或併科新臺幣一千五百萬元以下罰金：

⑴律師出具虛偽或不實意見書者

證券交易法第 174 條第 2 項第 1 款規定：「律師對公司有關證券募集、發行或買賣之契約、報告書或文件，出具虛偽或不實意見書者。」

⑵會計師未善盡查核責任而出具虛偽不實報告或意見，或未依有關法規規定、一般公認審計準則查核者

證券交易法第 174 條第 2 項第 2 款規定：「會計師對公司申報或公告之財務報告、文件或資料有重大虛偽不實或錯誤情事，未善盡查核責任而出具虛偽不實報告或意見；或會計師對於內容存有重大虛偽不實或錯誤情事之公司財務報告，未依有關法規規定、一般公認審計準則查核，致未予敘明者。」

2.加重其刑至二分之一

證券交易法第 174 條第 3 項規定：「犯前項之罪，如有嚴重影響股東權益或損及證券交易市場穩定者，得加重其刑至二分之一。」

㈢發行人之職員、受僱人得減輕其刑

證券交易法第 174 條第 4 項規定：「發行人之職員、受僱人犯第一項第六款之罪，其犯罪情節輕微者，得減輕其刑。」

四、處二年以下有期徒刑、拘役或科或併科新臺幣一百八十萬元以下罰金

依證券交易法第 175 條之規定：「違反第十八條第一項、第二十二條、第二十八條之二第一項、第四十三條第一項、第四十三條之一第二項、第三項、

第四十三條之五第二項、第三項、第四十三條之六第一項、第四十四條第一項至第三項、第六十條第一項、第六十二條第一項、第九十三條、第九十六條至第九十八條、第一百十六條、第一百二十條或第一百六十條之規定者，處二年以下有期徒刑、拘役或科或併科新臺幣一百八十萬元以下罰金。」而其違反之具體規定內容如下：

(一)違反證券事業應經主管機關核准之規定

證券交易法第 18 條第 1 項規定：「經營證券金融事業、證券集中保管事業或其他證券服務事業，應經主管機關之核准。」

(二)違反有價證券之募集及發行應先向主管機關申報生效之規定

證券交易法第 22 條第 1 項規定：「有價證券之募集及發行，除政府債券或經主管機關核定之其他有價證券外，非向主管機關申報生效後，不得為之。」

第 2 項規定：「已依本法發行股票之公司，於依公司法之規定發行新股時，除依第四十三條之六第一項及第二項規定辦理者外，仍應依前項規定辦理。」

第 3 項規定：「第一項規定，於出售所持有之公司股票、公司債券或其價款繳納憑證、表明其權利之證書或新股認購權利證書、新股權利證書，而公開招募者，準用之。」

第 4 項規定：「依前三項規定申報生效應具備之條件、應檢附之書件、審核程序及其他應遵行事項之準則，由主管機關定之。」

第 5 項規定：「前項準則有關外匯事項之規定，主管機關於訂定或修正時，應洽商中央銀行同意。」

(三)違反庫藏股買回之規定

證券交易法第 28 條之 2 第 1 項規定：「股票已在證券交易所上市或於證券商營業處所買賣之公司，有左列情事之一者，得經董事會三分之二以上董事之出席及出席董事超過二分之一同意，於有價證券集中交易市場或證券商營業處所或依第四十三條之一第二項規定買回其股份，不受公司法第一百六十七條第一項規定之限制：

一、轉讓股份予員工。

二、配合附認股權公司債、附認股權特別股、可轉換公司債、可轉換特

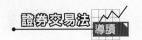

別股或認股權憑證之發行，作為股權轉換之用。

　　三、為維護公司信用及股東權益所必要而買回，並辦理銷除股份者。」

㈣違反上市、上櫃有價證券買賣之給付或交割應以現款、現貨為之規定

　　證券交易法第43條第1項規定：「在證券交易所上市或證券商營業處所買賣之有價證券之給付或交割應以現款、現貨為之。其交割期間及預繳買賣證據金數額，得由主管機關以命令定之。」

㈤違反公開收購應先向主管機關申報並公告之規定

　　證券交易法第43條之1第2項規定：「不經由有價證券集中交易市場或證券商營業處所，對非特定人為公開收購公開發行公司之有價證券者，除左列情形外，應先向主管機關申報並公告後，始得為之：

　　一、公開收購人預定公開收購數量，加計公開收購人與其關係人已取得公開發行公司有價證券總數，未超過該公開發行公司已發行有表決權股份總數百分之五。

　　二、公開收購人公開收購其持有已發行有表決權股份總數超過百分之五十之公司之有價證券。

　　三、其他符合主管機關所定事項。」

㈥違反應採公開收購方式之規定

　　證券交易法第43條之1第3項規定：「任何人單獨或與他人共同預定取得公開發行公司已發行股份總額達一定比例者，除符合一定條件外，應採公開收購方式為之。」

㈦違反主管機關命令公開收購人變更公開收購申報事項，並重行申報及公告之規定

　　證券交易法第43條之5第2項規定：「公開收購人所申報及公告之內容有違反法令規定之情事者，主管機關為保護公益之必要，得命令公開收購人變更公開收購申報事項，並重行申報及公告。」

㈧違反公開收購人於一年內不得就同一被收購公司進行公開收購之規定

　　證券交易法第 43 條之 5 第 3 項規定：「公開收購人未於收購期間完成預定收購數量或經主管機關核准停止公開收購之進行者，除有正當理由並經主管機關核准者外，公開收購人於一年內不得就同一被收購公司進行公開收購。」

㈨違反私募決議之規定者

　　證券交易法第 43 條之 6 第 1 項規定：「公開發行股票之公司，得以有代表已發行股份總數過半數股東之出席,出席股東表決權三分之二以上之同意,對左列之人進行有價證券之私募，不受第二十八條之一、第一百三十九條第二項及公司法第二百六十七條第一項至第三項規定之限制：

　　一、銀行業、票券業、信託業、保險業、證券業或其他經主管機關核准之法人或機構。

　　二、符合主管機關所定條件之自然人、法人或基金。

　　三、該公司或其關係企業之董事、監察人及經理人。」

㈩違反證券商營業須經主管機關許可之規定

　　證券交易法第 44 條第 1 項規定：「證券商須經主管機關之許可及發給許可證照，方得營業；非證券商不得經營證券業務。」

㈡違反證券商分支機構之設立，應經主管機關許可之規定

　　證券交易法第 44 條第 2 項規定：「證券商分支機構之設立，應經主管機關許可。」

㈢違反外國證券商在中華民國境內設立分支機構，應經主管機關許可之規定者

　　證券交易法第 44 條第 3 項規定：「外國證券商在中華民國境內設立分支機構，應經主管機關許可及發給許可證照。」

㈢違反證券業務需經主管機關核准之規定

　　證券交易法第 60 條第 1 項規定：「證券商非經主管機關核准，不得為下列之業務：

　　一、有價證券買賣之融資或融券。

　　二、有價證券買賣融資融券之代理。

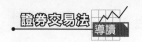

三、有價證券之借貸或為有價證券借貸之代理或居間。

四、因證券業務借貸款項或為借貸款項之代理或居間。

五、因證券業務受客戶委託保管及運用其款項。」

㈭違反自行買賣有價證券限制之規定

證券交易法第 62 條第 1 項規定：「證券經紀商或證券自營商，在其營業處所受託或自行買賣有價證券者，非經主管機關核准不得為之。」

㈮違反證券交易所之設立，應於登記前先經主管機關之特許或許可之規定

證券交易法第 93 條規定：「證券交易所之設立，應於登記前先經主管機關之特許或許可；其申請程序及必要事項，由主管機關以命令定之。」

㈯違反有價證券集中交易市場經營資格限制之規定

證券交易法第 96 條規定：「非依本法不得經營類似有價證券集中交易市場之業務；其以場所或設備供給經營者亦同。」

㈰違反證券交易所名稱應標明及專用之規定

證券交易法第 97 條規定：「證券交易所名稱，應標明證券交易所字樣；非證券交易所，不得使用類似證券交易所之名稱。」

㈱違反證券交易所經營業務限制之規定

證券交易法第 98 條規定：「證券交易所以經營供給有價證券集中交易市場為其業務，非經主管機關核准，不得經營其他業務或對其他事業投資。」

㈲違反會員制證券交易所圖利禁止之規定

證券交易法第 116 條第 1 項規定：「會員制證券交易所之會員董事或監事之代表人，非會員董事或其他職員，不得為自己用任何名義自行或委託他人在證券交易所買賣有價證券。」

第 2 項規定：「前項人員不得對該證券交易所之會員供給資金，分擔盈虧或發生營業上之利害關係。但會員董事或監事之代表人，對於其所代表之會員為此項行為者，不在此限。」

㈳違反會員制證券交易所交易秘密洩漏禁止之規定

證券交易法第 120 條規定：「會員制證券交易所之董事、監事及職員，對

於所知有關有價證券交易之秘密，不得洩露。」

㈢**違反證券經紀商受委託場所限定之規定**

　　證券交易法第 160 條規定：「證券經紀商不得於其本公司或分支機構以外之場所，接受有價證券買賣之委託。」

五、處一年以下有期徒刑、拘役或科或併科新臺幣一百二十萬元以下罰金

　　證券交易法第 177 條規定：「有左列情事之一者，處一年以下有期徒刑、拘役或科或併科新臺幣一百二十萬元以下罰金：

　　一、違反第三十一條第一項、第三十四條、第四十條、第四十三條之四第一項、第四十三條之八第一項、第四十五條、第四十六條、第五十條第二項、第一百十九條、第一百二十八條、第一百五十條或第一百六十五條之規定者。

　　二、違反主管機關依第六十一條所為之規定者。」而其違反之具體規定內容如下：

㈠**違反公開說明書交付之規定**

　　證券交易法第 31 條第 1 項：「募集有價證券，應先向認股人或應募人交付公開說明書。」

㈡**違反股票或公司債券交付之規定**

　　證券交易法第 34 條第 1 項規定：「發行人應於依公司法得發行股票或公司債券之日起三十日內，對認股人或應募人憑前條之繳納憑證，交付股票或公司債券，並應於交付前公告之。」

　　第 2 項規定：「公司股款、債款繳納憑證之轉讓，應於前項規定之限期內為之。」

㈢**違反藉核准為宣傳禁止之規定**

　　證券交易法第 40 條規定：「對於有價證券募集之核准，不得藉以作為證實申請事項或保證證券價值之宣傳。」

㈣**違反公開收購人交付公開收購說明書義務之規定**

證券交易法第43條之4第1項規定：「公開收購人除依第二十八條之二規定買回本公司股份者外，應於應賣人請求時或應賣人向受委任機構交存有價證券時，交付公開收購說明書。」

(五)違反私募有價證券不得再行賣出之規定

證券交易法第43條之8第1項規定：「有價證券私募之應募人及購買人除有左列情形外，不得再行賣出：

一、第四十三條之六第一項第一款之人持有私募有價證券，該私募有價證券無同種類之有價證券於證券集中交易市場或證券商營業處所買賣，而轉讓予具相同資格者。

二、自該私募有價證券交付日起滿一年以上，且自交付日起第三年期間內，依主管機關所定持有期間及交易數量之限制，轉讓予符合第四十三條之六第一項第一款及第二款之人。

三、自該私募有價證券交付日起滿三年。

四、基於法律規定所生效力之移轉。

五、私人間之直接讓受，其數量不超過該證券一個交易單位，前後二次之讓受行為，相隔不少於三個月。

六、其他經主管機關核准者。」

(六)違反兼營及投資限制之規定

證券交易法第45條第1項規定：「證券商應依第十六條規定，分別依其種類經營證券業務，不得經營其本身以外之業務。但經主管機關核准者，不在此限。」

第2項規定：「證券商不得由他業兼營。但金融機構得經主管機關之許可，兼營證券業務。」

第3項規定：「證券商非經主管機關核准，不得投資於其他證券商。」

(七)違反兼營買賣區別之標示規定

證券交易法第46條規定：「證券商依前條第一項但書之規定，兼營證券自營商及證券經紀商者，應於每次買賣時，以書面文件區別其為自行買賣或代客買賣。」

(八)違反證券商公司名稱專用規定

證券交易法第 50 條第 2 項規定:「非證券商不得使用類似證券商之名稱。」

(九)違反交割結算基金之運用規定

證券交易法第 119 條規定:「會員制證券交易所,除左列各款外,非經主管機關核准,不得以任何方法運用交割結算基金: 一、政府債券之買進。二、銀行存款或郵政儲蓄。」

(十)違反股票發行、股份轉讓對象限制及證券商證券交易所持股比率之限制規定

證券交易法第 128 條第 1 項規定:「公司制證券交易所不得發行無記名股票; 其股份轉讓之對象,以依本法許可設立之證券商為限。」

第 2 項規定:「每一證券商得持有證券交易所股份之比率,由主管機關定之。」

(土)違反場外交易禁止之規定

證券交易法第 150 條規定:「上市有價證券之買賣,應於證券交易所開設之有價證券集中交易市場為之。但左列各款不在此限:

一、政府所發行債券之買賣。

二、基於法律規定所生之效力,不能經由有價證券集中交易市場之買賣而取得或喪失證券所有權者。

三、私人間之直接讓受,其數量不超過該證券一個成交單位; 前後兩次之讓受行為,相隔不少於三個月者。

四、其他符合主管機關所定事項者。」

(空)違反監理人員所為指示之規定

證券交易法第 165 條規定:「證券交易所及其會員,或與證券交易所訂有使用有價證券集中交易市場契約之證券自營商、證券經紀商,對監理人員本於法令所為之指示,應切實遵行。」

(空)違反有價證券買賣融資融券之成數規定

證券交易法第 61 條規定:「有價證券買賣融資融券之額度、期限及融資

比率、融券保證金成數，由主管機關商經中央銀行同意後定之；有價證券得為融資融券標準，由主管機關定之。」

第九節 行政處分

證券交易法乃規範證券市場交易之最主要法規，雖然其主要規範市場交易及保護投資人為目的，本為私經濟活動之範疇，行政規範或不應出現於本法中。不過，因證券交易市場變化萬千，為了達成上述之目的，證券交易法除了有相關之刑事責任外（如上述），並有相關之行政處分規範，使主管機關易於監督及管理證券市場。以下，便將相關之行政處分規定分述如下：

一、違反承銷商自己取得之禁止規定

證券交易法第 177 條之 1 規定：「違反第七十四條或第八十四條之規定者，處相當於所取得有價證券價金額以下之罰鍰。但不得少於新臺幣十二萬元。」而證券交易法第 74 條乃規定，證券承銷商除依第 71 條規定外，於承銷期間內，不得為自己取得所包銷或代銷之有價證券。至於證券自營商由證券承銷商兼營者，亦受到自己取得之禁止規定適用。於證券交易法第 84 條即規定，證券自營商由證券承銷商兼營者，應受第 74 條規定之限制。

二、處新臺幣二十四萬元以上二百四十萬元以下罰鍰及連續罰

(一)證券交易法第 **178** 條第 **1** 項規定，有該規定九款情事之一者，處新臺幣二十四萬元以上二百四十萬元以下罰鍰

1.證券交易法第 178 條第 1 項第 1 款

違反第 22 條之 2 第 1 項、第 2 項、第 26 條之 1、第 141 條、第 144 條、第 145 條第 2 項、第 147 條或第 152 條規定。

(1)違反董事、監察人等股票之轉讓方式之規定

證券交易法第 22 條之 2 第 1 項規定：「已依本法發行股票公司之董事、

監察人、經理人或持有公司股份超過股份總額百分之十之股東，其股票之轉讓，應依左列方式之一為之：

一、經主管機關核准或自申報主管機關生效日後，向非特定人為之。

二、依主管機關所定持有期間及每一交易日得轉讓數量比例，於向主管機關申報之日起三日後，在集中交易市場或證券商營業處所為之。但每一交易日轉讓股數未超過一萬股者，免予申報。

三、於向主管機關申報之日起三日內，向符合主管機關所定條件之特定人為之。」

第 2 項規定：「經由前項第三款受讓之股票，受讓人在一年內欲轉讓其股票，仍須依前項各款所列方式之一為之。」

(2)違反召集股東會應列舉主要內容之規定

證券交易法第 26 條之 1 規定：「已依本法發行有價證券之公司召集股東會時，關於公司法第二百零九條第一項、第二百四十條第一項及第二百四十一條第一項之決議事項，應在召集事由中列舉並說明其主要內容，不得以臨時動議提出。」

(3)違反上市契約準則或須申報核准之規定

證券交易法第 141 條規定：「證券交易所應與上市有價證券之公司訂立有價證券上市契約，其內容不得牴觸上市契約準則之規定，並應申報主管機關核准。」

(4)違反終止有價證券上市須報經核准之規定

證券交易法第 144 條規定：「證券交易所得依法令或上市契約之規定，報經主管機關核准，終止有價證券上市。」

(5)違反申請終止上市須報經核准之規定

證券交易法第 145 條第 2 項規定：「證券交易所對於前項申請之處理，應經主管機關核准。」

(6)違反停止或回復買賣須報經核准之規定

證券交易法第 147 條規定：「證券交易所依法令或上市契約之規定，或為保護公眾之利益，就上市有價證券停止或回復其買賣時，應申報主管機關核

准。」

(7)違反停止或回復集會之申報規定

證券交易法第 152 條規定:「證券交易所於有價證券集中交易市場,因不可抗拒之偶發事故,臨時停止集會,應向主管機關申報;回復集會時亦同。」

2.證券交易法第 178 條第 1 項第 2 款

違反第 14 條第 3 項、第 14 條之 1 第 1 項、第 3 項、第 14 條之 2 第 1 項、第 5 項、第 14 條之 3、第 14 條之 4 第 1 項、第 2 項、第 14 條之 5 第 1 項、第 2 項、第 25 條第 1 項、第 2 項、第 4 項、第 26 條之 3 第 1 項、第 7 項、第 36 條第 4 項、第 41 條、第 43 條之 1 第 1 項、第 43 條之 6 第 5 項至第 7 項、第 58 條、第 69 條第 1 項、第 79 條或第 159 條規定。

(1)違反財務報告應經簽名或蓋章、無不實聲明之規定

證券交易法第 14 條第 3 項:「第一項財務報告應經董事長、經理人及會計主管簽名或蓋章,並出具財務報告內容無虛偽或隱匿之聲明。」

(2)違反應建立財務、業務之內部控制制度及申報內部控制說明書之規定

證券交易法第 14 條之 1 第 1 項規定:「公開發行公司、證券交易所、證券商及第十八條所定之事業應建立財務、業務之內部控制制度。」

第 3 項:「第一項之公司或事業,除經主管機關核准者外,應於每會計年度終了後四個月內,向主管機關申報內部控制聲明書。」

(3)違反獨立董事設置、補選之規定

證券交易法第 14 條之 2 第 1 項規定:「已依本法發行股票之公司,得依章程規定設置獨立董事。但主管機關應視公司規模、股東結構、業務性質及其他必要情況,要求其設置獨立董事,人數不得少於二人,且不得少於董事席次五分之一。」

第 5 項規定:「獨立董事因故解任,致人數不足第一項或章程規定者,應於最近一次股東會補選之。獨立董事均解任時,公司應自事實發生之日起六十日內,召開股東臨時會補選之。」

(4)違反事項應提董事會決議、獨立董事意見應載明之規定

證券交易法第 14 條之 3 規定:「已依前條第一項規定選任獨立董事之公

司，除經主管機關核准者外，下列事項應提董事會決議通過；獨立董事如有反對意見或保留意見，應於董事會議事錄載明：一、依第十四條之一規定訂定或修正內部控制制度。二、依第三十六條之一規定訂定或修正取得或處分資產、從事衍生性商品交易、資金貸與他人、為他人背書或提供保證之重大財務業務行為之處理程序。三、涉及董事或監察人自身利害關係之事項。四、重大之資產或衍生性商品交易。五、重大之資金貸與、背書或提供保證。六、募集、發行或私募具有股權性質之有價證券。七、簽證會計師之委任、解任或報酬。八、財務、會計或內部稽核主管之任免。九、其他經主管機關規定之重大事項。」

(5)違反設置審計委員會、成員專長要求之規定

證券交易法第 14 條之 4 第 1 項規定：「已依本法發行股票之公司，應擇一設置審計委員會或監察人。但主管機關得視公司規模、業務性質及其他必要情況，命令設置審計委員會替代監察人；其辦法，由主管機關定之。」

第 2 項規定：「審計委員會應由全體獨立董事組成，其人數不得少於三人，其中一人為召集人，且至少一人應具備會計或財務專長。」

(6)違反應經審計委員會同意事項之規定

證券交易法第 14 條之 5 第 1 項規定：「已依本法發行股票之公司設置審計委員會者，下列事項應經審計委員會全體成員二分之一以上同意，並提董事會決議，不適用第十四條之三規定：一、依第十四條之一規定訂定或修正內部控制制度。二、內部控制制度有效性之考核。三、依第三十六條之一規定訂定或修正取得或處分資產、從事衍生性商品交易、資金貸與他人、為他人背書或提供保證之重大財務業務行為之處理程序。四、涉及董事自身利害關係之事項。五、重大之資產或衍生性商品交易。六、重大之資金貸與、背書或提供保證。七、募集、發行或私募具有股權性質之有價證券。八、簽證會計師之委任、解任或報酬。九、財務、會計或內部稽核主管之任免。十、年度財務報告及半年度財務報告。十一、其他公司或主管機關規定之重大事項。」

第 2 項規定：「前項各款事項除第十款外，如未經審計委員會全體成員二

分之一以上同意者，得由全體董事三分之二以上同意行之，不受前項規定之限制，並應於董事會議事錄載明審計委員會之決議。」

(7)違反董事、監察人等股權持有、變動及設質之申報及公告規定

證券交易法第 25 條第 1 項規定：「公開發行股票之公司於登記後，應即將其董事、監察人、經理人及持有股份超過股份總額百分之十之股東，所持有之本公司股票種類及股數，向主管機關申報並公告之。」

第 2 項規定：「前項股票持有人，應於每月五日以前將上月份持有股數變動之情形，向公司申報，公司應於每月十五日以前，彙總向主管機關申報。必要時，主管機關得命令其公告之。」

第 4 項規定：「第一項之股票經設定質權者，出質人應即通知公司；公司應於其質權設後五日內，將其出質情形，向主管機關申報並公告之。」

(8)違反董事最低人數、董事補選之規定

證券交易法第 26 條之 3 第 1 項規定：「已依本法發行股票之公司董事會，設置董事不得少於五人。」

第 7 項規定：「董事因故解任，致不足五人者，公司應於最近一次股東會補選之。但董事缺額達章程所定席次三分之一者，公司應自事實發生之日起六十日內，召開股東臨時會補選之。」

(9)違反財務報告、重大公開之規定

證券交易法第 36 條第 4 項：「第一項及第二項公告、申報事項暨前項年報，有價證券已在證券交易所上市買賣者，應以抄本送證券交易所及證券商同業公會；有價證券已在證券商營業處所買賣者，應以抄本送證券商同業公會供公眾閱覽。」

(10)違反公積金提列或使用之規定

證券交易法第 41 條第 1 項規定：「主管機關認為有必要時，對於已依本法發行有價證券之公司，得以命令規定其於分派盈餘時，除依法提出法定盈餘公積外，並應另提一定比率之特別盈餘公積。」

第 2 項規定：「已依本法發行有價證券之公司，申請以法定盈餘公積或資本公積撥充資本時，應先填補虧損；其以資本公積撥充資本者，應以其一定

比率為限。」

(11)違反收購申報之規定

　　證券交易法第43條之1第1項規定:「任何人單獨或與他人共同取得任一公開發行公司已發行股份總額超過百分之十之股份者,應於取得後十日內,向主管機關申報其取得股份之目的、資金來源及主管機關所規定應行申報之事項;申報事項如有變動時,並隨時補正之。」

(12)違反私募價款繳納完成應報請備查、私募應在股東會召集事由中列舉規定

　　證券交易法第43條之6第5項規定:「該公司應於股款或公司債等有價證券之價款繳納完成日起十五日內,檢附相關書件,報請主管機關備查。」

　　第6項規定:「依第一項規定進行有價證券之私募者,應在股東會召集事由中列舉並說明左列事項,不得以臨時動議提出: 一、價格訂定之依據及合理性。二、特定人選擇之方式。其已洽定應募人者,並說明應募人與公司之關係。三、辦理私募之必要理由。」

　　第7項規定:「依第一項規定進行有價證券私募,並依前項各款規定於該次股東會議案中列舉及說明分次私募相關事項者,得於該股東會決議之日起一年內,分次辦理。」

(13)違反證券商營業之申報之規定

　　證券交易法第58條規定:「證券商或其分支機構於開始或停止營業時,應向主管機關申報備查。」

(14)違反證券商解散或歇業之申報規定

　　證券交易法第69條第1項:「證券商於解散或部分業務歇業時,應由董事會陳明事由,向主管機關申報之。」

(15)違反證券承銷商應代理交付公開說明書之規定

　　證券交易法第79條規定:「證券承銷商出售其所承銷之有價證券,應依第三十一條第一項之規定,代理發行人交付公開說明書。」

(16)違反證券經紀商之全權委託禁止規定

　　證券交易法第159條規定:「證券經紀商不得接受對有價證券買賣代為決

定種類、數量、價格或買入、賣出之全權委託。」

3.證券交易法第178條第1項第3款

發行人、公開收購人或其關係人、證券商或其委託人、證券商同業公會、證券交易所或第18條第1項所定之事業，對於主管機關命令提出之帳簿、表冊、文件或其他參考或報告資料，屆期不提出，或對於主管機關依法所為之檢查予以拒絕、妨礙或規避。

4.證券交易法第178條第1項第4款

發行人、公開收購人、證券商、證券商同業公會、證券交易所或第18條第1項所定之事業，於依本法或主管機關基於本法所發布之命令規定之帳簿、表冊、傳票、財務報告或其他有關業務之文件，不依規定製作、申報、公告、備置或保存。

5.證券交易法第178條第1項第5款

違反主管機關依第25條之1所定規則有關徵求人、受託代理人與代為處理徵求事務者之資格條件、委託書徵求與取得之方式及對於主管機關要求提供之資料拒絕提供之規定。

6.證券交易法第178條第1項第6款

違反主管機關依第26條第2項所定公開發行公司董事、監察人股權成數及查核實施規則有關股權成數、通知及查核之規定。

7.證券交易法第178條第1項第7款

違反第26條之3第8項規定未訂定議事規範或違反主管機關依同條項所定辦法有關主要議事內容、作業程序、議事錄應載明事項及公告之規定，或違反主管機關依第36條之1所定準則有關取得或處分資產、從事衍生性商品交易、資金貸與他人、為他人背書或提供保證及揭露財務預測資訊等重大財務業務行為之適用範圍、作業程序、應公告及申報之規定。

8.證券交易法第178條第1項第8款

違反第28條之2第2項（庫藏股買回之數量比例及總金額之限制）、第4項至第7項（庫藏股之轉讓、質押之禁止及股東權之剝奪、內部人出售股票之限制），或主管機關依第3項（庫藏股實施之相關事項實施辦法制定之授

權）所定辦法有關買回股份之程序、價格、數量、方式、轉讓方法及應申報公告事項之規定。

9.證券交易法第 178 條第 1 項第 9 款

違反第 43 條之 2 第 1 項(收購條件一致性與公開收購條件變更之禁止)、第 43 條之 3 第 1 項（公開收購人及其關係人於其他場所購買有價證券之禁止）、第 43 條之 5 第 1 項（停止公開收購之禁止）或主管機關依第 43 條之 1 第 4 項（公開收購相關事項實施辦法制定之授權）所定辦法有關收購有價證券之範圍、條件、期間、關係人及申報公告事項之規定。

㈡證券交易法第 178 條第 2 項規定

有前項第 2 款至第 7 款規定情事之一,主管機關除依前項規定處罰鍰外,並應令其限期辦理；屆期仍不辦理者,得繼續限期令其辦理,並按次各處新臺幣四十八萬元以上四百八十萬元以下罰鍰,至辦理為止。

第十節　撤銷權

證券交易法於民國 94 年 5 月 18 日修正時,增訂第 174 條之 1,賦予公司對於違法掏空公司資產者,行使撤銷權,以為防止發行有價證券公司之董事、監察人、經理人或受僱人違法掏空公司資產後脫產❶❻❷,以下便分述之。

第一項　撤銷權適用之範圍

一、無償行為

依證券交易法第 174 條之 1 第 1 項規定:「第一百七十一條第一項第二款、第三款或前條第一項第八款之已依本法發行有價證券公司之董事、監察人、經理人或受僱人所為之無償行為,有害及公司之權利者,公司得聲請法院撤銷之。」因而可知,公司之撤銷權適用無償行為之撤銷之範圍如下:

㈠證券交易法第 171 條第 1 項第 2 款:已依本法發行有價證券公司之董

---

❶❻❷　賴英照,股市遊戲規則──最新證券交易法解析,第 567 頁。

事、監察人、經理人或受僱人，以直接或間接方式，使公司為不利益之交易，且不合營業常規，致公司遭受重大損害者。

㈡證券交易法第 171 條第 1 項第 3 款：已依本法發行有價證券公司之董事、監察人或經理人，意圖為自己或第三人之利益，而為違背其職務之行為或侵占公司資產。

㈢證券交易法第 174 條第 1 項第 8 款：發行人之董事、經理人或受僱人違反法令、章程或逾越董事會授權之範圍，將公司資金貸與他人、或為他人以公司資產提供擔保、保證或為票據之背書，致公司遭受重大損害者。

證券交易法第 174 條之 1 第 4 項規定：「第一項之公司董事、監察人、經理人或受僱人與其配偶、直系親屬、同居親屬、家長或家屬間所為之處分其財產行為，均視為無償行為。」

證券交易法第 174 條之 1 第 5 項規定：「第一項之公司董事、監察人、經理人或受僱人與前項以外之人所為之處分其財產行為，推定為無償行為。」

二、有償行為

證券交易法第 174 條之 1 第 2 項規定：「前項之公司董事、監察人、經理人或受僱人所為之有償行為，於行為時明知有損害於公司之權利，且受益人於受益時亦知其情事者，公司得聲請法院撤銷之。」因而，公司對於公司董事、監察人、經理人或受僱人所為之有償行為，於符合本項規定時，亦得行使撤銷權。

第二項　回復原狀

證券交易法第 174 條之 1 第 3 項規定：「依前二項規定聲請法院撤銷時，得並聲請命受益人或轉得人回復原狀。但轉得人於轉得時不知有撤銷原因者，不在此限。」

第三項　撤銷權消滅

證券交易法第 174 條之 1 第 6 項規定：「第一項及第二項之撤銷權，自公

司知有撤銷原因時起，一年間不行使，或自行為時起經過十年而消滅。」

第十一節　其他處罰或處分規定

第一項　法人之處罰

依證券交易法第 179 條規定，法人違反本法之規定者，依本章各條之規定處罰其為行為之負責人。

第二項　易服勞役

證券交易法第 180 條之 1 規定：「犯本章之罪所科罰金達新臺幣五千萬元以上而無力完納者，易服勞役期間為二年以下，其折算標準以罰金總額與二年之日數比例折算；所科罰金達新臺幣一億元以上而無力完納者，易服勞役期間為三年以下，其折算標準以罰金總額與三年之日數比例折算。」

第三項　應停止會計師執行簽證工作之處分

依證券交易法第 174 條第 5 項，主管機關對於有證券交易法第 174 條第 2 項第 2 款情事之會計師，應予以停止執行簽證工作之處分。而證券交易法第 174 條第 2 項第 2 款之規定，乃指會計師對公司申報或公告之財務報告、文件或資料有重大虛偽不實或錯誤情事，未善盡查核責任而出具虛偽不實報告或意見；或會計師對於內容存有重大虛偽不實或錯誤情事之公司財務報告，未依有關法規規定、一般公認審計準則查核，致未予敘明者。

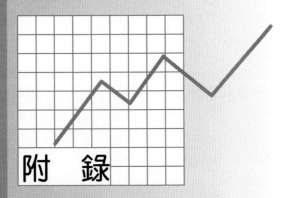

附　　録

上市上櫃公司買回本公司股份辦法　（民國 97 年 7 月 10 日修正）

第 1 條

本辦法依證券交易法（以下簡稱本法）第二十八條之二第三項規定訂定之。

第 2 條

公司於有價證券集中交易市場或證券商營業處所買回其股份者，應於董事會決議之日起二日內，公告並向行政院金融監督管理委員會（以下簡稱本會）申報下列事項：

　　一、買回股份之目的。

　　二、買回股份之種類。

　　三、買回股份之總金額上限。

　　四、預定買回之期間與數量。

　　五、買回之區間價格。

　　六、買回之方式。

　　七、申報時已持有本公司股份之數量。

　　八、申報前三年內買回本公司股份之情形。

　　九、已申報買回但未執行完畢之情形。

　　十、董事會決議買回股份之會議紀錄。

　　十一、本辦法第十條規定之轉讓辦法。

　　十二、本辦法第十一條規定之轉換或認股辦法。

　　十三、董事會已考慮公司財務狀況，不影響公司資本維持之聲明。

　　十四、會計師或證券承銷商對買回股份價格之合理性評估意見。

　　十五、其他本會所規定之事項。

公司於申報預定買回本公司股份期間屆滿之日起二個月內，得經董事會三分之二以上董事之出席及出席董事超過二分之一同意，向本會申報變更原買回股份之目的。

依本辦法提出之申報文件，應依本會規定之格式製作並裝訂成冊，其補正時亦同。

第 2 條之 1

公司應依前條所申報之買回數量與價格，確實執行買回本公司股份。

第 3 條

公司非依第二條規定辦理公告及申報後，不得於有價證券集中交易市場或證券商營業處所買回股份。其買回股份之數量每累積達公司已發行股份總數百分之二或金額達新臺幣三億元以上者，應於事實發生之日起二日內將買回之日期、數量、種類及價格公告。

第 4 條

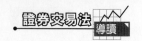
公司依本法第四十三條之一第二項規定之方式買回股份者,應依公開收購公開發行公司有價
證券管理辦法向本會申報並公告。

第5條

公司買回股份,應於依第二條申報日起二個月內執行完畢,並應於上述期間屆滿或執行完畢
後五日內向本會申報並公告執行情形;逾期未執行完畢者,如須再行買回,應重行提經董事
會決議。

第6條

公司買回股份,應將第二條、第三條及前條規定之訊息內容,輸入公開資訊觀測站資訊系統。
公司買回股份,已依前項規定將訊息輸入公開資訊觀測站資訊系統者,第二條第一項、第三
條及前條之公告得免登載於報紙。

第7條

公司買回股份,除依本法第四十三條之一第二項規定買回者外,其每日買回股份之數量,不
得超過計畫買回總數量之三分之一且不得於交易時間開始前報價,並應委任二家以下證券經
紀商辦理。

公司每日買回股份之數量不超過二十萬股者,得不受前項有關買回數量之限制。

第8條

公司依本法第二十八條之二第一項第一款至第三款之事由買回其股份之總金額,不得超過保
留盈餘及下列已實現之資本公積之金額:

一、尚未轉列為保留盈餘之處分資產之溢價收入。

二、公司法第二百四十一條所列之超過票面金額發行股票所得之溢額及受領贈與之所得。
但受領者為本公司股票,於未再出售前不予計入。

前項保留盈餘包括法定盈餘公積、特別盈餘公積及未分配盈餘。但應減除下列項目:

一、公司董事會或股東會已決議分派之盈餘。

二、公司依本法第四十一條第一項規定提列之特別盈餘公積。但證券商依證券商管理規則
第十四條第一項規定提列者,不在此限。

公司得買回股份之金額,其計算以董事會決議前最近期依法公開經會計師查核或核閱之財務
報告為準;該財務報告應經會計師出具無保留查核意見或標準核閱意見。但期中財務報告如
因長期股權投資及其投資損益之衡量係依被投資公司未經會計師查核或核閱之財務報告核
算,而經會計師保留者,不在此限。

第9條

公司買回股份,除本辦法另有規定外,應經由證券集中交易市場電腦自動交易系統或櫃檯買
賣等價成交系統為之,並不得以鉅額交易、零股交易、標購、參與拍賣、盤後定價交易或證
券商營業處所進行議價交易之方式買回其股份。

第10條

附 錄

公司依本法第二十八條之二第一項第一款情事買回股份轉讓予員工者，應事先訂定轉讓辦法。

前項轉讓辦法至少應載明下列事項：

一、轉讓股份之種類、權利內容及權利受限情形。

二、轉讓期間。

三、受讓人之資格。

四、轉讓之程序。

五、約定之每股轉讓價格。除轉讓前，遇公司已發行普通股股份增加得按發行股份增加比率調整者，或符合第十條之一規定得低於實際買回股份之平均價格轉讓予員工者外，其價格不得低於實際買回股份之平均價格。

六、轉讓後之權利義務。

七、其他有關公司與員工權利義務事項。

第 10 條之 1

公司以低於實際買回股份之平均價格轉讓予員工，應經最近一次股東會有代表已發行股份總數過半數股東之出席，出席股東表決權三分之二以上之同意，並應於該次股東會召集事由中列舉並說明下列事項，不得以臨時動議提出：

一、所定轉讓價格、折價比率、計算依據及合理性。

二、轉讓股數、目的及合理性。

三、認股員工之資格條件及得認購之股數。

四、對股東權益影響事項：

　㈠可能費用化之金額及對公司每股盈餘稀釋情形。

　㈡說明低於實際買回股份之平均價格轉讓予員工對公司造成之財務負擔。

經前項歷次股東會通過且已轉讓予員工之股數，累計不得超過公司已發行股份總數之百分之五，且單一認股員工其認購股數累計不得超過公司已發行股份總數之千分之五。

公司依第一項規定提請股東會決議之事項，應於章程中定之。

第 11 條

公司依本法第二十八條之二第一項第二款情事買回股份，作為股權轉換之用者，應於轉換或認股辦法中明定之。

第 12 條　（刪除）

第 13 條

本辦法自發布日施行。

本辦法修正條文第十條之一自中華民國九十七年一月一日施行。

439

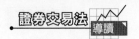

公開發行公司出席股東會使用委託書規則 （民國 97 年 2 月 26 日修正）

第 1 條

本規則依證券交易法（以下簡稱本法）第二十五條之一第一項之規定訂定之。

第 2 條

公開發行公司出席股東會使用之委託書，其格式內容應包括填表須知、股東委託行使事項及股東、徵求人、受託代理人基本資料等項目，並於寄發或以電子文件傳送股東會召集通知時同時附送股東。

公開發行公司出席股東會使用委託書之用紙，以公司印發者為限；公司寄發或以電子文件傳送委託書用紙予所有股東，應於同日為之。

第 3 條

本規則所稱徵求，指以公告、廣告、牌示、廣播、電傳視訊、信函、電話、發表會、說明會、拜訪、詢問等方式取得委託書藉以出席股東會之行為。

本規則所稱非屬徵求，指非以前項之方式而係受股東之主動委託取得委託書，代理出席股東會之行為。

委託書之徵求與非屬徵求，非依本規則規定，不得為之。

第 4 條 （刪除）

第 5 條

委託書徵求人，除第六條規定外，應為持有公司已發行股份五萬股以上之股東。但股東會有選舉董事或監察人議案，徵求人應為截至該次股東會停止過戶日，依股東名簿記載或存放於證券集中保管事業之證明文件，持有該公司已發行股份符合下列條件之一者：

一、金融控股公司、銀行法所規範之銀行及保險法所規範之保險公司召開股東會，徵求人應繼續一年以上，持有該公司已發行股份八十萬股或已發行股份總數千分之二以上。

二、前款以外之公司召開股東會，徵求人應繼續六個月以上，持有該公司已發行股份八十萬股以上或已發行股份總數千分之二以上且不低於十萬股。

符合前項資格之股東、第六條之信託事業、股務代理機構或其負責人，有下列情事之一者，不得擔任徵求人：

一、曾犯組織犯罪防制條例規定之罪，經有罪判決確定，服刑期滿尚未逾五年。

二、因徵求委託書違反刑法偽造文書有關規定，經有罪判決確定，服刑期滿尚未逾三年。

三、曾犯詐欺、背信、侵占罪，經受有期徒刑六個月以上宣告，服刑期滿尚未逾三年。

四、違反證券交易法、期貨交易法、銀行法、信託業法、金融控股公司法及其他金融管理法，經受有期徒刑六個月以上宣告，服刑期滿尚未逾三年。

五、違反本規則徵求委託書其代理之表決權不予計算，經判決確定尚未逾二年。

第6條

繼續一年以上持有公司已發行股份符合下列條件之一者，得委託信託事業或股務代理機構擔任徵求人，其代理股數不受第二十條之限制：

一、金融控股公司、銀行法所規範之銀行及保險法所規範之保險公司召開股東會，股東應持有公司已發行股份總數百分之十以上，但股東會有選舉董事或監察人議案者，股東應持有公司已發行股份總數百分之十二以上。

二、前款以外之公司召開股東會，股東應持有公司已發行股份符合下列條件之一：

　㈠持有公司已發行股份總數百分之十以上。

　㈡持有公司已發行股份總數百分之八以上，且於股東會有選任董事或監察人議案時，其所擬支持之被選舉人之一符合獨立董事資格。

三、對股東會議案有相同意見之股東，其合併計算之股數符合前二款規定應持有之股數，得為共同委託。

信託事業或股務代理機構依前項規定受股東委託擔任徵求人，其徵得委託書於分配選舉權數時，股東擬支持之獨立董事被選舉人之選舉權數，應大於各非獨立董事被選舉人之選舉權數。

信託事業或股務代理機構，具有下列情事之一者，於股東會有選舉董事或監察人議案時，不得接受第一項股東之委託擔任徵求人或接受徵求人之委託辦理代為處理徵求事務：

一、本身係召開股東會之公開發行公司之股務代理機構。

二、本身係召開股東會之金融控股公司之子公司。

前項第二款所稱之子公司，指依金融控股公司法第四條所規定之子公司。

第一項股東或其負責人具有前條第二項所定情事者，不得委託信託事業或股務代理機構擔任徵求人。

股東委託信託事業或股務代理機構擔任徵求人後，於該次股東會不得再有徵求行為或接受徵求人之委託辦理代為處理徵求事務。

股東會有選任董事或監察人議案時，第一項委託徵求之股東，其中至少一人應為董事或監察人之被選舉人。但擬支持之被選舉人符合獨立董事資格者，不在此限。

第6條之1

下列公司不得依第五條第一項規定擔任徵求人或依前條第一項規定委託信託事業、股務代理機構擔任徵求人：

一、金融控股公司召開股東會，其依金融控股公司法第四條所規定之子公司。

二、公司召開股東會，其依公司法第一百七十九條第二項所規定無表決權之公司。

第7條

徵求人應於股東常會開會三十八日前或股東臨時會開會二十三日前，檢附出席股東會委託書徵求資料表、持股證明文件、代為處理徵求事務者資格報經行政院金融監督管理委員會（以

下簡稱本會）備查之文件、擬刊登之書面及廣告內容定稿送達公司及副知財團法人中華民國證券暨期貨市場發展基金會（以下簡稱證基會）。公司應於股東常會開會三十日前或股東臨時會開會十五日前，製作徵求人徵求資料彙總表冊，以電子檔案傳送至證基會予以揭露或連續於日報公告二日。

公司於前項徵求人檢送徵求資料期間屆滿當日起至寄發股東會召集通知前，如有變更股東會議案情事，應即通知徵求人及副知證基會，並將徵求人依變更之議案所更正之徵求資料製作電子檔案傳送至證基會予以揭露。

股東會有選舉董事或監察人議案者，公司除依前二項規定辦理外，應彙總徵求人名單與徵求委託書之書面及廣告中擬支持董事被選舉人之經營理念內容，於寄發或以電子文件傳送股東會召集通知時，同時附送股東。

第一項及第二項徵求人徵求資料彙總表冊，公司以電子檔案傳送至證基會者，應於股東會召集通知上載明傳送之日期、證基會之網址及上網查詢基本操作說明；以日報公告者，應於股東會召集通知上載明公告之日期及報紙名稱。

徵求人或受其委託代為處理徵求事務者，不得委託公司代為寄發徵求信函或徵求資料予股東。

徵求人非於第一項規定期限內將委託書徵求書面資料送達公司者，不得為徵求行為。

第 7 條之 1

除證券商或符合公開發行股票公司股務處理準則第三條第二項規定之公司外，代為處理徵求事務者應符合下列資格條件：

一、實收資本額達新臺幣一千萬元以上之股份有限公司。

二、辦理徵求事務之人員，含正副主管至少應有五人，並應具備下列資格之一：

　　㈠股務作業實務經驗三年以上。

　　㈡證券商高級業務員或業務員。

　　㈢本會指定機構舉辦之股務作業測驗合格。

三、公司之內部控制制度應包括徵求作業程序，並訂定查核項目。

代為處理徵求事務者應檢具前項相關資格證明文件送交本會指定之機構審核後，轉報本會備查，始得辦理代為處理徵求事務。

本會或本會指定之機構得隨時檢查代為處理徵求事務者之資格條件，代為處理徵求事務者不得拒絕，拒絕檢查者，視同資格不符，且於三年內不得辦理徵求事務；經檢查有資格條件不符情事時，經本會或本會指定之機構限期補正，屆期仍未補正者，於未補正前不得辦理徵求事務。

代為處理徵求事務者於第一項資格條件之實收資本額、人員異動及內部控制制度之徵求作業程序修正時，應於異動或修正後五日內向本會指定之機構申報。

代為處理徵求事務者之內部控制制度應由專責人員定期或不定期實施內部稽核，並作成書面

紀錄，備供本會或本會指定之機構查核。

未依前二項規定辦理，經本會或本會指定之機構限期補正，屆期仍未補正者，於未補正前不得辦理徵求事務。

第 8 條

徵求委託書之書面及廣告，應載明下列事項：

一、對於當次股東會各項議案，逐項為贊成與否之明確表示；與決議案有自身利害關係時並應加以說明。

二、對於當次股東會各項議案持有相反意見時，應對該公司有關資料記載內容，提出反對之理由。

三、關於董事或監察人選任議案之記載事項：

㈠說明徵求委託書之目的。

㈡擬支持之被選舉人名稱、股東戶號、持有該公司股份之種類與數量、目前擔任職位、學歷、最近三年內之主要經歷、董事被選舉人經營理念、與公司之業務往來內容。如係法人，應比照填列負責人之資料及所擬指派代表人之簡歷。

㈢徵求人應列明與擬支持之被選舉人之間有無本法施行細則第二條所定利用他人名義持有股票之情形。

㈣第五條徵求人及第六條第一項之委任股東，其自有持股是否支持徵求委託書書面及廣告內容記載之被選舉人。

四、徵求人姓名、身分證字號、住址、股東戶號、持有該公司股份之種類與數量、持有該公司股份之設質與以信用交易融資買進情形、徵求場所、電話及委託書交付方式。如為法人，應同時載明營利事業登記證號碼及其負責人姓名、身分證字號、住址、持有公司股份之種類與數量、持有公司股份之設質與以信用交易融資買進情形。

五、徵求人所委託代為處理徵求事務者之名稱、地址、電話。

六、徵求取得委託書後，應依股東委託出席股東會，如有違反致委託之股東受有損害者，依民法委任有關規定負損害賠償之責。

七、其他依規定應揭露之事項。

徵求人或受其委託代為處理徵求事務者不得於徵求場所外徵求委託書，且應於徵求場所將前項書面及廣告內容為明確之揭示。

第一項第三款第二目之擬支持董事被選舉人經營理念以二百字為限，超過二百字或徵求人未依第一項規定於徵求委託書之書面及廣告載明應載事項者，公司對徵求人之徵求資料不予受理。

股東會有選舉董事或監察人議案者，徵求人其擬支持之董事或監察人被選舉人，不得超過公司該次股東會議案或章程所定董事或監察人應選任人數。

第 9 條

徵求人自行寄送或刊登之書面及廣告，應與依第七條第一項及第二項送達公司之資料內容相

同。

第 10 條

委託書應由委託人親自填具徵求人或受託代理人姓名。但信託事業或股務代理機構受委託擔任徵求人,及股務代理機構受委任擔任委託書之受託代理人者,得以蓋章方式代替之。

徵求人應於徵求委託書上簽名或蓋章,並不得轉讓他人使用。

第 11 條

出席股東會委託書之取得,除本規則另有規定者外,限制如下:

一、不得以給付金錢或其他利益為條件。但代為發放股東會紀念品或徵求人支付予代為處理徵求事務者之合理費用,不在此限。

二、不得利用他人名義為之。

三、不得將徵求之委託書作為非屬徵求之委託書出席股東會。

各公開發行公司每屆股東會如有紀念品,以一種為限,其數量如有不足時,得以價值相當者替代之;公司對於股東會紀念品之發放,應以公平原則辦理。

徵求人或受託代理人依第十二條及第十三條規定,檢附明細表送達公司或繳交一定保證金予公司後,得向公司請求交付股東會紀念品,再由其轉交委託人,公司不得拒絕。

前項股東會紀念品保證金之金額及收取方式,由公司基於公平原則訂定之。

第 12 條

徵求人應編製徵得之委託書明細表乙份,於股東會開會五日前,送達公司或其股務代理機構;公司或其股務代理機構應於股東會開會當日,將徵求人徵得之股數彙總編造統計表,以電子檔案傳送至證基會,並於股東會開會場所為明確之揭示。

第 13 條

非屬徵求委託書之受託代理人除有第十四條情形外,所受委託之人數不得超過三十人。其受三人以上股東委託者,應於股東會開會五日前檢附聲明書及委託書明細表乙份,並於委託書上簽名或蓋章送達公司或其股務代理機構。

前項聲明書應載明其受託代理之委託書非為自己或他人徵求而取得。

公開發行公司或其股務代理機構應於股東會開會當日,將第一項受託代理人代理之股數彙總編造統計表,以電子檔案傳送至證基會,並於股東會開會場所為明確之揭示。

第 13 條之 1

公司召開股東會有選舉董事或監察人議案者,委託書於股東會開會前應經公司之股務代理機構或其他股務代理機構予以統計驗證。但公司自辦股務者,得由公司自行辦理統計驗證事務。

公司應將統計驗證機構載明於股東會召集通知,變更時,公司應即於公開資訊觀測站公告。

前項所稱驗證之內容如下:

一、委託書是否為該公司印製。

二、委託人是否簽名或蓋章。

三、是否填具徵求人或受託代理人之姓名，且其姓名是否正確。

辦理第一項統計驗證事務應依法令及內部控制制度有關委託書統計驗證作業規定為之；前揭作業規定，應依本會或本會指定之機構訂定之股務單位內部控制制度標準規範有關委託書統計驗證作業相關規定訂定之。

本會或本會指定之機構得隨時檢查委託書統計驗證作業；公司或辦理統計驗證事務者，不得拒絕。

自辦股務公司或股務代理機構違反第三項規定，經本會命令糾正或處罰者，不得再自行或為該違規情事所涉公司辦理股務事務。

第 14 條

股務代理機構亦得經由公開發行公司之委任擔任該公開發行公司股東之受託代理人；其所代理之股數，不受已發行股份總數百分之三之限制。

公開發行公司依前項規定委任股務代理機構擔任股東之受託代理人，以該次股東會並無選舉董事或監察人之議案者為限；其有關委任事項，應於該次股東會委託書使用須知載明。

股務代理機構受委任擔任委託書之受託代理人者，不得接受股東全權委託；並應於各該公開發行公司股東會開會完畢五日內，將委託出席股東會之委託明細、代為行使表決權之情形，契約書副本及其他本會所規定之事項，製作受託代理出席股東會彙整報告備置於股務代理機構。

股務代理機構辦理第一項業務應維持公正超然立場。

第 14 條之 1　（刪除）

第 15 條

本會或本會指定之機構得隨時要求徵求人、代為處理徵求事務者、受託代理人或其關係人提出取得之出席股東會委託書及其他有關文件資料，或派員檢查委託書之取得情形，徵求人、代為處理徵求事務者、受託代理人或其關係人不得拒絕或規避。

第 16 條

公開發行公司印發之委託書用紙、議事手冊或其他會議補充資料、徵求人徵求委託書之書面及廣告、第十二條及第十三條之委託明細表、前條之出席股東會委託書及文件資料，不得對應記載之主要內容有虛偽或欠缺之情事。

前項文件不得以已檢送並備置於證基會而為免責之主張。

第 17 條　（刪除）

第 18 條

委託書之委任人得於股東會後七日內，向公開發行公司或其股務代理機構查閱該委託書之使用情形。

第 19 條

公開發行公司對於徵求委託書之徵求人所發給之出席證、出席簽到卡或其他出席證件，應以顯著方式予以區別。

前項出席證、出席簽到卡或其他出席證件，不得轉讓他人使用，持有者並應於出席股東會時攜帶身分證明文件，以備核對。

第 20 條

徵求人除本規則另有規定外，其代理之股數不得超過公司已發行股份總數之百分之三。

第 21 條

第十三條第一項受三人以上股東委託之受託代理人，其代理之股數除不得超過其本身持有股數之四倍外，亦不得超過公司已發行股份總數之百分之三。

前項受託代理人有徵求委託書之行為者，其累計代理股數，不得超過第二十條規定之股數。

第 22 條

使用委託書有下列情事之一者，其代理之表決權不予計算：

一、其委託書用紙非為公司印發。

二、因徵求而送達公司之委託書為轉讓而取得。

三、違反第五條、第六條或第七條之一第一項規定。

四、違反第八條第二項規定於徵求場所外徵求委託書或第四項規定。

五、違反第十一條第一項規定取得委託書。

六、依第十三條出具之聲明書有虛偽情事。

七、違反第十條第一項、第十三條第一項、第十四條、第十六條第一項或第十九條第二項規定。

八、徵求人或受託代理人代理股數超過第二十條或第二十一條所定限額，其超過部分。

九、徵求人之投票行為與徵求委託書之書面及廣告記載內容或與委託人之委託內容不相符合。

十、其他違反本規則規定徵求委託書。

有前項各款情事之一者，公開發行公司得拒絕發給當次股東會各項議案之表決票。

有第一項表決權不予計算情事者，公開發行公司應重為計算。

委託書及依本規則製作之文件、表冊、媒體資料，其保存期限至少為一年。但經股東依公司法第一百八十九條規定提起訴訟者，應保存至訴訟終結為止。

第 23 條

出席證、出席簽到卡或其他出席證件，不得為徵求之標的。

第 23 條之 1

本規則規定有關書表格式，由本會公告之。

第 24 條

本規則自發布日施行。但中華民國九十四年十二月十五日修正發布之第七條之一修正條文自九十五年一月一日施行；中華民國九十五年十二月二十日修正發布之第五條及第六條修正條文，自九十七年一月一日施行。

公開收購公開發行公司有價證券管理辦法　（民國 94 年 6 月 22 日修正）

第一章　總則

第 1 條

本辦法依證券交易法（以下簡稱本法）第四十三條之一第四項規定訂定之。

第 2 條

本辦法所稱公開收購，係指不經由有價證券集中交易市場或證券商營業處所，對非特定人以公告、廣告、廣播、電傳資訊、信函、電話、發表會、說明會或其他方式為公開要約而購買有價證券之行為。

本法第四十三條之一第二項規定公開收購有價證券之範圍係指收購已依本法辦理或補辦公開發行程序公司之股票、新股認購權利證書、認股權憑證、附認股權特別股、轉換公司債、附認股權公司債、存託憑證及其他經行政院金融監督管理委員會（以下簡稱本會）核定之有價證券。

第 3 條

本法第四十三條之一第二項、第四項、第四十三條之三第一項、第四十三條之五第四項、第一百七十四條第一項第四款、第一百七十八條第一項第二款及本辦法所稱關係人，指下列情形之一：

　　一、公開收購人為自然人者，指其配偶及未成年子女。

　　二、公開收購人為公司者，指符合公司法第六章之一所定之關係企業者。

前項關係人持有之有價證券，包括利用他人名義持有者。

第 4 條

本辦法所稱應賣人係指擬讓售其持有被收購公開發行公司有價證券之人。

第 5 條

本辦法所稱證券相關機構如下：

　　一、證券商業同業公會。

　　二、證券暨期貨市場發展基金會。

　　三、證券交易所或證券櫃檯買賣中心。

　　四、證券集中保管事業。

　　五、其他經本會指定之機構。

第 6 條

公開收購人申報與公告非屬同一日者，本法第四十三條之三第一項期間之起算以先行申報或

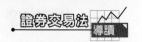

公告之日為準。

第二章　公開收購之申報及公告

第 7 條

公開收購公開發行公司有價證券者，除有本法第四十三條之一第二項第一款至第三款情形外，應向本會申報並公告後始得為之。

對同一公開發行公司發行之有價證券競爭公開收購者，應於原公開收購期間屆滿之日五個營業日以前向本會辦理公開收購之申報並公告。

第 8 條

公開收購之對價除現金外，應以下列範圍為限：

一、已在證券交易所上市或於證券商營業處所買賣之國內有價證券；外國有價證券之範圍由本會另定之。

二、公開收購人為公開發行公司者，其募集發行之股票或公司債；公開收購人為外國公司者，其募集發行之股票或公司債之範圍由本會另定之。

三、前款公開收購人之其他財產。

第 9 條

公開收購人除依本法第二十八條之二規定買回其股份者外，應依第七條規定，於公開收購開始日前檢具公開收購申報書及下列書件向本會申報：

一、公開收購說明書。

二、公開收購人依第十五條規定與受委任機構簽定之委任契約書。

三、公開收購人在中華民國境內無住所或營業處所者，指定訴訟及非訟事件代理人之授權書。

四、其他本會規定之文件。

公開收購如須經本會或其他主管機關核准或申報生效者，申報書件須經律師審核並出具具有合法性之法律意見。

公開收購人應將第一項公開收購申報書副本及相關書件，於公開收購申報日同時送達被收購有價證券之公開發行公司。

公開收購人應於公開收購開始日前公告公開收購申報書、第二項之事項及查詢公開收購說明書等相關資訊之網址。

前項所稱之網址，公開收購人為公開發行公司者，係指依第二十六條第二項規定之公開資訊觀測站資訊系統；公開收購人非屬公開發行公司者，係指受委任機構之網址。

第 10 條

公開收購人依本法第二十八條之二規定買回其股份者，應於公開收購開始日前檢具公開收購申報書及下列書件公告並向本會申報：

一、前條第一項第二款之書件。

二、董事會決議買回股份之會議紀錄。

三、董事會出具已考慮公司財務狀況，不影響公司資本維持之聲明書。

四、董事會決議前最近期依法公開經會計師查核或核閱之財務報告。

五、會計師或證券承銷商對買回股份價格之合理性評估意見。

六、依上市上櫃公司買回本公司股份辦法第十條轉讓股份予員工辦法或第十一條股權轉換或認股辦法。

七、對公司未分配盈餘之影響。

八、其他本會規定之文件。

第 11 條

任何人單獨或與他人共同預定於五十日內取得公開發行公司已發行股份總額百分之二十以上股份者，應採公開收購方式為之。

符合下列條件者，不適用前項應採公開收購之規定：

一、與第三條關係人間進行股份轉讓。

二、依臺灣證券交易所股份有限公司受託辦理上市證券拍賣辦法取得股份。

三、依臺灣證券交易所股份有限公司辦理上市證券標購辦法或依財團法人中華民國證券櫃檯買賣中心辦理上櫃證券標購辦法取得股份。

四、依本法第二十二條之二第一項第三款規定取得股份。

五、依公司法第一百五十六條第六項或企業併購法實施股份交換，以發行新股作為受讓其他公開發行公司股份之對價。

六、其他符合本會規定。

第 12 條

前條所稱與他人共同預定取得公開發行公司已發行股份，係指預定取得人間因共同之目的，以契約、協議或其他方式之合意，取得公開發行公司已發行股份。

第 13 條

公開收購決定之日起至申報及公告日前，因職務或其他事由知悉與該次公開收購相關之消息者，均應謹守秘密。

第三章　公開收購程序之進行

第 14 條

被收購有價證券之公開發行公司於接獲公開收購人依第九條第三項或本法第四十三條之五第二項規定申報及公告之公開收購申報書副本及相關書件後七日內，應就下列事項公告、作成書面申報本會備查及抄送證券相關機構：

一、現任董事、監察人及持有本公司已發行股份超過百分之十之股東目前持有之股份種

類、數量。

二、就本次收購對其公司股東之建議，並應載明任何持反對意見之董事姓名及其所持理由。

三、公司財務狀況於最近期財務報告提出後有無重大變化及其變化內容。

四、現任董事、監察人或持股超過百分之十之大股東持有公開收購人或其符合公司法第六章之一所定關係企業之股份種類、數量及其金額。

五、其他相關重大訊息。

前項第一款及第四款之人持有之股票，包括其配偶、未成年子女及利用他人名義持有者。

第 15 條

公開收購人應委任下列機構負責接受應賣人有價證券之交存、公開收購說明書之交付及公開收購款券之收付等事宜：

一、證券商。

二、銀行。

三、其他經本會核准之機構。

受委任機構接受應賣人有價證券之交存時，應開具該有價證券種類、數量之憑證與應賣人。受委任機構接受應賣人透過證券商以帳簿劃撥方式交存有價證券者，應依證券集中保管事業相關規定辦理。

第 16 條

公開收購人除依本法第二十八條之二規定買回本公司股份者外，應於公開收購期間開始日前，將公開收購說明書送達其受委任機構及證券相關機構；並應於應賣人請求時或應賣人向前條受委任機構交存有價證券時，交付應賣人公開收購說明書。

前項受委任機構應代理公開收購人交付公開收購說明書。

第 17 條

公開收購人為本法第四十三條之二第一項以外之條件變更前，應向本會申報並公告，且通知各應賣人、受委任機構及被收購有價證券之公開發行公司。

第 18 條

公開收購之期間不得少於十日，多於五十日。有第七條第二項之情事或有其他正當理由者，原公開收購人得向本會申報並公告延長收購期間。但延長期間合計不得超過三十日。

第 19 條

公開收購人於本次公開收購之條件成就後，應即公告並申報，並副知受委任機構。

前項公開收購之條件成就應以收購期間屆滿前達公開收購人所定之最低收購數量為標準。

應賣人向受委任機構申請撤銷應賣時，除依第十五條第三項規定辦理外，應以書面為之。但應賣人於公開收購人依第一項規定公告後，除法律另有規定外，不得撤銷其應賣。

第 20 條

公開收購人依本法第二十八條之二規定買回其股份者,其依公司法第三百六十九條之一規定之關係企業或董事、監察人、經理人之本人及其配偶、未成年子女或利用他人名義所持有之股份,於公開收購人買回本公司股份之期間內不得應賣。

政府持有股份超過已發行股份總數百分之五十之公營事業,經事業主管機關報請行政院核准依本法第二十八條之二第一項第三款買回其股份者,得不受前項之限制。

前項公開收購之價格不得高於公告公開收購當日有價證券收盤價或最近期財務報告之每股淨值二者中較高者;且公開收購期間不得變更公開收購價格及預定公開收購有價證券數量。

第 21 條

公開收購依本法第四十三條之五第一項規定經本會核准停止公開收購者,應於本會停止收購核准函到達之日起二日內公告並通知各應賣人、受委任機構、被收購有價證券之公開發行公司。

第 22 條

公開收購人應於第十八條所定之公開收購期間屆滿之日起二日內,向本會申報並公告下列事項:

一、公開收購人之姓名或名稱及住所或所在地。

二、被收購有價證券之公開發行公司名稱。

三、被收購有價證券之種類。

四、公開收購期間。

五、以應賣有價證券之數量達到預定收購數量為收購條件者,其條件是否達成。

六、應賣有價證券之數量、實際成交數量。

七、支付收購對價之時間、方法及地點。

八、成交之有價證券之交割時間、方法及地點。

公開收購人應於依前項規定公告之當日,分別通知應賣人有關應賣事項。

第 23 條

應賣有價證券之數量超過預定收購數量時,公開收購人應依同一比例向所有應賣人購買,並將已交存但未成交之有價證券退還原應賣人。

公開收購上市或上櫃公司股票者,應按各應賣人委託申報數量之比例分配至壹仟股為止。如尚有餘量,公開收購人應按隨機排列方式依次購買。

第 24 條

本法第四十三條之五第三項所稱正當理由,係指左列情形之一:

一、有第七條第二項之情事。

二、經被收購有價證券公開發行公司董事會決議同意且有證明文件。但被收購有價證券公開發行公司之全體董事不符本法第二十六條規定者不適用之。

三、有其他正當理由者。

第四章　附則

第 25 條

依本辦法提出之申報或申請文件，應依本會規定之格式製作並裝訂成冊，其補正時亦同。

第 26 條

非公開發行公司依本辦法辦理公告時，應登載於報紙並檢具公告報紙送本會備查，並抄送證券相關機構。

公開發行公司依本辦法辦理公告時，應登載於公開資訊觀測站資訊系統，不適用前項規定。

第 27 條

公開收購人單獨或與他人共同取得公開發行公司已發行股份總額超過百分之十之股份者，該次公開收購所取得之股份，免依本法第四十三條之一第一項規定辦理取得之申報。

第 28 條

本辦法自發布日施行。

發行人募集與發行有價證券處理準則　（民國 97 年 7 月 30 日修正）

第一章　總則

第 1 條

本準則依證券交易法（以下簡稱本法）第二十二條第四項規定訂定之。

第 2 條

有價證券之募集與發行，除法令另有規定外，適用本準則規定。

第 3 條

行政院金融監督管理委員會（以下簡稱本會）審核有價證券之募集與發行、公開招募、補辦公開發行、無償配發新股與減少資本採申報生效制。

本準則所稱申報生效，指發行人依規定檢齊相關書件向本會提出申報，除因申報書件應行記載事項不充分、為保護公益有必要補正說明或經本會退回者外，其案件自本會及本會指定之機構收到申報書件即日起屆滿一定營業日即可生效。

第一項案件之申報生效，不得藉以作為證實申報事項或保證證券價值之宣傳。

第二項所稱營業日，指證券市場交易日。

本準則所稱上櫃公司，指股票已依財團法人中華民國證券櫃檯買賣中心證券商營業處所買賣有價證券審查準則第三條或第三條之一規定核准在證券商營業處所買賣者。

第 4 條

發行人有下列情形之一，不得募集與發行有價證券：

一、有公司法第一百三十五條第一項所列情形之一者，不得公開招募股份。

二、違反公司法第二百四十七條第二項規定或有公司法第二百四十九條所列情形之一者，不得發行無擔保公司債。但符合本法第二十八條之四規定者，不受公司法第二百四十七條規定之限制。

三、違反公司法第二百四十七條第一項規定或有公司法第二百五十條所列情形之一者，不得發行公司債。但符合本法第二十八條之四規定者，不受公司法第二百四十七條規定之限制。

四、有公司法第二百六十九條所列情形之一者，不得公開發行具有優先權利之特別股。

五、有公司法第二百七十條所列情形之一者，不得公開發行新股。

第 5 條

發行人申報募集與發行有價證券，自所檢附最近期財務報告資產負債表日至申報生效前，發生本法第三十六條第二項第二款規定對股東權益或證券價格有重大影響之事項，除依規定於

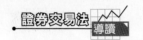

事實發生日起二日內公告並向本會申報外，應視事項性質檢附相關專家意見，洽請簽證會計師表示其對財務報告之影響提報本會。

發行人自本會及本會指定之機構收到申報書件即日起至申報生效前，除依法令發布之資訊外，不得對特定人或不特定人說明或發布財務業務之預測性資訊。

發行人對外發布任何與申報書件不符之資訊，應修正相關資料提報本會。

第 6 條

發行人申報募集與發行有價證券，應檢具公開說明書。

發行人申報募集與發行有價證券，有下列情形之一，應分別委請主辦證券承銷商評估、律師審核相關法律事項，並依規定分別提出評估報告及法律意見書：

一、股票已在證券交易所上市（以下簡稱上市）或上櫃公司辦理現金發行新股、合併發行新股、受讓他公司股份發行新股、依法律規定進行收購或分割發行新股者。

二、股票依財團法人中華民國證券櫃檯買賣中心證券商營業處所買賣興櫃股票審查準則第五條規定核准在證券商營業處所買賣之公司（以下簡稱興櫃股票公司），經證券交易所或財團法人中華民國證券櫃檯買賣中心向本會申報其股票上市或上櫃契約後，辦理現金發行新股並委託證券承銷商或推薦證券商辦理初次上市、上櫃前公開銷售者。

三、興櫃股票公司、股票未在證券交易所上市（以下簡稱未上市）或未在證券商營業處所買賣之公司辦理現金發行新股，依第十八條規定提撥發行新股總額之一定比率對外公開發行者。

四、募集設立者。

五、發行公司債有委託證券承銷商對外公開承銷者。

發行人發行普通公司債者，得免出具證券承銷商評估報告及律師法律意見書。

證券商取具最近一年內經本會核准或認可之信用評等機構所出具之評等報告者，得免委請主辦證券承銷商評估。

第二項及前項規定之法律意見書及評估報告總結意見或評等報告，應刊載於公開說明書中。

第 7 條

發行人申報募集與發行有價證券，有下列情形之一，本會得退回其案件：

一、簽證會計師出具無法表示意見或否定意見之查核報告者。

二、簽證會計師出具保留意見之查核報告，其保留意見影響財務報告之允當表達者。

三、發行人填報、簽證會計師複核或主辦證券承銷商出具之案件檢查表，顯示有違反法令或公司章程，致影響有價證券之募集與發行者。

四、律師出具之法律意見書，表示有違反法令，致影響有價證券之募集與發行者。

五、證券承銷商出具之評估報告，未明確表示本次募集與發行有價證券計畫之可行性、必要性及合理性者。

六、經本會退回、不予核准、撤銷、廢止或自行撤回其依本準則申報（請）案件，發行人

454

自接獲本會通知即日起三個月內辦理前條第二項規定之案件者。但本次辦理合併發行新股、受讓他公司股份發行新股、依法律規定進行收購或分割發行新股者，不在此限。

七、申報現金增資或發行公司債案件，有下列情事之一者：

　　㈠本次募集資金運用計畫用於直接或間接赴大陸地區投資金額超過本次募集總金額之百分之六十者。但經經濟部工業局核發符合營運總部營運範圍證明文件之公司或跨國企業在臺子公司，不在此限。

　　㈡直接或間接赴大陸地區投資金額違反經濟部投資審議委員會規定。但其資金用途係用於國內購置固定資產並承諾不再增加對大陸地區投資，不在此限。

八、違反或不履行申請股票上市或在證券商營業處所買賣時之承諾事項，情節重大者。

九、經本會發現有違反法令，情節重大者。

第 8 條

發行人辦理第六條第二項規定之案件，經發現有下列情形之一，本會得退回其案件：

一、申報年度及前二年度公司董事變動達二分之一，且其股東取得股份有違反本法第四十三條之一規定。但於申報日前已完成補正者，不在此限。

二、上市或上櫃公司有本法第一百五十六條第一項各款情事之一者。但依本法第一百三十九條第二項規定限制其上市買賣，不在此限。

三、本次募集與發行有價證券計畫不具可行性、必要性及合理性者。

四、前各次募集與發行及私募有價證券計畫之執行有下列情事之一，迄未改善者：

　　㈠無正當理由執行進度嚴重落後，且尚未完成。

　　㈡無正當理由計畫經重大變更。但計畫實際完成日距申報時已逾三年，不在此限。

　　㈢募集與發行有價證券計畫經重大變更，尚未提報股東會通過。

　　㈣最近一年內未確實依第九條第一項第四款至第九款及發行人募集與發行海外有價證券處理準則第十一條規定辦理。

　　㈤未確實依公開發行公司辦理私募有價證券應注意事項規定辦理資訊公開。

　　㈥未能產生合理效益且無正當理由。但計畫實際完成日距申報時已逾三年，不在此限。

五、本次募集與發行有價證券計畫之重要內容（如發行辦法、資金來源、計畫項目、預定進度及預計可能產生效益等）未經列成議案，依公司法及章程提董事會或股東會討論並決議通過者。

六、非因公司間或與行號間業務交易行為有融通資金之必要，將大量資金貸與他人，迄未改善，而辦理現金增資或發行公司債者。

七、有重大非常規交易，迄未改善者。

八、持有流動資產項下之金融資產、閒置資產或不動產投資而未有處分或積極開發計畫，達最近期經會計師查核簽證或核閱之財務報告股東權益之百分之四十或本次申報現金增資或發行公司債募集總金額之百分之六十，而辦理現金增資或發行公司債者。但

　　所募得資金用途係用於購買固定資產且有具體募資計畫佐證其募集資金之必要性，不在此限。

九、本次現金增資或發行公司債計畫之用途為轉投資以買賣有價證券為主要業務之公司或籌設證券商或證券服務事業者。

十、不依有關法令及一般公認會計原則編製財務報告，情節重大者。

十一、違反第五條第二項規定情事者。

十二、內部控制制度之設計或執行有重大缺失者。

十三、申報日前一個月，其股價變化異常者。

十四、公司全體董事或監察人持股有下列情形之一者：

　　㈠違反本法第二十六條規定，經本會通知補足持股尚未補足。

　　㈡加計本次申報發行股份後，未符本法第二十六條規定。但經全體董事或監察人承諾於募集完成時，補足持股，不在此限。

　　㈢申報年度及前一年度公司全體董事或監察人未依承諾補足持股。

十五、發行人或其現任董事長、總經理或實質負責人於最近三年內，因違反本法、公司法、銀行法、金融控股公司法、商業會計法等工商管理法律，或因犯貪污、瀆職、詐欺、背信、侵占等違反誠信之罪，經法院判決有期徒刑以上之罪者。

十六、因違反本法，經法院判決確定須負擔損害賠償義務，迄未依法履行者。

十七、為他人借款提供擔保，違反公開發行公司資金貸與及背書保證處理準則第五條規定，情節重大，迄未改善者。

十八、合併發行新股、受讓他公司股份發行新股、依法律規定進行收購或分割發行新股者，而有下列情形之一：

　　㈠違反本會公開發行公司取得或處分資產處理準則第二章第五節規定，情節重大。

　　㈡受讓或併購之股份非為他公司新發行之股份、所持有非流動之股權投資或他公司股東持有之已發行股份。

　　㈢受讓之股份或收購之營業或財產有限制買賣等權利受損或受限制之情事。

　　㈣違反公司法第一百六十七條第三項及第四項規定。

　　㈤被合併公司最近一年度之財務報告非經會計師出具無保留意見之查核報告。但經出具保留意見之查核報告，其資產負債表經出具無保留意見，不在此限。

十九、有第十三條第一項第二款第六目規定之情事，且公司董事、監察人及持有該公司已發行股份總數百分之十以上股份之股東未承諾將一定成數股份送交證券集中保管事業保管者。

二十、其他本會為保護公益認為有必要者。

前項第九款所稱以買賣有價證券為主要業務之公司，係指發行人直接投資之公司或發行人之子公司以權益法評價之再轉投資之公司，最近期財務報告帳列現金、約當現金、流動資產項

下之金融資產及持有發行人發行之有價證券占公司資產總額百分之五十以上，且買賣或持有前揭資產之收入或損益占公司收入或損益百分之五十以上者。

發行人辦理第六條第二項第二款規定之案件，及上櫃公司申請轉上市或上市公司申請轉上櫃為達股權分散標準之現金增資案件，承銷商評估報告已明確表示本次募集與發行有價證券計畫資金用途之可行性及預計產生效益之合理性者，得不適用前條第五款及本條第一項第三款有關計畫必要性之規定。

發行人若屬證券、期貨或金融事業，於計算第一項第八款之資產時，得免將流動資產項下之金融資產科目計入。發行人若屬保險事業、興櫃股票公司依第六條第二項第二款規定辦理現金增資發行新股及上櫃公司申請轉上市或上市公司申請轉上櫃為達股權分散標準辦理現金增資發行新股者，得不適用第一項第八款規定。

發行人為享有租稅優惠而辦理現金增資且募集資金不超過目的事業主管機關規定之限額或新臺幣一億元者，得不適用第一項第八款規定。

辦理合併發行新股、受讓他公司股份發行新股、依法律規定進行收購或分割發行新股者，得不適用第一項第一款、第四款關於前各次現金增資或公司債計畫執行部分、第十三款、第十五款及第十九款規定。

發行人發行普通公司債有委託證券承銷商對外公開承銷者，得不適用第一項第一款、第十三款及第十九款規定。

第9條

發行人募集與發行有價證券，經申報生效後，應依照下列規定辦理：

一、於申報生效通知到達之日起三十日內，依公司法第二百五十二條或第二百七十三條規定辦理。

二、除合併發行新股、受讓他公司股份發行新股、依法律規定進行收購或分割發行新股、發行普通公司債及發行員工認股權憑證者外，須委託金融機構代收價款，存儲於發行人所開立之專戶內，並應於價款開始收取前，與代收及專戶存儲價款行庫分別訂立委託代收價款合約書及委託存儲價款合約書，且於訂約之日起二日內，將訂約行庫名稱、訂約日期等相關資料輸入本會指定之資訊申報網站，其代收及專戶存儲價款不得由行庫之同一營業單位辦理。專戶存儲行庫應俟收足價款後，始可撥付發行人動支，發行人應於收足價款之日起二日內將收足價款之資訊輸入本會指定之資訊申報網站。

三、除本會另有規定期限外，於經濟部核准公司設立、發行新股變更登記核准函送達公司之日起三十日內，依公開發行公司發行股票及公司債券簽證規則辦理簽證，對認股人或應募人交付有價證券，並應於交付前公告之。但不印製實體有價證券者，免依公開發行公司發行股票及公司債券簽證規則辦理簽證。

四、公司債發行前應與證券集中保管事業簽訂合約書，同意提供發行資料及配合銷除前手辦理還本付息等作業。

五、辦理現金增資或發行公司債者，在其現金增資或發行公司債運用計畫完成前，應於年
　　報中揭露計畫執行進度；發行公司債者，應於資金募集完成後二日內及公司債發行期
　　間每月十日前，於本會指定之資訊申報網站輸入公司債發行相關資料。

六、應依本會規定於每季結束後十日內，將現金增資或發行公司債計畫及資金運用情形季
　　報表輸入本會指定之資訊申報網站。

七、上市或上櫃公司辦理現金增資或發行公司債者，應按季洽請原主辦承銷商或簽證會計
　　師對資金執行進度、未支用資金用途之合理性及是否涉及計畫變更出具評估意見，於
　　每季結束後十日內，併同前款資訊輸入本會指定之資訊申報網站。

八、上市或上櫃公司合併發行新股、受讓他公司股份發行新股、依法律規定進行收購或分
　　割發行新股者，應於完成登記後一年內於每季結束後十日內洽請原主辦承銷商就合
　　併、受讓他公司股份、收購或分割事項對發行人財務、業務及股東權益之影響出具評
　　估意見，並輸入本會指定之資訊申報網站。

九、現金增資或發行公司債計畫項目變更或個別項目金額調整，而致原個別項目所需資金
　　減少金額合計數或增加金額合計數，達所募集資金總額之百分之二十以上者，應辦理
　　計畫變更，於董事會決議通過之日起二日內辦理公告，並提報股東會追認；其以外幣
　　計價之公司債，所募資金應以外幣保留或全部以換匯或換匯換利交易方式兌換為新臺
　　幣使用，否則應報經中央銀行核准。上市或上櫃公司並應於變更時及嗣後每季結束後
　　十日內，洽請原主辦承銷商對資金執行進度及未支用資金用途之合理性出具評估意
　　見，併同第六款資訊輸入本會指定之資訊申報網站。

十、發行以外幣計價之公司債，其募集款項之收取、付息還本及有第十一條第四項規定情
　　形者，其價款之返還，應經由指定銀行以外匯存款帳戶劃撥轉帳方式辦理。

十一、發行以外幣計價之公司債，應於每月二十日及終了五日內，於本會指定之資訊申報
　　　網站分別輸入截至當月十五日止及前一個月底止之「以外幣計價公司債發行餘額變
　　　動表」(附表三十四)，並向中央銀行申報。

發行人總括申報發行公司債，於預定發行期間內，第一次發行公司債之申報事項如有變更，
應即向本會申請變更並公告。

第 10 條

發行人於辦理現金增資或發行公司債而製發股款或債款繳納憑證時，除不印製實體者外，應
於交付前先經簽證機構依公開發行公司發行股票及公司債券簽證規則辦理簽證。在公司登記
之主管機關核准變更登記前，得憑經申報生效辦理現金增資或發行公司債之文件及收足股款
或債款證明，作為辦理簽證之依據。

前項股款或債款繳納憑證之製作，除不印製實體者外，得以證券交易所或證券櫃檯買賣中心
規定之最低成交單位印製，亦得另製單位數空白之股款或債款繳納憑證，以利認股人或應募
人對畸零單位之股票或公司債券請求製發。

股款或債款繳納憑證，除不印製實體者外，須載明申報生效發行新股或公司債之日期、文號，亦得於申報生效前印製，俟申報生效後再以印戳加蓋申報生效之日期、文號。

上市、上櫃及興櫃股票公司發行股票或公司債應採帳簿劃撥交付，不印製實體方式為之。

有價證券之發行，不印製實體者，免依公開發行公司發行股票及公司債券簽證規則辦理簽證。

以帳簿劃撥方式交付有價證券者，於發行或註銷時，應依證券集中保管事業相關規定辦理。

第 11 條

發行人募集與發行有價證券，經發現有下列情形之一，本會得撤銷或廢止其申報生效或核准：

一、自申報生效或申請核准通知到達之日起，逾三個月尚未募足並收足現金款項者。

二、有公司法第二百五十一條第一項或第二百七十一條第一項規定情事者。

三、違反本法第二十條第一項規定情事者。

四、違反第五條規定情事者。

五、違反或不履行辦理募集與發行有價證券時所出具之承諾，情節重大者。

六、其他有違反本準則規定或本會於通知申報生效或申請核准時之限制或禁止規定者。

有價證券持有人對非特定人公開招募有價證券，經向本會申報生效後有前項第三款、第五款或第六款之情事者，本會亦得撤銷或廢止其申報生效。

發行人自申報生效或申請核准之日起至有價證券募集完成之日止，對外公開財務預測資訊或發布之資訊與申報（請）書件不符，且對證券價格或股東權益有重大影響時，本會得撤銷或廢止其申報生效或申請核准。

經撤銷或廢止申報生效或核准時，已收取有價證券價款者，發行人或持有人應於接獲本會撤銷或廢止通知之日起十日內，依法加算利息返還該價款，並負損害賠償責任。

第二章　發行股票

第 12 條

發行人辦理募集與發行股票應依案件性質分別檢具各項申報書（附表二至附表十二）（略），載明其應記載事項，連同應檢附書件，向本會申報生效後，始得為之。

發行人所提出之申報書件不完備、應記載事項不充分或有第五條規定之情事，於未經本會通知停止其申報生效前，自行完成補正者，自本會及本會指定之機構收到補正書件即日起屆滿第十三條規定之申報生效期間生效。

發行人申報現金發行新股，因變更發行價格，於申報生效前檢齊修正後相關資料，向本會及本會指定之機構申報者，仍依第十三條規定之申報生效期間生效，不適用前項規定。

第 13 條

發行人辦理下列各款案件，於本會及本會指定之機構收到發行新股申報書即日起屆滿二十個營業日生效：

一、募集設立者。

二、辦理第六條第二項第一款或第三款之案件，有下列各目情事之一者：

㈠前次因辦理第六條第二項各款規定之案件，曾經本會退回、不予核准、撤銷或廢止。但自申報生效或申請核准通知到達之日起，尚未募足並收足現金款項而經本會撤銷或廢止，不在此限。

㈡發行人申報年度及前一年度違反本法及相關法令規定受本會依本法第一百七十八條處分達二次以上。

㈢發行人最近二年度之營業利益或稅前純益連續虧損或最近期財務報告顯示每股淨值低於面額。

㈣發行人涉及非常規交易應提列特別盈餘公積，尚未解除。

㈤申報年度及前二年度發生公司法第一百八十五條情事或有以部分營業、研發成果移轉予他公司。但移轉項目之營業收入、資產及累計已投入研發費用均未達移轉時點前一年度財務報告營業收入、資產總額及同期間研發費用之百分之十，不在此限。

㈥申報年度及前二年度經營權發生重大變動且有下列情形之一：

1. 所檢送之財務報告顯示有增加主要產品(指該產品所產生之營業收入占該公司營業收入百分之二十以上)且來自該增加主要產品之營業收入合計或營業利益合計占各該年度同一項目達百分之五十以上。但主要產品營業收入前後二期相較增加未達百分之五十以上，該主要產品得不計入。

2. 所檢送之財務報告顯示取得在建或已完工之營建個案，且來自該營建個案之營業收入或營業利益達各該年度同一項目之百分之三十。

3. 所檢送之財務報告顯示受讓他公司部分營業、研發成果，且來自該部分營業、研發成果之營業收入或營業利益達各該年度同一項目之百分之三十。

發行人除依前項規定提出申報者外，於本會及本會指定之機構收到發行新股申報書即日起屆滿十二個營業日生效。但金融控股、銀行、票券金融、信用卡及保險等事業以外之發行人，辦理下列案件或於最近一年內取具經本會核准或認可之信用評等機構評等報告，申報生效期間縮短為七個營業日：

一、興櫃股票公司、未上市或未在證券商營業處所買賣之公司辦理現金增資發行新股免依規定提撥發行新股總額之一定比率對外公開發行者。

二、興櫃股票公司、未上市或未在證券商營業處所買賣之公司辦理合併發行新股、依法律規定進行收購或分割發行新股者。

三、興櫃股票公司依第六條第二項第二款規定辦理現金增資發行新股者。

四、上櫃公司申請轉上市或上市公司申請轉上櫃，經證券交易所或財團法人中華民國證券櫃檯買賣中心向本會申報其股票上市或上櫃契約後，辦理現金增資發行新股以符合股權分散標準者。

發行人受讓他公司股份發行新股者，於同日向本會提出申報，於本會及本會指定之機構收到

申報書即日起屆滿十二個營業日生效。

辦理合併發行新股、受讓他公司股份發行新股、依法律規定進行收購或分割發行新股者，不適用第一項第二款規定。

第 14 條

發行人發行附認股權特別股，其特別股及認股權不得分離。

發行附認股權特別股時，應於發行及認股辦法中訂定下列有關事項：

一、發行日期。

二、特別股種類及發行總額。

三、每股附認股權特別股給予之認股權單位數。

四、上市或上櫃公司附認股權特別股之上市或在證券商營業處所買賣。

五、認股條件（含認股價格、認股期間、認購股份之種類及每單位認股權可認購之股數等）之決定方式。

六、認股價格之調整。

七、請求認股之程序及股款繳納方式。股款繳納方式以現金或本次發行之特別股抵繳擇一為之。

八、認股後之權利義務。

九、履約方式，限以發行新股方式支應。

十、股款繳納憑證換發新股之次數、時點。

十一、取得所發行附認股權特別股之處理程序。

十二、其他重要約定事項。

興櫃股票公司、未上市或未在證券商營業處所買賣公司之認股價格不得低於最近期經會計師查核簽證或核閱之財務報告每股淨值，並應洽會計師對發行價格之合理性表示意見。

發行人發行附認股權特別股時，準用第四十二條第二項、第四十三條至第四十九條規定。

第 15 條

發行人申報發行股票，有下列情形之一，本會得停止其申報發生效力：

一、申報書件不完備或應記載事項不充分者。

二、有第五條規定之情事者。

三、本會為保護公益認為有必要者。

第 16 條

發行人於停止申報生效送達日起，得就停止申報生效之原因提出補正，申請解除停止申報生效，如未再經本會通知補正或退回案件，自本會及本會指定之機構收到補正書件即日起屆滿第十三條規定之申報生效期間生效。

發行人經本會依前條規定停止其申報生效後，自停止申報生效函送達即日起屆滿十二個營業日，未依前項規定申請解除停止申報生效，或雖提出解除申請而仍有原停止申報生效之原因

者，本會得退回其案件。

第 17 條

上市或上櫃公司辦理現金增資發行新股，且未經依本法第一百三十九條第二項規定限制其上市買賣，應提撥發行新股總額之百分之十，以時價對外公開發行，不受公司法第二百六十七條第三項關於原股東儘先分認規定之限制。但股東會另有較高比率之決議者，從其決議。

興櫃股票公司辦理現金發行新股為初次上市、上櫃公開銷售者，準用前項規定辦理。

上市或在證券商營業處所買賣之公司於現金發行新股時，除應依前二項規定提撥發行新股總額之比率對外公開發行者外，應依公司法第二百六十七條第三項規定辦理。

依第一項及第二項提撥以時價對外公開發行時，同次發行由公司員工承購或原有股東認購之價格，應與對外公開發行之價格相同。

第 18 條

興櫃股票公司、未上市或未在證券商營業處所買賣之公司，其持股一千股以上之記名股東人數未達三百人；或未達其目的事業主管機關規定之股權分散標準者，於現金發行新股時，除有下列情形之一外，應提撥發行新股總額之百分之十，對外公開發行，不受公司法第二百六十七條第三項關於原股東儘先分認規定之限制。但股東會另有較高比率之決議，從其決議：

一、首次辦理公開發行。

二、自設立登記後，未逾二年。

三、本公司個別財務報表及依財務會計準則公報第七號規定編製之合併財務報表之決算營業利益及稅前純益占實收資本額之比率均未達下列情形之一。但前述合併財務報表之獲利能力不予考量少數股權純益（損）對其之影響：

　　㈠最近年度達百分之四以上，且其最近一會計年度決算無累積虧損。

　　㈡最近二年度均達百分之二以上。

　　㈢最近二年度平均達百分之二以上，且最近一年度之獲利能力較前一年度為佳。

四、依百分之十之提撥比率或股東會決議之比率計算，對外公開發行之股數未達五十萬股。

五、發行附認股權特別股。

六、其他本會認為無須或不適宜對外公開發行。

屬國家重大經濟事業且經目的事業主管機關認定並出具一定證明者，得不受前項第一款至第三款之限制。

依第一項對外公開發行時，同次發行由公司員工承購或原有股東認購之價格，應與對外公開發行之價格相同，並應於公開說明書及認股書註明公司股票未在證券交易所上市或未於證券商營業處所上櫃買賣。

第 19 條

發行人辦理現金發行新股、合併發行新股、受讓他公司股份發行新股、依法律規定進行收購

發行新股或分割發行新股時，不受公司法第一百四十條關於股票發行價格不得低於票面金額規定之限制。

發行人申報以低於票面金額發行股票，應敘明未採用其他籌資方式之原因與其合理性、發行價格訂定方式及對股東權益之影響，並依公司法或證券相關法令規定提股東會或董事會決議通過。

發行人申報以低於票面金額發行股票，經本會申報生效後，應於公開說明書及認股書中以顯著字體載明公司折價發行新股之必要性與合理性、未採用其他籌資方式之原因及其合理性。

第三章　發行公司債

第一節　普通公司債

第 20 條

公開發行公司辦理發行公司債案件，應依下列規定，檢附經本會核准或認可之信用評等機構出具之信用評等報告：

一、發行無擔保公司債時，該發行標的之評等報告。

二、發行以資產為擔保品之有擔保公司債時，該發行標的之評等報告。

三、發行經金融機構保證之有擔保公司債，該發行標的之評等報告或該金融機構最近一年之評等報告。

公司債以外幣計價者，前項之信用評等報告應達本會規定一定等級以上，並應向財團法人中華民國證券櫃檯買賣中心申請登錄為櫃檯買賣。

第 21 條

公開發行公司發行公司債，應檢具發行公司債申報書（附表十三、十四）（略），載明其應記載事項，連同應檢附書件，向本會申報生效後，始得為之。

公開發行公司依前項規定提出申報，於本會及本會指定之機構收到發行公司債申報書即日起屆滿七個營業日生效。但金融控股、票券金融及信用卡等事業，申報生效期間為十二個營業日。

公開發行公司依第一項規定提出申報，準用第十二條第二項、第十五條及第十六條規定。

公開發行公司申報發行公司債，因變更發行條件或票面利率，於申報生效前檢齊修正後相關資料，向本會及本會指定之機構申報者，仍依前項規定之申報生效期間生效。

第 22 條

發行人同時符合下列各款條件，得檢具發行公司債總括申報書（附表十五）（略），載明其應記載事項，連同應檢附書件，向本會申報生效，並應於預定發行期間內發行完成：

一、股票已上市或在證券商營業處所買賣且合計屆滿三年者。但有下列情事之一，不在此限：

㈠發行人屬公營事業。

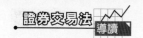

(二)發行人屬金融控股公司,且其符合金融控股公司法第四條第四款規定之銀行、保險或證券子公司已上市或在證券商營業處所買賣合計滿三年。

二、最近三年內均依本法第三十六條及其他法令規定,定期、不定期公開揭露財務業務資訊者。

三、最近三年內辦理募集與發行有價證券,未有經本會予以退回、不予核准、撤銷或廢止之情事者。但自申報生效或申請核准通知到達即日起,尚未募足並收足現金款項而經本會撤銷或廢止者,不在此限。

四、最近三年內經本會核准或申報生效之現金增資及發行公司債之計畫均按預計進度確實執行,且未有重大變更者。

五、最近一年內該公司或該公司債經本會核准或認可之信用評等機構評等達一定等級以上者。

六、所委任之會計師,最近三年內未有因辦理有價證券之募集與發行有關業務,經依法處以警告以上之處分者。

七、所委任之主辦承銷商,最近三年內未有因辦理有價證券之募集與發行有關業務,經依本法第六十六條第二款所為命令該公司解除其董事、監察人或經理人之職務以上之處分者。

發行人依前項規定提出申報,準用第十二條第二項、第十五條、第十六條及前條第二項及第四項規定。

第一項所稱預定發行期間,自申報生效日起不得超過二年,發行人並應於向本會申報時訂定之。

發行人於預定發行期間內發行公司債,應全數委託證券承銷商包銷。

第 23 條

發行人於前條預定發行期間內發行公司債,依公司法第二百五十二條公告,並收足款項後之次一營業日,應檢具發行公司債總括申報追補書(附表十六)(略),載明應記載事項,連同應檢附書件,報請本會備查。

發行人於前條預定發行期間內發行公司債,如有變更委任會計師或主辦承銷商之情事,其所委任會計師或主辦承銷商仍應分別符合前條第一項第六款或第七款規定。

發行人於前條預定發行期間內發行公司債,有違反第七條、第八條及前條第一項規定者,本會得撤銷其當次追補發行之公司債。

第 24 條

發行人總括申報發行公司債經申報生效後,有下列情形之一,即告終止:

一、有前條第三項情事者。

二、預定發行期間屆滿者。

三、預定之總括發行金額已足額發行者。

四、經本會為保護公益認有必要而撤銷該次總括申報者。

本次總括申報依規定終止前，發行人不得再申報發行普通公司債。

第 25 條

發行人申報募集與發行以持有其他公司股票作為擔保品之有擔保公司債案件，除法令另有規定者外，應符合下列規定：

一、擔保品應以持有滿一年以上之其他上市公司股票或依財團法人中華民國證券櫃檯買賣中心證券商營業處所買賣有價證券審查準則第三條規定在證券商營業處所買賣之公開發行公司股票為限，且該擔保品不得有設定質權、限制上市或上櫃買賣、變更交易方式或屬停止買賣等之任何限制。

二、申報時擔保品價值不得低於原定發行之公司債應負擔本息之百分之一百五十。

三、應將擔保品設定抵押權或質權予債權人之受託人，並於受託契約明訂，於公司債存續期間，由受託人每日以該擔保品之收盤價進行評價。擔保品發生跌價損失致擔保維持率低於原定發行之公司債應負擔本息之一定成數時，受託人應即通知發行人補足差額。發行人除應於收到受託人通知日起二個營業日內補足差額外，並應於受託契約中載明發行人未能於期限內補足差額之處置方法及受託人應負擔之責任。

第 26 條

公開發行公司得發行以其持有期限二年以上之其他上市或依財團法人中華民國證券櫃檯買賣中心證券商營業處所買賣有價證券審查準則第三條規定在證券商營業處所買賣之公司股票為償還標的之交換公司債。

公開發行公司發行交換公司債應檢具發行交換公司債申報書（附表十七）（略），載明其應記載事項，連同應檢附書件，向本會申報生效後，始得為之。

公開發行公司依前項規定提出申報，準用第十二條第二項、第十五條、第十六條、第二十一條第二項及第四項規定。但金融控股、銀行、票券金融及信用卡等事業，申報生效期間為十二個營業日。

發行交換公司債時，應於發行及交換辦法中訂定下列有關事項：

一、準用第二十九條第一項第一款至第八款、第十款、第十一款、第十三款及第十七款。

二、請求交換之程序及給付方式。

三、交換標的之保管方式。

前項所稱保管方式，除法令另有規定外，應委託證券集中保管事業辦理集中保管，且於保管期間，交換標的不得辦理質押亦不得領回。

交換公司債持有人請求交換者，應填具交換請求書，並檢同債券向發行人或其代理機構提出，於送達時生交換之效力；發行人或其代理機構於受理交換之請求後，應於次一營業日發給交換標的股票，惟交換後產生不足一千股之零股，得於五個營業日內完成交付。

交換公司債發行時，應全數委託證券承銷商辦理公開承銷，並準用第三十條、第三十二條第

一項、第三十五條及第三十七條規定。

第二節　轉換公司債

第 27 條

發行轉換公司債應檢具發行轉換公司債申報書（附表十八、附表十九）（略），載明其應記載事項，連同應檢附書件，向本會申報生效後，始得為之。

上市或上櫃公司有第十三條第一項第二款情事之一者，於本會及本會指定之機構收到發行轉換公司債申報書即日起屆滿二十個營業日生效。

上市或上櫃公司除依前項規定提出申報者外，於本會及本會指定之機構收到發行轉換公司債申報書即日起屆滿十二個營業日生效。但金融控股、銀行、票券金融及信用卡等事業以外，最近一年內發行人或所發行之公司債經本會核准或認可之信用評等機構評等者，申報生效期間縮短為七個營業日。

興櫃股票公司、未上市或未在證券商營業處所買賣之公司依第一項規定提出申報，應檢附經本會核准或認可之信用評等機構出具該發行標的之信用評等報告，於本會及本會指定之機構收到發行轉換公司債申報書即日起屆滿七個營業日生效。但金融控股、銀行、票券金融及信用卡等事業，申報生效期間為十二個營業日。

依第一項規定辦理者，準用第十二條第二項、第十五條、第十六條及第二十一條第四項規定。

第 28 條

發行以外幣計價之轉換公司債，應向財團法人中華民國證券櫃檯買賣中心申請登錄為櫃檯買賣。

第 29 條

發行轉換公司債時，應於發行及轉換辦法中訂定下列有關事項：

一、發行日期。

二、利率及付息方式。

三、付息日期。

四、公司債券種類、每張金額及發行總額。

五、擔保或保證情形。

六、受託人名稱及重要約定事項。

七、償還方法（如到期還本、到期前還本、收回或贖回條款之約定等）。

八、上市或上櫃公司轉換公司債之上市或在證券商營業處所買賣。

九、請求轉換之程序。

十、轉換條件（含轉換價格、轉換期間及轉換股份之種類等）之決定方式。

十一、轉換價格之調整。

十二、轉換年度有關利息、股利之歸屬。

十三、轉換時不足一股股份金額之處理。

十四、轉換後之權利義務。

十五、債券換股權利證書換發新股之次數、時點。

十六、為履行轉換義務，應以發行新股或交付已發行股份，擇一為之。但興櫃股票公司、未上市或未在證券商營業處所買賣之公司，限以發行新股方式履約。

十七、取得所發行轉換公司債之處理程序。

十八、其他重要約定事項。

有擔保轉換公司債案件以發行人持有其他公司股票作為擔保品者，準用第二十五條之規定。

第 30 條

轉換公司債面額限採新臺幣十萬元或為新臺幣十萬元之倍數，償還期限不得超過十年，且同次發行者，其償還期限應歸一律。

第 31 條

轉換公司債發行時，除上市或上櫃公司應全數委託證券承銷商包銷者外，不得對外公開承銷。

第 32 條

轉換公司債自發行日後屆滿一定期間起至到期日前十日止，除依法暫停過戶期間外，其持有人得依發行人所定之轉換辦法隨時請求轉換。

前項所稱一定期間，應由發行人於轉換辦法中訂定之。

第 33 條

轉換公司債轉換股份時，不受公司法第一百四十條關於股票發行價格不得低於票面金額規定之限制。

興櫃股票公司之轉換價格，不得低於定價日前一段時間普通股加權平均成交價格，且不得低於最近期經會計師查核簽證或核閱之財務報告每股淨值，並應洽推薦證券商對發行價格之合理性表示意見。

未上市或未在證券商營業處所買賣公司之轉換價格不得低於最近期經會計師查核簽證或核閱之財務報告每股淨值，並應洽會計師對發行價格之合理性表示意見。

第 34 條

轉換公司債持有人請求轉換者，除本會另有規定外，應填具轉換請求書，並檢同債券或登載債券之存摺，向發行人或其代理機構提出，於送達時生轉換之效力；發行人或其代理機構於受理轉換之請求後，其以已發行股票轉換者，應於次一營業日交付股票，其以發行新股轉換者，除應登載於股東名簿外，並應於五個營業日內發給新股或債券換股權利證書。

上市、上櫃或興櫃股票公司依前項所發給之股票或債券換股權利證書，自向股東交付之日起上市或在證券商營業處所買賣。

發行人依第一項以發行新股交付者，應於當季結束後十五日內公告前一季新增發行之股票數額。

依第一項發行新股者，公司法第一百六十二條第一項第二款規定發行新股變更登記之年、月、

日，得以本會通知生效之年、月、日代之；發行人並應於新股發行後，檢附原發行轉換公司債本會之同意函，每季至少向公司登記之主管機關申請資本額變更登記一次。

發行人依第一項發行債券換股權利證書者，應於每年營業年度結束日前，檢附原發行轉換公司債本會之同意函，向公司登記之主管機關申請資本額變更登記，並換發新股。

第 35 條

轉換公司債及依規定請求換發之債券換股權利證書或股票，除不印製實體者外，應一律為記名式。

第 36 條

依第三十四條規定換發之股票及債券換股權利證書於正式交付前，除不印製實體者外，應經簽證機構依公開發行公司發行股票及公司債券簽證規則辦理簽證。

第 37 條

發行轉換公司債時之轉換價格，發行人應於該轉換公司債銷售前公告之。

前項所稱轉換價格，係指轉換公司債轉換為每股股票所需轉換公司債之票面金額。

第三節　附認股權公司債

第 38 條

發行人發行附認股權公司債，其公司債券與認股權不得分離。

第 39 條

發行附認股權公司債應檢具發行附認股權公司債申報書（附表二十、附表二十一）（略），載明其應記載事項，連同應檢附書件，向本會申報生效後，始得為之。

上市或上櫃公司有第十三條第一項第二款情事之一者，於本會及本會指定之機構收到發行附認股權公司債申報書即日起屆滿二十個營業日生效。

上市或上櫃公司除依前項規定提出申報者外，於本會及本會指定之機構收到發行附認股權公司債申報書即日起屆滿十二個營業日生效。但金融控股、銀行、票券金融及信用卡等事業以外，最近一年內發行人或所發行之公司債經本會核准或認可之信用評等機構評等者，申報生效期間縮短為七個營業日。

興櫃股票公司、未上市或未在證券商營業處所買賣之公司依第一項規定提出申報，應檢附經本會核准或認可之信用評等機構出具該發行標的之信用評等報告，於本會及本會指定之機構收到發行附認股權公司債申報書即日起屆滿七個營業日生效。但金融控股、銀行、票券金融及信用卡等事業，申報生效期間為十二個營業日。

依第一項規定辦理者，準用第十二條第二項、第十五條、第十六條及第二十一條第四項規定。

第 40 條

發行以外幣計價之附認股權公司債，應向財團法人中華民國證券櫃檯買賣中心申請登錄為櫃檯買賣。

第 41 條

發行附認股權公司債時，應於發行及認股辦法中訂定下列有關事項：

一、發行日期。

二、利率及付息方式。

三、付息日期。

四、公司債券種類、每張金額及發行總額。

五、每張附認股權公司債給予之認股權單位數。

六、擔保或保證情形。

七、受託人名稱及重要約定事項。

八、償還方法（如到期還本、到期前還本、收回或贖回條款之約定等）。

九、上市或上櫃公司附認股權公司債之上市或在證券商營業處所買賣。

十、請求認股之程序及股款繳納方式。股款繳納方式以現金或本公司債抵繳擇一為之。

十一、認股條件（含認股價格、認股期間、認購股份之種類及每單位認股權可認購之股數
　　　等）之決定方式。

十二、認股價格之調整。

十三、認股年度有關利息、股利之歸屬。

十四、認股後之權利義務。

十五、履約方式，限以發行新股方式支應。

十六、股款繳納憑證換發新股之次數、時點。

十七、取得所發行附認股權公司債之處理程序。

十八、其他重要約定事項。

有擔保附認股權公司債案件以發行人持有其他公司股票作為擔保品者，準用第二十五條之規
定。

第 42 條

發行附認股權公司債時，其公司債之面額限採新臺幣十萬元或為新臺幣十萬元之倍數。

發行附認股權公司債時，因認股權行使而須發行新股之股份總數，按每股認股價格計算之認
購總價額，不得超過該公司債發行之總面額。

興櫃股票公司之認股價格，不得低於定價日前一段時間之普通股加權平均成交價格，且不得
低於最近期經會計師查核簽證或核閱之財務報告每股淨值，並應洽推薦證券商對發行價格之
合理性表示意見。

未上市或未在證券商營業處所買賣公司之認股價格不得低於最近期經會計師查核簽證或核
閱之財務報告每股淨值，並應洽會計師對發行價格之合理性表示意見。

第 43 條

附認股權公司債發行時，除上市或上櫃公司應全數委託證券承銷商包銷者外，不得對外公開
承銷。

第 44 條

發行附認股權公司債時之認股價格，發行人應於該附認股權公司債銷售前公告之。

第 45 條

附認股權公司債自發行日後屆滿一定期間起至到期日前十日止，除依法暫停過戶期間外，持有人得依發行人所定之發行及認股辦法請求認股。但其認股權之存續期間不得超過該公司債之償還期限。

前項所稱一定期間，應由發行人於發行及認股辦法中訂定之。

第 46 條

發行人履行認股權義務時，不受公司法第一百四十條關於股票發行價格不得低於票面金額規定之限制。

第 47 條

附認股權公司債持有人請求認股時，應填具認股請求書，向發行人或其代理機構提出；發行人或其代理機構於受理認股之請求並收足股款後，應登載於股東名簿，並於五個營業日內發給新股或股款繳納憑證。

上市、上櫃或興櫃股票公司依前項所發給之股票或股款繳納憑證，自向股東交付之日起上市或在證券商營業處所買賣。

發行人依第一項交付股票者，應於當季結束後十五日內公告前一季新增發行之股票數額。

依第一項發行新股者，公司法第一百六十二條第一項第二款規定發行新股變更登記之年、月、日，得以本會通知生效之年、月、日代之；發行人並應於新股發行後，檢附原本會核准發行之同意函，每季至少向公司登記之主管機關申請資本額變更登記一次。

發行人依第一項發行股款繳納憑證者，應於每年營業年度結束日前，檢附繳足股款證明及本會原核准發行附認股權公司債之同意函，向公司登記之主管機關申請資本額變更登記，並換發新股。

第 48 條

附認股權公司債及依規定請求換發之股款繳納憑證或股票，除不印製實體者外，應一律為記名式。

第 49 條

依第四十七條規定換發之股票及股款繳納憑證於正式交付前，除不印製實體者外，應經簽證機構依公開發行公司發行股票及公司債券簽證規則辦理簽證。

第四章　發行員工認股權憑證

第 50 條

發行人申報發行員工認股權憑證，如有下列情形之一，本會得退回其案件：

一、最近連續二年有虧損者。但依其事業性質，須有較長準備期間或具有健全之營業計畫，

確能改善營利能力者，不在此限。

二、資產不足抵償債務者。

三、重大喪失債信情事，尚未了結或了結後尚未逾三年者。

四、對已發行員工認股權憑證而有未履行發行及認股辦法約定事項之情事，迄未改善或經改善後尚未滿三年者。

五、其他本會為保護公益認為有必要者。

第 51 條

發行人申報發行員工認股權憑證，其每次發行得認購股份數額，不得超過已發行股份總數之百分之十，且加計前各次員工認股權憑證流通在外餘額，不得超過已發行股份總數之百分之十五。

發行人發行員工認股權憑證，給予單一認股權人之認股權數量，不得超過每次發行員工認股權憑證總數之百分之十，且單一認股權人每一會計年度得認購股數不得超過年度結束日已發行股份總數之百分之一。

第 52 條

員工認股權憑證不得轉讓。但因繼承者不在此限。

第 53 條

上市或上櫃公司申報發行員工認股權憑證，其認股價格不得低於發行日標的股票之收盤價。興櫃股票、未上市或未在證券商營業處所買賣之公司發行員工認股權憑證，其認股價格不得低於發行日最近期經會計師查核簽證之財務報告每股淨值。但發行日已為上市或上櫃公司者，應依前項規定辦理。

第 54 條

員工認股權憑證自發行日起屆滿二年後，持有人除依法暫停過戶期間外，得依發行人所定之認股辦法請求履約。

員工認股權憑證之存續期間不得超過十年。

第 55 條

發行人發行員工認股權憑證應檢具發行員工認股權憑證申報書（附表二十二）（略），載明其應記載事項，連同應檢附書件，向本會申報生效後，始得為之。

依前項規定提出申報，於本會及本會指定之機構收到發行員工認股權憑證申報書即日起屆滿七個營業日生效，並準用第十二條第二項、第十五條及第十六條規定。但金融控股、銀行、票券金融、信用卡及保險等事業，申報生效期間為十二個營業日。

第 56 條

發行人申報發行員工認股權憑證，應經董事會三分之二以上董事出席及出席董事超過二分之一之同意，並於發行及認股辦法中訂定下列有關事項：

一、發行期間。

二、認股權人資格條件。

三、員工認股權憑證之發行單位總數、每單位認股權憑證得認購之股數及因認股權行使而須發行之新股總數或依本法第二十八條之二規定須買回之股數。

四、認股條件（含認股價格、權利期間、認購股份之種類及員工離職或發生繼承時之處理方式等）之決定方式。

五、履約方式；上市或上櫃公司應以發行新股或交付已發行股份擇一為之。但興櫃股票、未上市或未於證券商營業處所買賣之公司，應以發行新股為之。

六、認股價格之調整。

七、盈餘轉增資及資本公積轉增資時，得增發員工認股權憑證或調整認股股數。但以認股時公司章程載明有足以供認購股份數額者為限。

八、行使認股權之程式。

九、認股後之權利義務。

十、其他重要約定事項。

前項第一款所稱發行期間，自申報生效通知到達之日起不得超過一年。超過發行期間，其未發行之餘額仍須發行時，應重行申報。

第一項各款事項之變更，應經董事會三分之二以上董事出席及出席董事超過二分之一之同意。

第一項各款事項有變更時，發行人應即檢具董事會議事錄及修正後相關資料，列為補正書件，並準用第十二條第二項規定。

第 56 條之 1

發行人發行認股價格不受第五十三條規定限制之員工認股權憑證，應有代表已發行股份總數過半數股東之出席，出席股東表決權三分之二以上同意行之。並得於股東會決議之日起一年內分次申報辦理。

依前項規定辦理者，應於股東會召集事由中列舉並說明下列事項，不得以臨時動議提出：

一、員工認股權憑證之發行單位總數、每單位認股權憑證得認購之股數及因認股權行使而須發行之新股總數或依本法第二十八條之二規定須買回之股數。

二、認股價格訂定之依據及合理性。

三、認股權人之資格條件及得認購股數。

四、辦理本次員工認股權憑證之必要理由。

五、對股東權益影響事項：

　　㈠可能費用化之金額及對公司每股盈餘稀釋情形。

　　㈡以已發行股份為履約方式者，應說明對公司造成之財務負擔。

發行人依第一項規定申報發行員工認股權憑證得認購股份數額加計前各次依本條規定發行且流通在外員工認股權憑證得認購股數總數，不得超過已發行股份總數之百分之五。

發行人依第一項規定發行員工認股權憑證給予單一認股權人之認股權數量,不得超過申報發行總數之百分之十,且單一認股權人每一會計年度得認購依本條規定發行之股數不得超過年度結束日已發行股份總數之千分之三。

公司依據第一項規定提請股東會決議之事項,應於章程中定之。

第 57 條

發行人申報發行員工認股權憑證,經本會申報生效後,應於申報生效到達日之次日,公告其發行及認股辦法之主要內容,如以發行新股履約者,應將對股東權益可能稀釋之情形併同公告。

發行人申報發行員工認股權憑證,經本會申報生效後,應於員工認股權憑證發行日及發行期間屆滿時之次日,將發行情況輸入本會指定之資訊申報網站。

發行人申報發行員工認股權憑證,以已發行之股份為履約方式者,經本會申報生效後,應於董事會決議買回其股份作為員工認股權憑證履約之日起二日內公告預期取得股份之成本、員工認股價格與公司取得股份成本之差額及對股東權益之影響。

第一項發行及認股辦法之主要內容有變更時,應經董事會三分之二以上董事出席及出席董事超過二分之一之同意,並即檢具董事會議事錄及修正後相關資料,報請本會核備後公告之。

第 58 條

發行人履行認股權義務時,不受公司法第一百四十條關於股票發行價格不得低於票面金額規定之限制。

第 59 條

認股權人請求認股時,應填具認股請求書,向發行人或其代理機構提出;發行人或其代理機構於受理認股之請求並收足股款後,其以已發行之股份履約者,應於次二營業日交付股票;其以發行新股股份履約者,應登載於股東名簿,並應於五個營業日內發給新股或認股權股款繳納憑證。

上市、上櫃或興櫃股票公司依前項發給之股票或股款繳納憑證,自向股東交付之日起上市或在證券商營業處所買賣。

發行人依第一項交付股票者,應於當季結束後十五日內公告前一季新增發行之股票數額。

依第一項發行新股者,公司法第一百六十二條第一項第二款規定發行新股變更登記之年、月、日,得以本會通知生效之年、月、日代之;發行人並應於新股發行後,檢附原發行員工認股權憑證本會之同意函,每季至少向公司登記之主管機關申請資本額變更登記一次。

依第一項發行認股權股款繳納憑證者,發行人應於每年營業年度結束日前,檢附原發行員工認股權憑證本會之同意函及已執行認股權股款繳納證明文件影本,向公司登記之主管機關申請資本額變更登記,並換發新股。

第 60 條

前條認股權股款繳納憑證除不印製實體者外,於正式交付前,應經簽證機構依公開發行公司

發行股票及公司債券簽證規則辦理簽證。

第五章　公開招募

第 61 條

有價證券持有人依本法第二十二條第三項規定對非特定人公開招募者，應檢具有價證券公開招募申報書（附表二十三）（略），載明其應記載事項，連同應檢附書件，向本會申報生效後，始得為之。

未依本法規定辦理公開發行之有價證券，其持有人擬申報對非特定人公開招募時，應先洽由發行人向本會申報補辦公開發行審核程序，在未經申報生效前，不得為之。

有價證券持有人依第一項規定提出申報，於本會及本會指定之機構收到有價證券公開招募申報書即日起屆滿七個營業日生效，並準用第十二條第二項、第十五條及第十六條規定。

第一項及第二項規定於依法律規定所為之拍賣或變賣程序，不適用之。

第 62 條

有價證券持有人申報公開招募時，應檢具公開招募說明書，載明下列事項：

一、公開招募之動機與目的。

二、公開招募價格之訂定方式與說明。

三、證券承銷商提出之評估報告。

第 63 條

興櫃股票、未上市或未在證券商營業處所買賣公司之股票，其持有人申報對非特定人公開招募時，有下列情形之一，本會得退回其案件：

一、其發行公司自設立登記後，未逾三年者。

二、其發行公司個別財務報表及依財務會計準則公報第七號規定編製之合併財務報表之決算營業利益及稅前純益占實收資本額之比率均未達下列情形之一者。但前述合併財務報表之獲利能力不予考量少數股權純益（損）對其之影響：

　㈠最近年度達百分之四以上，且其最近一會計年度決算無累積虧損。

　㈡最近二年度均達百分之二以上。

　㈢最近二年度平均達百分之二以上，且最近一年度之獲利能力較前一年度為佳。

三、其發行公司最近年度之每股淨值低於面額或分派前之淨值占資產總額之比率未達三分之一以上者。

四、其他本會認為不適宜對非特定人公開招募者。

第 64 條

有價證券持有人依第六十一條規定申報公開招募者，經向本會申報生效後，除已上市或上櫃公司之股票應委託證券承銷商為之外，應委託證券承銷商包銷，並應依本法第七十一條第二項規定，於承銷契約中訂明保留承銷股數之百分之五十以上由證券承銷商自行認購。但其未

來三年之釋股計畫已經目的事業主管機關核准，並出具會計制度健全之意見書者，得免保留一定比率由證券承銷商自行認購。

公開招募價格應由證券承銷商說明其價格決定方式及依據。

第 65 條

證券承銷商出售其所承銷之有價證券，應代理有價證券持有人交付公開招募說明書。

第六章　補辦公開發行

第 66 條

發行人依本法第四十二條第一項及公司法第一百五十六條第四項規定首次辦理股票公開發行者，須檢具申報書（附表二十四）（略），載明應記載事項，連同股票公開發行說明書等應檢附書件，向本會提出申報，於本會及本會指定之機構收到申報書即日起屆滿十二個營業日生效。

前項股票公開發行說明書應載明事項，準用公司募集發行有價證券公開說明書應行記載事項準則或金融業募集發行有價證券公開說明書應行記載事項準則規定。

依第一項規定提出申報，準用第五條、第十二條第二項、第十五條及第十六條規定。

依第一項規定首次辦理股票公開發行者，經申報生效後，經發現有第十一條第一項第三款、第四款及第六款所列情形之一，本會得撤銷或廢止其申報生效。

依第一項規定首次辦理股票公開發行之公司，曾依公司法第一百六十七條之二規定發給之員工認股權憑證，應併同股票辦理首次公開發行。

依第一項規定首次辦理股票公開發行之公司，曾依公司法第二百四十八條規定私募普通公司債，自該私募普通公司債交付日起滿三年後，得併同股票辦理首次公開發行。

第 67 條

依本法第四十二條第一項及公司法第一百五十六條第四項規定首次辦理股票公開發行，有下列情形之一，本會得退回其案件：

一、簽證會計師出具無法表示意見或否定意見之查核報告者。

二、簽證會計師出具保留意見之查核報告，其保留意見影響財務報告之允當表達者。

三、發行人填報、簽證會計師複核出具之案件檢查表，顯示有違反法令或公司章程，情節重大者。

四、未依公開發行公司建立內部控制制度處理準則規定，訂定內部控制制度，含內部稽核實施細則，並經董事會通過者。

五、會計師就內部控制制度設計或執行之有效性進行專案審查，有下列情形之一者：

㈠未取具受查公司針對內部控制制度設計或執行有效性之聲明書。

㈡會計師審查報告顯示受查公司內部控制制度設計或執行有重大缺失尚未改善，或無法表示意見。

六、曾依公司法第一百六十七條之二發給之員工認股權憑證，未併同股票辦理公開發行者。

七、經本會發現有違反法令，情節重大者。

依前條第六項規定辦理私募普通公司債首次公開發行者，該私募普通公司債自交付日起未屆滿三年者，本會得退回其案件。

第 68 條

公開發行公司依法私募下列有價證券及嗣後所配發、轉換或認購之有價證券，自該私募有價證券交付日起滿三年後，應先向本會辦理公開發行，始得向證券交易所或財團法人中華民國證券櫃檯買賣中心申請上市或在證券商營業處所買賣：

一、依本法第四十三條之六規定私募股票者，該私募股票及其嗣後無償配股取得之股份。

二、依法私募之普通公司債。

三、依本法第四十三條之六規定私募員工認股權憑證者，其嗣後認購之股款繳納憑證、股份及無償配股取得之股份。

四、依本法第四十三條之六規定私募附認股權特別股、附認股權公司債及轉換公司債者，該私募附認股權特別股、附認股權公司債及轉換公司債，其嗣後認購之股款繳納憑證、轉換之債券換股權利證書、股份及無償配股取得之股份。

五、依本法第四十三條之六規定私募海外公司債、海外股票及參與私募海外存託憑證者，於國內兌回、轉換或認購為股票及無償配股取得之股份。

依前項規定辦理公開發行者，須檢具申報書（附表二十五至附表三十一）（略），載明應記載事項，連同應檢附書件，向本會提出申報，於本會及本會指定之機構收到申報書即日起屆滿七個營業日生效，並準用第五條、第十二條第二項、第十五條及第十六條規定。但金融控股、銀行、票券金融、信用卡及保險等事業，申報生效期間為十二個營業日。

依第一項規定辦理公開發行者，經申報生效後，經發現有第十一條第一項第三款至第六款所列情形之一，本會得撤銷或廢止其申報生效。

第 69 條

發行人申報私募有價證券補辦公開發行時，應檢具補辦公開發行說明書，並載明下列事項：

一、依據公開發行公司辦理私募有價證券應注意事項辦理情形。

二、私募有價證券計畫之執行效益。

三、最近年度經會計師查核簽證之財務報表及會計師查核報告。申報日期已逾年度開始八個月者，應加列上半年度經會計師查核簽證之財務報表及會計師查核報告。

四、其他經本會規定應記載事項。

第 70 條

公開發行公司申報辦理第六十八條之案件，有下列情形之一，本會得退回其案件：

一、自該私募有價證券交付日起未屆滿三年。

二、未依本法第四十三條之六規定經股東會或董事會合法決議。但經有罪判決確定，服刑期滿並補提股東會或董事會追認者，不在此限。

三、私募時之對象及人數未符合本法第四十三條之六規定。但經有罪判決確定，服刑期滿並補提股東會或董事會追認者，不在此限。

四、未依本法第四十三條之六第五項規定及公開發行公司辦理私募有價證券應注意事項將辦理私募有價證券資訊輸入本會指定之資訊申報網站。但已經依法處分並繳納罰鍰，且補辦申報者，不在此限。

五、未於有價證券私募股東會召集事由中列舉並說明相關事項或分次辦理未事先於股東會召集事由列舉並說明相關事項。但已經依法處分並繳納罰鍰，且將應於股東會召集事由中列舉並說明之事項提股東會通過者，不在此限。

六、私募有價證券計畫無正當理由執行進度嚴重落後且尚未完成、計畫經重大變更或未能產生合理效益。但私募有價證券繳款日距申報時已逾五年者，不在此限。

七、曾經本法第一百三十九條第二項規定限制有價證券買賣，尚未經本會解除限制者。

八、簽證會計師出具無法表示意見或否定意見之查核報告者。

九、簽證會計師出具保留意見之查核報告，其保留意見影響財務報告之允當表達者。

十、發行人填報、簽證會計師複核出具之案件檢查表，顯示有違反法令或公司章程，情節重大者。

十一、私募交換公司債自交付日起未滿三年而有行使交換權之情事者。

十二、經本會發現有違反法令，情節重大者。

第 71 條

公開發行公司依法私募有價證券，經本會同意辦理公開發行後，應自本會申報生效通知到達之日起三十日內換發有價證券，並於換發前至本會指定之資訊申報網站辦理公告。

前項經補辦公開發行之有價證券，嗣後向證券交易所或財團法人中華民國證券櫃檯買賣中心申請上市或在證券商營業處所買賣者，應採帳簿劃撥交付，不印製實體方式為之，並免依公開發行公司發行股票及公司債券簽證規則辦理簽證。

第七章　無償配發新股與減少資本

第 72 條

公開發行公司辦理無償配發新股與減少資本案件，須檢具申報書（附表三十二、附表三十三）（略），載明其應記載事項，連同應檢附書件，向本會提出申報上市或上櫃公司辦理減少資本者於本會及本會指定之機構收到發行新股申報書即日起屆滿十二個營業日生效。

公開發行公司辦理下列案件於本會及本會指定之機構收到發行新股申報書即日起屆滿七個營業日生效。但金融控股、銀行、票券金融、信用卡及保險等事業，申報生效期間為十二個營業日：

一、無償配發新股者。

二、興櫃股票公司、未上市或未在證券商營業處所買賣之公司辦理減少資本者。

依第一項規定辦理者，準用第五條、第十二條第二項、第十五條及第十六條規定。

申報生效後，經發現有第十一條第一項第三款至第六款所列情形之一，本會得撤銷或廢止其申報生效。

第 72 條之 1

本法第四十一條第二項所定以資本公積撥充資本之比率，其以公司法第二百四十一條第一項第一款及第二款規定之資本公積撥充資本者，每年撥充之合計金額，不得超過實收資本額百分之十。但公司因組織發生變動（如併購、改制等），致其未分配盈餘於組織變動後轉列資本公積者，不在此限。

依公司法第二百四十一條第一項第一款規定轉入之資本公積，應俟增資或其他事由所產生該次資本公積經公司登記主管機關核准登記後之次一年度，始得將該次轉入之資本公積撥充資本。

第 73 條

公開發行公司辦理無償配發新股及減少資本，有下列情形之一，本會得退回其案件：

一、簽證會計師出具無法表示意見或否定意見之查核報告者。

二、簽證會計師出具保留意見之查核報告，其保留意見影響財務報告之允當表達者。

三、發行人填報、簽證會計師複核之案件檢查表，顯示有違反法令或公司章程，情節重大者。

四、申報盈餘轉作資本案件，有下列情事之一者：

　㈠未分配盈餘扣除應依本法第四十一條第一項規定提列之特別盈餘公積後餘額不足分派。

　㈡上市或在證券商營業處所買賣之公司未於章程中明訂具體之股利政策。

　㈢上市或上櫃公司本次申報盈餘轉作資本案件，係全數配發員工紅利。

　㈣上市或上櫃公司員工紅利以現金支付及配發新股依市價計算之合計總額高於本期稅後純益之百分之五十，或可分配盈餘（扣除法定盈餘公積、特別盈餘公積及彌補虧損後餘額）之百分之五十。

五、申報資本公積轉作資本案件，有下列情形之一者：

　㈠最近連續二年有虧損之情事。

　㈡違反第七十二條之一規定。

六、違反或不履行申請股票上市或在證券商營業處所買賣時之承諾事項，情節重大者。

七、經本會發現有違反法令，情節重大者。

八、其他本會為保護公益認為有必要者。

前項第四款第四目所稱市價係指會計期間最末一個月之平均收盤價。

第 74 條

公開發行公司辦理無償配發新股或減少資本，應依照下列規定辦理：

一、於申報生效通知到達之日起三十日內，依公司法第二百七十三條規定辦理。

二、於經濟部核准公司發行新股變更登記核准函送達公司之日起三十日內，依公開發行公司發行股票及公司債券簽證規則辦理簽證，對認股人交付有價證券，並應於交付前公告之。但不印製實體有價證券者，免依公開發行公司發行股票及公司債券簽證規則辦理簽證。

公開發行公司辦理無償配發新股或減少資本，以帳簿劃撥方式交付者，應依證券集中保管事業相關規定辦理，得不印製實體有價證券。

第八章　附則

第 75 條

依本準則規定提出之申報書件，應依附表附註規定格式製作並裝訂成冊。

依第十二條、第十六條、第二十一條、第二十二條、第二十六條、第二十七條、第三十九條、第五十五條、第五十六條、第六十一條、第六十六條、第六十八條及第七十二條規定提出之補正書件，應將原申報書件補正後依附表規定格式重新裝訂成冊，封面註明補正之申報書件，以及補正之次數，並就補正之處，編為目錄，置於申報書件總目錄之前，補正處並應以線條標明於直寫文字之右側，橫寫文字之下方。

發行人申報募集與發行有價證券、補辦公開發行、無償配發新股、減少資本或有價證券持有人申報公開招募有價證券，依本準則規定應申報或補正之書件，應分別裝訂成冊，並於申報或補正同時，以抄本送證券交易所、證券櫃檯買賣中心、證券商業同業公會、財團法人中華民國證券暨期貨市場發展基金會及其他經本會指定之機構團體各一份，供公眾閱覽。

第 76 條

本準則施行日期，除中華民國九十五年三月三日修正之第十條、第七十一條，自中華民國九十五年七月一日施行；中華民國九十六年三月六日修正之第五十六條之一，自中華民國九十七年一月一日施行；中華民國九十六年十一月九日修正之第七十二條之一，施行日期由主管機關定之外，自發布日施行。

證券交易法第一百五十七條之一第四項重大消息範圍及其公開方式管理辦法 （民國 95 年 5 月 30 日修正）

第 1 條
本辦法依證券交易法（以下簡稱本法）第一百五十七條之一第四項規定訂定之。

第 2 條
本法第一百五十七條之一第四項所稱涉及公司之財務、業務，對其股票價格有重大影響，或對正當投資人之投資決定有重要影響之消息，指下列消息之一：

一、本法施行細則第七條所定之事項。

二、公司辦理重大之募集發行或私募具股權性質之有價證券、減資、合併、收購、分割、股份交換、轉換或受讓、直接或間接進行之投資計畫，或前開事項有重大變更者。

三、公司辦理重整、破產、解散、或申請股票終止上市或在證券商營業處所終止買賣，或前開事項有重大變更者。

四、公司董事受停止行使職權之假處分裁定，致董事會無法行使職權者，或公司獨立董事均解任者。

五、發生災難、集體抗議、罷工、環境污染或其他重大情事，致造成公司重大損害，或經有關機關命令停工、停業、歇業、廢止或撤銷相關許可者。

六、公司之關係人或主要債務人或其連帶保證人遭退票、聲請破產、重整或其他重大類似情事；公司背書或保證之主債務人無法償付到期之票據、貸款或其他債務者。

七、公司發生重大之內部控制舞弊、非常規交易或資產被掏空者。

八、公司與主要客戶或供應商停止部分或全部業務往來者。

九、公司財務報告有下列情形之一：

　㈠未依本法第三十六條規定公告申報者。

　㈡編製之財務報告發生錯誤或疏漏，有本法施行細則第六條規定應更正且重編者。

　㈢會計師出具無保留意見或修正式無保留意見以外之查核或核閱報告者。但依法律規定損失得分年攤銷，或第一季、第三季及半年度財務報告若因長期股權投資金額及其損益之計算係採被投資公司未經會計師查核簽證或核閱之報表計算等情事，經其簽證會計師出具保留意見之查核或核閱報告者，不在此限。

十、公開之財務預測與實際數有重大差異者或財務預測更新（正）與原預測數有重大差異者。

十一、公司辦理買回本公司股份者。

十二、進行或停止公開收購公開發行公司所發行之有價證券者。

十三、公司取得或處分重大資產者。

十四、公司發行海外有價證券，發生依上市地國政府法令及其證券交易市場規章之規定應即時公告或申報之重大情事者。

十五、其他涉及公司之財務、業務，對公司股票價格有重大影響，或對正當投資人之投資決定有重要影響者。

第 3 條

本法第一百五十七條之一第四項所稱涉及該證券之市場供求，對其股票價格有重大影響，或對正當投資人之投資決定有重要影響之消息，指下列消息之一：

一、證券集中交易市場或證券商營業處所買賣之有價證券有被進行或停止公開收購者。

二、公司或其所從屬之控制公司股權有重大異動者。

三、在證券集中交易市場或證券商營業處所買賣之有價證券有標購、拍賣、重大違約交割、變更原有交易方法、停止買賣、限制買賣或終止買賣之情事或事由者。

四、其他涉及該證券之市場供求，對公司股票價格有重大影響，或對正當投資人之投資決定有重要影響者。

第 4 條

前二條所定消息之成立時點，為事實發生日、協議日、簽約日、付款日、委託日、成交日、過戶日、審計委員會或董事會決議日或其他足資確定之日，以日期在前者為準。

第 5 條

第二條消息之公開方式，係指經公司輸入公開資訊觀測站。

第三條消息之公開，係指透過下列方式之一公開：

一、公司輸入公開資訊觀測站。

二、臺灣證券交易所股份有限公司基本市況報導網站中公告。

三、財團法人中華民國證券櫃檯買賣中心基本市況報導網站中公告。

四、兩家以上每日於全國發行報紙之非地方性版面、全國性電視新聞或前開媒體所發行之電子報報導。

消息透過前項第四款之方式公開者，本法第一百五十七條之一第一項十二小時之計算係以派報或電視新聞首次播出或輸入電子網站時點在後者起算。

前項派報時間早報以上午六時起算，晚報以下午三時起算。

第 6 條

本辦法自發布日施行。

法學啟蒙叢書　民法系列

◎ 繼　承　戴東雄／著

　　本書主要內容在說明民法繼承編重要制度之基本概念，並檢討學說與實務對法條解釋之爭議。本書共分四編，第一編緒論；第二編為遺產繼承人；第三編乃遺產繼承；第四編為遺產繼承之方法。在各編重要章次之後，皆附以實例題，並在書末之附錄上，提出綜合性實例題，以邏輯之推演方法，解決實際法律問題。

◎ 動產所有權　吳光明／著

　　本書主要在敘述動產所有權及其相關法律問題，除依民法物權編、民法物權編部分條文修正草案，以及參考九十六年三月二十八日最新公布之新「擔保物權」規定，敘述其修正說明外，另參考法院實務判決，提出實際發生之案例進行探討。希望藉由本書的介紹能幫助讀者建立清楚、完整的概念。

◎ 契約之成立與效力　杜怡靜／著

　　本書為使初學者能儘速建立契約法之基本概念，以深入淺出之方式，於理論基礎之說明上，儘量以簡潔文字並輔以案例加以說明。此外為使讀者融會貫通契約法間之關連性，書末特別附有整合各項契約法觀念的綜合案例演練，促使讀者能夠匯整關於契約法的各項觀念。因此希望讀者能藉由本書之介紹，進入學習民法之殿堂。

法學啟蒙叢書　民法系列

◎ 贈　與　郭欽銘／著

　　本書以淺顯易懂的文字及活潑生動的案例，介紹我國民法有關贈與規定之學說與實務見解，期使讀者能將本書知識與現實生活中之法律問題相互印證。案例演習中，若涉及民法贈與其他相關規定，本書均會詳為論述解說，因此可讓非法律人或法律初學者在閱讀時，能輕易理解其內容。

◎ 承　攬　葉錦鴻／著

　　承攬的條文雖不多，但在日常生活中卻常出現，相當值得我們注意，本書除了介紹承攬的每個條文及其相關實務見解外，對於學說上見解亦有所說明，希望藉由這些解說，可以更加豐富承攬規定的法律適用。本書內容包括概說、承攬人之義務、定作人之義務、承攬契約的效力、合建、委建與承攬，並在附錄以例題對本書重點做一回顧，希望讓讀者清楚瞭解承攬之全貌。

◎ 買　賣　陳添輝／著

　　為什麼買賣契約是債權契約？為什麼出賣他人之物，買賣契約有效？為什麼一物二賣，二個買賣契約均為有效？就買賣的概念而言，一般人的理解與法律規定之間，具有相當大的差異，為何會如此不同？本書盡力蒐集羅馬法及歐陸各國民法之相關資料，希望幫助讀者瞭解買賣制度之沿革發展，進一步正確掌握我國民法有關買賣規定之意義。